¡Acción!

LEVEL 2

VICKI GALLOWAY

DOROTHY JOBA

ANGELA LABARCA

GLENCOE

Macmillan/McGraw-Hill

New York, New York   Columbus, Ohio   Mission Hills, California   Peoria, Illinois

Printed in the United States of America.

*Photography, illustration, and realia credits appear on pages
591 and 592.*

Send all inquiries to:
Glencoe Division, Macmillan / McGraw-Hill
15319 Chatsworth Street
P.O. Box 9609
Mission Hills, CA 91346-9609

ISBN 0-02-635324-5 (Student Edition)
ISBN 0-02-635325-3 (Teacher's Wraparound Edition)

3 4 5 6 7 8 9   96 95 94 93

Acknowledgments

The authors and editors would like to express their deep appreciation to the numerous Spanish teachers throughout the United States who advised us in the development of these teaching materials. Their suggestions and recommendations were invaluable. We wish to give special thanks to the educators whose names appear below.

Program Consultant

C. Ben Christensen
San Diego State University
San Diego, California

Educational Reviewers

Marilyn V.J. Barrueta
Yorktown High School
Arlington, Virginia

D. H. Bell
Nogales Unified School District #1
Nogales, Arizona

Mary M. Carr
Lawrence North High School
Indianapolis, Indiana

Gail B. Heffner Charles
Walnut Ridge High School
Columbus, Ohio

Desa Dawson
Del City Senior High School
Del City, Oklahoma

Irma Díaz de León
San Antonio Independent School District
San Antonio, Texas

Linda Erdman
Huntington Beach Union High School District
Huntington Beach, California

Janet Ghattas
Weston Public Schools
Weston, Massachusetts

Paula Hirsch
Windward School
Los Angeles, California

Margarita Esparza Hodge
Northern Virginia Community College
Alexandria, Virginia

Anne G. Jensen
Campbell Union High School District
San Jose, California

Nancy Kilbourn
Simi Valley Unified
Simi Valley, California

María A. Leinenweber
Glendale Unified School District
Glendale, California

Marcia Brown Karper
Fayetteville—Manlius Central Schools
Manlius, New York

Cheryl Montana-Sosa
Oakdale Bohemia Junior High
Oakdale, New York

VeAnna Morgan
Portland Public Schools
Portland, Oregon

John Nionakis
Hingham Public Schools
Hingham, Massachusetts

Gail R. Pack
McKinney Independent School District
McKinney, Texas

Marilynn Pavlik
Lyons Twp. High School
La Grange, Illinois

Carol F. Robison
Hingham High School
Hingham, Massachusetts

Bonnie S. Schuster
Fairfax County
Reston, Virginia

Mary Thomas
Northside Independent School District
San Antonio, Texas

María J. Treviño
Northside Independent School District
San Antonio, Texas

María Elena Villalba
Miami Palmetto Senior High
Miami, Florida

María Elena Watkins
Edgewood Independent School District
San Antonio, Texas

Rosanne Webster
Minerva-DeLand School
Fairport, New York

Rosemary Weddington
Franklin County High School
Frankfort, Kentucky

Janet M. Wohlers
Weston Public Schools
Weston, Massachusetts

Contents

CAPÍTULO 1

¡Vamos a México!

CAPÍTULO 2

México: hoy y ayer

C A P Í T U L O 3

Recuerdos de Puerto Rico   176

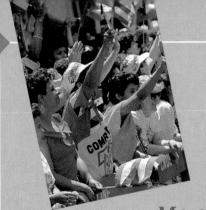

CAPÍTULO 4

Me encanta Nueva York

C A P Í T U L O   5

Un viaje al Perú   346

· ·

CAPÍTULO 6

En busca de aventuras

México y La América Central

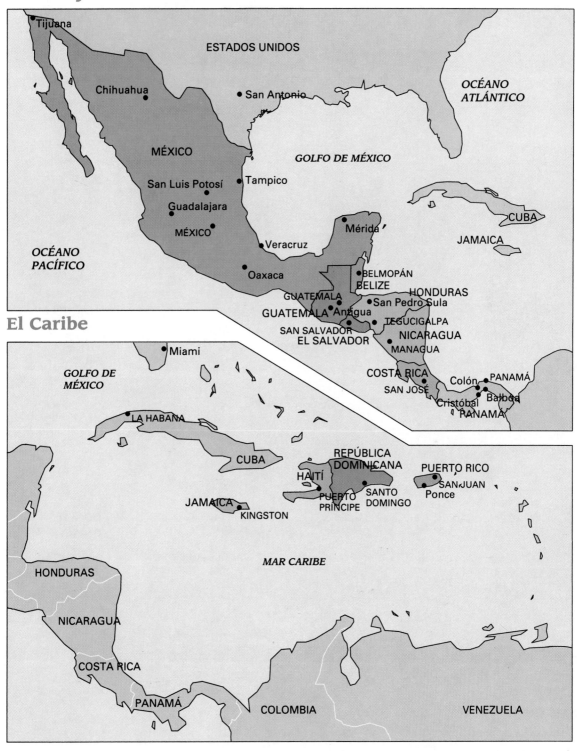

Tijuana

ESTADOS UNIDOS

OCÉANO ATLÁNTICO

Chihuahua

San Antonio

MÉXICO

GOLFO DE MÉXICO

San Luis Potosí

Tampico

Guadalajara

MÉXICO

Mérida

CUBA

Veracruz

JAMAICA

OCÉANO PACÍFICO

Oaxaca

BELMOPÁN
BELIZE

HONDURAS

GUATEMALA

San Pedro Sula

GUATEMALA Antigua

TEGUCIGALPA

SAN SALVADOR

NICARAGUA

EL SALVADOR

MANAGUA

El Caribe

Miami

COSTA RICA

Colón PANAMÁ

GOLFO DE MÉXICO

SAN JOSÉ

Cristóbal Balboa

PANAMÁ

PANAMÁ

LA HABANA

REPÚBLICA
DOMINICANA

PUERTO RICO

CUBA

HAITÍ

SAN JUAN

Ponce

JAMAICA

PUERTO
PRÍNCIPE

SANTO
DOMINGO

KINGSTON

MAR CARIBE

HONDURAS

NICARAGUA

COSTA RICA

PANAMÁ

COLOMBIA

VENEZUELA

La América del Sur

MAR CARIBE

Barranquilla

CARACAS

VENEZUELA

GEORGETOWN

GUYANA

PARAMARIBO

CAYENA

OCÉANO ATLÁNTICO

Medellín

BOGOTÁ

Cali

GUAYANA FRANCESA

COLOMBIA

SURINAM

QUITO

Río Amazonas

ECUADOR

Guayaquil

PERÚ

BRASIL

LIMA

Cuzco

BOLIVIA

BRASÍLIA

Arequipa

LA PAZ

Sucre

PARAGUAY

CHILE

Rio de Janeiro

ASUNCIÓN

San Miguel de Tucumán

CORDILLERA DE LOS ANDES

Valparaíso

Córdoba

Rosario

URUGUAY

OCÉANO PACÍFICO

SANTIAGO

BUENOS AIRES

MONTEVIDEO

OCÉANO ATLÁNTICO

Concepción

ARGENTINA

Mar del Plata

España

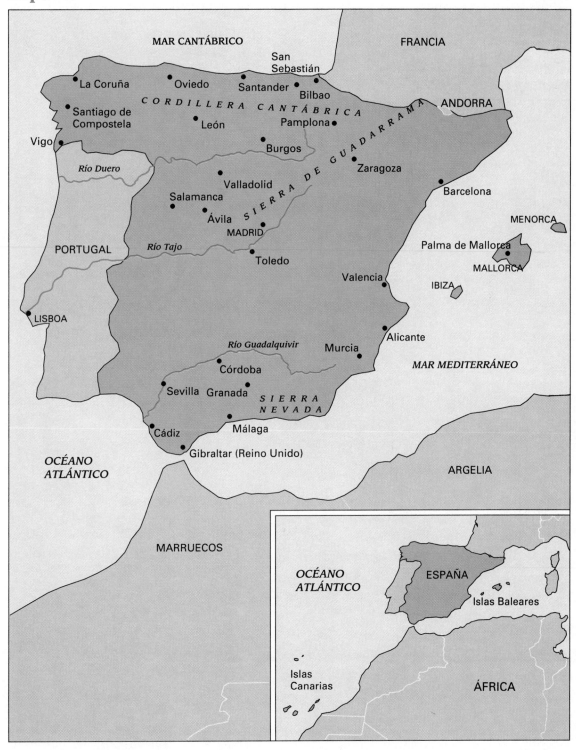

MAR CANTÁBRICO

FRANCIA

San Sebastián

La Coruña   Oviedo   Santander   Bilbao

C O R D I L L E R A   C A N T Á B R I C A   ANDORRA

Santiago de Compostela   León   Pamplona

Vigo

Burgos

S I E R R A   D E   G U A D A R R A M A

Zaragoza

Río Duero

Valladolid

Barcelona

Salamanca

MENORCA

Ávila

MADRID

Palma de Mallorca

PORTUGAL   *Río Tajo*

MALLORCA

Toledo

Valencia   IBIZA

LISBOA

Río Guadalquivir   Alicante

Murcia   *MAR MEDITERRÁNEO*

Córdoba

Sevilla   Granada   *S I E R R A   N E V A D A*

Cádiz   Málaga

Gibraltar (Reino Unido)

OCÉANO ATLÁNTICO   ARGELIA

MARRUECOS

OCÉANO ATLÁNTICO   ESPAÑA   Islas Baleares

Islas Canarias   ÁFRICA

CAPÍTULO 1

¡Vamos a México!

Lección 1

Recuerdos de México

¡A comenzar!

The following are some of the things you will be learning to do in this lesson.

When you want to . . .	You use . . .
1. say what you and someone else ("we") did	• -amos on the end of -ar verbs; -imos on the end of -er or -ir verbs
2. say one thing that you and someone else liked or did not like	• (No) Nos gustó + object or activity.

Now find examples of the above words and phrases in the following scrapbook page from a traveler.

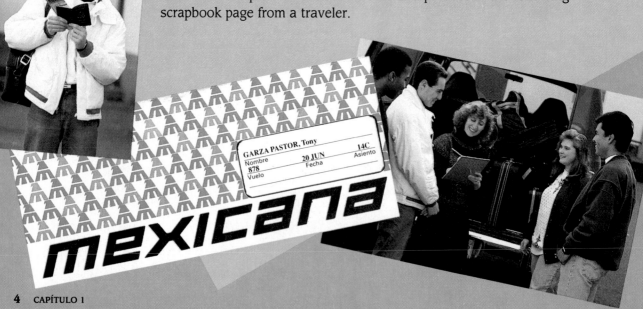

GARZA PASTOR, Tony
Nombre
878
Vuelo
20 JUN
Fecha
14C
Asiento

mexicana

Tony Garza, un estudiante norteamericano que vive en Chicago, fue a México durante el verano con un grupo de sus compañeros de clase.

Salimos para México a pasar las vacaciones de verano. ¡Qué viaje más divertido! Nos gustó muchísimo.

Pasamos dos semanas en el Hotel Cortés en la calle Hidalgo.

El día que llegamos fuimos al Bosque de Chapultepec, donde miramos la gente y comimos palomitas y dulces.

A From the traveler's scrapbook on page 5, find the following information about the trip.

1. ¿Cómo se llama el pasajero?
2. ¿Cuál es su apellido?
3. ¿Con quiénes viaja?
4. ¿Adónde va?
5. ¿De dónde viene?

6. ¿Cómo viaja?
7. ¿Cuándo viaja?
8. ¿Cómo se llama el hotel?
9. ¿Dónde está el hotel?

B Compare where you and your family or friends usually go during vacation to one time that was different.

Por ejemplo:

> Mi familia (Mis amigos) y yo casi siempre vamos a _____, pero el año pasado fuimos a _____.

C What did you and your family or friends really like about your vacation? Tell five things, using the suggestions below or thinking of your own.

Por ejemplo:

> Nos gustó mucho _____.

dormir al aire libre
descansar
pasear en velero
bucear
ir de pesca
dar caminatas
comer
correr
tomar el sol
nadar
ir a la playa
visitar a los amigos
jugar
ver la tele
montar en bicicleta
asistir a fiestas
asistir a conciertos

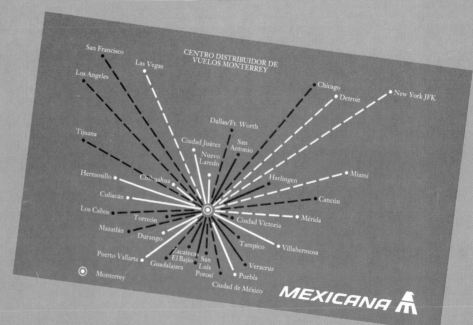

Vocabulario 1

El pasajero necesita...

comprar un pasaje de ida y vuelta

facturar el equipaje en el aeropuerto

abrochar el cinturón de seguridad

llamar al (a la) auxiliar de vuelo

reclamar el equipaje

Su asiento está en...

la ventanilla

el centro

el pasillo

No es un vuelo directo. El avión hace escala en Monterrey.

CHICAGO
MÉXICO D.F.
CHICAGO

Actividades

A **¿En qué orden?** Tell the logical order in which a passenger should do the following activities related to air travel. Use ordinal numbers **(primero, segundo, etc.).**

Por ejemplo:

> Primero el pasajero tiene que _____.

1. hacer las maletas
2. comprar un pasaje de ida y vuelta
3. llegar a tiempo a la puerta de salida
4. facturar el equipaje
5. abrochar el cinturón de seguridad
6. reclamar el equipaje
7. esperar la salida del vuelo en la sala de espera
8. buscar el asiento en el avión
9. hablar con los auxiliares de vuelo si necesita algo en el avión
10. decidir si quiere un asiento en el pasillo, el centro o la ventanilla

B **Un anuncio importante.** Using the following words, complete the speech the flight attendant made on Tony's flight from Chicago to Mexico.

demora
pasajeros
la aerolínea
la salida
del vuelo

> Señores _____, _____ Mexicana les da la bienvenida a bordo _____ número 437 con destino a México. A causa del mal tiempo tenemos quince o veinte minutos de _____. Entonces, el capitán dice que la hora de _____ va a ser a las once y diez. Gracias por su paciencia.

C **¿Quién lo dice?** Tell who would be likely to make the following statements—**un/a pasajero(a)** or **un/a auxiliar de vuelo**.

1. Es necesario abrochar su cinturón de seguridad, señorita.
2. ¿Este vuelo hace escala en Acapulco?
3. ¿Cuánto vale un pasaje de ida y vuelta a México?
4. ¿De qué puerta sale el vuelo para Chicago?
5. Tenemos media hora de demora y el capitán dice que nuestra llegada a Miami va a ser a las dos y treinta.
6. Prefiero un asiento en la ventanilla o en el pasillo.
7. Usted no puede llevar esa maleta en el avión. La debe facturar.
8. La aerolínea Mexicana anuncia la llegada de su vuelo 432 a la ciudad de México.

D **Problemas.** What advice would you offer a friend to solve the following problems related to air travel?

Por ejemplo:

> Creo que hay un error en la fecha de mi pasaje. ¿Qué debo hacer?
> *Debes mirar bien el pasaje y llamar a la aerolínea.*

1. A causa de problemas mecánicos mi vuelo tiene dos horas de demora. Mis padres me esperan en casa. ¿Qué debo hacer?
2. Estoy en el asiento del centro y hay una persona muy gorda en el asiento de la ventanilla, y otra en el asiento del pasillo. ¿Qué debo hacer?
3. La auxiliar de vuelo no me permite llevar mis tres maletas en el avión. ¿Qué debo hacer?
4. Pedí una comida vegetariana, pero la auxiliar de vuelo me dio pollo. ¿Qué debo hacer?

IMPORTANTE

PASAJERO DISTINGUIDO

mexicana

Impreso en México

EXCOR TO-609

México, D.F.

La capital de México es México, Distrito Federal (D.F.). El distrito federal es como el distrito de Columbia (Washington, D.C.) en los Estados Unidos, o sea, un territorio independiente que no forma parte de ningún estado.

Muchas veces, en vez de decir México, D.F., decimos la ciudad de México. La ciudad de México es actualmente no sólo una de las capitales más cosmopolitas sino la ciudad más grande, o sea, más poblada, del mundo. Como otras grandes urbes, tiene los problemas típicos derivados de la industrialización, del uso generalizado del automóvil y de la concentración de habitantes en un espacio reducido.

Actividades

A List the words in the reading that are similar to English words.

B Tell whether each of the following characteristics of **la ciudad de México** also applies to your city.

1. Es la capital del país.
2. Es muy grande y cosmopolita.
3. Hay mucha industria y congestión de tráfico.

Estructura 1

. . . .

How to Talk about What We Did in the Past

Nosotros *forms of the preterit tense*

1. You have learned that in Spanish some verbs end in **-ar;** others end in **-er** or **-ir.** If you want to tell what you and another person or group of people ("we") did in the past, replace the **-ar** ending with **-amos.** Replace the **-er** or **-ir** ending with **-imos.**

   Llegamos ayer a las cuatro de la tarde.
   En la habitación del hotel abrimos las ventanas.
   Luego, salimos del hotel y comimos en un restaurante.

2. The following verbs are irregular.

ir	fuimos	Anoche fuimos al centro.
dar	dimos	Después dimos un paseo.
hacer	hicimos	El sábado pasado no hicimos nada.
decir	dijimos	Cuando salimos, dijimos: "Adiós, hasta luego".
poner	pusimos	Pusimos la mesa y luego comimos.
traer	trajimos	Te trajimos un regalo.
estar	estuvimos	Estuvimos en México dos semanas.
venir	vinimos	Vinimos en avión.

3. To say when in the past you and others did something, choose words such as the following.

anoche	la semana pasada
ayer	el mes pasado
anteayer	ayer por la mañana (por la tarde)
el año pasado	
el fin de semana pasado	el lunes (martes, etc.) pasado

4. You may also give a specific year to say when in the past you and others did something.

   En 1987 (mil novecientos ochenta y siete) fuimos a California.

Actividades

A **Nuestras actividades.** Tell one thing you did with family or friends at each of the following times.

Por ejemplo:

> el sábado pasado
> *El sábado pasado mi familia y yo vimos una película.*

1. anoche
2. ayer
3. anteayer
4. el año pasado
5. la semana pasada
6. el lunes (martes, etc.) pasado
7. el fin de semana pasado
8. el verano de 199?

B **Algo diferente.** Tell two things that you and your friends usually do on weekends. Then, describe one weekend when you did something different.

Por ejemplo:

> **Mis amigos y yo casi siempre jugamos béisbol en el parque o montamos en bicicleta. Pero el fin de semana pasado jugamos ajedrez.**

C **La semana pasada.** Write down five activities that you did last week. Share this list with a classmate to find out if he or she did some of the same things as you. Report back to the class on the activities you had in common.

Por ejemplo:

ESTUDIANTE A	ESTUDIANTE B
hacer la tarea	hacer la tarea
estudiar matemáticas	estudiar matemáticas
poner la mesa	sacar la basura
ir al cine	ir al cine

(A la clase:) Los (Las) dos hicimos la tarea, estudiamos matemáticas, fuimos al cine...

D **¡Qué desastre!** You and your friends attended a party. Based on the photo below, which was taken after everyone left but before the host could clean up, what would you say you and your friends did? What things didn't you do?

E **Nos gustó México.** From the photos below, what would Tony and his friends say they did in Mexico? Choose from the following expressions.

mirar murales fascinantes
comer en restaurantes buenos
ir a la playa

correr en una maratón
hablar español

Vocabulario 2

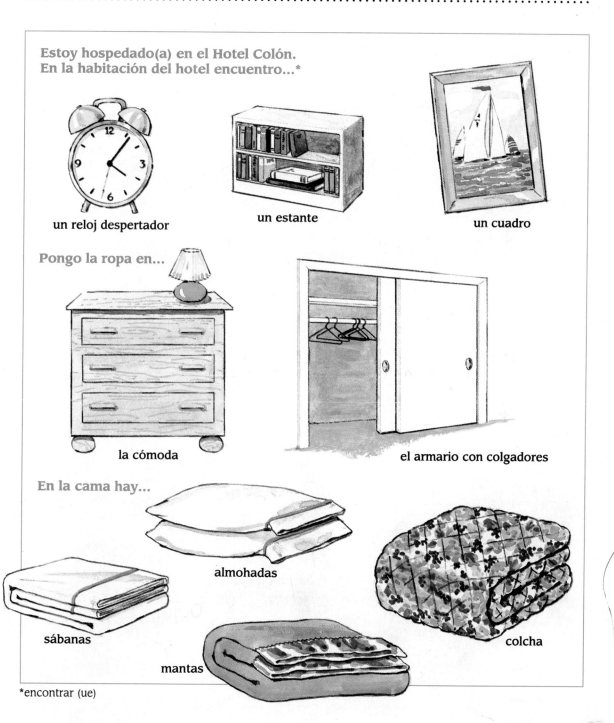

Estoy hospedado(a) en el Hotel Colón.
En la habitación del hotel encuentro...*

un reloj despertador

un estante

un cuadro

Pongo la ropa en...

la cómoda

el armario con colgadores

En la cama hay...

almohadas

sábanas

mantas

colcha

*encontrar (ue)

En el baño hay...

una ducha con agua fría y agua caliente

jabón

un retrete

un lavabo

toallas

A veces no funciona... El(La) electricista debe arreglar...

la luz

La habitación está en el quinto piso. Debes...

bajar en ascensor

subir en ascensor

Si las maletas están muy pesadas, te puede ayudar el botones.

Si la habitación está sucia (Si no está limpia), debes llamar a la camarera.

Actividades

A **En la habitación.** What do you do in the following situations in a hotel room?

Por ejemplo:

> Para dormir, usamos...
> *Para dormir, usamos la cama.*

1. Para abrir la puerta, usamos...
2. Para leer por la noche, usamos...
3. Para saber la hora, miramos...
4. Para escribir una carta o una tarjeta postal, usamos...
5. Para lavar la ropa, usamos...
6. Si hace calor, abrimos...
7. Para guardar la ropa, usamos...
8. En la cama, usamos...
9. Si hace frío en la cama, usamos...
10. Si la habitación está sucia, llamamos a...
11. Si tenemos muchas maletas, llamamos a...
12. Si la habitación está muy arriba, subimos en...

B **Tantos problemas.** You have the following problems in your hotel room. What will you say to the manager to get them resolved?

Por ejemplo:

> El reloj despertador no funciona.
> *¿Me puede arreglar el reloj?*
> *(¿Me puede traer otro reloj?)*

1. El radio no funciona.
2. No hay toallas.
3. Necesitas jabón.
4. No hay agua caliente.
5. No sabes qué hora es.
6. No puedes abrir la puerta del baño.
7. El lavabo está sucio.
8. El ascensor no baja.
9. El armario tiene sólo un colgador.
10. No hay cómoda y no sabes dónde poner tus camisetas.

HOTELES Y SERVICIOS

		RESTAURANTE	CAFETERIA	DISCOTECA	CLUB NOCTURNO	ALBERCA	ESTACIONAMIENTO	T.V.	AGENCIA DE VIAJES
CAMINO REAL	TEL. 203-21-21	★	★	★	★	★	★	★	★
DE CORTES	TEL. 518-21-84	★							
GALERIA PLAZA	TEL. 211-00-14	★	★	★		★	★	★	★
GRAN HOTEL DE MEXICO	TEL. 510-40-40	★							
MA. ISABEL SHERATON	TEL. 211-00-01	★	★			★	★	★	★
PLAZA REFORMA	TEL. 546-45-40	★				★			
PRESIDENTE CHAPULTEPEC	TEL. 250-77-00	★	★	★		★		★	★
PRESIDENTE INTERNACIONAL	TEL. 254-44-00	★	★			★	★	★	★
REFORMA	TEL. 546-96-80	★					★		★

C **Cada cosa en su lugar.** Tony's roommates have just finished unpacking their suitcases. Now Tony can't find the following items. What would you say to him? Play the roles with a classmate.

Por ejemplo:

las maletas

ESTUDIANTE A

No encuentro las maletas.

ESTUDIANTE B

Pues, están en el armario
(debajo de la cama, etc.).

1. los libros y los mapas
2. las camisetas
3. los zapatos
4. la llave
5. el reloj despertador
6. las toallas
7. los colgadores
8. la colcha

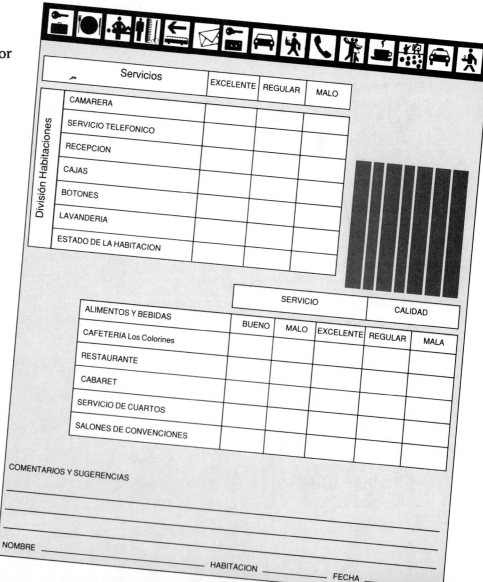

Servicios	EXCELENTE	REGULAR	MALO
CAMARERA			
SERVICIO TELEFONICO			
RECEPCION			
CAJAS			
BOTONES			
LAVANDERIA			
ESTADO DE LA HABITACION			

División Habitaciones

ALIMENTOS Y BEBIDAS	SERVICIO			CALIDAD	
	BUENO	MALO	EXCELENTE	REGULAR	MALA
CAFETERIA Los Colorines					
RESTAURANTE					
CABARET					
SERVICIO DE CUARTOS					
SALONES DE CONVENCIONES					

COMENTARIOS Y SUGERENCIAS

_____

_____

_____

NOMBRE _____

HABITACION _____ FECHA _____

México—la tierra de la "x"

La influencia de los idiomas indígenas en el español hace de México la tierra de la "x" (equis) misteriosa. En general, la "x" se pronuncia igual que la "j" (jota), y por eso la palabra *México* a veces se escribe *Méjico*.

Pero la "x" también se puede pronunciar como "sh" o como "s" en otras palabras de origen indígena que generalmente son nombres de lugares y ciudades.

Actividades

A Pronuncia los siguientes nombres de lugares de México.

j	sh	s
México	Mexica	Xochimilco
Oaxaca	Texcoco	Mixteca
	Uxmal	Ixtapa

B Imagine that you and your classmates went to Mexico and visited the cities below. What would you say you did in each place?

Por ejemplo:

> Acapulco: tomar el sol / bucear
> *Fuimos a Acapulco. Tomamos el sol y buceamos.*

1. Xochimilco: ver y comprar flores / escuchar los mariachis / pasear en canoas
2. Oaxaca: visitar los sitios arqueológicos / dar un paseo / comprar artesanía
3. Uxmal: subir a las pirámides
4. México, D.F.: sacar fotos / ir a los museos

(arriba) La Pirámide del Mago en Uxmal;
(abajo) La bahía de Acapulco.

Estructura 2

. . . .

*How to Express Reactions
to Past Events:
Likes and Dislikes*

*The preterit of verbs such
as* **gustar, encantar,
interesar, fascinar,**
and **molestar**

You have learned that the verb **gustar** is used with the indirect
object pronouns **me, te, le, nos,** and **les** to express likes and
dislikes.

1. To talk about what someone likes *to do,* use the appropriate
   pronoun with **gusta.**

> **Me gusta practicar el esquí acuático.**
> **¿Te gusta bucear?**

2. When you want to compare what two or more people like or
   dislike, use phrases such as **a mí, a ti, a él, a ella, a usted,** or **a**
   + person before the appropriate indirect object pronoun.

> **A mi papá le gusta cocinar y leer.**
> **A mis hermanos les gusta practicar deportes.**
> **Pero a mí me gusta jugar ajedrez y coleccionar monedas.**

Note that these phrases can also stand alone.

> **A tu prima le gusta jugar tenis. ¿Y a ti también?**
> **No. A mí me gusta jugar vóleibol, pero a ella no.**

3. To talk about *things, people, or places* that someone likes or
   dislikes, use **gusta** for one and **gustan** for more than one.

> **A mis padres les gusta mucho el campo**
> **pero no les gustan las ciudades grandes.**

4. To express your reaction to things or events that took place in the past, use the indirect object pronouns with **gustó** for one thing and **gustaron** for more than one.

> El año pasado me gustó mucho la clase de español pero me gustaron más los partidos de fútbol.

> ¿Fuiste al cine anoche? ¿Te gustó la película?

5. The following are verbs that are used like **gustar**.

encantar	to be thrilled by something
fascinar	to be fascinated by something
interesar	to be interested in something
molestar	to be bothered or annoyed by something

> A todos nos encantó el viaje a México. A mí me interesaron más las pirámides. A mis amigos les fascinó la gente.

6. You may also express reactions to something that took place in the past using **fue** plus a descriptive word to describe one thing or **fueron** plus a descriptive word to describe more than one thing. **Fue** and **fueron** are preterit forms of the verb **ser**.

> Anoche comimos en el restaurante Casa María. ¡Fue fenomenal!
> Fui a muchos partidos el año pasado. ¡Fueron fantásticos!

Actividades

A **Gustos.** How would you react to each of the following? Begin each sentence with one of these expressions:

me fascina(n)	(no) me gusta(n)
me encanta(n)	(no) me molesta(n)
(no) me interesa(n)	

1. las vacaciones
2. el chocolate
3. el trabajo
4. las películas románticas
5. las películas de terror
6. las tareas
7. los deportes
8. la música clásica
9. el español
10. la clase de matemáticas
11. los perros
12. los gatos
13. las serpientes
14. las personas antipáticas
15. la comida mexicana

B **¿Y qué más?** Tell three things you can't stand doing and three things you love to do.

Por ejemplo:

> Me molesta mucho sacar la basura. Me encanta jugar videojuegos.

C **El verano pasado.** Tell whether you liked or disliked the following aspects of summer vacation. How would you describe them?

Por ejemplo:

> los ratos libres
> *Me gustaron mucho. Fueron fantásticos.*

1. las fiestas
2. la playa
3. la comida
4. los compañeros
5. las películas
6. el trabajo
7. los quehaceres de la casa
8. los deportes
9. los bailes
10. el sol
11. los programas de la tele
12. los videojuegos

Mágico sol de las playas de MEXICANA

MEXICANA

D **Un viaje inolvidable.** Think of a trip you took with family or friends (real or fantasy). Write a description of your experiences by completing the following sentences.

1. _____ y yo fuimos a _____.
2. Allí hicimos muchas cosas. Por ejemplo, _____.
3. Me encantó(aron) _____.
4. Me interesó(aron) _____.
5. Me fascinó(aron) _____.
6. Me molestó(aron) _____.

Finalmente

....

Situaciones

A conversar Imagine that you wish to take a vacation trip. You are planning to fly to your destination. Discuss your plans and your needs with a travel agent (your partner). The travel agent will ask you questions and provide information about the following details.

1. where you wish to travel
2. when you want to go
3. how long you want to stay
4. whether you want an aisle, center, or window seat
5. how much the plane tickets cost
6. the flight number and the time of departure and arrival
7. anything special you may need to travel
8. where you want to stay while on vacation

Repaso de vocabulario

REACCIONES
encantar
fascinar
fue
fueron
interesar
molestar

COSAS
la aerolínea
la almohada
el armario (closet)
el asiento
el centro (middle)
el cinturón de seguridad
la colcha
el colgador
la cómoda

el cuadro
la demora
la ducha
el equipaje
el estante
el jabón
el lavabo
la luz (pl. las luces)
la llegada
la manta
el pasaje
el pasillo
la puerta (gate)
el reloj despertador
el retrete
la sábana
la salida

la toalla
la ventanilla

DESCRIPCIONES
caliente
de ida y vuelta
directo(a)
frío(a)

PERSONAS
el / la auxiliar de vuelo
el botones
el / la camarero(a)
el / la pasajero(a)

ACTIVIDADES
abrochar
anunciar
arreglar

bajar
encontrar (ue)
facturar
funcionar
hacer escala
mirar
poner (to put)
reclamar
subir

EXPRESIÓN
a tiempo

Lección 2

De compras en México

¡A comenzar!

The following are some of the things you will be learning to do in this lesson.

When you want to . . .

1. say what you did

2. refer to something or someone you have already mentioned

3. say you met someone

You use . . .

- **é** on the end of **-ar** verbs; **-í** on the end of **-er** or **-ir** verbs
- **lo** for masculine words; **la** for feminine words
- **Conocí a** + person.

Now find examples of the above words and phrases in the following scrapbook page.

Visité a unos amigos de mis padres, la familia Avellano, y conocí a la hija Miriam.

Me gustó mucho el Bazar del Sábado de San Ángel. Allí encontré artesanía (no regateé con el vendedor y pagué demasiado). Si buscas algo, lo puedes encontrar aquí. ¡Hay tantas tiendas!

También me gustó Miriam. La invité al Ballet Folklórico.

Actividades preliminares

A Which of the following activities did you do last week? On a sheet of paper, make two columns as shown below and write each activity in one of the two columns. Report back to the class on what you did and did not do.

Por ejemplo:

sí...   PERO   NO...
Dormí mucho, vi la tele, pero no estudié mucho.

1. Hice la tarea.
2. Estudié mucho.
3. Trabajé después de las clases.
4. Limpié mi habitación.
5. Saqué la basura.

6. Dormí mucho.
7. Compré ropa.
8. Vi una película.
9. Vi la tele.
10. Salí con los amigos.

B Tell when you met two of your closest friends.

Por ejemplo:

Conocí a Jason en 1988 (mil novecientos ochenta y ocho).

C Look at the store signs below and tell a classmate where he or she can find the following items. Use **lo** for one thing and **los** for more than one.

Por ejemplo:

libros
Si buscas libros,
los puedes encontrar
en la librería.

1. un reloj   2. zapatos   3. pasteles

Vocabulario 1

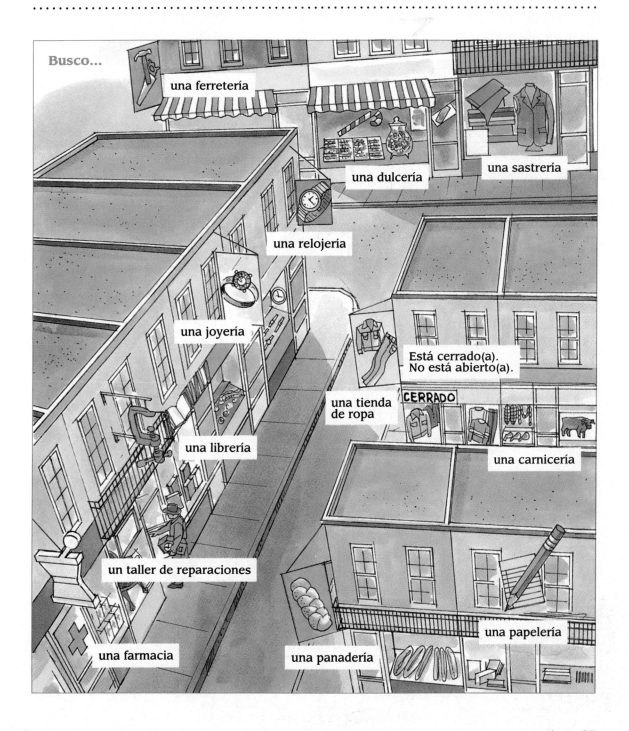

Busco...

una ferretería

una dulcería

una sastrería

una relojería

una joyería

Está cerrado(a).
No está abierto(a).

una tienda
de ropa

CERRADO

una librería

una carnicería

un taller de reparaciones

una papelería

una farmacia

una panadería

Busco...

una heladería

un almacén grande

una tintorería

LIMPIEZA EN SECO

artículos de cuero

ABIERTO

un mercado al aire libre

artículos de artesanía

artículos de cerámica

una lavandería

una zapatería

una mueblería

una camisería

Actividades

A **Las tiendas.** The students in Tony's group are looking for the following things. Where would you suggest they go?

Por ejemplo:

> Si buscan _____, deben ir a _____.

1. aspirinas
2. una camisa de hombre
3. zapatos deportivos
4. una bolsa de cuero
5. juguetes para niños
6. dulces
7. pasteles
8. un reloj
9. jabón
10. pan
11. cosas típicas de México
12. lápices
13. un collar de plata
14. un cinturón
15. un traje de baño

B **¿Adónde vamos?** With a classmate decide where the two of you should go in the following situations.

Por ejemplo:

> El reloj no funciona.

ESTUDIANTE A	ESTUDIANTE B
Si el reloj no funciona, debemos ir a _____.	Sí, claro. (No, estás equivocado[a]. Debemos ir a _____).

1. Quieren lavar blusas y camisas de algodón.
2. La grabadora no funciona.
3. Necesitan limpiar un traje de lana.
4. Los pantalones son demasiado largos.
5. Van a comer en casa de un amigo y quieren llevar el postre.
6. Necesitan un aparato para hacer reparaciones.
7. Quieren un escritorio más grande.

C ¡Ganaste! You have won a contest sponsored by a new local mall. You are allowed to keep all the items you can gather in five minutes. Working with a partner, list all the items you can think of that you could gather together in each store. You have five minutes!

Por ejemplo:

> la joyería
> *Los collares, los aretes, las pulseras, los relojes...*

1. la mueblería
2. la tienda de ropa para caballeros
3. la tienda de ropa para damas
4. la papelería
5. el supermercado

D **Las compras.** Working with a partner, make a chart such as the one below and write down the words you already know that can help you talk about shopping. List your words in the following categories.

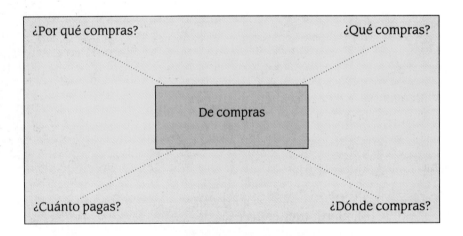

¿Por qué compras?　　　¿Qué compras?

De compras

¿Cuánto pagas?　　　¿Dónde compras?

¿Qué compras? (juegos, camisetas, comida...)
¿Dónde compras? (el centro comercial, la heladería...)
¿Por qué compras? (Tengo hambre, Necesito ropa nueva...)
¿Cuánto pagas? (_____ dólares, mucho...)

Now use this list to describe your last visit to a local store.

Por ejemplo:

> Fui a _____ con _____. Busqué (Compré, Encontré) _____ en
> _____. Pagué _____. Me gustó(aron) mucho _____.

Las tiendas y el regateo

En México hay tiendas y mercados donde se puede comprar prácticamente cualquier cosa, desde artesanías hasta verduras, ropa y libros antiguos. En los mercados, muchas veces es necesario *regatear*, o negociar el precio, si uno no quiere pagar demasiado.

Actividades

A ¿Qué productos venden en estas tiendas?

1. una pescadería
2. una lechería

3. una tortillería
4. una frutería

B Tony bargained for an item in a market in Mexico. Complete his conversation with the vendor by putting the following lines in order.

- Gracias, gracias, señor.
- Son ocho mil pesos, señor.

- Pues, bueno. Seis mil.
- Cinco mil quinientos, señor.

Tony

Por favor, ¿cuánto vale esta cerámica?

¿Ocho mil pesos? Es mucho.

Le doy cinco mil.

Bueno, de acuerdo. Le doy cinco mil quinientos.

El vendedor

_____

_____

_____

_____

Estructura 1

. . . .

How to Say What You Did,   **Yo** *and* **tú** *preterit forms*
What I Did

You have practiced listing things that you and others ("we") did in the past.

> **La semana pasada fuimos a una fiesta. Bailamos, comimos y sacamos muchas fotos.**

1. To say what you did alone, use **-é** on the end of **-ar** verbs and **-í** on the end of **-er** or **-ir** verbs. The written accent mark tells you to stress that letter when you pronounce it. It is important to write the accent.

> **Para mi cumpleaños recibí cincuenta dólares. Compré varios discos para mi colección.**

2. The following verbs are irregular.

ir	fui	Fui con María a la playa.
dar	di	Le di un regalo bonito.
ver	vi	Allí vi varios caballos.
hacer	hice	Anoche no hice nada.
poner	puse	En el hotel puse la ropa en la cómoda.
decir	dije	Le dije "Buenos días" a la maestra.
traer	traje	Traje las fotos de la fiesta. ¿Las quieres ver?
estar	estuve	Estuve toda la noche en mi habitación.
venir	vine	Ayer vine a la escuela a pie.

3. Some verbs require spelling changes when you write them.

• **-car** verbs		• **-gar** verbs		• **-zar** verb	
tocar	toqué	llegar	llegué	empezar	empecé
practicar	practiqué	jugar	jugué		
buscar	busqué	pagar	pagué		
sacar	saqué				

These spelling changes occur only when you are using the **yo** form. They are necessary in order to keep the original sound of the verb.

4. To ask or tell a friend what he or she did (**tú** forms), use -**aste** on the end of -**ar** verbs and -**iste** on the end of -**er** and -**ir** verbs.

5. The following verbs are irregular.

ir	fuiste	¿Adónde fuiste anoche?
dar	diste	¿Le diste el regalo a Marta?
hacer	hiciste	¿Ya hiciste la tarea?
poner	pusiste	¿Dónde pusiste la ropa?
decir	dijiste	¿Qué le dijiste a la maestra?
traer	trajiste	¿Por qué no trajiste tus discos?
estar	estuviste	¿Cuánto tiempo estuviste en México?
venir	viniste	¿Viniste en avión?

Actividades

A ¿Yo? ¡Yo, no! Some classmates have wrongly accused you of having done the following things. Respond to their accusations in disbelief.

Por ejemplo:

Dormiste en la clase de historia.
¿Yo? ¡Qué va! Yo no dormí en la clase de historia.

1. Comiste toda la pizza.
2. Entraste en mi habitación.
3. Usaste mi estéreo.
4. Escribiste tu nombre en el escritorio.
5. Dibujaste en mi libro.
6. Diste mi número de teléfono a la maestra.
7. Llevaste mi suéter.

B **Tanto que hacer.** Tony made a list of things he had to do today. Which ones would he say he actually did?

Por ejemplo:

✔ limpiar la habitación
✗ hacer la cama
   Limpié la habitación, pero no hice la cama.

> ✗ lavar la ropa
> ✔ llevar el reloj al taller de reparaciones
> ✗ salir con Jorge
> ✔ comer con Mónica
> ✔ leer el periódico
> ✗ comprar una cámara
> ✗ escribir a la abuela
> ✔ ver las noticias en la tele
> ✔ poner las camisas nuevas en la cómoda
> ✔ estar en la clase de español a la una

C **El día típico de Bruno.** Remember Bruno? Below is a description of a typical day for Bruno. Based on this description, tell Bruno what he probably did yesterday.

Por ejemplo:

> Yo sé que saliste de casa a las ocho...

Todos los días, Bruno sale de casa a las ocho y va a la escuela. A las doce, va a la cafetería donde come una ensalada y dos o tres helados, y toma leche. Después de las clases, va en bicicleta al centro, donde ve una película o mira a las muchachas. Regresa muy tarde a casa para la cena y come demasiado. Pasa una hora con la familia y ve la tele dos o tres horas. Luego, va a su habitación y llama a su amiga Alicia. Habla media hora con ella y después estudia una hora.

D **La excepción.** Tell four things you usually do at certain times or on certain days of the week. Then tell how, on one occasion, the routine was different. Use the list of suggestions below.

Por ejemplo:

> Siempre voy al gimnasio los lunes, pero el lunes pasado di un paseo por el parque.

la escuela
el cine
la biblioteca
la lección de música
la reunión del club
el doctor
el dentista
la piscina
el gimnasio
el trabajo
el centro comercial

E **Mi diario.** Write a description of what you did one day last week, showing how you spent your time after school. Use the questions below as a guide.

1. ¿A qué hora llegaste a casa?
2. ¿Practicaste un deporte? ¿Cuál? ¿Con quiénes?
3. ¿Compraste algo? ¿Cuánto pagaste?
4. ¿A qué hora empezaste la tarea?
5. ¿Hablaste por teléfono? ¿Por cuánto tiempo?
6. ¿Qué comiste?

F **Preguntas.** Write down two questions for each topic below to find out from a classmate what he or she did yesterday. Report back to the class on the activities you did in common.

1. tareas y lecciones
2. comidas
3. programas de la tele
4. ropa
5. actividades después de las clases
6. actividades anoche

* **Ofrecer** (like **conocer** and **pertenecer**) is a regular **-er** verb with the exception of the **yo** form: **ofrezco**.

Actividades

A ¿Quién lo dice? Who would say the following—un/a cliente o un/a empleado(a)?

1. Estos zapatos son de la mejor calidad.
2. Me gusta mucho la pulsera pero el precio es muy alto.
3. Los dejo en 12,000 pesos.
4. ¿Cuánto pide Ud.?
5. Le doy 8,000 pesos.
6. ¡Es un robo!
7. ¿Está hecha a mano?
8. Pero, señora, son de la mejor calidad.
9. No puedo rebajar más el precio. ¡Es una verdadera ganga!
10. Pero, señora, en esta tienda hay precios fijos. No se puede regatear.
11. La puede llevar por 10,000 pesos.

B ¿Un robo o una ganga? Think of one or two items that you would be willing to sell to a classmate—for the right price. Write them on a slip of paper along with your name. One of your classmates will try to buy an item from you but thinks you're asking too much for it. Negotiate.

Por ejemplo:

un radio

ESTUDIANTE A	ESTUDIANTE B
(1) ¿Quieres comprar mi radio?	(2) Bueno, no sé. ¿Cómo es?
(3) Bueno, es de marca Sony. Es de la mejor calidad.	(4) ¿Cuánto pides?
(5) Veinte dólares —una verdadera ganga.	(6) ¡Qué va! Es un robo.

El Ballet Folklórico

El Ballet Folklórico Nacional de México se fundó en 1952 para mantener y representar la historia y las tradiciones de México por medio de la danza y la música. Hay dos compañías: la Primera Compañía, que viaja al extranjero a presentar espectáculos, y la Compañía Residente que actúa en el Palacio de Bellas Artes en México, D.F.

El ballet consiste en danzas y música de todas las regiones de México, desde los *jarabes* de la costa del Golfo de México hasta las *rancheras* de los estados del norte. También hay danzas que representan las distintas etapas de la historia mexicana.

Actividad

1. What number would you call to find out more information about performances of **el Ballet Folklórico?** If you wanted to attend a performance, what days and times could you go?

2. Match each of the following labels with the appropriate photo taken at a performance of **el Ballet Folklórico.**
   a. danza de la etapa prehispánica
   b. danza ranchera
   c. danza de la revolución

INBA
PALACIO DE BELLAS ARTES
BALLET FOLKLORICO DE MEXICO
Directora General y Coreógrafa
AMALIA HERNANDEZ

MIERCOLES 21:00 HORAS
DOMINGOS 9:30 Y 21:00 HORAS   Tel. 529-05-09

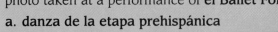

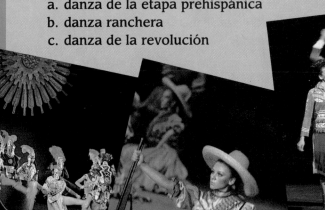

Estructura 2

....

*What and Whom? How
to Refer to People and
Things Already Mentioned*   *Direct object pronouns*

1. In the following paragraph the underlined words answer the
   questions *whom* or *what*. They are called direct objects.

   > **En el aeropuerto, primero pagué <u>el pasaje</u> y recibí <u>mi
   > tarjeta de embarque</u>. Entonces, fui al café y compré <u>un
   > refresco</u>. Leí <u>una revista</u> y escribí <u>una tarjeta postal</u>. Allí vi
   > a <u>mi amiga Miriam</u>.**

2. Note that when the direct object is a specific person, you must
   place the word **a** before the person.

Busqué una farmacia.	**(¿Qué?)**
Conocí a Paco.	**(¿A quién?)**
Compré un regalo.	**(¿Qué?)**
Vi al maestro.	**(¿A quién?)**

3. When you have already mentioned someone or something, it
   sounds awkward to keep repeating it. In English, we substitute
   words such as "it, her, him," and "them" (pronouns), so that we
   don't have to keep repeating the same word. In Spanish the
   words we use for these direct object pronouns ("it, her, him,
   them") depend on whether the word for what we are talking
   about is masculine or feminine, singular or plural.

MASCULINE		FEMININE	
it, him	**lo**	it, her	**la**
them	**los**	them	**las**

You place these pronouns right before the verb. If the sentence is negative, you place the word **no** before the pronoun.

¿Conociste a Miriam?	No, no la conocí, pero la quiero conocer.
¿Ya hablaste con Luis?	No, no lo vi. ¿Dónde está?
Pues, está en el gimnasio con sus amigos. Les gusta jugar baloncesto.	Bueno, los voy a buscar ahora.

Note that you never use direct object pronouns with the verb **gustar**.

Actividades

A **Buenos recuerdos.** Make the following paragraphs sound better by replacing the direct objects with direct object pronouns.

1. Cuando fuimos a México, sacamos muchas fotos. Puse las fotos en un álbum y ahora, cuando vienen mis amigos a casa, todos miran las fotos.
2. Cuando salimos de viaje, siempre hago mi maleta la noche antes y pongo mi maleta en el coche. Pero ayer saqué la maleta del armario y abrí la maleta. Encontré unos juguetes de niño. Llevé la maleta a la habitación de mi hermanito. "Mi maleta no es un juguete", le dije. "Tú no puedes usar mi maleta".

B **¿Dónde lo compro?** Señora Avellano has given Tony a list of things to buy, but he is not sure where to shop. She tells him where he can find each item. Play the roles with a classmate.

Por ejemplo:

la carne

| ESTUDIANTE A | ESTUDIANTE B |
| ¿Dónde compro la carne? | La puedes encontrar en la carnicería. |

1. los lápices
2. el pastel
3. el helado
4. la leche

5. las frutas
6. el pan
7. las aspirinas
8. los libros

C **Cumplidos** Exchange compliments with a classmate on some things you have or are wearing. Then tell where you bought each item or who gave it to you. Choose from the items below or think of five of your own.

la camisa	el anillo	los pantalones	el bolígrafo
los zapatos	la pulsera	la falda	la billetera
la blusa	el cinturón	los calcetines	los anteojos
los jeans	los aretes	la mochila	la bolsa

Por ejemplo:

ESTUDIANTE A

Me gusta (encanta) tu camiseta. ¿Dónde la compraste?

ESTUDIANTE B

La compré en la tienda Sport Shack. (Es un regalo de mi tía).

D **¿Lo encontraste?** Tell a classmate that you couldn't find the items below in the shops indicated. Your classmate will tell you where you should look instead.

Por ejemplo:

el bolígrafo / la panadería

ESTUDIANTE A

(1) No encontré el bolígrafo.

(3) Lo busqué en la panadería.

ESTUDIANTE B

(2) ¿Dónde lo buscaste?

(4) Pues, lo debes buscar en la papelería.

1. los aretes de oro / la tienda de ropa de caballeros
2. los guantes de cuero / la joyería
3. la carne / la pescadería
4. el helado / la frutería
5. la cerámica mexicana / la tintorería
6. las sillas / la sastrería

Artesanía mexicana

Finalmente

Situaciones

A escribir Think of a shopping mall in your area. Write a brochure designed to promote the mall to Spanish-speaking shoppers. Identify five of the most popular stores and describe the items they sell or services they offer.

Repaso de vocabulario

PREGUNTAS
¿Cuánto cuesta?
¿Cuánto pide usted?
¿No me puede rebajar el precio?

TIENDAS
el almacén
la camisería
la carnicería
la dulcería
la farmacia
la ferretería
la heladería
la joyería
la lavandería
la librería
el mercado al aire libre
la mueblería
la panadería

la papelería
la relojería
la sastrería
el taller de reparaciones
la tintorería
la zapatería

COSAS
la artesanía
el artículo
la calidad
la cerámica
la ganga
el precio
el robo

EXPRESIONES
está abierto(a)
está cerrado(a)
está hecho(a) a mano

ACTIVIDADES
ofrecer (zc)
rebajar
regatear

Lección 3

¡Qué rico!

¡A comenzar!

The following are some of the things you will be learning to do in this lesson.

When you want to . . .	You use . . .
1. say what a person did at one point in the past	• -ó on the end of -ar verbs; -ió on the end of -er and -ir verbs
2. say what more than one person did at one point in the past	• -aron on the end of -ar verbs; -ieron on the end of -er and -ir verbs

Now find examples of verbs with the above endings in the following scrapbook page.

San Angel

MENU

Miriam me invitó a comer en el Restaurante San Ángel. Allí sirvieron comida internacional. Miriam pidió aguacate y pollo en mole poblano.

BIENVENIDOS A LA TIERRA DE LAS FLORES XOCHIMILCO

Mis amigos fueron a Xochimilco, donde alquilaron canoas y escucharon la música de los mariachis. Me trajeron esta foto. (Yo estuve con Miriam).

Actividades preliminares

A Which of the following did the customers probably do or not do in the **Restaurante San Ángel**?

1. Cenaron.
2. Pagaron la cuenta.
3. Pusieron la mesa.
4. Alquilaron canoas.
5. Lavaron los platos.

6. Pidieron la comida.
7. Trajeron la comida.
8. Leyeron el menú.
9. Hablaron español.
10. Sirvieron el postre.

B Look at the menu below that Tony brought back from the restaurant. Under each of the following categories, list those words from the menu that you recognize or whose meanings you can guess. For those words you guessed, tell what clues helped you identify the item.

1. cremas y sopas
2. pescados y mariscos
3. aves
4. entradas y parrillas
5. ensaladas
6. postres

A la Carta

Cremas y Sopas
Consomé al Jerez
Crema de Almejas San Angel Inn
Crema de Alcachofa
Sopa de Cebolla Gratinada
Sopa Azteca San Angel Inn

Pescados y Mariscos
Camarones a la Francesa Salsa Tartara
Camarones Rockefeller
Róbalo Papillote
Filete de Róbalo a la Veracruzana

Aves
Pollo Ranchero San Angel Inn
Pechuga de Pollo Parmesana
Pollo en Mole Poblano

Entradas y Parrillas
Lomo de Cerdo al Orange o Adobado
Milanesa de Ternera San Angel Inn
Sesos en Mantequilla Negra o Salsa Verde
Chiles Rellenos de Carne y Queso
T-Bone de Sonora a la Parrilla

Ensaladas
Ensalada de Espinaca Fresca San Angel Inn
Cesar para dos Personas
Ensalada Roquefort
Mil Islas o Ensalada Francesa
Ensalada de Frutas de la Estación

Postres
Pasteles Surtidos de San Angel Inn
Helados Surtidos
Quesos del País

Vocabulario 1

De desayuno, los clientes pidieron...

los huevos tibios

los huevos revueltos

los huevos fritos

un panecillo

el jugo de naranja

un café con leche

el tocino

la avena

Para la cena, el mesero sirvió...

la carne de res

la carne de cerdo

la carne asada

la ternera

el pavo

las chuletas

También sirvió pescados y mariscos como...

los camarones

la langosta

el atún

la trucha

En la mesa, el mesero puso...

una servilleta

una taza

un vaso

una cuchara

un tenedor   un cuchillo

un plato

Actividades

A **Preferencias.** Interview a classmate to find out his or her preferences in each of the following categories. Take notes and report back to the class, comparing what you like to what your partner likes.

Por ejemplo:

> de las carnes

ESTUDIANTE A	ESTUDIANTE B
De las carnes, ¿cuál te gusta comer?	Me gusta(n) _____. No me gusta(n) _____.

(A la clase:) De las carnes, a Ana le gusta(n) _____, pero a mí me gusta(n)_____. A los (las) dos, nos gusta(n) _____.

1. de las carnes
2. de los pescados y los mariscos
3. de los huevos
4. de las bebidas
5. de desayuno

¡Buenos días, desayuno!

¿Sabes que el desayuno es una comida importante?

Pues así es. Porque el desayuno es la primera comida del día y la que ha de reponer las reservas de energía gastadas durante las 10 ó 12 horas transcurridas desde la cena.

De los primeros alimentos que tomamos depende la energía de todo el día, por lo que no desayunar o desayunar poco influye negativamente en la capacidad física y mental de manera más intensa que si se come o cena poco.

Por ello, Nestlé ha editado el libro ¡Buenos días, desayuno! con informaciones, consejos y sugerencias para que el desayuno ocupe el lugar que le corresponde en la alimentación.

Verás qué fácil es poner en práctica la sana costumbre de desayunar bien.

Nestlé te da los buenos días.

¡Buenos días, desayuno!

B **Nunca la como.** Tell how often you eat the following foods, using: **todos los días, nunca, casi nunca, a veces.**

Por ejemplo:
> la carne de ternera
> *Nunca la como.*

1. los huevos tibios
2. los huevos revueltos
3. la avena
4. el tocino
5. el pollo frito
6. el cereal
7. la carne de res
8. las chuletas de cerdo
9. los camarones
10. la langosta
11. el atún
12. el pescado

C **Encuesta.** Working in groups of three, choose a reporter who will tally the group's responses to the following questions.

1. ¿Cuántos toman un desayuno grande casi todos los días?
2. De desayuno, ¿cuántos prefieren dulces?
3. Cuando tienen sed, ¿cuántos toman una gaseosa con mucho azúcar?
4. Cuando tienen sed, ¿cuántos toman agua?
5. ¿Cuántos toman café por la noche?
6. ¿Cuántos comen más carne que pescado?
7. ¿Cuántos comen ensalada de verduras tres o cuatro veces a la semana?
8. Cuando tienen hambre después de las clases, ¿cuántos comen fruta? ¿Cuántos comen dulces?

D **¿Qué necesita el cliente?** The customers below have placed their orders, but the waiter has not set the tables yet. What do they ask the waiter for?

Por ejemplo:
> el helado
> *¿Me trae una cuchara, por favor?*

1. la carne asada
2. la gaseosa
3. el café con leche
4. el pan tostado
5. las chuletas de cerdo
6. la avena
7. la sopa
8. la langosta

La cocina mexicana

La cocina mexicana es conocida en todo el mundo. Algunos de los ingredientes más típicos son el maíz, los frijoles, los chiles, la calabaza y los jitomates.

La tortilla, generalmente hecha de maíz, es como el pan de otras culturas. Las tortillas se sirven calientes y se puede poner comida en ellas para formar tacos. Los tacos pueden llevar frijoles, aguacate, queso, huevo, pollo o carne de res, o distintas combinaciones de estos ingredientes. Con las tortillas también se hacen enchiladas, burritos y quesadillas.

Actividades

A Give your three favorite cuisines from other countries.

Por ejemplo:

> Me gusta (Prefiero) la comida mexicana,...

B Below is a portion of the menu from Sanborns, a restaurant in Mexico City that is popular with tourists. Place an order for lunch.

SANBORNS

PLATILLOS MEXICANOS

Tradicionales enchiladas a la Sanborns
deliciosamente gratinadas, salsa ranchera y crema

Nuestras famosas enchiladas suizas
pollo, salsa verde, crema y queso gratinado

Tacos de pollo (4)
guacamole, frijoles refritos, totopos y queso

CARNES Y AVES

Carne asada a la Sanborns
con taco de queso, frijoles refritos, crema y guacamole

Chuletas de cerdo a la parrilla

Pechuga de pollo a la parrilla
chícharos y zanahorias a la mantequilla

SANDWICHES

Sanborns de lujo
pollo, jamón, queso chihuahua y jitomate en pan francés

Estructura 1

. . . .

How to Say
What Someone Did

Third person singular
preterit forms

You have practiced asking or telling a friend **(tú)** what he or she did in the past. You have also listed things you did alone **(yo)** and with someone else **(nosotros[as])**.

> **¿Leíste revistas anoche? ¿Escuchaste música también?**
> **Leí una novela. No escuché discos. Miguel y yo leímos el**
> **periódico. También escuchamos la radio.**

1. To describe the past actions of another person or thing (he, she, it), use the following endings.

   - **-ar** verbs: **-ó**   • **-er** and **-ir** verbs: **-ió**

   > **El jueves pasado Tony comió en una cafetería. Pidió**
   > **enchiladas de queso y después tomó café con leche.**
   > **Cuando salió del restaurante, buscó una papelería.**
   > **Encontró una en la esquina.**

2. You also use these endings to address someone you speak to formally **(usted)**.

   > **Señora Avellano, ¿ya terminó su trabajo?**

3. The following verbs are irregular.

ir	fue	Miriam fue con Tony a Xochimilco.
ver	vio	Allí vio a su amiga Lupe.
dar	dio	El papá de Miriam le dio cinco mil pesos.
hacer	hizo	Y le hizo un favor a Tony.
traer	trajo	Tony le trajo flores a la mamá de Miriam.
decir	dijo	Ella le dijo:—¡Gracias, qué amable!
poner	puso	Puso las flores en la sala.
estar	estuvo	Tony estuvo con la familia toda la tarde.
venir	vino	Miriam vino a mi fiesta con Tony.

4. The verbs **leer** and **oír** have a spelling change: **leyó, oyó**.

> **Tony leyó la carta de su mamá. Luego oyó el noticiero en la radio.**

5. When you talk about the past actions of another person using the verbs **pedir** and **servir,** the stem of the verb changes from **e** to **i**.

> **En el restaurante Miriam pidió pollo. El mesero lo sirvió con arroz y frijoles.**

6. In similar fashion, when you talk about the past actions of another person using **dormir,** the stem changes from **o** to **u**.

> **Después de llegar al hotel del aeropuerto, Tony durmió diez horas.**

Actividades

A **El año pasado.** Use the questions below to find out information from a classmate about school last year. Take notes and report back to the class.

Por ejemplo:

> **¿Sacó mejores notas?**

ESTUDIANTE A

Don, ¿sacaste mejores notas el año pasado?

ESTUDIANTE B

Sí, saqué mejores notas. (No, no saqué...).

(A la clase): Don (no) sacó mejores notas el año pasado.

1. ¿Conoció a nuevos amigos?
2. ¿Practicó deportes?
3. ¿Fue a muchas reuniones?
4. ¿Trabajó después de las clases?
5. ¿Ahorró mucho dinero?
6. ¿Leyó muchos libros?
7. ¿Hizo muchos quehaceres en casa?
8. ¿Vio películas en las clases?
9. ¿Estuvo enfermo(a) mucho tiempo?
10. ¿Trajo el almuerzo de casa o comió en la cafetería?

B **¿Qué hizo Tony?** The following are some of the places that Tony went in Mexico. Tell at least two things he probably did in each place.

Por ejemplo:

> el cine
> *Compró entradas. Vio películas mexicanas.*
> *Tomó gaseosas...*

1. el parque
2. el restaurante
3. la biblioteca
4. la playa
5. la fiesta

6. el hotel
7. el aeropuerto
8. la tienda de ropa
9. la casa de Miriam

C **En el hotel.** Look at the following room service request from a Mexico City hotel. Then answer the questions below.

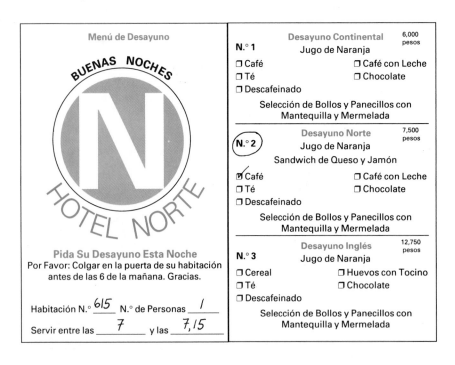

Menú de Desayuno		
BUENAS NOCHES **N** **HOTEL NORTE**	**N.° 1** **Desayuno Continental** 6,000 pesos Jugo de Naranja ☐ Café ☐ Café con Leche ☐ Té ☐ Chocolate ☐ Descafeinado Selección de Bollos y Panecillos con Mantequilla y Mermelada	
	N.° 2 **Desayuno Norte** 7,500 pesos Jugo de Naranja Sandwich de Queso y Jamón ☑ Café ☐ Café con Leche ☐ Té ☐ Chocolate ☐ Descafeinado Selección de Bollos y Panecillos con Mantequilla y Mermelada	
Pida Su Desayuno Esta Noche Por Favor: Colgar en la puerta de su habitación antes de las 6 de la mañana. Gracias. Habitación N.° 615 N.° de Personas 1 Servir entre las 7 y las 7,15	**N.° 3** **Desayuno Inglés** 12,750 pesos Jugo de Naranja ☐ Cereal ☐ Huevos con Tocino ☐ Té ☐ Chocolate ☐ Descafeinado Selección de Bollos y Panecillos con Mantequilla y Mermelada	

1. ¿Qué pidió la cliente?
2. ¿Cuánto pagó?
3. ¿A qué hora le trajo el desayuno el mesero?
4. ¿A qué habitación lo trajo?

Vocabulario 2

Por favor, ¿me trae...?

la salsa picante

la pimienta

la sal

la cuenta

el menú

el aceite   el vinagre

¿Cómo quiere la carne?

jugosa

medio cocida

bien cocida

Actividades

A **¿En qué orden?** The following are things that Tony and his friends did at a restaurant in Mexico. Put the events in logical sequence.

1. La mesera nos sirvió la comida.
2. La mesera nos trajo el menú.
3. Todos pedimos ensalada y carne con papas fritas.
4. Después de terminar el flan, hablamos un rato más.
5. Pagamos la cuenta.
6. Dejamos la propina.
7. Yo dije: —¡Qué rica está la carne asada!

B **¿Y tú?** What are your dining habits? Tell whether you generally do what the diners below did yesterday.

Por ejemplo:

> El cliente pidió vinagre para su pescado.
> *¡Qué raro! Yo pongo vinagre en las*
> *ensaladas, no en el pescado. (Bueno, yo también*
> *pongo vinagre en el pescado).*

1. Mi amiga me dijo ''Buen provecho'' cuando empecé a comer.
2. La cliente pidió un flan para el postre.
3. Después de pagar la cuenta, mi tía dejó una propina muy grande.
4. José le hizo varias preguntas sobre el menú al mesero.
5. La señora pidió helado de chocolate con galletas para el postre.
6. La cliente puso salsa picante en los huevos.
7. Los dos clientes pidieron huevos tibios y pan tostado sin mantequilla para el desayuno.
8. El cliente no usó su servilleta cuando comió langosta.
9. El muchacho pidió su carne de res muy jugosa.

Este pollo está to' rico...

TO-RICOS®

Fresco sabor nuestro

C **Encuesta.** Working in groups of five, you will have five minutes to try to find one classmate who fits each of the descriptions below. On a separate sheet of paper, write down the classmate's name next to the number of the description. Report your findings to the class.

Por ejemplo:

> Sabe preparar galletas de chocolate.

ESTUDIANTE A	ESTUDIANTE B
¿Sabes preparar galletas de chocolate?	Sí (No).

(A la clase): Miguel sabe preparar galletas de chocolate.

1. Come hamburguesas al punto.
2. Nunca pone sal en las papas fritas.
3. Le gusta mucho la pimienta.
4. Le encanta la salsa picante.
5. Casi nunca come tortas.
6. Nunca come en restaurantes mexicanos.
7. Le gusta el helado de vainilla más que el de chocolate.
8. Come muchas ensaladas.
9. Siempre deja propinas grandes.

D **En el café.** You and a classmate are in a café to have a snack. You're not supposed to have too much salt or sugar. Your classmate helps you make wise choices. Order from the menu.

Café Mimí

Sopa de legumbres
Sopa de mariscos

♦

Ensalada de atún
Hamburguesa
Sandwich de tocino, lechuga y tomate
Ensalada de verduras
Papas fritas

Torta de chocolate
Helado de varios sabores, con galletas
Pastel de manzana

♦

Té
Café
Refrescos

Por ejemplo:

ESTUDIANTE A	ESTUDIANTE B
(1) Voy a pedir papas fritas y un helado de vainilla.	(2) Las papas fritas están bien, pero no debes usar sal. No debes pedir helado porque tiene mucho azúcar. ¿Por qué no pides ensalada?
(3) Ya comí ensalada en el almuerzo.	(4) Entonces...

Tenochtitlan y Xochimilco

Cuando en 1519 el conquistador español Hernán Cortés llegó a la costa de México, esta región ya era la tierra de avanzadas civilizaciones de indígenas americanos.

Una de las civilizaciones más conocidas es la de los aztecas, con su capital Tenochtitlan y su idioma principal, el náhuatl. En esta capital los españoles construyeron después la ciudad de México. Hoy día, en la plaza principal, llamada el Zócalo, se hacen excavaciones arqueológicas para desenterrar templos, edificios y artefactos que enseñan el esplendor y la complejidad de la civilización azteca. En las afueras de la ciudad de México está Xochimilco, un laberinto de canales que antes llevaban agua a Tenochtitlan.

Parte de un templo azteca en México, D.F.

Actividades

A Tony's friends visited Xochimilco. Look at Tony's scrapbook on page 45 to tell what his friends did in Xochimilco.

B Under each category, choose the words related to each of the following terms from the reading.

1. *indígenas*	2. *desenterrar*	3. *Tenochtitlan*
habitantes originales	templos	edificios
aztecas	restos	ciudad
conquistadores	artefactos	aztecas
región	excavar	gran civilización
avanzada	comprar	idioma
civilización	arqueólogos	costa

Estructura 2

....

*How to Describe the Past
Actions of Others*

*Third person plural
forms of the preterit*

You have learned to describe past actions of another person.

> **El fin de semana pasado, Anita hizo muchas cosas:
> compró ropa nueva, aprendió a esquiar y salió con su
> nuevo amigo Jorge. Estuvo muy ocupada.**

1. To talk about what more than one person did in the past, use the
   following verb endings.
   - -**aron** on the end of -**ar** verbs
   - -**ieron** on the end of -**er** and -**ir** verbs

   Cuando los estudiantes llegaron al hotel, comieron algo.

2. You also use these endings to address more than one person.

   > **¿Cuándo llegaron ustedes? ¿Ya comieron?**

3. The following verbs are irregular.

ir	fueron
dar	dieron
hacer	hicieron
estar	estuvieron
poner	pusieron
traer	trajeron
decir	dijeron
venir	vinieron

4. The verbs **leer** and **oír** have a spelling change: **leyeron, oyeron.**

5. You have seen two verbs (**pedir** and **servir**) whose stem changes
   from **e** to **i** when you talk about the past actions of another
   person. This change also occurs when you talk about the past
   actions of more than one person.

   > **Sara y Miguel pidieron pollo, pero los meseros les
   > sirvieron mariscos.**

6. To talk about the past actions of more than one person using the verb **dormir**, the stem changes from **o** to **u**.

   Anoche Tony y sus amigos durmieron en el hotel.

Actividades

A **Nadie lo hizo.** After last weekend's fiesta, the students in Tony's class didn't do much of their schoolwork on Monday. Say that no one did the following things.

Por ejemplo:

> No escucharon al maestro.
> *Nadie lo escuchó.*

1. No hicieron las tareas.
2. No estudiaron la lección.
3. No leyeron el capítulo.
4. No comieron la comida en la cafetería.
5. No vieron la película en la clase de historia.
6. No escribieron la composición.
7. No pusieron los libros en las gavetas.
8. No trajeron los cuadernos a la escuela.

Canoas en Xochimilco.

B **¿Qué hicieron los turistas?** The following are statements made by a group of tourists visiting Mexico. Write the questions they are answering.

Por ejemplo:

> El lunes fuimos a Xochimilco.
> *¿Adónde fueron (ustedes) el lunes? (¿Cuándo fueron a Xochimilco?)*

1. También visitamos Teotihuacán.
2. Tomamos el autobús.
3. Salimos a las nueve de la mañana.
4. Llegamos a las once de la mañana.
5. Conocimos a otros turistas norteamericanos.
6. Hablamos de la cultura azteca.
7. El martes no hicimos nada.
8. El miércoles compramos cerámica en el mercado.
9. Estuvimos allí dos horas y media.
10. Regresamos al hotel a las once.

C **¿Qué hicieron?** What did your friends probably do in the following places over summer vacation? Give at least two activities for each place.

Por ejemplo:

en el parque
Dieron paseos, jugaron béisbol...

1. en la piscina
2. en el campo
3. en el trabajo
4. en casa
5. en la playa
6. en el centro comercial
7. en las fiestas

D **Lo pasaron bien.** Choosing from the following phrases, tell what Tony and his friends did at each of the places below.

ver arte antiguo
nadar y tomar el sol
mirar cerámica bonita

Finalmente

Situaciones

A conversar   Imagine that you are a customer who is visiting a Mexican restaurant for the second time. Your classmate will play the role of the server. Tell the server three things you ate in the restaurant last week; give your opinions of each of the things you ordered. Ask the server for suggestions for something different to eat. The server will suggest four items and say something complimentary about each one. Then decide what to order.

Repaso de vocabulario

PREGUNTAS
¿Cuánto dejo (dejamos)
   de propina?
¿Qué desea(n) Ud(s).?
¿Qué tal está(n)...?

COMIDA
el atún
la avena
el café con leche
los camarones
la carne de
   cerdo
   res
la chuleta
el flan
la galleta
el helado de
   chocolate
   fresa
   vainilla

el huevo
   frito
   revuelto
   tibio
el jugo de naranja
la langosta
los mariscos
el panecillo
el pavo
la ternera
el tocino
la torta
la trucha

CONDIMENTOS
el aceite
la pimienta
la sal
la salsa picante
el vinagre

**MODOS DE PREPARACIÓN
DE LA COMIDA**
asado(a)
bien cocido(a)
frito(a)
jugoso(a)
medio cocido(a)
picante

LOS CUBIERTOS
la cuchara
el cuchillo
el plato
la servilleta
la taza
el tenedor
el vaso

PERSONAS
el/la cliente
el/la mesero(a)

ACTIVIDADES
alquilar
dejar
desear
servir (i)

DESCRIPCIONES
estar +
   agrio(a)
   dulce
   duro(a)
   rico(a)
   salado(a)
   seco(a)

**OTRAS PALABRAS
Y EXPRESIONES**
buen provecho
la cuenta
el menú
para mí
la propina

Lección 4

México lindo

¡A comenzar!

The following are some of the things you will be learning to do in this lesson.

When you want to . . .	You use . . .
1. tell how long ago something happened	• preterit tense + **hace** + length of time
2. talk about things people do to or for others	• indirect object pronouns **me, te, nos, le, les**
3. say what is or is not allowed	• **(No) Se puede**...

Now find examples of the above words and phrases in the following scrapbook page.

Aquí estuvieron las casas viejas de Moctezuma hasta 1521.
Dirección de monumentos coloniales y de la República

JOSE M. MORELOS

PASEO DE LA REFORMA

En Teotihuacán, cerca de la ciudad, entramos en la historia. Allí, hace miles de años vivió y trabajó el pueblo indígena. Subimos y bajamos las pirámides dos veces.

En el mercado los vendedores me permitieron probar algunas frutas y verduras indígenas. (Uno de los vendedores le regaló una flor a la maestra).

El guía nos enseñó algo de la rica historia de México que se puede ver en los nombres de las calles.

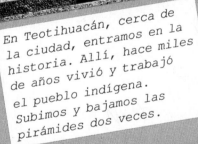

Actividades preliminares

A Complete the following statement to tell what your teachers let you do and did not let you do last week.

> Los maestros nos permitieron _____, pero no nos permitieron _____.

B Tell one thing each of these people did for you recently.

1. Mi amigo(a) me _____.
2. Mis padres me _____.
3. Mis maestros me _____.
4. Mi compañero(a) de la clase de español me _____.

C Tell how long ago the following happened, using **hace...**

Por ejemplo:

> estudiaste para un examen
> *Estudié para un examen hace tres días (una semana, veinte minutos, etc.).*

1. sacaste una buena nota en un examen
2. comiste en un restaurante
3. limpiaste tu habitación
4. leíste un libro
5. viste una buena película
6. hablaste por teléfono
7. viste tu programa favorito en la tele
8. naciste
9. recibiste un regalo

D Which of the following are you allowed to do in your school? Make two lists; title one **Se puede** and the other **No se puede.**

1. llevar jeans
2. comer afuera
3. correr en el pasillo (hall)
4. escribir mensajes a otros estudiantes en las clases
5. salir de la escuela antes de las dos
6. venir en coche

Si es **GOYA**... tiene que ser bueno

Vocabulario 1

En el mercado se puede ver frutas como...

las toronjas

las fresas

las piñas

las peras

los melones

las manzanas

los plátanos

las naranjas

las uvas

los duraznos

las sandías

las ciruelas

los aguacates

También se puede ver verduras y legumbres como...

las espinacas

las cebollas

los cacahuetes

las habichuelas

las zanahorias

el bróculi

los frijoles

los rábanos

el apio

el ajo

la lechuga

el maíz

las calabazas

los chícharos

la coliflor

Actividades

A **Categorías.** Give your opinion of the list of fruits and vegetables, dividing them into four categories: **las mejores / las buenas / las malas / las peores.**

B **¿Lo comes o no?** Choose ten fruits and vegetables and find out from a classmate which of them he or she eats and how often.

Por ejemplo:

ESTUDIANTE A

(1) **¿Te gustan las zanahorias?**

(3) **¿Y la lechuga?**

ESTUDIANTE B

(2) **No. Nunca las como.**

(4) **Sí, la como casi todos los días.**

C **La ensaladería.** You have opened a restaurant that serves only salads. All of your salads contain five ingredients, and each ingredient is a different color. Design two house specialties and describe them to the class.

Por ejemplo:

Una ensalada es verde, amarilla... Tiene melones, plátanos...

Teotihuacán

Cuando los aztecas fundaron su ciudad Tenochtitlan en el año 1325 D.C., encontraron ruinas antiguas a unas treinta millas al noreste de la ciudad. Entonces, reservaron este lugar para sus ceremonias religiosas y lo llamaron Teotihuacán, "La ciudad de los dioses".

No sabemos casi nada de los teotihuacanos que ya por el año 200 A.C. tenían grandes templos. El templo más famoso es la Pirámide del Sol. Esta pirámide tiene las mismas proporciones que la pirámide de Cheops, construida en Egipto, pero nadie sabe por qué. Además, la pirámide está construida de manera que enfrenta exactamente el lugar donde se pone el sol en el solsticio de verano.

Estas fantásticas ruinas también contienen murales, esculturas y cerámicas que indican que el nivel de civilización de estos antiguos habitantes de México era extraordinariamente alto.

La Pirámide del Sol.

Actividad

Find phrases from the reading that support each of the following statements.

1. Teotihuacán es una ciudad misteriosa porque...
2. Es una ciudad antigua porque...
3. Es una ciudad impresionante porque...
4. Sabemos que vivieron allí artistas porque...
5. También sabemos que vivieron allí científicos y arquitectos porque...

Estructura 1

How to Say How Long Ago
Something Happened

*Preterit tense + **hace***

1. To talk about how long ago something happened, use the preterit tense with **hace** and the amount of time that has passed.

   Mi maestra fue a México hace dos años.
   Mis primos fueron hace tres meses.

2. To ask someone how long ago something happened, say:
   ¿Cuánto tiempo hace que...?

   ¿Cuánto tiempo hace que aprendiste a manejar un coche?
   Hace seis meses.

Actividades

A **La comida.** Tell approximately how long ago you ate or drank each of the following.

Por ejemplo:

   el jugo de naranja / las fresas
   Lo tomé hace dos horas. Las comí hace mucho tiempo.

1. la cebolla
2. el bróculi
3. las espinacas
4. los cacahuetes
5. el maíz
6. las zanahorias
7. el chocolate
8. las papas fritas
9. la gaseosa
10. la leche

el mango

Corte el fruto con un
cuchillo afilado y
córtelo en dos con la
con la
ón de salvar
semilla.

Para obtener una
presentación más
exótica corte las uni-
dades en forma de
parrilla y de la vuel-
ta a la piel.

B **Mi vida.** Ask a classmate how long ago he or she did the following.

Por ejemplo:

> empezar a estudiar español

ESTUDIANTE A

¿Cuánto tiempo hace que empezaste a estudiar español?

ESTUDIANTE B

Lo empecé a estudiar hace un año.

1. hacer un viaje con los padres
2. conocer a tu mejor amigo(a)
3. limpiar tu habitación
4. sacar la basura
5. poner la mesa
6. ir a una fiesta o a un concierto
7. ver una película fantástica
8. estar enfermo(a)

C **Fechas de la historia.** The following are some important dates in Mexican history. Tell the year each event occurred. Then tell how long ago it was.

Por ejemplo:

> 1519: Cortés llegó a México.
> *En 1519 (mil quinientos diez y nueve) Cortés llegó a México.*
> *Llegó hace _____ años.*

1325	Los aztecas fundaron Tenochtitlan.
1821	México ganó su independencia de España.
1910	Empezó la Revolución Mexicana.
1985	Un terremoto horrible destruyó partes de la ciudad de México.

Vocabulario 2

¿Dónde prefieres comprar?
Prefiero comprar...

en el mercado

en el supermercado

en la bodega de mi barrio

Prefiero comprar verduras...

frescas

congeladas

¿A cómo están?
Están a quinientos pesos...

$ 500

cada uno(a)

la bolsa

la botella

la lata

el racimo

la caja

la docena

el kilo

el gramo

la libra

el litro

la onza

Actividades

A **¿Quién lo dice?** Who would be most likely to make the following remarks in a fruit and vegetable stand in Mexico, **un vendedor** or **un cliente**?

1. Las uvas no parecen muy frescas.
2. ¿A cómo están los plátanos?
3. Pues, en la bodega de mi barrio no cuestan tanto.
4. Y por esa bolsa de papas, ¿cuánto pide usted?
5. ¿Están frescas las manzanas?
6. Todas las empleadas de mi edificio dicen que usted tiene los precios más bajos del mercado.
7. Y también necesito quinientos gramos de fresas.
8. ¿Me permite ver ese racimo de uvas?
9. ¿Las piñas? Están a mil pesos cada una.
10. No me gustan las verduras congeladas. Por eso siempre compro aquí en el mercado.

B **La lista de compras.** Miriam's family has invited Tony to dinner. Complete Señora Avellano's shopping list.

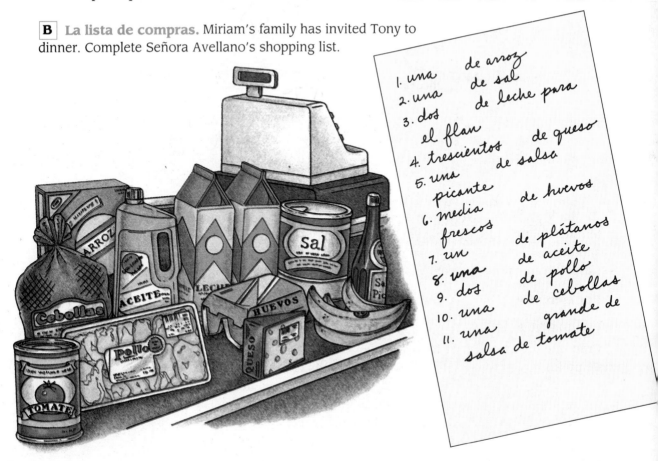

1. una _____ de arroz
2. una _____ de sal
3. dos _____ de leche para el flan
4. trescientos _____ de queso
5. una _____ de salsa picante
6. media _____ de huevos frescos
7. un _____ de plátanos
8. una _____ de aceite
9. dos _____ de pollo
10. una _____ de cebollas
11. una _____ grande de salsa de tomate

C **¿Así se vende?** Tell whether it's possible to make the following kinds of purchases. If not, make corrections.

Por ejemplo:

> un litro de leche
> *Sí, se puede comprar leche en litro.*
> una bolsa de vinagre
> *No, no se puede comprar vinagre en bolsa. Sólo se puede comprar en botella.*

1. una lata de sandías
2. una botella de salsa picante
3. una caja de uvas frescas
4. una caja de cebollas
5. una lata de salsa de tomate
6. una botella de aceite
7. una caja de cereal
8. un racimo de jugo congelado

D **La gran fiesta.** Work with a partner to plan a party for about ten friends. First, decide what you'll want to serve to eat and drink, and then make a detailed shopping list. Share your list with the class. Which pair of students has planned the best menu?

Por ejemplo:

ESTUDIANTE A

Creo que debemos servir tacos de pollo.

ESTUDIANTE B

Buena idea. Entonces, necesitamos comprar tres docenas de tortillas, dos libras de pollo, dos botellas de salsa picante...

Los nombres de las calles

La historia de México se puede dividir en tres períodos principales: el período indígena, el período colonial y el período moderno. Estos tres períodos están reflejados en los nombres de las calles de la ciudad de México. Hay muchísimos nombres indígenas. Muchas calles honran a los padres de la nación y a los héroes de la independencia. Los nombres de las calles también recuerdan a los héroes de la Revolución de 1910 (la Revolución Mexicana).

Actividad

Do research to match the following famous people from Mexican history to the sentences below that describe them.

Emiliano Zapata   Cuauhtémoc
Miguel Hidalgo   Francisco I. Madero
Hernán Cortés   Benito Juárez

1. Este indígena zapoteca fue presidente del país.
2. Conquistó México.
3. Es uno de los héroes más importantes de la Revolución de 1910.
4. Proclamó la independencia de México en 1810.
5. Este jefe azteca luchó contra Cortés.
6. Fue el líder político de la Revolución de 1910.

Estructura 2

How to Refer to People and Things Already Mentioned

Use of some double object pronouns

You have learned to use direct object pronouns (**lo, la, los, las**) to refer to people and things you have already mentioned.

¿Ya compraste el pollo?   **Sí. Lo compré esta mañana.**

You have also learned to use indirect object pronouns (**le, les**) to indicate to whom or for whom something is being done.

Para los cumpleaños, a mi mamá le di flores y a mis hermanas les di chocolates.

The other object pronouns are **me, te,** and **nos.** These are both direct and indirect object pronouns.

Me llamó y me dijo que Ann está enferma.

1. Sometimes you will want to use both direct and indirect object pronouns together when you are describing or asking favors about something already mentioned. The indirect object pronoun will come first, followed by the direct object pronoun.

   Me gusta mucho este vestido. ¿Me lo compras, mamá?
   Pero Carmen, no te lo puedo comprar. Es muy caro.

   Necesito mi bicicleta. ¿Me la puedes traer?
   Sí, te la traigo esta noche.

2. Both pronouns come before the verb. If the sentence is negative, they come after **no.**

3. The following are some verbs that you use to say that you do something to or for someone. These are verbs with which you are likely to use both indirect and direct object pronouns together.

dar	enseñar	pedir
mandar	decir	prestar
escribir	dejar	hacer
contestar	traer	comprar
vender	presentar	

Actividades

A **Regalos.** Choosing from the list below, tell five things that you have and who gave each one to you.

Por ejemplo:

> el estéreo
> *Mi tía me lo dio.*

la mochila	el reloj
el radio	el monopatín
el televisor	el teléfono
la bicicleta	la billetera
los zapatos	el casete
el traje	

B **Favores.** Ask a classmate for the following favors. How many will he or she do for you?

Por ejemplo:

> dar su disco favorito

ESTUDIANTE A	ESTUDIANTE B
¿Me das tu disco favorito?	Sí, te lo doy. (No, no te lo doy).

1. vender su estéreo
2. comprar la comida en la cafetería
3. traer los libros de la gaveta
4. presentar a sus amigos
5. decir su dirección
6. dar cinco dólares

C **Amigos generosos.** Ask a classmate to lend you three items. Your classmate will decide whether or not to lend each item to you. Then reverse roles. Report back to the class about what you asked for and how your classmate responded.

Por ejemplo:

ESTUDIANTE A	ESTUDIANTE B
¿Me prestas tu bolígrafo?	Sí, te lo presto. (No, no te lo presto).

(A la clase:) A Tina le pedí el bolígrafo y me lo prestó (pero no me lo prestó).

D **El maestro ideal.** Tell whether the ideal teacher should do the following for you and your classmates.

Por ejemplo:

> explicar las lecciones
> *Sí, nos las debe explicar.*

1. decir la fecha de un examen
2. enseñar palabras nuevas
3. prestar dinero
4. traer comida
5. contestar las preguntas
6. presentar a su familia
7. explicar los problemas
8. dar buenas notas

E **Más favores.** Tell what people did or did not do for you recently. Make at least two statements about each of the topics below using the verbs in parentheses.

Por ejemplo:

> el dinero (dar, prestar, mandar, pedir)
> *Anoche mi prima me lo dio para ir al cine. Mi papá no me lo prestó. Mi hermano menor me lo pidió. Mis tíos me lo mandaron para mi cumpleaños.*

1. la tarea (dar, explicar, pedir, prestar)
2. la ropa (comprar, vender, prestar, lavar, limpiar)
3. la comida (comprar, servir, traer, dar, quitar)
4. los vídeos (prestar, comprar, dar, enseñar, vender, traer)

Finalmente

A escribir   Think of a special birthday celebration that you or someone you know had. Write at least eight sentences describing the day. Include details about gifts and cards that friends and relatives gave or sent, the cake, and the party, or special birthday meal.

Repaso de vocabulario

FRUTAS
el aguacate
la ciruela
el durazno
la fresa
la manzana
el melón
la naranja
la pera
la piña
el plátano
la sandía
la toronja
la uva

VERDURAS
el ajo
el apio
el bróculi
los cacahuetes
la calabaza
la cebolla

la coliflor
los chícharos
las espinacas
los frijoles
las habichuelas
la lechuga
el maíz
el rábano
la zanahoria

MEDIDAS
la bolsa
la botella
la caja
el gramo
el kilo
la lata
la libra
el litro
la onza

LUGARES
el barrio
la bodega
el mercado

DESCRIPCIONES
congelado(a)
fresco(a)

PREGUNTA
¿A cómo está(n)...?

EXPRESIONES
cada uno(a)
está(n) a...
se puede

Lectura

Complete the following questionnaire about eating habits. Then do the activities on the following page.

¿cómo come?

Si desea saber si sus costumbres alimenticias son saludables, llene el siguiente cuestionario.

1. ¿Con qué frecuencia come usted una ensalada mixta, con más de cuatro vegetales, crudos o verdes?
   a. la mayoría de los días
   b. cuatro o cinco veces a la semana
   c. una o dos veces a la semana
   d. casi nunca

2. ¿Con qué frecuencia come fruta fresca?
   a. una vez o más al día
   b. tres o cuatro veces a la semana
   c. tres o cuatro veces al mes
   d. casi nunca o nunca

3. ¿Come carne roja?
   a. una vez al día o menos
   b. cuatro o cinco días a la semana
   c. una o dos veces a la semana
   d. casi nunca o nunca

4. ¿Con qué frecuencia come de tres a cuatro rebanadas de pan integral al día o un plato de legumbres?
   a. cuatro veces o más a la semana
   b. dos o tres veces a la semana
   c. dos o tres veces al mes
   d. casi nunca o nunca

5. ¿Con qué frecuencia come pescado?
   a. pescado grasoso (salmón, trucha, atún, marcarela…): dos veces a la semana o más
   b. pescado grasoso, blanco o enlatado: dos veces a la semana o más
   c. pescado con papas fritas: una vez a la semana o más
   d. casi nunca o nunca

6. ¿Qué clase de desayuno toma?
   a. ninguno, o café o té solamente
   b. cereal con leche y azúcar, o pan blanco con mermelada
   c. pan integral, margarina o mantequilla desgrasada
   d. cereal integral o avena cocida sin azúcar y con leche descremada

7. ¿Cuántos pedazos de torta, galletitas dulces o helados entran en su dieta?
   a. más de dos al día
   b. uno al día
   c. uno o dos a la semana
   d. casi ninguno

8. ¿Con qué frecuencia come fritos o asados con grasa?
   a. una vez o más al día
   b. casi todos los días
   c. tres o cuatro veces a la semana
   d. una vez a la semana o menos

RESPUESTAS

1. a o b: un punto
   c: dos puntos
   d: tres puntos

2. a o b: un punto
   c: dos puntos
   d: tres puntos

3. a: cuatro puntos
   b: tres puntos
   c: dos puntos
   d: dos puntos

4. a: un punto
   b: dos puntos
   c: tres puntos
   d: cuatro puntos

5. a: un punto
   b: dos puntos
   c: tres puntos
   d: cuatro puntos

6. a: cuatro puntos
   b: dos puntos
   c o d: un punto

7. a: cuatro puntos
   b: tres puntos
   c: dos puntos
   d: un punto

8. a: cuatro puntos
   b: tres puntos
   c: dos puntos
   d: un punto

Ahora sume su puntuación. Si el resultado es bajo (nueve con mínimo), su dieta es saludable. ¡Felicitaciones! Si es alto (treinta con máximo), su dieta no es saludable y debe pensar en cambiar sus hábitos de comer.

Actividades

A List five foods that you think are good for your health.

B How often do you eat or drink the following per week?

Por ejemplo:

> **las frutas frescas**
> *Las como _____ veces a la semana.*

1. el pan
2. los vegetales
3. el pescado o los mariscos
4. la carne roja
5. los dulces
6. la leche
7. los huevos
8. la ensalada
9. las gaseosas

C What recommendations would you give yourself regarding improving your eating habits?

Por ejemplo:

> **Debo comer (tomar) más (menos) _____.**

Capítulo 1   Repaso

¿Recuerdas?

Do you remember how to do the following things, which you learned in **Capítulo 1**?

LECCIONES 1–2

1. understand instructions from airline personnel at an airport (pp. 7–8)
2. say what you and someone else did at one point in the past (p. 12)
3. identify objects in a hotel room (pp. 15–16)
4. say what you and someone else liked or did not like (p. 20)
5. identify names of shops (pp. 27–28)
6. say what you did at one point in the past (pp. 32–33)
7. tell or ask a friend what he or she did in the past (pp. 32–33)
8. negotiate a price (pp. 36–37)
9. refer to people and things already mentioned (pp. 40–41)

LECCIONES 3–4

1. identify certain foods and place settings (pp. 47–48)
2. say what someone did at one point in the past (pp. 52–53)
3. describe how foods taste (pp. 55–56)
4. say what others did at one point in the past (p. 60)
5. say what is or is not allowed (p. 64)
6. identify certain fruits and vegetables (pp. 67–68)
7. tell how long ago something happened (p. 71)
8. purchase groceries in a market (pp. 73–74)
9. refer to people and things already mentioned (p. 78)

Actividades

A **Estimado maestro.** Imagine that you failed to turn in a homework assignment or forgot to study for a test. Write a letter to your teacher explaining your lack of preparation. Tell why you didn't study and what you did instead. Be as specific as possible. Your letter should contain at least ten sentences.

B **¿Conoces...?** Ask a classmate if he or she is familiar with your favorite things. If your classmate is not, describe them. If your classmate is familiar with them, he or she will describe them.

Por ejemplo:

ESTUDIANTE A

¿Conoces la música de Gloria Estefan?

ESTUDIANTE B

Sí, la conozco. ¡Es fantástica! (No, no la conozco. ¿Cómo es?)

1. la música de...
2. el restaurante...
3. la ciudad de...
4. a mi amigo(a)...
5. a la señorita...
6. al señor...
7. el libro...
8. la película...
9. el programa...
10. la revista...

C **Una pasajera muy habladora.** On the flight to Mexico, Tony sat next to an elderly woman who liked to ask a lot of questions. The following are Tony's answers to her questions. For each, guess what she asked. Start the questions using the following words.

¿qué?   ¿cómo?   ¿dónde?   ¿de dónde?
¿adónde?   ¿cuánto(s)? ¿con quién?   ¿a quién?
¿cuándo?   ¿por qué?

Por ejemplo:

Pues, compré flores de papel y cerámica.
¿Qué compraste en México?

1. Son las tres y cuarto.
2. Creo que llegamos a las seis y media.
3. Me llamo Tony. Mucho gusto.
4. Pues, soy mexicano pero vivo en los Estados Unidos.
5. Vengo de Chicago.
6. Seis semanas—hasta el doce de agosto.
7. Con mis compañeros de clase.
8. Somos trece estudiantes y nuestra maestra.
9. Bueno, porque queremos aprender algo de México.
10. Pues, no estoy seguro. Pensamos visitar las excavaciones. También queremos ir a los museos y a la playa.
11. En el Hotel Cortés.

D **¿Otra vez?** On the flight back to Chicago, Tony ran into the same woman. Working with a partner, write eight questions she might have asked him about his stay in Mexico and what he did. Use the following topics as a guide or think of some of your own.

Por ejemplo:

> ¿Sacaste muchas fotos? ¿A tus compañeros también les gustó México?

1. la comida	7. Miriam
2. el hotel	8. los padres de Miriam
3. la ciudad	9. las fiestas
4. la playa	10. la maestra
5. las pirámides	11. México en general
6. los museos	

E **En el supermercado.** You are working in a supermarket, stocking the aisles. Work with a partner to see how many items you can place in each of the following aisles in ten minutes. Which team can stock each aisle to the fullest?

Por ejemplo:

> la sección de productos congelados

ESTUDIANTE A	ESTUDIANTE B
Ponemos los jugos y los helados en la sección de productos congelados.	También necesitamos poner las pizzas y...

1. la carnicería
2. la pescadería
3. la frutería
4. la sección de verduras y legumbres
5. la panadería / pastelería
6. la lechería

F **¿Qué dices?** The following are some common situations that arise in restaurants. Tell what you would say in each case.

Por ejemplo:

> Entras en el restaurante por la noche y ves al mesero.
> *Le digo "Buenas noches".*

1. Estás en un restaurante y quieres cambiar de mesa porque tienes frío.
2. El mesero no te trajo lo que pediste.
3. Un amigo te invitó a un restaurante conocido pero tú sabes que la comida que sirven es mala.
4. Tienes prisa y debes regresar a casa, pero el mesero no te trajo la cuenta.
5. No tienes tenedor y tu amigo no tiene servilleta.
6. No te gusta nada del menú y sólo quieres una ensalada.
7. Invitaste a un amigo pero ahora ves que el restaurante es muy caro.
8. El vaso está sucio.
9. Ves a un/a muchacho(a) guapo(a). Lo(La) quieres conocer.
10. Le quieres decir al mesero que te gustó mucho la comida.

G **En el sitio arqueológico.** You are visiting Teotihuacán or some other historic site in Mexico. Work with a partner to compose eight questions you could ask the guide about the place.

H **Encuesta.** Make up a survey of at least ten questions to determine the eating habits of your classmates. Report your findings back to the class.

Por ejemplo:

> ¿Cuál es el mejor plato de la cafetería? ¿Qué plato nunca piden? Cuando van a un restaurante, ¿cuánto dinero gastan? ¿A qué hora comen el desayuno?

(A la clase:) Muchos compañeros dicen que el mejor plato de la cafetería es... pero otros dicen... Todos dicen que nunca piden...

México: hoy y ayer

Lección 1

México antiguo

¡A comenzar!

The following are some of the things you will be learning to do in this lesson.

When you want to . . .	You use . . .
1. distinguish one thing from another "this" or "these" "that" or "those" "that" or "those" (over there)	• words such as: este / esta / estos / estas ese / esa / esos / esas aquel / aquella / aquellos / aquellas
2. describe what there was in a place	• había...
3. describe what someone or something used to be like	• era...
4. describe where something is located	• words such as: al fondo / cerca de / fuera de / dentro de / al lado de

Now find examples of the above words in the following description.

Tony y sus compañeros de clase están en el Palacio Nacional, donde la maestra les habla sobre el México antiguo.

—Miren, por aquí, por aquí. El artista Diego Rivera pintó estos murales para representar la historia de México. En este mural, pueden ver cómo era el país antes. Había muchos bosques, lagos y ríos. ¿Saben ustedes que antes había un gran lago aquí en la ciudad de México?

Y también había grandes árboles y bosques en las sierras y montañas. ¿Ven ese lago y aquellos volcanes al fondo, fuera de la ciudad? Y miren aquí, al lado del bosque, las plantaciones de algodón. Aquí cerca de la plantación de algodón pueden ver el tipo de casas que había y los materiales usados.

Y dentro de la ciudad había mucha actividad. ¿Ven a estos aztecas a la derecha? Había doctores, artistas, astrólogos, agricultores, cazadores y campesinos. La cultura de estos aztecas era muy avanzada.

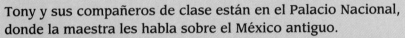

Actividades preliminares

A Tony's teacher has described various features of ancient Mexico. Use the phrases below to tell where each of the following is located, according to the mural on page 91.

cerca de la ciudad   lejos de la ciudad
dentro de la ciudad   fuera de la ciudad

Por ejemplo:

el lago
El lago está dentro de la ciudad.

1. el bosque   4. las plantaciones de algodón
2. las montañas   5. las casas
3. los volcanes

B Which of the following do you think there were **(había)** in ancient Mexico?

Por ejemplo:

casas / mucho tránsito
Creo que había casas. Creo que no había mucho tránsito.

1. aire puro
2. libros y periódicos
3. escuelas
4. transporte
5. industria y comercio
6. civilizaciones avanzadas
7. templos y pirámides
8. mercados
9. hoteles y oficinas
10. jardines y flores

Las ruinas de Palenque.

Vendedoras de Oaxaca.

Vocabulario 1

Antes había...

mucha gente

muchas pirámides

muchas plantas

muchas fincas

muchas flores

mucha tierra

muchos árboles

muchos jardines

muchos botes

muchos animales

También había...

un volcán

aire puro

una selva

una sierra

un valle grande

varias islas

muchos puentes

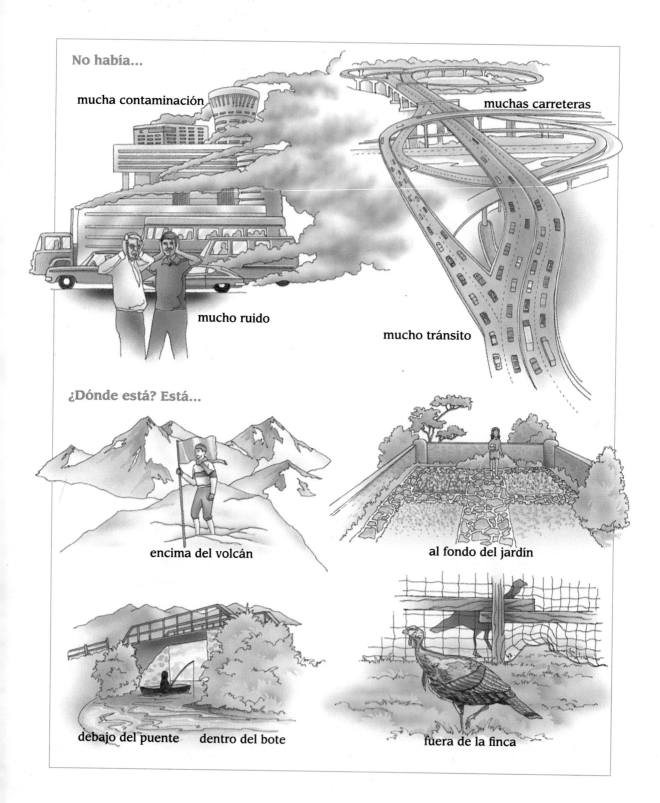

No había...

mucha contaminación

muchas carreteras

mucho ruido

mucho tránsito

¿Dónde está? Está...

encima del volcán

al fondo del jardín

debajo del puente   dentro del bote

fuera de la finca

Actividades

A **O sea.** Match the words on the left with their definitions on the right and form sentences.

Por ejemplo:

> un valle / una extensión de tierra entre montañas
> *Un valle es una extensión de tierra entre montañas.*

1. la gente
2. el tránsito
3. los edificios
4. el lago
5. el puente
6. el bosque
7. la finca
8. el bote
9. el jardín
10. la contaminación
11. la selva
12. la montaña

a. una elevación de la tierra
b. un bosque tropical
c. un lugar donde se cultivan legumbres y verduras
d. el movimiento de coches en la calle
• e. las casas, oficinas y tiendas
f. el aire sucio
g. una estructura sobre un río
h. un lugar donde hay flores
• i. un medio de transporte
j. un lugar donde hay muchos árboles
k. una extensión de agua
l. un grupo de personas

B **¿En el campo o en la ciudad?** Tell where you would find the following: in the country, in the city, or in both places.

Por ejemplo:

> animales
> *Hay animales en el campo y en la ciudad.*

1. mucha gente
2. fincas
3. jardines de flores
4. muchos árboles y plantas
5. mucha contaminación
6. mucho ruido
7. aire puro
8. puentes y carreteras
9. mucho tránsito

Ciudad de México

BIENVENIDO A LA CIUDAD DE MÉXICO

La ciudad más grande del mundo es, a pesar de los problemas que toda urbe de gran magnitud presenta, una ciudad hospitalaria, con una gran tradición y una gran cantidad de actividades de toda índole accesibles a sus visitantes.

C **Conozco bien el país.** Work with a classmate to locate and identify the following features on the map of Mexico.

1. los ríos principales
2. las sierras
3. los mares
4. las ciudades principales del norte
5. las ciudades principales del sur

Plantas y animales

Cuando los españoles llegaron a México, encontraron los siguientes animales y plantas que no había en Europa.

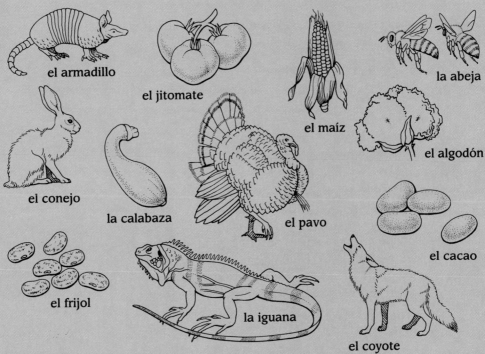

el armadillo

el jitomate

el maíz

la abeja

el conejo

la calabaza

el pavo

el algodón

el frijol

la iguana

el cacao

el coyote

Actividad

Tell which of the following were already in the New World and which the Spaniards brought with them.

Por ejemplo:

Ya había _____. Los españoles trajeron _____.

1. algodón
2. caballos
3. vacas (COWS)
4. maíz
5. manzanas
6. conejos
7. cerdos
8. naranjas
9. frijoles
10. azúcar
11. burros
12. limones
13. cacao

Estructura 1

How to Paint a Picture Using Words

Imperfect tense forms: había / estaba / era

To describe what someone or something is like, you have used forms of **haber, estar,** and **ser.**

> **El parque está cerca de mi casa. Es muy bonito. Allí hay muchos árboles y un lago grande.**

1. To describe what someone or something *was* like, or *used to be* like, you will use these verbs in what is called the imperfect tense.

2. You use **había** to describe what there was or were in a place. The form stays the same whether it is describing one or more than one person or thing.

> **Ahora hay muchos edificios, pero antes *había* bosques y un lago.**

3. You use the following forms of **ser** to describe what someone or something used to be like, or to tell what time it was when something happened.

era	éramos
eras	erais*
era	eran

> **Cuando yo era niño, era muy tímido. Mi casa era grande. Era blanca y verde. Mis amigos y yo éramos muy cómicos.**
>
> **Eran las once de la mañana cuando llegué.**

4. You use the following forms of **estar** to describe: (a) where something used to be located, (b) where someone was, and (c) how someone used to feel.

estaba	estábamos
estabas	estabais*
estaba	estaban

> **La casa de mi abuela estaba en el campo. Yo siempre estaba muy contento cuando estábamos allí con ella.**

*This form is rarely used in the Spanish-speaking world, except for Spain.

Actividades

A **¿Cómo eras de niño?** Choose from the list below the three words that best describe what you were like as a child. Then compare yourself to a classmate in terms of similarities and differences.

Por ejemplo:

ESTUDIANTE A

De niño(a), yo era tímido(a).
¿Cómo eras tú?

ESTUDIANTE B

Yo era muy sociable.

(A la clase:) De niño(a), yo era tímido(a) pero Juan era sociable. Los dos éramos generosos.

aventurero	artístico	agresivo	antipático
amable	cómico	tímido	independiente
abierto	solitario	sociable	aplicado
listo	impaciente	responsable	irresponsable
serio	divertido	buen amigo	egoísta
conversador	generoso	tranquilo	

B **¿Cómo estabas, dónde estabas?** Tell where you were or with whom you were when you felt the following.

Por ejemplo:

> bien
> *Estaba bien cuando estaba en mi habitación con mis compañeros(as).*

1. triste
2. contento(a)
3. preocupado(a)
4. aburrido(a)
5. enojado(a)
6. enfermo(a)

C **Mi habitación.** Compare your room or house as it was several years ago to the way it is now.

Por ejemplo:

> Antes mi casa era blanca. Ahora es blanca y verde. Antes había tres habitaciones. Ahora...

Vocabulario 2

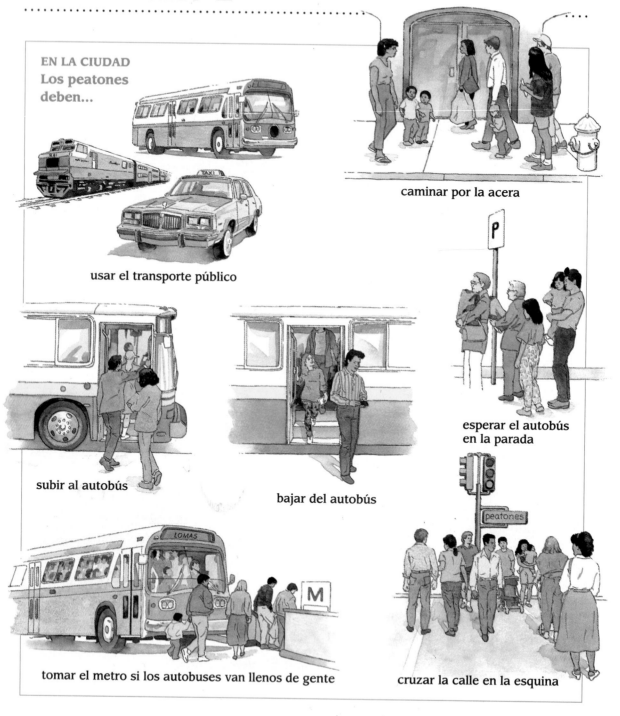

EN LA CIUDAD
Los peatones
deben...

usar el transporte público

caminar por la acera

subir al autobús

bajar del autobús

esperar el autobús
en la parada

tomar el metro si los autobuses van llenos de gente

cruzar la calle en la esquina

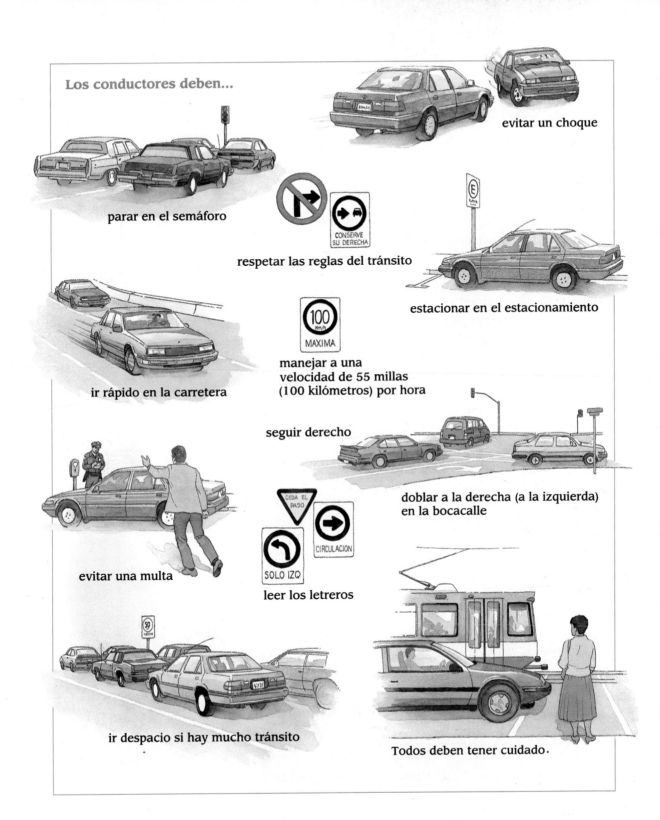

Los conductores deben...

evitar un choque

parar en el semáforo

respetar las reglas del tránsito

estacionar en el estacionamiento

CONSERVE SU DERECHA

100 km/h MAXIMA

manejar a una velocidad de 55 millas (100 kilómetros) por hora

ir rápido en la carretera

seguir derecho

doblar a la derecha (a la izquierda) en la bocacalle

CEDA EL PASO

SOLO IZQ

CIRCULACION

evitar una multa

leer los letreros

ir despacio si hay mucho tránsito

Todos deben tener cuidado.

Actividades

A **Buenos conductores.** Tell whether the following people are responsible drivers. If someone is a poor driver, tell what he or she should do to improve.

Por ejemplo:

> Elena siempre respeta las reglas de tránsito.
> *Es una conductora responsable.*
> El Sr. Sánchez manejó a una velocidad de 75 millas por hora en una carretera llena de coches.
> *No es un conductor responsable. Debe manejar a una velocidad de 55 millas por hora.*

1. Juan José estacionó el coche en la acera esta mañana.
2. Patricia maneja más rápido cuando nieva.
3. Julio manejó más rápido cuando la luz del semáforo cambió a roja.
4. Oscar nunca tiene cuidado cuando llega a una bocacalle.
5. Yolanda evitó un choque con un autobús lleno de gente.
6. La Srta. Vélez recibió tres multas el mes pasado.
7. El Sr. Sánchez siempre para cuando ve a un peatón en la calle.
8. Mauricio maneja a una velocidad de 100 kilómetros por hora en la carretera.
9. La Sra. Olmos tiene mucho cuidado cuando ve que los pasajeros bajan del autobús.

7.

B **Señales.** Tony doesn't understand many of the symbols on the international traffic signs he sees in Mexico. Miriam explains them to him. What does she say?

Por ejemplo:

No debes (puedes) estacionar el coche aquí.

5.

6.

3.

1.

2.

4.

C **Cuidado.** Tell four things you and your classmates need to be more careful about.

Por ejemplo:

> Debemos tener más cuidado con los exámenes.

D **El transporte público.** What public transportation is there in your area? Describe the service. Choose from among the following: **los autobuses, los trenes, el metro.**

Por ejemplo:

> Hay autobuses en mi ciudad. Son buenos y baratos. El problema es que no hay servicio por la noche después de las ocho.

E **¿Cómo voy a...?** A new student asks you and a classmate how to get from school to the following places. Give clear directions.

Por ejemplo:

> una heladería
> *Para ir a la heladería "The Big Scoop", debes doblar a la derecha, ir más o menos dos millas hasta la avenida Alameda y doblar a la izquierda en la calle Ocho. Está en el centro comercial.*

1. el supermercado
2. un restaurante bueno
3. el centro comercial
4. el parque
5. la parada de autobuses
6. el correo

¿De dónde vinieron los aztecas?

Los aztecas llegaron al valle de México en el año 1168 D. C. (después de Cristo) aproximadamente. Nadie está seguro de su origen. La leyenda dice que vinieron del norte, de un lugar llamado Aztlán, en lo que ahora es el sudoeste de los Estados Unidos. Tomaron tierras y conquistaron a la gente que encontraron, incorporando elementos de estas culturas a su cultura.

Según la leyenda, los aztecas pasaron muchos años buscando un lugar especial donde construir su ciudad: en el lugar que buscaban había un águila encima de un nopal, con una serpiente en el pico. Por fin lo encontraron, en 1321. Allí fundaron su capital, en una isla del lago Texcoco, y la llamaron "Tenochtitlan". Hoy la bandera de México lleva los símbolos del águila, la serpiente y el nopal.

Actividades

A List the words in the reading that are similar to words in English.

B If you had to design a coat of arms for your city or school, what symbols would you use? Why? Draw it.

C Do you know of another group of people who had to search many years for a place to settle?

La bandera mexicana.

Estructura 2

....

How to Distinguish One from Another: This, That, These, Those

The demonstrative adjectives **este / ese / aquel**

1. To distinguish one person, thing, or place from another in terms of distance or location ("this" and "that"), use the following adjectives.

   este, esta   this
   ese, esa   that

2. If something is quite far away, in Spanish you use another word for "that," **aquel** or **aquella**.

3. To indicate more than one object, place, or person, use the plural forms of these words.

   estos, estas   these
   esos, esas   those
   aquellos, aquellas   those (over there)

4. You also use these adjectives to talk about distance in time. The following are some useful phrases.

PARA HABLAR DEL PASADO	**PARA HABLAR DEL PRESENTE**
en esa ocasión	este año
ese año	esta vez
ese día	esta semana
en aquel entonces	
en aquella época	

   En esa ocasión estaba un poco nervioso, pero esta vez voy a estar más tranquilo.

   En aquella época no había luz eléctrica.

Las ruinas de Palenque.

Actividades

A **Las vacaciones.** Think of a vacation you took one year. Compare what you did and where you went that year with what you're going to do this year.

Por ejemplo:

> Recuerdo el año 1990. Ese año, mis padres y yo fuimos a Florida y pasamos una semana en Disneyworld. Este año creo que vamos a Nueva York...

B **Las escuelas.** Compare your last school with the present one.

Por ejemplo:

> En esa escuela no había piscina. En esta escuela hay piscina y una biblioteca que tiene una colección de vídeos.

C **En la tienda de uniformes.** Identify each of the items of clothing below according to profession. Indicate whether the item is distant or near.

Por ejemplo:

> Aquel traje es para una auxiliar de vuelo.

Finalmente

Situaciones

A conversar Imagine that you are a police officer directing traffic at a busy intersection. Your partner is a driver or pedestrian who has just broken the law in some way.

1. Tell your partner what he or she did wrong.
2. Your partner will either deny the charges or admit them and apologize.
3. Tell your partner how to be a more responsible driver or pedestrian in the future.

Repaso de vocabulario

COSAS
la acera
el aire
el árbol
el bote
la carretera
la contaminación
el choque
el estacionamiento
la finca
la flor
la isla
el jardín
el letrero
el metro
la multa
la parada
la pirámide
la planta
el puente
la regla de tránsito

el ruido
la selva
el semáforo
la señal
la sierra
la tierra
el tránsito
el valle
la velocidad
el volcán

INDICACIONES
al fondo de
debajo de
dentro de
encima de
fuera de

DESCRIPCIONES
lleno(a) de gente
puro(a)

ACTIVIDADES
bajar de
caminar
cruzar
estacionar
evitar
parar
respetar
subir a

EXPRESIONES DE TIEMPO
la época
la ocasión
la vez

PERSONAS
el / la conductor/a
la gente
el / la peatón(ona)

OTRAS PALABRAS Y EXPRESIONES
aquel / aquella / aquellos / aquellas
despacio
era
estaba
había
por hora
rápido
tener cuidado

Lección 2

En aquel entonces

....

¡A comenzar!

The following are some of the things you will be learning to do in this lesson.

When you want to . . .	You use . . .
1. describe what people were able to do	• **Podía(n)** + activity.
2. describe what people had	• **Tenía(n)** + possession.
3. say what people wanted to do	• **Quería(n)** + activity.
4. say what people knew how to do	• **Sabía(n)** + activity.
5. describe what others liked	• **Les gustaba(n)**...
6. express reactions	• **¡Qué... tan** + description!

Now find examples of the above words and phrases in the following conversation.

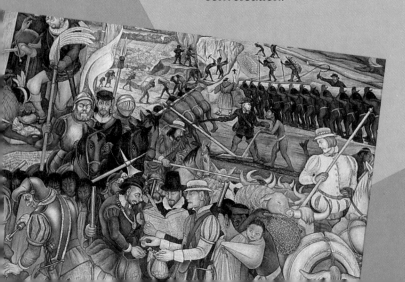

A Tony y a Miriam les gustaba mucho este mural de la llegada de
Cortés a México. El mural representa el encuentro de la cultura
indígena y la cultura europea en México.

TONY: ¡Qué mural tan impresionante! Pero, mira, ¿cómo
podían hablar los indígenas con Cortés si Cortés no
sabía el idioma?

MIRIAM: ¡Ah! ¿No sabes que tenía intérpretes? Había indígenas
que aprendieron el español muy rápido. Además, los
españoles querían hablar con los indígenas y
conocerlos bien. Y los indígenas tenían mucha
curiosidad por los caballos y las armas que tenían los
españoles. Por eso, todos querían comunicarse.

TONY: Y Cortés, ¿por qué tenía esa cara tan horrible,
de enfermo?

MIRIAM: Bueno, muchos creen que cuando Cortés era
viejo, tenía una enfermedad grave. También,
su cara puede representar las
enfermedades que los españoles
trajeron a México.

TONY: ¡Qué cara tan fea!

Actividades preliminares

A Tell how you used to feel about each of the items below when
you were younger. Start each sentence with one of the following
phrases.

Me encantaban...
Me molestaban...
(No) Me gustaban...
Me fascinaban
(No) Me interesaban...

1. los perros
2. los dulces
3. las legumbres
4. las clases
5. las colas largas
6. los aviones
7. las serpientes
8. los programas de la tele
9. los dinosaurios
10. los viajes en coche

B Tell whether you were able to do each of the following activities when you were six years old.

Por ejemplo:

>   Podía nadar pero no podía montar a caballo.

1. montar en bicicleta
2. montar a caballo
3. jugar béisbol
4. leer
5. escribir
6. nadar
7. patinar
8. dibujar

C Tell one thing you wanted last year and whether or not you received it.

Por ejemplo:

>   Quería un teléfono. Mi mamá me lo compró.

D Tell a classmate three things you did last summer. Your classmate will give his or her reaction.

Por ejemplo:

ESTUDIANTE A

El verano pasado fui a México. También...

ESTUDIANTE B

¡Qué verano tan interesante (bueno, etc.)!

Las ruinas de Tulum, en la costa de Yucatán.

Vocabulario 1

Cuando era niño(a), me gustaba...

trepar a los árboles

tirar piedras

soñar* con astronautas

romper los vidrios

gritar como loco(a)

pelear con mi hermana

Yo no lo hice.

decir mentiras

explorar el bosque

explorar las cuevas

jugar...

en la nieve

en la tierra

en la arena

con muñecas

con juguetes

al escondite

*soñar (ue)

saltar a la cuerda

llorar

ver los dibujos animados de la tele

armar cosas

destruir** cosas

leer las tiras cómicas

coleccionar cosas

acampar

montar en la montaña rusa

pillar...

arañas

mariposas

insectos

lagartijas

ranas

**destruir: destruyo, destruyes, destruye, destruimos, destruís, destruyen. In the preterit destruir is formed like oír.

Actividades

A **En aquel tiempo.** Divide the list of activities in **Vocabulario 1** into two columns labeled **Me gustaba...** and **No me gustaba...** to tell about your activities as a child. For each activity you list in the **Me gustaba...** column, tell whether you still **(todavía)** do it or no longer **(ya no)** do it.

Por ejemplo:

> Cuando era niño(a), me gustaba trepar a los árboles y pelear con mi hermano. Ya no trepo a los árboles pero todavía peleo con él.

B **¿Qué hicieron allí?** For each of the places the children below went, tell what they probably did there.

Por ejemplo:

> Fueron al lago.
> *Pillaron ranas y lagartijas.*

1. Fueron al bosque.
2. Fueron a la escuela.
3. Fueron a una casa abandonada.
4. Viajaron cinco horas en coche.
5. Fueron al parque.
6. Fueron a la casa de un amigo.
7. Estuvieron en casa todo el día.
8. Fueron a la playa.

C **¿Hace cuánto?** When was the last time you did each of the following things? If you never do any of the following, use **nunca**.

Por ejemplo:

> Peleaste con un/a compañero(a).
> *Peleé con Matt hace más o menos tres días. (Nunca peleo con mis compañeros).*

1. Rompiste algo.
2. Soñaste con algo bonito.
3. Gritaste como loco(a).
4. Peleaste con un(a) pariente.
5. Dijiste una pequeña mentira.
6. Exploraste un lugar.
7. Armaste algo.
8. Coleccionaste algo.
9. Montaste en la montaña rusa.
10. Acampaste.

Una joven yucateca.

D **¿Qué te gustaba hacer?** Use the words and phrases below to tell about things you liked or didn't like to do as a child.

Por ejemplo:

> soñar con
>
> *Me encantaba soñar con aviones. (Me molestaba soñar con películas de terror, No me gustaba soñar con la escuela, etc.).*

1. pelear con
2. explorar
3. pillar
4. leer
5. mirar
6. armar
7. coleccionar
8. destruir

E **Mi lugar favorito.** Write a description of your two favorite places as a child—one indoors and one outdoors. Tell (a) where it was, (b) what was there, (c) what it was like, and (d) what you liked to do there.

Por ejemplo:

> **Mi lugar favorito era la finca de mis primos. Estaba en el campo, no muy lejos de Omaha. Había muchos caballos y otros animales. Era muy tranquilo y bonito. Allí me gustaba montar a caballo y trepar a los árboles.**

La conquista

Cuando Cortés llegó a Tenochtitlan en 1519, el emperador azteca, Moctezuma, lo recibió con ceremonias y regalos porque todos creían que el español era el dios Quetzalcóatl. Pero después de unos meses, los aztecas empezaron a dudar de su identidad y se rebelaron contra los españoles. El sucesor de Moctezuma fue Cuauhtémoc. Él luchó por defender a su pueblo, pero fue derrotado y murió a manos de los conquistadores. Los españoles destruyeron todos los templos y palacios de Tenochtitlan y en el mismo lugar construyeron una nueva ciudad, la ciudad de México.

Actividad

Choose the best completion for each of the following.

1. Los aztecas creían que Cortés era un dios porque...
    a. era similar a los aztecas
    b. era muy diferente a los aztecas

2. Cuauhtémoc luchó por defender a su pueblo, o sea...
    a. se reunió con los españoles
    b. peleó en una guerra contra los españoles

3. "Cuauhtémoc... murió a manos de los conquistadores" quiere decir que...
    a. los españoles lo asesinaron
    b. los españoles lo ayudaron

Estructura 1

. . . .

How to Describe People and Things in the Past

Imperfect forms of querer / tener / poder / saber / gustar

You have practiced using the word **había** to describe what there was in the past. You have also used words such as **era** and **estaba** to describe what people, places, and things were like.

To describe people, places, and things in the past more completely, use the following verbs.

1. To say what one or more than one person wanted or didn't want, use **quería(n)**.

    Cortés quería conquistar el país.

2. To say what one or more than one person had or didn't have, use **tenía(n)**.

    Los aztecas tenían una civilización muy avanzada.

3. To say what one or more than one person had or didn't have to do, use **tenía(n) que** + activity.

    Cortés tenía que aprender el idioma de los aztecas si los quería dominar.

4. To say what one or more than one person was or was not able to do, use **podía(n)**.

    Cortés no podía comprender a los indios. Los intérpretes podían comprender a los españoles.

5. To say what one or more than one person knew how to do, use **sabía(n)**.

    Los españoles no sabían hablar el idioma de los aztecas.

6. To say what someone liked or didn't like, use the following forms of the verb **gustar: gustaba, gustaban.**

    Cuando era niño, me gustaba comer en el campo con mi familia, pero a mi mamá no le gustaban los insectos.

Xilonen, la diosa del maíz; el Calendario Azteca.

7. Use the following endings for the verbs **querer, tener, saber,** and **poder** to tell what you and others did in the past.

-ía	-íamos
-ías	-íais*
-ía	-ían

Cuando era niño, yo tenía que sacar la basura. Mis hermanos tenían que cortar el césped. Si queríamos ver nuestros programas favoritos, todos teníamos que hacer algo. ¿Tú también tenías quehaceres?

* This form is rarely used in the Spanish-speaking world, except for Spain.

Actividades

A **Antes no sabía.** Name five things that you do now that you didn't know how to do five years ago.

Por ejemplo:

> Antes no sabía hablar español. Ahora lo sé hablar bastante bien.

B **Responsabilidades.** Write down three things you were told you couldn't do recently because you had to do something else.

Por ejemplo:

> Mis padres dijeron que no podía ir a una fiesta porque tenía que ayudar a mi hermana.

C **En el hotel.** The following items were missing from Tony's hotel room one day. What things were he and his roommates not able to do as a result?

Por ejemplo:

> almohadas
> *No había almohadas. No podían dormir bien.*

1. televisor
2. teléfono
3. radio
4. luz
5. escritorio
6. llave

D **No lo quería hacer.** Describe two instances in which you did one thing to avoid doing something else.

Por ejemplo:

> Anoche vi la tele porque no quería leer. El domingo pasado jugué tenis porque no quería cortar el césped.

E **Algo que quería mucho.** Write down two things you wanted to do or get. Then tell what you did to achieve your goals.

Por ejemplo:

> Quería un estéreo nuevo, por eso trabajé mucho y ahorré dinero.

F **Gustos.** For each of the categories below, tell one or two things you liked when you were younger and one or two things you did not like.

Por ejemplo:

> la ropa
> *Antes me gustaban los zapatos deportivos pero no me gustaban los trajes.*

1. la comida
2. los deportes
3. la escuela
4. la música
5. los animales
6. los quehaceres de la casa
7. los coches
8. las actividades

G **¿Qué les gustaba hacer?** Where did you and your family usually spend vacations? Write a description of what you all liked to do and what you had to do to get ready.

Por ejemplo:

> Nos gustaba ir al lago. Antes de salir teníamos que lavar la ropa, hacer las maletas... En el lago podíamos ir de pesca...

Vocabulario 2

Cuando era niño(a) me costaba trabajo...

hablar delante de la clase

poner atención

hablar en voz baja

salir bien en los exámenes

probar un plato nuevo

guardar un secreto

Trataba de...

compartir mis juguetes

obedecer[1] a los maestros

seguir[2] las instrucciones de los maestros

[1] obedecer (zc)
[2] seguir (i)

No me costaba trabajo...

contar[4] chistes

agarrar la pelota

mantener[3] el equilibrio

patear la pelota

tirar la pelota

A veces tenía...

suerte

éxito

paciencia

vergüenza

razón

ganas de huir[5] de la casa

[3] **mantener** is conjugated like **tener**
[4] **contar (ue)**
[5] **huir** is conjugated like **destruir**

Actividades

A **El éxito.** From the list below, choose one area in which you are generally successful and one in which you are not. For both, explain why.

Por ejemplo:

> los negocios (business)
> *Tengo éxito en los negocios porque trabajo mucho. (No tengo éxito en los negocios porque no me interesa el dinero).*

1. los deportes
2. los estudios
3. el trabajo
4. la cocina
5. la música
6. proyectos artísticos
7. proyectos mecánicos

B **Disputas.** Tony and Miriam have been disagreeing a lot lately. Tell who was right and who was mistaken in each of the following cases.

Por ejemplo:

> Miriam cree que Tom Cruise es un actor canadiense, pero Tony dice que es estadounidense.
> *Tony tenía razón. Miriam estaba equivocada.*

1. Tony dice que en el restaurante "Buen Gusto" no sirven mariscos. Miriam está segura que los sirven. En el menú ven que la especialidad es langosta.
2. Tony quiere comprar calcetines en una ferretería, pero Miriam dice que no es posible.
3. Tony cree que el Día de la Raza es el dos de octubre, pero Miriam dice que es el doce de ese mes.

C **En la escuela.** Give five recommendations to your classmates as to how to be successful in school.

Por ejemplo:

> Si quieres tener éxito en la escuela, debes _____.

D **¿Fácil o difícil?** Write down at least three things that were difficult for you when you were younger and three that came easily to you, using the categories below.

> No me costaba trabajo... pero sí que me costaba trabajo...

Por ejemplo:

> No me costaba trabajo mantener el equilibrio pero sí me costaba trabajo agarrar la pelota.

Now write down three things that are difficult and easy for you now.

Por ejemplo:

> Todavía me cuesta trabajo agarrar la pelota. (Ya no me cuesta trabajo agarrar la pelota).

E **Gente conocida.** Identify a friend, acquaintance, or family member who fits each of the following descriptions. Describe that person.

Por ejemplo:

> Tiene paciencia con los estudiantes.
> *La señora Walsh tiene paciencia con los estudiantes. Nunca nos grita si olvidamos algo.*

1. No tiene paciencia.
2. Tiene mucho éxito en los deportes.
3. Tiene éxito en el trabajo.
4. Tiene paciencia con los niños.
5. Siempre tiene mucha suerte.
6. No tiene mucho cuidado.
7. Siempre tiene prisa.
8. Siempre tiene hambre.
9. Siempre tiene sueño.
10. Nunca tiene vergüenza de lo que dice.
11. Siempre tiene ganas de comer.

Malintzín

Malintzín (o doña Marina o La Malinche, como la llamaban los españoles) era una indígena de la costa caribeña de México. Era la intérprete de Cortés y por eso lo acompañó a Tenochtitlan. Allí lo ayudó con el idioma. En un sentido positivo, hizo un papel importante en la historia de México porque ayudó tanto a Cortés. Pero también se considera que es traidora porque abandonó a su gente. Hoy día, la palabra *malinchista* se usa en México para decir "traidor".

Actividades

A Choose the best completion.

1. Malintzín acompañó a Cortés al interior del país para...
   a. traicionar a su gente
   b. servir de intérprete
   c. practicar el idioma

2. Una persona traidora es una persona...
   a. intérprete
   b. mentirosa
   c. heroica

Tenochtitlan.

B The "five questions" **quién, qué, dónde, cuándo,** and **por qué** are a reporter's basic tools. Prepare a list of at least nine interview questions, three to ask Cortés, three to ask Moctezuma, and three to ask Doña Marina, if they were alive today.

Estructura 2

. . . .

Ways of Looking at the Past   *Uses of the imperfect and preterit tenses*

PRETERIT TENSE

1. You have used the preterit tense to say what you and other people did at a particular time or on a particular occasion, using words such as the following.

anoche	el año pasado
ayer	el lunes, martes, etc.
la semana pasada	por la mañana, por la tarde,
anteayer	por la noche
el fin de semana pasado	

   El lunes por la tarde jugué baloncesto con mi hermano.
   Anoche fuimos al cine. Hoy por la mañana fui a mis clases.

2. You have also used the preterit to express a reaction to an event.

   No me gustó la película.
   Me encantó el viaje a México.
   ¡Qué difícil fue ese examen!

IMPERFECT TENSE

3. You have used the imperfect tense to describe a scene in the past, using **había, era,** and **estaba.**

   Era invierno; eran las ocho de la noche. Yo estaba en ese jardín. Allí había muchos árboles grandes, blancos por la nieve.

4. You have also used the imperfect to describe what a person, place, or thing used to be like.

   Cuando mi abuela era joven, era muy activa.
   Era alta y delgada y tenía el pelo rubio.

Una señora yucateca y su hija en Chichen Itza.

5. And you have used the imperfect to describe past desires, feelings, states, abilities, possessions, knowledge, and obligations.

> Me gustaba coleccionar sellos. El año pasado quería un sello raro pero no sabía dónde lo podía encontrar.

IMPERFECT AND PRETERIT TOGETHER

6. You can use the two tenses together to express what you generally liked or disliked (imperfect) as well as a specific action and reaction (preterit).

> Antes, no me gustaban las películas de terror, pero anoche vi esa película nueva y me gustó mucho.

7. You can also use the two tenses together to express general desires and abilities (imperfect) as well as a specific action (preterit).

> Quería comprar el sello, pero no podía porque no tenía dinero. Pero la semana pasada mi abuelo me lo compró.

In other words, you use the imperfect to refer to *a period in time* (in the above example, the period when you wanted to buy a stamp but couldn't). You use the preterit to refer to *a point in time* (in the above example, the moment when your grandfather bought the stamp).

Actividades

A **Por lo general, sí, pero esta vez, no.** Complete the following with your own experiences to indicate one time that was different from the usual.

Por ejemplo:

> Me gustaba viajar...
> *Por lo general, me gustaba viajar, pero no me gustó el viaje de la semana pasada.*

1. Me gustaban las películas de terror, pero no me gustó(aron)...
2. Me gustaban mis clases, pero...
3. No me gustaban los programas de la tele, pero...
4. No me gustaban las fiestas, pero...
5. No me gustaban los dibujos animados, pero...

B **Antes era así.** Complete each of the following sentences about your past to show how each situation was resolved. Use the imperfect to give the situation; use the preterit to give the solution.

Por ejemplo:

> Quería...
> *Quería una chaqueta nueva. Mis padres me la dieron.*
> *(La compré la semana pasada, etc.).*

1. Quería aprender...
2. No podía...
3. No sabía...
4. No tenía...
5. Quería...
6. Tenía que...
7. Me costaba trabajo...
8. No me costaba trabajo...

C **Una excepción.** Tell what the following times were generally like when you were younger. Then tell about one time that was different.

Por ejemplo:

> Las fiestas de cumpleaños de mi hermanita siempre eran aburridas. Pero el año pasado su fiesta fue muy divertida. Uno de sus amigos pilló una rana y la puso encima de la torta.

1. las fiestas
2. las clases
3. los sábados
4. los veranos
5. las vacaciones de invierno

Finalmente

....

Situaciones

A escribir On a separate sheet of paper, describe what you are like now by completing the statements in the column on the left. Then write statements to describe what you were like six to eight years ago.

AHORA

1. Soy...
2. Tengo... años.
3. Los fines de semana me gusta...
4. Me interesa(n)...
5. Me molesta(n)...
6. Para mí, lo más importante de la vida es...

HACE SEIS (OCHO) AÑOS

Era...

Repaso de vocabulario

ACTIVIDADES
acampar
agarrar
armar
coleccionar
compartir
contar (ue)
decir mentiras
destruir (y)
explorar
gritar
guardar un secreto
huir (y)
jugar al escondite
llorar
mantener el equilibrio
montar en la montaña rusa

obedecer (zc)
patear
pelear
pillar
poner atención
probar (ue)
romper
saltar a la cuerda
seguir (i) (to follow)
soñar con (ue)
tirar
trepar a

COSAS
la arena
la cueva
el dibujo animado

la hoja
las instrucciones
el juguete
la mentira
la muñeca
la pelota
la piedra
el plato (dish)
la tira cómica
el vidrio

ANIMALES
la araña
el insecto
la lagartija
la mariposa
la rana

OTRAS PALABRAS Y EXPRESIONES
como loco(a)
costarle trabajo (ue)
delante de
hablar en voz baja
salir bien / mal (en)
¡Que... tan...!
tener +
    éxito
    ganas de + inf.
    paciencia
    razón
    vergüenza

Lección 3

La gran Tenochtitlan

¡A comenzar!

The following are some of the things you will be learning to do in this lesson.

When you want to...	You use...
1. describe what you or others used to do routinely	• **-ía(n)** on the end of **-er** and **-ir** verbs; **-aba(n)** on the end of **-ar** verbs
2. say where you or others used to go routinely	• **Iba(n) a** + place.
3. say what it is necessary to do	• **Hay que** + activity.
4. express the notion "themselves"	• **se** before or attached to the verb

Now find examples of the above words and phrases in the following narration.

En el Palacio Nacional, Tony y Miriam escuchaban al guía que explicaba el gran mural de la ciudad de Tenochtitlan.

—Si quieren pasar por aquí, señores, por favor. Rivera pintó este mural para representar Tenochtitlan, la hermosa capital azteca, y su gente, antes de la llegada de los españoles.

En la parte inferior pueden ver el mercado de Tlatelolco. También pueden ver cómo se divertía la gente, cómo trabajaban y cómo se vestían. Y qué ropa tan bonita usaban, ¿verdad? Las mujeres y las niñas iban al mercado, compraban y preparaban la comida, y se ocupaban de los bebés.

Los padres y sus hijos transportaban carga al mercado. Y aquí, podemos ver cómo los vendedores y clientes negociaban los precios de las cosas en el mercado.

¡Miren ustedes qué actividad tan grande había en aquel tiempo! Hay que recordar que antes de llegar Cortés, existía una civilización muy avanzada.

Actividades preliminares

A From the description of the mural, tell where the Aztecs used to go to carry out their daily chores.

Por ejemplo:

> Todos los días iban a _____.

B Complete the statement below to tell where you used to go frequently when you were younger. Also tell how you went and with whom.

Por ejemplo:

> Cuando era niño(a), siempre iba a _____. Iba con _____.

C Tell which of the following activities you used to do when you were between six and ten years old.

Por ejemplo:

> Cuando tenía seis años, jugaba con mi perro.

estudiaba mucho
leía mucho
trepaba a los árboles
coleccionaba cosas
veía la tele
practicaba deportes
exploraba el bosque
iba de pesca
iba a la playa
lloraba mucho
peleaba
hacía muchas preguntas

PARA UN NIÑO ESPECIAL

D Which of the following activities did you not have to do when you were younger that you have to do now?

Por ejemplo:

> No tenía que hacer la cama.

limpiar mi habitación
estudiar
ayudar en casa
lavar los platos
sacar la basura
cortar el césped
poner la mesa
practicar el piano

ganar dinero
ahorrar dinero
lavar la ropa
preparar la comida

E What five recommendations would you give visitors to your area about how to enjoy themselves?

Por ejemplo:

> Si quieren divertirse, deben _____.

Vocabulario 1

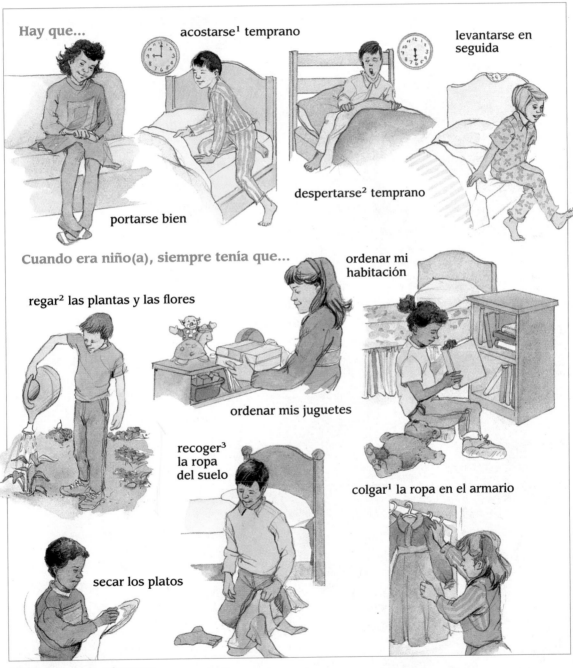

Hay que...

acostarse[1] temprano

levantarse en seguida

despertarse[2] temprano

portarse bien

Cuando era niño(a), siempre tenía que...

ordenar mi habitación

regar[2] las plantas y las flores

ordenar mis juguetes

recoger[3] la ropa del suelo

colgar[1] la ropa en el armario

secar los platos

[1] acostarse (ue); colgar (ue)
[2] despertarse (ie); regar (ie)
[3] **Recoger** is a regular **-er** verb with the exception of the **yo** form: **recojo.**

Hay que...

divertirse[4]

vestirse[5] bien

pensar en los demás

No hay que...

acostarse muy tarde

quejarse

levantarse tarde

[4]divertirse (ie)
[5] vestirse (i)

Actividades

A **¿Quién lo hace?** Tell who does each of the following chores (or who does each one best) in your house. If no one does a particular chore, use **nadie.**

Por ejemplo:

> lavar los platos
> *Yo los lavo. (Mi papá los lava mejor).*

1. ordenar las habitaciones
2. regar las plantas o las flores
3. planchar la ropa
4. preparar la comida
5. lavar el coche
6. poner la mesa
7. pasar la aspiradora
8. sacudir los muebles
9. cortar el césped
10. sacar al perro (gato)
11. secar los platos
12. colgar la ropa

B **Mis ganancias.** Make a list of things you can do to help out at home. On a sheet of paper make a grid like the one below to tell how many times a week you will do each and how much you think you should earn per week **(a la semana)** for this chore. Tally the amounts. Tell the class what your total earnings should be and why.

Por ejemplo:

¿Qué?	*¿Cuándo?*	*¿Cuánto?*
cuidar al perro	todos los días (tres veces a la semana)	un dólar

(A la clase:) Debo ganar _____ porque cuido al perro todos los días (tres veces a la semana).

C **Hay que portarse bien.** Give two rules of good behavior for each of the places below.

Por ejemplo:

> en la biblioteca
> *Hay que pensar en los demás. No hay que gritar. Hay que hablar en voz baja.*

1. en la clase de español
2. en el restaurante
3. en tu casa
4. en las clases
5. en el cine
6. en la cafetería de la escuela

D **Mis consejos.** Using the words below, what recommendations would you give to students who will enter high school next year?

Por ejemplo:

> levantarse
> *Hay que levantarse antes de las siete de la mañana. (No hay que levantarse después de las siete de la mañana).*

1. despertarse
2. acostarse
3. vestirse
4. portarse
5. divertirse
6. quejarse

E **Reglas para vestirse bien.** What dress rules can you suggest for each of the following occasions? Write them down.

Por ejemplo:

> en una fiesta de amigos
> *Para vestirse bien en una fiesta, no deben llevar traje de baño.*

En la zona rosa, México D.F.

1. en la escuela
2. en el cine
3. en un restaurante elegante
4. en un partido de fútbol americano
5. en una graduación
6. en una fiesta de fin de semana

F **Hay que divertirse.** Bruno gets bored easily. Suggest to him what he can do to entertain himself in the following situations.

Por ejemplo:

> Está en un ascensor que no funciona.
> *Para divertirse, puede cantar o pensar en las vacaciones.*

1. Tiene que hacer cola por dos horas para comprar entradas para el concierto.
2. Está en la oficina de la doctora y tiene que esperar cuarenta minutos.
3. Hace siete horas que viaja en coche con sus padres.
4. Son las nueve de la noche y no hay electricidad.
5. Está enfermo y tiene que estar en casa tres días.
6. Está en una fiesta. Todos bailan menos él.

Los murales

Los murales, o sea, las pinturas en las paredes, son una forma artística que se puede comparar con la televisión: tienen una gran influencia sobre la opinión pública y sobre las personas que no saben leer ni escribir. El artista comunica su narración, su idea o su visión a la gente que pasa por la calle todos los días.

El arte muralista más famoso del mundo es el mexicano, y es uno de los productos de la Revolución Mexicana de 1910. Diego Rivera (1886–1957), José Clemente Orozco (1883–1949) y David Alfaro Siqueiros (1896–1974) interpretaron en sus murales el pasado mexicano y expresaron también sus deseos para el futuro de su país.

Actividades

A The mural is a popular art form in Mexico. In the reading, find the following.

1. three reasons why the mural has been a popular medium of communication
2. three famous muralists
3. two typical mural themes

B Imagine that you have been asked to create a mural that will communicate to future generations **La vida diaria de los estudiantes.** With a partner, plan what you would include in your mural under the following categories.

- **las diversiones**
- **la ropa**
- **la comida**
- **los deportes**

Estructura 1

How to Refer to Yourself   *Introduction to reflexive verbs*

1. In Spanish the idea of "myself, yourself, themselves," and so on, is expressed through a set of pronouns, called "reflexive" pronouns. Notice that, except for **se**, these pronouns are the same as others you have learned.

me	nos
te	os*
se	se

* This form is rarely used in the Spanish-speaking world, except for Spain.

2. There are some verbs with which you will always or almost always use these pronouns because these verbs refer to things you do to or for yourself. You will recognize these verbs because of the **-se** on the end of the infinitive. For example:

> **divertirse**
> **portarse**
> **vestirse**

3. To talk about yourself, use the pronoun **me** + the **yo** ending of the verb.

> **Me divierto mucho en las fiestas de Lidia.**

4. To talk to a friend or family member, use the pronoun **te** + the **tú** ending of the verb.

> **¿Te divertiste anoche?**

5. To talk about another person, use the pronoun **se** + the **él, ella** ending of the verb.

> **Mi hermana siempre se porta bien en la casa de los tíos.**

You also use this form to address someone you talk to formally (**usted**).

> **Señor, ¿se divirtió en su viaje?**

6. To talk to or about others, use the pronoun **se** + the **ellos, ellas** ending of the verb.

> **José Luis y Miguel se portaron mal en la clase de historia.**

> **La maestra les preguntó: —¿Por qué no se portaron bien?**

7. To talk about yourself and others ("we"), use the pronoun **nos** + the **nosotros** ending of the verb.

> **Mi primo y yo siempre nos divertimos cuando vamos al lago.**

8. When you use reflexive verbs in their infinitive form to say what someone wants or wanted to do, has or had to do, is going or was going to do, should do, and so on, you attach the pronoun **(me, te, nos, se)** to the infinitive.

> **Estoy seguro que vamos a divertirnos mucho en la fiesta de Lidia.**

> **¡Qué mal se porta ese chico! Debe portarse bien si va a la casa de Lidia.**

De su carga...

Mexicana se hace cargo

9. The following reflexive verbs have stem changes in the present tense: **acostarse (ue); despertarse (ie), divertirse (ie); vestirse (i).** Remember that the stem changes in all forms except the **nosotros** form.

10. The verbs **divertirse** and **vestirse** also have a stem change in the preterit tense like the verb **pedir.** The stem changes only in the **él, ella** and **ellos, ellas** forms.

me divertí	nos divertimos
te divertiste	os divertisteis*
se divirtió	*se divirtieron*
me vestí	nos vestimos
te vestiste	os vestisteis*
se vistió	*se vistieron*

> **¡El baile fue estupendo! Los compañeros se vistieron muy elegantes y se divirtieron mucho.**

* This form is rarely used in the Spanish-speaking world, except for Spain.

Mexicana transporta toda clase de envíos y carga a México, Estados Unidos, Centro América y el Caribe, con una flota de 48 aviones a su servicio. Mexicana se hace cargo de su carga.

mexicana

Actividades

A **Mi horario.** Write your sleep schedule for the week, then for the weekend. Tell a classmate. Your classmate will report to the class the differences and similarities between your sleeping habits.

Por ejemplo:

ESTUDIANTE A

Todos los días me acuesto a las diez y me levanto a las seis.

ESTUDIANTE B

Yo me acuesto a las once y me levanto a las seis.

(A la clase:) Yo me acuesto a las diez pero Rita se acuesta a las once. Los (Las) dos nos levantamos a las seis.

B **Las diversiones.** Tell how the following people have a good time.

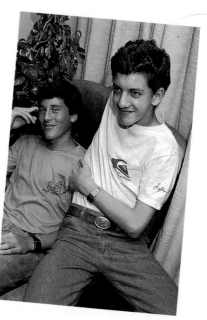

Por ejemplo:

> tu padre
> *Mi padre se divierte cuando juega boliche.*

1. tus abuelos
2. tú
3. tus amigos
4. tú y tus compañeros de clase
5. tu perro (gato)
6. tu maestro(a) de español
7. tu cantante (actor / actriz) favorito(a)

C **¿De qué se quejan?** What do you complain about most? List three things. Compare your complaints to those of a classmate. Report to the class.

Por ejemplo:

ESTUDIANTE A

Me quejo de las tareas de los fines de semana.

ESTUDIANTE B

Y yo me quejo de mis quehaceres.

(A la clase:) Linda se queja de las tareas y yo me quejo de ____. Los (Las) dos nos quejamos de ____.

D **Siempre me porto bien.** Tell where or in what situation you always behave yourself and describe one time when you did not behave yourself.

Por ejemplo:

> Siempre me porto bien cuando estoy con mi tío, pero el domingo pasado no me porté bien en la iglesia. Hablé demasiado.

E **¿Bien vestidos?** Tell how the following people usually dress for the events listed below. Then describe one time that was different.

Por ejemplo:

> un amigo / en la escuela
> *Mi amigo Gil casi siempre se viste con camisa, pantalones y tenis. Pero el 31 de octubre se vistió de bombero.*

en la escuela	en el centro comercial
en las fiestas	en la playa
en los partidos	en la piscina
después de las clases	los fines de semana
en los bailes	

1. un/a maestro(a)
2. tú
3. tú y tus amigos(as)
4. dos compañeros(as) de clase

F **¡Cuánto me divertí!** Tell a classmate where you usually do not have a good time. Then tell one time that was different. Your classmate will report to the class.

Por ejemplo:

> Por lo general no me divierto en mis clases, pero ayer me divertí en la clase de química.

> (A la clase:) Toni no se divierte en sus clases, pero ayer se divirtió en la clase de química.

Vocabulario 2

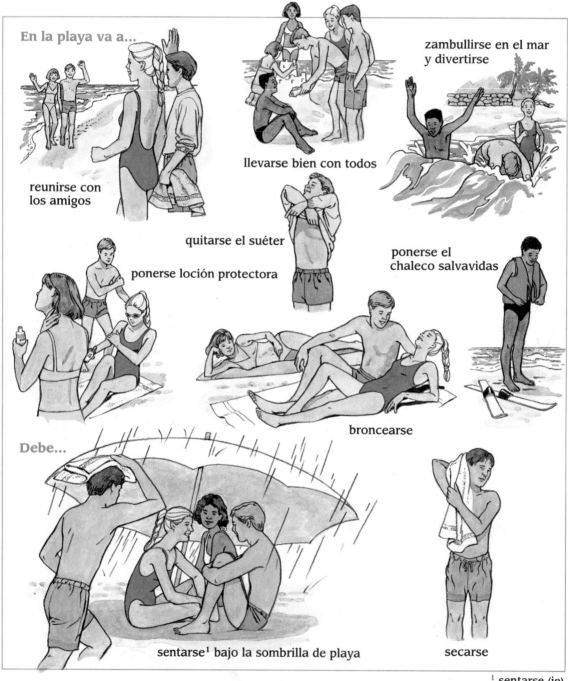

En la playa va a...

reunirse con
los amigos

llevarse bien con todos

zambullirse en el mar
y divertirse

quitarse el suéter

ponerse loción protectora

ponerse el
chaleco salvavidas

broncearse

Debe...

sentarse[1] bajo la sombrilla de playa

secarse

[1] sentarse (ie)

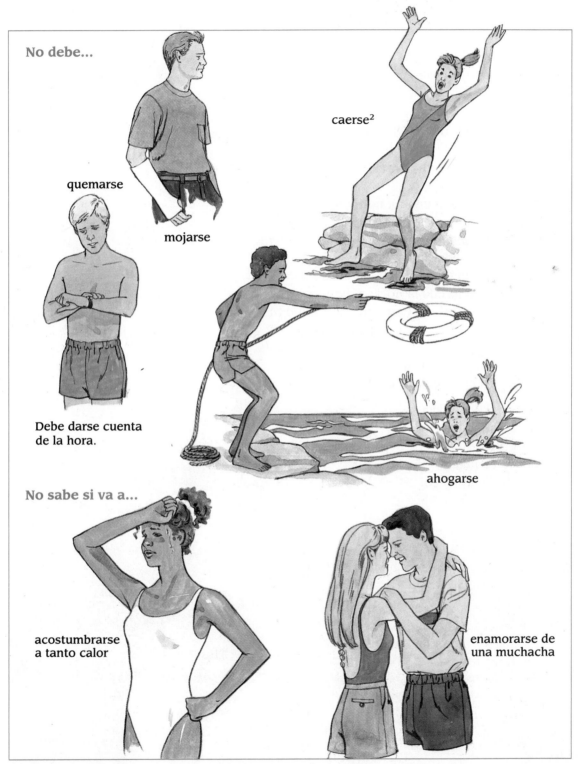

No debe...

quemarse

mojarse

caerse[2]

Debe darse cuenta
de la hora.

ahogarse

No sabe si va a...

acostumbrarse
a tanto calor

enamorarse de
una muchacha

[2] **Caerse** is a regular -**er** verb with the exception of the **yo** form in the present tense: **me caigo.** In the preterit tense, it is formed like **leer.**

Actividades

A **En la playa.** Choose from the sentences below to say what you did the last time you went to the beach.

1. Me zambullí en el mar.
2. Vino una ola muy grande, pero no la vi y me caí. Casi me ahogué.
3. Me puse el chaleco salvavidas cuando practiqué el esquí acuático.
4. Jugué en la arena con mi hermano menor.
5. Después me reuní con un grupo de amigos.
6. Todos nos llevamos bien.
7. Después de nadar, me bronceé.
8. Me sequé con una toalla y me puse loción.
9. No me di cuenta de la hora; me quemé mucho.
10. Cuando me vestí, mi hermano mayor me tiró al mar y me mojé.

B **Asociaciones.** Write down as many words as you can for activities you do in each of the following times and places.

1. antes de ir a la playa
2. en la arena
3. en el agua
4. después de nadar
5. antes de tomar el sol

C **¡Con las manos en la masa!** Señora Ortiz tore up both of the notes that Lulú wrote in class. Lulú had written to Raúl about the weekend with her family at the beach; then she wrote to Sandra about a new teacher. Place the pieces of the notes in their proper category: **Querida Sandra** or **Querido Raúl.**

Me llevo muy bien con él.

Hacía buen tiempo.

Pero me cuesta trabajo acostumbrarme a su manera de hablar.

¡Qué rápido habla!

Me bronceé mucho.

Nos dio mucha tarea pero nadie se quejó.

Nos zambullimos en el mar.

Todos se portaron muy bien.

Nos divertimos mucho.

Peleé con mi tía.

Hay que verlo. ¡No te puedes imaginar qué guapo es!

Llegué tarde y no oí el chiste que contó.

Mi primo estuvo tres horas en la playa; se quemó del sol.

La clase pasó tan rápido que no me di cuenta de la hora.

Todas las chicas se enamoraron de él.

D **¡Qué desastre!** Tell what happened to Bruno yesterday, choosing from the list of infinitives below.

Por ejemplo:

Se levantó a las nueve de la mañana.

levantarse   portarse
enamorarse   mojarse
quejarse   ponerse

1.

2.

3.

4.

5.

La raza mexicana

La historia de México —orígenes, civilizaciones indígenas, conquista, colonia, independencia, reforma y revolución— es el proceso que creó la raza mexicana. Cerca del centro de la ciudad de México, en el lugar donde hace siglos Cortés vio el mercado de Tlatelolco, hay una plaza que se llama "La plaza de las tres culturas". Allí, entre las ruinas de las culturas antiguas, se encuentra una iglesia, testimonio del dominio español. Alrededor de la plaza se ven los edificios altos que representan la sociedad contemporánea, la ciudad moderna que es el México de hoy. Frente a la iglesia hay un letrero que dice:

> EL 13 DE AGOSTO DE 1521
> HEROICAMENTE DEFENDIDO POR CUAUHTEMOC
> CAYO TLATELOLCO EN PODER DE HERNAN CORTES
>
> NO FUE TRIUNFO NI DERROTA
> FUE EL DOLOROSO NACIMIENTO DEL PUEBLO MESTIZO
> QUE ES EL MEXICO DE HOY

Actividad

It's the year 4000 and much of what is around you today no longer exists. Archaeologists are exploring the past, finding traces of life as it was around the year 2000. Complete the following sentences to tell what the archaeologists will say about us.

1. La gente del año 2000 tenía _____.
2. La gente del año 2000 quería _____.
3. A la gente del año 2000 le gustaba(n) _____.
4. La gente del año 2000 no podía _____.
5. En el año 2000, había _____ pero no había _____.

Estructura 2

. . . .

How to Describe What People Used to Do

The imperfect tense for routine behavior

1. To describe what you and others used to do regularly, frequently, or routinely, you use the imperfect tense. The following are some of the forms you have used.

me gustaba	tenía	había
estaba	quería	podía

2. As you can see from these verbs, the imperfect tense uses the base endings -**aba** for -**ar** verbs and -**ía** for -**er** and -**ir** verbs. The following are all the forms of the imperfect for the verbs **acostarse** and **divertirse**.

me acostaba	nos acostábamos
te acostabas	os acostabais*
se acostaba	se acostaban
me divertía	nos divertíamos
te divertías	os divertíais*
se divertía	se divertían

3. You have used the irregular verb **ser** in the imperfect.

era	éramos
eras	erais*
era	eran

4. There are two other verbs that are irregular in the imperfect tense, **ir** and **ver**.

iba	íbamos	veía	veíamos
ibas	ibais*	veías	veíais*
iba	iban	veía	veían

* This form is rarely used in the Spanish-speaking world, except for Spain.

5. You use the imperfect tense when you want to describe a scene in the past and tell what was going on.

> **Era la una de la tarde. Miguel y yo estábamos en la cafetería. Teníamos mucha hambre.**

6. To describe a scene in the past in terms of the weather, use the imperfect tense of **hacer (hacía)**.

> **¿Qué tiempo hacía en la playa?**
> **¡Muy malo! Cuando llegamos, hacía mucho viento y estaba nublado.**

7. You also use the imperfect tense to describe what you and others used to do, that is, to describe routine actions in the past. The following are some useful words to use with the imperfect tense.

siempre	en esa época
muchas veces	cuando era niño(a)
a veces	antes
en aquel entonces	todos los días

> **En esa época mi mejor amiga era Paula. Yo siempre la veía después de las clases. Muchas veces íbamos a su casa.**

Actividades

A **Siempre o nunca.** Tell how often—if ever—you used to do each of the following activities.

Por ejemplo:

> Nunca (Casi nunca) dibujaba en las paredes de mi casa.
> Siempre (A veces) dormía mucho.

1. comer afuera
2. viajar
3. pedir regalos a Santa Claus
4. portarse bien con las personas mayores
5. levantarse temprano
6. acostarse tarde
7. ahorrar dinero
8. estudiar música
9. romper cosas de mis padres
10. visitar a los parientes
11. hablar otro idioma en casa
12. hacer la cama

B **Trabajo y diversión.** Tell at least six things you used to do as a child to have a good time and six things you had to do that you did not enjoy.

Por ejemplo:

> Me divertía cuando iba al parque y cuando jugaba con el perro. No me divertía cuando...

C Siempre íbamos a... Name a place that you always used to go as a child at each of the following times. Then tell at least one thing you did in each place.

Por ejemplo:

> los domingos
> *Los domingos siempre iba (mi familia y yo siempre íbamos) a la casa de mis tíos. Allí comía (comíamos) mucho.*

1. para las vacaciones de verano
2. para la Navidad (el 25 de diciembre)
3. para el 4 de julio
4. los fines de semana
5. después de las clases

D Anoche, mientras... Have your classmates relive last night with you. Tell two other things you were doing while (**mientras**) doing each of the following.

Por ejemplo:

> mientras hacías la tarea
> *Mientras hacía la tarea, escuchaba la radio y pensaba en la nueva estudiante.*

1. mientras comías
2. mientras estudiabas
3. mientras veías la tele
4. mientras hablabas por teléfono

E Escena familiar. Name all the things other people in your family were doing while you were doing each of the following.

Por ejemplo:

> mientras lavabas los platos
> *Mientras yo lavaba los platos, papá sacaba la basura. El perro dormía.*

1. mientras leías
2. mientras te vestías
3. mientras estudiabas
4. mientras cocinabas
5. mientras ordenaba tu habitación

F **Memoria fotográfica.** Recreate a moment for your classmates. Give at least five details to describe what was going on at seven o'clock last night.

Por ejemplo:

> Eran las siete. Todos estaban en casa menos mi hermana. Ella estaba en el trabajo. Mi mamá cocinaba. Mi papá la ayudaba con la ensalada.

G **¿Qué hacías?** Tell two things you used to do to accomplish the following.

Por ejemplo:

> para ganar dinero
> *Para ganar dinero, trabajaba los fines de semana en la heladería y ayudaba a mi tío en su tienda.*

1. para molestar a tus hermanos (primos, padres, etc.)
2. para sacar buenas notas
3. para hacer nuevos amigos
4. para complacer (to please) a tus maestros

H **En el año 2020.** How will you remember your life today many years from now? Imagine yourself in the year 2020. Write a description of what it was like when you were in school. Use the following questions as a guide.

En la playa de Cancún.

1. ¿Cómo era la escuela?
2. ¿Qué hacías para divertirte?
3. ¿Adónde ibas durante las vacaciones?
4. ¿Qué hacías para ayudar a tus padres?
5. ¿Cómo eran tus amigos? ¿Los veías todos los días?
6. ¿Qué clases te gustaban más? ¿Por qué?

I **En la playa.** Describe in as much detail as possible a scene you remember at the beach. Use the following as a guide.

> Estaba... (¿dónde? ¿con quién?)
> Hacía... (¿qué tiempo?)
> Era(n)... (¿qué hora?)
> Había... (¿qué? ¿quiénes?)
> ¿Qué hacía la gente?
> ¿Qué hacías tú? ¿Y tus amigos?

Finalmente

Situaciones

A conversar Interview a classmate about what his or her life was like two or three years ago. Ask about topics such as the following.

- daily routines
- household chores
- school
- vacations
- friends

Find out if your classmate prefers his or her life now or then. Reverse roles.

Repaso de vocabulario

ACTIVIDADES
acostarse (ue)
acostumbrarse a
ahogarse
broncearse
caerse
colgar (ue)
darse cuenta de
despertarse (ie)
divertirse (ie)
enamorarse (de)
levantarse
llevarse bien con
mojarse
ordenar
pensar en (ie)
ponerse
portarse
quejarse
quemarse (del sol)
quitarse
recoger (j)
regar (ie)
secar
secarse
sentarse (ie)
vestirse (i)
zambullirse

OTRAS PALABRAS Y EXPRESIONES
el chaleco salvavidas
los demás
en seguida
(no) hay que
la loción protectora
la sombrilla de playa
el suelo

El mejor asiento de playa ...es de Mexicana.

●ACAPULCO ●CANCUN ●HUATULCO
●IXTAPA-ZIHUATANEJO ●MANZANILLO ●MAZATLAN
●COZUMEL ●OAXACA ●PUERTO ESCONDIDO
●PUERTO VALLARTA ●VERACRUZ ●LOS CABOS

mexicana

Lección 4

Querida Miriam

¡A comenzar!

The following are some of the things you will be learning to do in this lesson.

When you want to . . .	**You use . . .**
1. express certain feelings: 　　to get angry 　　to become sad / nervous 　　to laugh 　　to worry 　　to feel... 　　to be dying to...	• reflexive verbs such as: 　**enojarse** 　**ponerse triste / nervioso(a)** 　**reírse** 　**preocuparse** 　**sentirse...** 　**morirse de ganas de...**
2. say what you were going to do	• **Iba a** + activity.
3. talk about staying / saying good-bye / moving away	• **quedarse / despedirse / mudarse**

Now find examples of the above words and phrases in the following letter.

Tony Garza
2197 Oak Avenue
Chicago, Illinois
　　60634

E.E. U.U.

mexicana

Tony regresó a Chicago y ahora le escribe una carta a Miriam.

Chicago, 5 de julio

Querida Miriam linda:

Me muero, me muero, me muero cien veces. Me muero de ganas de verte. Cuando nos despedimos, me puse tan triste porque quería quedarme contigo en México. Ahora me siento deprimido cada vez que miro las fotos del viaje. Aprendí tanto de la historia de tu maravilloso país y tengo tantos recuerdos. Me acuerdo de cuánto nos reímos ese día en el museo cuando me olvidé de pagar y el guardia se enojó, y después en el bote, cuando iba a levantarme y me caí al lago. ¡Qué agua tan fría! Me pregunto si tú también piensas en mí y en cuánto nos divertimos.

Todos mis amigos quieren mudarse a México; yo también quiero irme para allá. Bueno, no me quejo más. Si me porto bien y si saco buenas notas, espero poder volver a verte el año que viene.

Bueno, escríbeme pronto y cuéntame qué haces. Espero una carta larga. Si no recibo tu carta pronto, voy a preocuparme mucho.

Saludos a Lupe y Roberto y a tu mamá y papá también. Un beso y un abrazo y otro beso y más abrazos de tu amigo que te quiere para siempre.

Tony

Actividades preliminares

A Tell three things you were going to do last week, but didn't get around to doing.

Por ejemplo:

Iba a _____.
Iba a practicar el piano todos los días.

B Choose from the column on the right the word that best conveys the meaning of the italicized words in each statement on the left. Give the statement, substituting the word from the right.

Por ejemplo:

Tony necesitaba *ponerse la ropa* para ir a una fiesta. / vestirse
Tony necesitaba vestirse para ir a una fiesta.

1. Tony iba a *decirles adiós.*
2. Tony quería *pasar más tiempo* en México.
3. Iba a *recordar* todo su viaje.
4. No quería *estar* deprimido.
5. El guardia del museo va a *ponerse furioso* con Tony.
6. Tony y Miriam iban a *reírse* mucho.
7. Tony no iba a *pensar demasiado en* sus notas.
8. Tony iba a *ponerse de pie* en el bote.

a. sentirse
b. divertirse
c. despedirse
d. quedarse
e. acordarse de
f. enojarse
g. levantarse
h. preocuparse por

C Choose from the column on the right the verb that means the opposite of each verb in the column on the left.

1. acordarse
2. quedarse
3. despedirse
4. acostarse
5. aburrirse
6. llorar
7. alegrarse

a. saludar (to say hello)
b. ponerse triste
c. irse
d. reírse
e. levantarse
f. olvidarse
g. divertirse

D Complete the following statements about yourself.

1. Me muero de ganas de ____.
2. Me pongo triste cuando ____.
3. Me siento deprimido cuando pienso en ____.
4. Mi amigo(a) y yo nos reímos de ____.
5. Mi amigo(a) y yo nos divertimos en ____.
6. Siempre me preocupo por ____.

Vocabulario 1

El día que mi amigo salió para México.

No quería apurarse.
Quería calmarse.

Quería prepararse para el viaje.

Querían sentirse[1] contentos.
Querían reírse[2].

No quería preocuparse.
No quería ponerse triste.

No quería enojarse.

[1] sentirse (ie)
[2] reírse (i)

Querían quedarse.
No querían irse.
Tenían que despedirse[2] de su hijo.

Quería acordarse[3] de sus amigos.
No quería olvidarse de ellos.

Quería comer.
No quería morirse[3] de hambre.

Se preguntaba si después
de graduarse iba a mudarse
a México.

Quería dormirse[3].
No quería morirse de sueño.

[2] despedirse (i)
[3] acordarse (ue); morirse (ue); dormirse (ue)

Actividades

A **Después de graduarme.** Which of the following do you plan to do after you graduate?

Por ejemplo:

> Después de graduarme, pienso (voy a, quiero) _____.

1. preocuparme por el futuro
2. prepararme para un trabajo
3. sentirme alegre
4. ponerme triste
5. irme a _____
6. quedarme en _____
7. despedirme de _____
8. mudarme a _____

B **Buenos consejos.** Choosing words from **Vocabulario 1**, complete the following sentences to tell a classmate what he or she should do in each situation.

1. Si son las ocho y la clase empieza a las ocho y cinco, debes _____.
2. Si no quieres morirte de sueño mañana, debes _____.
3. Si quieres graduarte, debes _____.
4. No debes _____ demasiado cada vez que sacas una mala nota.
5. Siempre te preocupas por las notas. No debes _____ tan nervioso(a). Debes _____.
6. Si tienes un examen importante, no debes _____ de estudiar.

C **¿Cómo te sientes hoy?** A classmate will ask you how you feel today. If you're not feeling great, say why. If you are feeling great, say what you plan to do. Exchange roles.

Por ejemplo:

ESTUDIANTE A

¿Cómo te sientes hoy?

ESTUDIANTE B

Me siento cansado(a). Trabajé demasiado, me acosté tarde y no dormí bien. (Me siento fantástico[a]. Quiero ir al gimnasio a hacer ejercicio).

D **Los años escolares.** Write completions to the following statements about your school years.

1. Voy a reírme si pienso en ____.
2. Voy a enojarme si pienso en ____.
3. Voy a sentirme triste (deprimido[a], nervioso[a]) si pienso en ____.
4. Me muero de aburrimiento cuando pienso en ____.
5. Me pregunto si ____.
6. Nunca voy a quejarme de ____.

E **Mis quejas y preocupaciones.** Tell three things you complain about most; then tell three things you worry about most.

Por ejemplo:

> Siempre me quejo de la comida de la cafetería.
> Siempre me preocupo por mis notas.

F **Siempre me enojaba.** What did you always get angry about when you were younger? Tell three things.

Por ejemplo:

> Cuando era niño(a) siempre me enojaba cuando no podía ____ (cuando tenía que ____, etc.).

G **Me pregunto.** Tell three things you've been wondering about lately.

Por ejemplo:

> Me pregunto si debo invitar a Lee al baile.

H **Pues, ¿qué hiciste?** Tell what you did in each of the situations below.

Por ejemplo:

> Me moría de cansancio.
> *Por eso vi la tele y descansé un rato.*

1. Me moría de hambre.
2. Me moría de sed.
3. Me moría de sueño.
4. Me moría de ganas de salir con los amigos.

El mexicano de hoy

La gente que forma el México de hoy representa siglos de riquísimas y variadas tradiciones porque descienden de las dos culturas —la indígena y la española— que dieron origen al mestizo de hoy.

Como ya hemos visto, las pirámides, los templos y los artefactos de las civilizaciones prehispánicas son evidencia del esplendor que alcanzaron las sociedades antiguas de México antes de la llegada de Cortés. Todavía se mantienen idiomas y costumbres de los tiempos prehispánicos. Por otro lado, la cultura hispánica se manifiesta en el idioma y la religión, y también en la arquitectura y muchas costumbres diarias. Lo más extraordinario del carácter del mexicano, sin embargo, es el orgullo de ser independiente y el deseo de conservar el pasado para avanzar hacia el futuro, uniendo las tradiciones con ideas modernas.

Actividad

Write a postcard home about your trip to Mexico. Say where you went, what you saw, what you did, and what you learned.

Estructura 1

. . . .

*How to Communicate in
Past and Present: Some
Special Cases*

*Present and preterit
stem-changing verbs*

In your study of Spanish you have seen some verbs that have
changes in their stems (the part of the verbs that is left when you
remove the -**ar**, -**er**, or -**ir** ending).

PRESENT TENSE

1. You have used the following verbs whose stems change from **o**
   or **u** to **ue** in all forms except the **nosotros** (and **vosotros***) form.

dormir(se)	acostarse
jugar	acordarse de
soñar con	poder
recordar	morirse de
colgar	contar
costar	soñar con
encontrar	

Ruinas aztecas en México D.F.

2. You have also used the following verbs whose stems
   change from **e** to **ie** in all forms except the **nosotros**
   (and **vosotros***) form.

querer	despertarse
entender	divertirse
empezar	sentirse
regar	
perder	
pensar	
preferir	
venir†	
tener†	
mantener†	

*This form is rarely used in the Spanish-speaking world, except for Spain.
†Remember that the **yo** forms of **venir, tener** and **mantener** are **vengo, tengo,**
and **mantengo.**

3. And you have used the following verbs whose stems change from **e** to **i** in all forms except the **nosotros** (and **vosotros***) form.

pedir	reírse[2]
servir	despedirse
seguir[1]	medir
vestirse	conseguir[1]

4. Finally, you have seen the verbs **huir** and **destruir**. These verbs add **y** to their stem in all forms except the **nosotros** (and **vosotros***) form.

   Si destruyes tus juguetes, no te voy a comprar más.

PRETERIT TENSE

5. The following **-ir** verbs will have stem changes, but these changes will occur in only two forms: the **él, ella, usted** form and the **ellos, ellas, ustedes** form.

divertirse	se divirtió	se divirtieron
pedir	pidió	pidieron
servir	sirvió	sirvieron
despedirse	se despidió	se despidieron
reírse	se rió	se rieron
sentirse	se sintió	se sintieron
preferir	prefirió	prefirieron
seguir	siguió	siguieron
conseguir	consiguió	consiguieron
vestirse	se vistió	se vistieron
dormir(se)	(se) durmió	(se) durmieron
morirse	se murió	se murieron

El México del futuro.

6. A second category of special verbs in the preterit include verbs like **leer, oír, caerse, destruir,** and **huir.** A **y** replaces the **i** of the **-ió** and **-ieron** endings.

leer	leyó	leyeron
oír	oyó	oyeron
caerse	se cayó	se cayeron
huir	huyó	huyeron
destruir	destruyó	destruyeron

---

[1]The **yo** forms of **seguir** and **conseguir** are **sigo** and **consigo**.
[2]Note the written accent marks on the verb **reírse: me río, te ríes, se ríe, nos reímos, os reís, se ríen**

Actividades

A **Cosas de todos los días.** Complete the following statements about yourself.

1. Siempre me río cuando _____.
2. Siempre me siento triste cuando _____.
3. Siempre me divierto cuando _____.
4. Siempre me duermo cuando _____.
5. Siempre me despierto temprano cuando _____.

B **Recuerdos de México.** Give a conclusion to each of the situations below using the verb in parentheses.

Por ejemplo:

> La noche de la gran fiesta, Tony se acostó a las tres de la mañana y se levantó a las siete. (dormir)
> *Durmió cuatro horas.*

1. Cuando Tony se despidió de Miriam, ella empezó a llorar. (sentirse)
2. Miriam y Tony se rieron mucho cuando vieron la película. (divertirse)
3. Tony quería quedarse con Miriam, pero no podía. (despedirse)
4. Cuando Tony se cayó al lago, a Miriam le pareció muy cómico. (reírse)
5. Tony y Miriam pidieron la comida, pero el mesero no la trajo. (servir)
6. Un día, para la clase de español, Tony y sus compañeros tenían que estudiar el origen de los aztecas. (leer)
7. El radio de Tony no funcionaba, y no sabía quiénes ganaron el partido de fútbol entre México y Argentina. (oír)

C **¡Cuánto nos reímos!** Tell when you and your classmates felt the following ways.

Por ejemplo:

> Todos se sintieron muy contentos.
> *Nos sentimos muy contentos cuando la maestra no nos dio tarea para el fin de semana.*

1. Todos se rieron mucho.
2. Todos se sintieron tristes.
3. Todos se divirtieron.
4. Todos se enojaron.
5. Todos se vistieron con ropa elegante.

D **Somos diferentes.** Good friends don't always react alike. Use the verbs below to describe occasions when you and a good friend felt or did something different.

Por ejemplo:

> divertirse
> *El sábado pasado mi amiga y yo fuimos a una fiesta. Yo me divertí mucho, pero ella no se divirtió.*

1. sentirse
2. reírse
3. pedir algo en un restaurante
4. leer
5. preferir

E **¿Cómo se siente?** Tell how the people below probably feel.

Por ejemplo:

> Mario arregló su radio.
> *Se siente contento.*

1. El ascensor no funciona y la Srta. Molina tiene que subir cuatro pisos.
2. Julio tiene que hablar con el director de la escuela porque sacó una mala nota.
3. Tú y tus amigos gastaron demasiado dinero en el centro comercial.
4. Cinco chicas de la escuela corrieron en la maratón de la ciudad.
5. Tomaste la medicina que te dio el doctor.
6. Tu amiga te dice que hay examen mañana.

Vocabulario 2

En mi familia somos...

mis abuelos

mis bisabuelos

mi papá

mi padrastro

mi mamá

mi madrastra

mis hermanos Rogelio y Yolanda

mis hermanastros
Riqui y Carmen

mis padrinos y yo

mi cuñado, el esposo de
mi hermana Sonia

mi cuñada, la esposa de
mi hermano Paco

mis sobrinos, los hijos de
mi hermana Sonia

Aquí están...

mi hermana Andrea y su novio

los hijastros de mi tía Lourdes

Piensan casarse en julio.

mi primo José Luis y su novia. Van a casarse en septiembre.

nacer

crecer*

Mucho gusto.

conocerse

estar comprometidos

casarse (con)

* The **yo** form of **crecer** in the present tense is **crezco**.

Actividades

A **¿Quiénes son?** Tell which family member is being described.

Por ejemplo:

> Es la hermana de tu papá.
> *Es mi tía.*

1. Es la madre de tu abuela.
2. Es el hijo de tu padrastro.
3. Es el esposo de tu hermana mayor.
4. Son las hijas de tu hermano mayor.
5. Son los hijos de tu padrastro.
6. Es la hija mayor de tu segundo esposo.

B **Fechas importantes.** Tell how long ago and where each of the following events occurred.

Por ejemplo:

> tus padres / casarse
> *Mis padres se casaron hace veinte años.*
> *Se casaron en Boston.*

1. tus padres / conocerse
2. tú / nacer
3. tus hermanos / nacer
4. tus abuelos / casarse
5. tú y tu mejor amigo(a) / conocerse

Now give the year that each of the above events occurred.

C **Los ideales.** Nobody's perfect, but if the following people could be, what would each of them be like, in your opinion? Write two sentences for each.

1. los abuelos ideales
2. los padres ideales
3. el padrastro ideal
4. la madrastra ideal
5. los hermanos / hermanastros ideales
6. el esposo (la esposa) ideal
7. el novio (la novia) ideal
8. los padrinos ideales

Para escribir una carta

En español, las cartas son muy cordiales y efusivas, es decir, siempre se expresa mucha emoción. En general, también tienen más detalles que las cartas en inglés. Es importante saludar al empezar y al terminar la carta. También hay que mandar saludos a todas las personas del grupo familiar o de amigos.

Para saludar:

Querido(a) amigo(a)
Queridísimo(a) _____
Amor de mi vida

Para empezar:

Espero que estés bien (que todos estén bien). Yo, más o menos. Me muero de ganas de _____.

Para terminar:

Bueno, eso es todo por hoy.
Escríbeme pronto y _____.
Bueno, voy a terminar porque tengo que _____.
Bueno, contéstame pronto.

Para mandar saludos:

Muchos saludos para tus primos y también para _____.

Para despedirse:

Muchos besos y abrazos de tu amigo(a) _____
Un fuerte abrazo y muchos cariños de _____
Te quiere mucho tu _____

Actividad

Write a letter to a friend you have not seen in a long time. Remind him or her of what the two of you used to do and mention a specific incident in which the two of you laughed a lot. Use appropriate openings and closings.

Estructura 2

How to Talk about Intentions in the Past: Interrupted Actions	Use of the preterit and imperfect together

1. To say what you and others are going to do, you have used the expression **ir a** + infinitive.

   Mañana voy a llamar a mi abuelita.

   To say what you were going to do in the past, use this same expression in the imperfect tense: **iba a** + infinitive.

   Ayer iba a llamar a mi abuelita porque ella y yo íbamos a ver una película.

2. Often, you will use this expression and a verb in the preterit tense in the same sentence to say what you were going to do when your plans were interrupted.

   Iba a salir cuando me llamaste.

   The action that interrupted your plans (**me llamaste**) is expressed in the preterit.

—Hasta incluyeron la mosca que estaba en la sopa

3. To describe what was going on when something else occurred, use the imperfect tense to describe the ongoing action and the preterit tense to describe the action that interrupted it.

   Veía la tele cuando mis padres llegaron.

4. Words you can use to indicate interruption are **de repente** (suddenly) and **en ese momento**. Notice how both tenses are used in the following examples. The ongoing action is in bold print; the interrupting action is in italics.

   Lavaba los platos cuando *de repente oí un ruido.*

   Trabajaba en el jardín. Hacía sol. Me divertía mucho. *De repente, empezó a llover. Entonces corrí para la casa.*

   Estaba en mi clase de matemáticas. Quería escuchar al maestro, pero hacía mucho calor y me moría de sueño. *De repente, oí mi nombre y me desperté. Todos empezaron a reírse.*

Actividades

A **Buenas intenciones.** Tell three promises you made to yourself last year that you didn't keep.

Por ejemplo:

> El año pasado iba a _____ pero nunca lo hice.
> *El año pasado iba a hacer ejercicio pero nunca lo hice.*

B **Les pido perdón.** You had good intentions of doing what you were supposed to do but for one reason or another you never got around to it. Give an excuse to each of these people.

Por ejemplo:

> A la maestra: Iba a hacer la tarea, pero...
> *Iba a hacer la tarea, pero mis abuelos vinieron a casa.*

1. A tu papá: Iba a recoger mi ropa del suelo, pero...
2. A tu mamá: Iba a lavar los platos, pero...
3. A tu amigo: Iba a verte, pero...
4. A tu maestro: Iba a llegar a tiempo a la clase, pero...
5. A tu amiga: Iba a pagarte el dinero que me prestaste, pero...

C **¿Qué hacías cuando...?** Complete the following to describe what you were doing when you were interrupted.

1. Miraba _____ cuando de repente _____.
2. Soñaba con _____ cuando de repente _____.
3. Era la una y media y estaba en la clase de _____. En ese momento _____.
4. Pensaba en _____ cuando de repente _____.
5. Iba a _____ pero en ese momento _____.

D **¿Qué le pasó?** The night of the party Tony came back very late and saw that the main door of the hotel was locked. Complete his story with the correct form of the verbs in parentheses.

Anoche _____ (llegar) al hotel después de la medianoche y _____ (estar) un poco preocupado porque _____ (ir) a salir a las seis de la mañana del día siguiente. Entonces, cuando _____ (llegar) a la puerta vi que _____ (estar) cerrada con llave. Por eso, _____ (buscar) otra puerta por la calle del lado, pero no _____ (haber) ninguna. Entonces, _____ (regresar) a la puerta principal y _____ (gritar), pero nadie vino. Entonces, _____ (pensar): "Debo llamar por teléfono" y _____ (ir) al restaurante en la esquina. El mesero del restaurante _____ (ser) muy amable y me _____ (permitir) usar el teléfono. Afortunadamente, el empleado nocturno _____ (contestar) y me _____ (abrir) la puerta. Cuando entré en la habitación, mis compañeros ya _____ (dormir).

E **Les voy a contar lo que pasó.** Your class took a field trip, but you and a classmate have different impressions of the trip. First set the scene by completing the following statements with as much detail as you can provide.

1. Estábamos en el autobús. Ibamos a _____.
2. Delante de nuestro asiento había _____.
3. Detrás había _____.
4. Al lado de mi amigo(a) _____.
5. Oíamos _____.
6. Yo no quería _____.
7. Por eso miraba por la ventana los (las) _____.
8. Mi amigo(a) quería _____ pero no tenía _____.
9. Me sentía _____ porque _____.

Now, exchange settings with your classmate. Using his or her setting, narrate an incident that occurred to interrupt this scene. Complete the following sentences.

1. De repente _____.
2. En ese momento _____.
3. Entonces _____.
4. Después _____.
5. Luego _____.
6. Por fin (finally) _____.

En la carretera panamericana.

Finalmente

Situaciones

A escribir Imagine that you recently returned from a vacation in which you had a good time with a friend. Now, write a letter to your friend and summarize what you enjoyed most about your vacation. Tell where you enjoyed going and what you enjoyed doing. Tell about one memorable event in particular, giving background information such as what the weather was like, whom you were with, and what day and time it was. Then give the details of what actually happened.

Repaso de vocabulario

ACTIVIDADES
acordarse (ue) (de)
apurarse
calmarse
casarse (con)
conocerse
crecer (zc)
despedirse (i, i) (de)
dormirse (ue, u)
enojarse
graduarse
irse
levantarse
mudarse
nacer
olvidarse (de)
ponerse
preocuparse (por)
prepararse (para)
quedarse
reírse (i, i)
sentirse (ie, i)

PARIENTES
el / la bisabuelo(a)
el / la cuñado(a)
el / la hermanastro(a)
el / la hijastro(a)
la madrastra
el padrastro
los padrinos

OTRAS PERSONAS
el / la novio(a)

OTRAS PALABRAS Y EXPRESIONES
estar comprometido(a)
morirse (ue, u) de (sueño, hambre, etc.)
preguntarse si

Lectura

The brochure below shows the trips that Tony and his classmates took while in Mexico. Scan the brochure, then do the activities on the following page.

¡Conozca México!

VIAJES AMERICANOS

REFORMA 87

MÉXICO 4

TELS. 566-7711   566-9477

BALLET FOLKLÓRICO Y XOCHIMILCO
$15.00 dls.

8:45 a.m. miércoles y domingos

Incluye: Los mejores asientos disponibles para presenciar el maravilloso Ballet Folklórico de México en el bello escenario del Palacio de Bellas Artes, combinado con un paseo en canoa por los canales de Xochimilco.

PIRÁMIDES DE TEOTIHUACÁN
$10.00 dls.

9:15 a.m. y 2:45 p.m.

Visita: Las impresionantes Pirámides del Sol y la Luna, el Templo Quetzalcóatl y la Ciudadela. Asimismo visitará la Basílica de Guadalupe.

Diario incluyendo domingos

VISITA DE LA CIUDAD DE MÉXICO
$6.00 dls.

9:15 a.m. y 2:45

Visita: Bosque de Chapultepec, las zonas residenciales y parques, la Catedral y el Palacio Nacional con las famosas murales de Diego Rivera.

Diario excepto sáb. y dom.

VISITA DEL MÉXICO MODERNO
$6.00 dls.

2:45 p.m.

Visita: La Ciudad Universitaria para admirar sus edificios cubiertos de bellos murales en mosaicos multicolores. Conozca el Estadio Olímpico, asimismo la zona residencial más bella: Jardines del Pedregal.

Diario excepto domingo

ACAPULCO CUATRO DÍAS, INCLUYENDO TAXCO
$225.00 dls.

Salidas diario 9 a.m.

Primer día: Visite Cuernavaca para conocer el Palacio de Cortés y su antiquísima Catedral. Por la tarde visita de Taxco. Cena incluida en su hotel.

Segundo día: 8 a.m. salida hacia Acapulco. Desayuno en el hotel. Se incluye boleto para el Yate Fiesta o Bonanza.

Tercer día: Día libre. Conozca las playas o el sitio de clavadistas.

Cuarto día: Se incluye boleto de avión para regreso a Cd. de México. Transportación al aeropuerto por cuenta del pasajero.

Precios en dólares

Hotel en Acapulco	en doble	en triple	en sencillo	niños
Romano Palace	120.00	110.00	160.00	70.00
Condesa del Mar	140.00	130.00	196.00	70.00
Acapulco Plaza	152.00	140.00	224.00	70.00

Todos los precios incluyen impuesto.
Teléfono nocturno 552-9252

Actividades

A List all the places that Tony and his classmates went.

Por ejemplo:

> Mientras estaban en México, fueron a...

B Tell what they saw or did in each of the following places.

1. en el Palacio de Bellas Artes
2. en Xochimilco
3. en Teotihuacán
4. en el Palacio Nacional
5. en la Ciudad Universitaria
6. en Cuernavaca
7. en Acapulco

El Ballet Folklórico de México.

C Answer the following.

1. En Acapulco, ¿dónde estaban hospedados los estudiantes? ¿Cuántos había en cada habitación?
2. ¿A qué hora salieron cada día durante su excursión a Acapulco?
3. ¿Cuánto pagaron por todos estos viajes?
4. Si no quieres compartir tu habitación con un compañero, ¿qué clase de habitación vas a pedir?
5. Si quieres compartir tu habitación con otra persona, ¿qué clase de habitación vas a pedir?

D Find the words in the brochure for the following.

1. La transportación al aeropuerto no está incluida en el precio.
2. Es una catedral muy antigua.
3. Hay asientos estupendos para ver el Ballet Folklórico.
4. Es el barrio donde vive la gente.
5. Se incluye el pasaje en avión para la visita.

E Imagine your trip to Acapulco. Tell where you stayed, what the room was like, what you did at the beach, what the weather was like while you were there, and one funny thing that happened to you.

Capítulo 2 Repaso

¿Recuerdas?

Do you remember how to do the following things, which you learned in **Capítulo 2?**

LECCIONES 1–2

1. describe what someone or something was like or used to be like (p. 98)
2. describe where someone or something is or was located (p. 98)
3. distinguish one thing from another (p. 105)
4. describe people and things in the past in terms of possessions, abilities, likes, desires, and obligations (p. 116)
5. express what you generally liked, wanted, or were able to do as well as a specific action in the past (pp. 124–125)

LECCIONES 3–4

1. say what it is necessary to do or what must not be done (pp. 128, 131)
2. express actions which refer to yourself or actions in which others refer to themselves (pp. 136–137)
3. describe routine behavior in the past (pp. 145–146)
4. express feelings using certain verbs (pp. 153–154)
5. identify certain family members (pp. 162–163)
6. say what you or others were going to do (p. 166)
7. tell what was going on when something else occurred (p. 166)

Actividades

A **¿Tienes una buena imaginación?** Pick up each of the following stories where they stop and give a detailed conclusion.

1. Era de noche y llovía mucho. Yo iba con mi hermana menor. Íbamos por una calle que no tenía luces y no podíamos ver bien. De repente _____. Mi hermana dijo _____. Por fin _____.

2. Para mi cumpleaños, mi papá me regaló una bicicleta nueva y yo quería montarla en el campo. Hacía mucho sol por la mañana, pero hacía un poco de viento también. Salí de la casa a las nueve. Cuando iba por _____, vi un(a) _____. Entonces _____. Después _____. Cuando regresé a casa, _____.

3. Era un bonito día de verano y todos nos fuimos a la piscina. Mis amigos querían _____ pero yo les dije que _____. De repente _____. Después _____.

B **Poesías.** Write a poem in the shape of a diamond about some place you remember in or around where you lived as a child, according to the following guidelines.

1. en la primera línea: ¿Qué es?
2. en la segunda línea: Describe el lugar con dos palabras.
3. en la tercera línea: Escribe tres cosas que hacías allí.
4. en la cuarta línea: ¿Dónde está el lugar?
5. en la quinta línea: ¿Cómo se llama el lugar?

Por ejemplo:

Río
grande, ancho.
Nadaba, jugaba, pescaba
cerca de nuestra casa.
Misisipí.

C **Contemos un cuento.** In groups of three, write a story beginning with the sentences below. Build the story by answering the questions underneath each sentence.

1. Oímos un grito...
   (¿Quiénes? ¿Dónde estaban? ¿Por qué? ¿Cuándo?)
2. Mis amigos y yo...
   (¿Qué hicieron? ¿Por qué?)
3. Yo me sentía...
   (¿Cómo? ¿Por qué?)
4. Pero mi amiga...
   (¿Cómo? ¿Por qué?)
5. De repente...
   (¿Qué pasó?)
6. Por fin...
   (¿Qué pasó?)
7. Aprendimos una lección muy importante.
   (¿Qué?)

D **Mis recuerdos.** How will you look back on and describe your present-day life many years from now? Complete the following.

1. Vivía en _____. Mi casa era _____.
2. Tenía _____. Era _____.
3. Mi mejor amigo(a) se llamaba _____. Era _____.
4. Siempre nos gustaba _____.
5. Yo tenía que _____.
6. Todos los días me despertaba a las _____ y me acostaba a las _____.
7. Todos los días iba a _____. Allí _____.
8. Me divertía cuando _____. Pero siempre me preocupaba por _____. Y siempre me quejaba de _____.
9. Me río cuando pienso en _____.
10. Me gradué en el año _____ cuando tenía _____ años.
11. Me enamoré de un/a chico(a) fenomenal. Era _____. Pero _____.
12. Nunca voy a olvidarme de _____.

E **La aventura de la clase de español.** Working in groups of three, compose a setting for a fictitious adventure in which the members of your Spanish class were involved. Construct your setting according to the questions below with as much detail as possible.

1. ¿Qué hora era?
2. ¿Dónde estaban ustedes?
3. ¿Qué tiempo hacía?
4. ¿Qué había allí?
5. ¿Qué hacía la gente allí?
6. ¿Qué hacían ustedes?

Each member of the group should have a copy of the setting. For homework each person will complete the story, answering the questions below.

1. De repente, ¿qué pasó?
2. ¿Qué hizo un/a estudiante?
3. ¿Qué hicieron otros(as) estudiantes?
4. ¿Qué hicieron tú y un/a amigo(a)?
5. ¿Qué dijo el (la) maestro(a)?

Complete the following statement as a conclusion to your story.

En el futuro no voy a _____.

F **Nos mudamos.** Imagine that your family is about to be transferred to a major city in the U.S. Use the following questions to write a letter to your best friend prior to your move.

1. ¿Cómo te sientes?
2. ¿Por qué quieres quedarte aquí?
3. ¿Por qué quieres irte?
4. ¿Qué esperas hacer allí?
5. ¿Cómo te imaginas la nueva ciudad?

G **El día más importante de mi vida.** Write a one-paragraph description of a day you consider to be the most important one you can remember. Write your description so your classmates can relive it with you. Tell (a) what the day was like, (b) whom you were with, (c) what was going on, and (d) what happened to make it special.

Recuerdos de Puerto Rico

Lección 1

Hay que trabajar

¡A comenzar!

The following are some of the things you will be learning to do in this lesson.

When you want to . . .	You use . . .
1. say what someone just did or what just happened	• **Acaba de** + action.
2. name various jobs	• words such as **niñero(a) / empacador/a / gerente / cajero(a)**
3. talk about the qualities employers are seeking	• words such as **responsable / ambicioso(a) / con experiencia**
4. describe work schedules	• **tiempo completo / medio tiempo**
5. ask if someone would like to do something	• **¿Le gustaría** + activity?

Now find examples of the above words and phrases in the following classified ads.

Elena Maldonado, una muchacha puertorriqueña que vive en Nueva York, quiere buscar un trabajo. Acaba de leer los anuncios clasificados en un periódico de la ciudad.

AYUDANTE DE TERAPISTA, centro de rehabilitación de la Clínica Madre y Niño. ¿Le gustaría ayudar a niños minusválidos? Se necesita persona responsable y comprensiva, experiencia no necesaria. Llamar al 718/555-4239.

CAJERO(A) Farmacia. Tiempo completo y medio tiempo. Noches y fines de semana. Sin experiencia. Inglés y español. $6 por hora. Para cita: 718/555-9801

EMPACADORES Nuevo supermercado. Medio tiempo. Con experiencia. Hablar inglés y español. 212/555-3450

GERENTE DE SECCIÓN Compañía distribuidora de importaciones acaba de mudarse de España a Nueva York. ¿Le gustaría utilizar su experiencia en computadoras y contabilidad? Excelente oportunidad para persona ambiciosa. Para cita, llamar al 212/555-3432

MESERO(A) ¿Le gustaría ganar propinas generosas? Restaurante de

NIÑERAS para centro escolar. Lunes a viernes, de 8 a 5. Todos beneficios, incluso vacaciones pagadas. Referencias. Llamar al Sr. Alcalde para cita. 718/555-9137

RECEPCIONISTA BILINGÜE Español/inglés, sin experiencia. Clínica para niños. Medio tiempo, 3 a 7, lunes, miércoles, viernes. 212/555-0083

SALVAVIDAS, YMCA. Requisitos: WSI y certificado avanzado de Cruz Roja. Debe hablar español. Para cita llamar a M. Walker, 718/555-0952, ext. 432

Se necesitan personas aplicadas para entrenarse en las siguientes carreras:
• agente de viajes • diseño y modas
• computadoras • asistente médico
• técnico electrónico
Experiencia no es necesaria. Llamar a la Sra. Anaya 212/555-9872

VENDEDORA DE COSMÉTICOS Y PERFUMES. Buena comisión. Llamar al 201/555-5534

Actividades preliminares

A In the classified ads above, find the words that relate to the following categories. On a separate sheet of paper, write them down in the appropriate category.

Por ejemplo:

experiencia
necesaria, sin, con...

1. tiempo
2. dinero
3. lugar de trabajo
4. características personales

B Based on the ads on page 179 that Elena has circled, respond **sí** or **no** to the following statements about her.

1. No sabe hablar inglés.
2. No le gustaría trabajar con niños.
3. Busca un trabajo de tiempo completo.
4. Tiene mucha experiencia.
5. Le gustaría ganar comisión.

C Using the ads on page 179, give the name of the worker who does each of the following duties.

1. Cuida niños.
2. Sirve la comida en un restaurante.
3. Trabaja en la caja (cash register).
4. Trabaja con enfermos.
5. Vende algo.
6. Supervisa a la gente que nada en la piscina.
7. Supervisa a varios empleados de su departamento.
8. Saluda a la gente, contesta el teléfono y usa la computadora.

D Give the phone number for the following jobs listed on page 179.

Por ejemplo:

> si te interesa ser cajero(a) en una farmacia
> *Debes llamar al (718) 555-9801.*

1. si quieres trabajar en un supermercado
2. si te gustan los niños
3. si quieres trabajar con números y computadoras
4. si quieres ir a la piscina todos los días

Vocabulario 1

¿Qué trabajo te gustaría escoger?
Me gustaría ser...

modelo

recepcionista

asistente médico(a)

niñero(a)

cocinero(a)

dependiente

operario(a)

vendedor/a

asistente legal

asistente dental

pintor/a de casas

cajero(a)

lavaplatos

empacador/a

mesero(a)

salvavidas

terapista

Me gustaría un trabajo de...

consejero(a)

jardinero(a)

intérprete de inglés

tiempo parcial

HORARIO: los sábados, de 9 a 3:30

repartidor/a de...

periódicos

pizzas

tiempo completo

HORARIO: de lunes a viernes, de 9 a 5

medio tiempo

HORARIO: de lunes a viernes, de 3 a 6:30

ayudante de...

cocina

oficina

laboratorio

construcción

Acabo de...

sacar mi título

terminar el segundo (tercer, primer) año

graduarme

matricularme

HORARIO
inglés 9:00
historia 10:15
español 11:10
química 12:15

Actividades

A **¿Dónde trabajan?** Working with a partner, name at least one occupation you associate with each of the following places. Take notes and report to the class.

Por ejemplo:

> las tiendas
> *dependiente, vendedor, ayudante, modelo, cajero*

1. las escuelas
2. los hospitales
3. los restaurantes
4. las oficinas
5. la casa
6. los talleres
7. la calle
8. los centros comerciales
9. los laboratorios
10. los centros médicos
11. las oficinas de abogados
12. los hoteles

B **¿Qué hacen?** Match these people with what they do and make a statement about each.

Por ejemplo:

> los pintores / pintar paredes
> *Los pintores pintan paredes.*

1. las niñeras
2. las consejeras
3. los cajeros
4. el ayudante de construcción
5. los dependientes
6. el recepcionista
7. el mecánico
8. los salvavidas
9. el lavaplatos
10. la mesera
11. la repartidora de periódicos
12. el jardinero

a. ayudar a construir casas y edificios
b. contestar el teléfono
c. cuidar niños
d. vender cosas
e. trabajar con estudiantes durante el verano
f. recibir dinero y dar cambio
g. arreglar coches
h. cuidar las flores y el césped
i. servir la comida
j. repartir los periódicos
k. lavar vasos, platos, tenedores y tazas
l. trabajar en la piscina, el lago y la playa

C Preferencias. List five jobs from **Vocabulario 1** in order of your preference, using **primero, segundo, tercero, cuarto,** and **quinto.** For your first choice, tell why you prefer it.

Por ejemplo:

> Me interesa más ser jardinero(a) porque me gusta mucho trabajar afuera. Y me gustan las flores y las plantas.

D Espero superarme. Complete the following statements about yourself.

Por ejemplo:

> El año que viene espero matricularme en...
> *El año que viene espero matricularme en otra clase de español.*

1. Este año tenía que matricularme en...
2. El año que viene espero matricularme en...
3. Voy a graduarme en el año...
4. Después de graduarme, espero...
5. Pienso prepararme para...

E El trabajo ideal. Imagine you have the perfect job. Write a description of it, using the following questions as a guide.

1. ¿Dónde trabajas? (en la ciudad, en el campo, en una oficina, afuera, etc.)
2. ¿Qué puesto tienes?
3. ¿Cuántas horas trabajas al día? ¿A qué hora empiezas a trabajar? ¿Cuándo terminas?
4. ¿Cuál es tu sueldo?
5. ¿Con quién trabajas? ¿Tienes ayudantes?
6. ¿Qué haces todos los días?
7. ¿Por qué te gusta tu trabajo?

Hay que hablar español

Muchos trabajos requieren el contacto frecuente con la gente. Aquí en los Estados Unidos, especialmente en las ciudades grandes donde vive mucha gente hispana, es muy importante saber hablar español. Algunos jefes requieren esta habilidad en sus empleados y muchas veces les ofrecen lecciones gratis para ayudarlos a aprender el idioma. De esta manera, pueden mejorar el servicio al público.

Actividad

The following are traditional careers that normally require foreign language skills. Match the job to its description and make a statement about each.

Por ejemplo:

los policías / proteger a la gente y dirigir el tránsito
Los policías protegen a la gente y dirigen el tránsito.

1. los intérpretes
2. los periodistas
3. los fotógrafos
4. los importadores
5. los diplomáticos
6. los secretarios
7. los misioneros
8. los auxiliares de vuelo
9. los doctores y enfermeros

a. entrevistar gente y escribir artículos
b. escribir cartas en otros idiomas
c. cambiar palabras de un idioma a otro
d. hablar con pasajeros de vuelos internacionales
e. viajar por todo el mundo y sacar fotos
f. recibir productos extranjeros
g. enseñar religión en otros países
h. hacer relaciones públicas en otros países
i. hablar con los enfermos

Estructura 1

How to Talk about Imagined Situations

Some forms of the conditional: **sería, gustaría, tendría que, podría**

1. When you want to say what you *would like* to do in a hypothetical situation (that is, a situation that has not happened or may never happen), use -**ía** on the end of **gustar**.

   > **Me gusta mucho viajar. Me gustaría ir a Australia.**
   > **Te gusta trabajar con los niños, ¿verdad? ¿Te gustaría ser maestra?**

2. When you want to say what you *would be* or what something *would be like* in a hypothetical situation, use **sería**.

   > **Me gusta mucho cocinar. Creo que sería un buen cocinero.**
   > **Sería fantástico trabajar en un restaurante muy elegante.**

3. To tell what you *would have to do* in a hypothetical situation, use **tendría que** + activity.

   > **No quiero trabajar en esa oficina porque tendría que trabajar todos los días. Y tendría que levantarme muy temprano. Quiero un trabajo de medio tiempo.**

4. To tell what you *would be able to do* in a hypothetical situation, use **podría** + activity.

   > **Me gustaría ir a la playa a visitar a mi amiga Pam. Allí podría nadar y bucear. También podría coleccionar piedras y saltar las olas. Sería fenomenal pasar el fin de semana en su casa.**

Actividades

A **¿Qué tendría que hacer?** Working with a classmate, give employment advice to students who would like to have the following jobs, telling them two activities they would have to do for the jobs in which they are interested.

Por ejemplo:

un/a secretario(a)

ESTUDIANTE A

Tendría que escribir bien y contestar el teléfono.

ESTUDIANTE B

También tendría que saber usar una computadora.

1. un/a cocinero(a)
2. un/a mecánico(a)
3. un/a modelo

4. un/a maestro(a)
5. un/a dependiente en un almacén grande.

B **Lo bueno y lo malo.** Tell one kind of job you would love doing and one you would hate doing. Give your reasons, completing the sentences below.

1. Me gustaría mucho ser ＿＿. Sería fantástico porque podría ＿＿. Tendría que ＿＿.
2. No me gustaría ser ＿＿. Sería horrible porque no podría ＿＿ y tendría que ＿＿.

C **¿Qué te gustaría ser?** Make five statements about your likes and interests. Based on these statements, tell what kinds of work you would like to do.

Por ejemplo:

Me gusta trabajar afuera. Creo que me gustaría ser ayudante de construcción.

D **Lo que no me gustaría.** Now tell four kinds of jobs that would be hard for you to do, and give reasons.

Por ejemplo:

Para mí, sería difícil ser salvavidas porque no sé nadar muy bien y no me gusta trabajar con los niños.

Vocabulario 2

Busco oportunidades para superarme.

Me gustaría conseguir...

una beca

un puesto

un buen sueldo

Primero, voy a enterarme...

de los puestos
de las oportunidades

Voy a...

leer los avisos

escoger* un trabajo

* **Escoger** is a regular verb with the exception of the **yo** form of the present tense: **escojo**.

Entonces, tengo que...

firmar la solicitud

llenar la solicitud

pedir la solicitud
(de empleo, de ingreso)

pedir cartas de
recomendación

pedir una entrevista

hacer una cita

Luego, tengo que tomar decisiones. Depende...

de mi experiencia

Vivo cerca
de aquí.

del sueldo

del horario

del lugar

de las condiciones

Sería un/a buen/a empleado(a), pues soy...

maduro(a)
organizado(a)

Gracias,
muy amable.

cortés

servicial

A Descripciones. Describe the people below with one of the following.

Por ejemplo:

> Roberto se porta muy bien y es considerado.
> *Es muy cortés.*

maduro(a)	inmaduro(a)
organizado(a)	irresponsable
tener experiencia	cooperativo(a)
puntual	independiente
responsable	servicial

1. Muchas veces Adela llega tarde a la escuela.
2. El señor Ávila sabe exactamente dónde están todos sus papeles y documentos.
3. Hace casi veinte años que la señora enseña en esta escuela.
4. José se ríe cuando algo malo le pasa a un amigo.
5. Maribel saca buenas notas en sus clases, cuida a sus primos todas las tardes y trabaja en el centro comercial los fines de semana.
6. Rosario piensa tener una pequeña tienda. Ahora tiene dos trabajos para ahorrar más dinero.
7. Cuando el jefe no estaba, Eva veía la tele.

B Es importante. Tell which of the following you think are important to do to be hired for a job. Rank them in order of importance on a separate sheet of paper.

1. dar cartas de recomendación
2. llenar una solicitud
3. conocer al dueño de la compañía
4. tener cinco años de experiencia
5. tener cartas de recomendación
6. saber algo del puesto
7. ser cortés y servicial
8. conseguir una entrevista
9. explicar tus cualidades personales
10. ser inmaduro(a) y desorganizado(a)
11. querer superarse

Si no te gusta tu futuro, cámbialo.

C **En la agencia de empleo.** You are interviewing a classmate for one of the following part-time jobs. Ask your classmate questions in order to fill in the job application below. Write your answers on a separate sheet of paper.

dependiente
cajero(a)
salvavidas
repartidor/a de pizzas

mesero(a)
recepcionista
ayudante de oficina
jardinero(a)

Por ejemplo:

ESTUDIANTE A

¿Qué puesto le interesa?

ESTUDIANTE B

Me interesa el puesto de cajero(a).

SOLICITUD DE EMPLEO

Fecha _____

INFORMACIÓN PERSONAL

Nombre _____ Nombre _____
      Apellido

Dirección _____ Estado _____ Código postal _____
     Calle   Ciudad

                           Número de seguro social _____

Teléfono _____ Edad _____

EMPLEO _____ Sueldo en el que está interesado _____

Puesto _____ Horario _____

¿Cuándo puede empezar? _____

¿Cómo se enteró de este puesto? _____

Habilidades especiales _____

Sus cualidades personales _____

Experiencia anterior (Enumere sus dos empleos anteriores).   Sueldo/Puesto
    Fecha   Nombre y dirección de la empresa

De _____
Hasta _____
De _____
Hasta _____

Referencias (Dé los nombres de dos personas. No deben ser parientes).   Teléfono
    Nombre   Dirección

1. _____
2. _____

En caso de emergencia, notificar a: _____
                               Teléfono   Parentesco

Dirección _____

Palabras

En el idioma español existen palabras que se forman juntando un verbo y otra palabra. En el Vocabulario 1 de esta lección aparecen algunas, por ejemplo, *salvavidas* y *lavaplatos*.

Actividades

A Match each of the pictures at right with its name, choosing from the following.

el abrelatas
el guardajoyas
el sacapuntas
el lavamanos
el cortaúñas
el tocadiscos
el subibaja
el rompecabeza
el parachoques

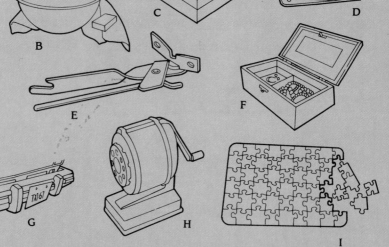

B Choose one of the above objects, and without saying the name of the object, describe it to a classmate so he or she can guess what it is. (**Es una cosa [Es un aparato] que...**).

Por ejemplo:

ESTUDIANTE A
Es una cosa que usamos cuando llueve.

ESTUDIANTE B
Es el paraguas.

Estructura 2

. . . .

How to Describe Events That Have Just Taken Place

Acabar de + *infinitive*

You have learned to tell when past events occurred using the preterit tense and various time expressions.

> **David y Elena salieron a las ocho. Regresaron tres horas después.**
>
> **Pedro y yo llegamos ayer por la tarde. Anoche fuimos al cine.**
>
> **Nací en Chicago en 1977. Me mudé a este pueblo hace tres años.**

When you want to talk about events in the immediate past (to say that something *has just* happened), use a present tense form of **acabar de** + activity.

> **¡Qué pena! Tú acabas de llegar y tu amigo acaba de salir.**
>
> **Unos compañeros acaban de decirme que hay examen hoy. ¡No puede ser!**

Actividades

A **¡Qué eficientes!** You and a classmate are in charge of making a last-minute check on arrangements for the Spanish class party. Ask whether a person in the class did the following chores. Your partner will say that the person named has just done the chore.

Por ejemplo:

> ordenar las sillas

ESTUDIANTE A	ESTUDIANTE B
¿Susan (Tom, etc.) ya ordenó las sillas?	Sí, acaba de ordenarlas.

1. decorar la sala
2. comprar los refrescos
3. planear la música
4. arreglar el estéreo
5. poner la mesa
6. encontrar las servilletas
7. traer el postre
8. invitar al director de la escuela

B Tarjetas postales. You have received postcards from several friends who went away during school vacation. Tell the things each of them did based on what they wrote.

Por ejemplo:

> Miguel: Estoy en la playa. Acabo de bucear.
> *Miguel buceó cuando estaba en la playa.*

1. Javier y Samuel: Estamos en el campo. Acabamos de montar a caballo.
2. Linda: Estoy con mi familia en las montañas. Acabo de esquiar por dos horas.
3. Anita: Hoy estoy en San Antonio. Acabo de visitar El Álamo.
4. Olivia y Marta: Estamos en el bosque. ¡Acabamos de ver una serpiente enorme!

C Rutina. Considering your normal routine, say what you and others have just done for each of the times below.

Por ejemplo:

> Vas a ver la tele con tus padres.
> *Acabo de terminar la tarea. (Acabamos de cenar, Mi papá acaba de lavar los platos, etc.).*

1. Es la hora de acostarse.
2. Estás en la cafetería de la escuela.
3. Vas a tomar el desayuno.
4. Tienes una entrevista para un trabajo.
5. Estás en la clase de español.

D ¿Qué hicieron? What have your friends just done that would put them in the following situations?

Por ejemplo:

> Están cansados.
> *Acaban de trabajar (estudiar, etc.) mucho.*

1. Están alegres.
2. Tienen miedo.
3. Están preocupados.
4. No tienen ni un dólar.
5. Están nerviosos.

Finalmente

A conversar Working with a classmate, discuss the jobs that each of you would like to have some day. Find out the following information.

1. type of occupation you would like and why
2. job location and why
3. your character traits and abilities that suit you for the job
4. what types of training, education, and experience you will need to prepare for the job
5. what you will like least about the job
6. what drawbacks there may be

Repaso de vocabulario

3-1-1

TRABAJOS
el/la asistente
   dental
   legal
   médico(a)
el/la ayudante
   de cocina
   de construcción
   de laboratorio
   de oficina
el/la cajero(a)
el/la cocinero(a)
el/la consejero(a)
el/la dependiente
el/la empacador/a
el/la intérprete
el/la jardinero(a)
el/la lavaplatos

el/la modelo
el/la niñero(a)
el/la operario(a)
el/la pintor/a de casas
el/la recepcionista
el/la repartidor/a
el/la salvavidas
el/la terapista
el/la vendedor/a

ACTIVIDADES
conseguir (i)
depender de
enterarse de
escoger (j)
firmar
hacer una cita
llenar

matricularse
sacar el título
solicitar
superarse
tomar una decisión

COSAS
el aviso
la beca
la carta de
   recomendación
las condiciones
el empleo
la entrevista
la experiencia
el horario
el puesto

la solicitud
   de empleo
   de ingreso
el sueldo
el trabajo
   de medio tiempo
   de tiempo completo
   de tiempo parcial

DESCRIPCIONES
cortés
maduro(a)
organizado(a)
puntual
responsable
servicial

3-1-2

Lección 2

La buena apariencia

¡A comenzar!

The following are some of the things you will be learning to do in this lesson.

When you want to . . .

1. talk about improving one's personal appearance

2. tell a friend to do something

You use . . .

- reflexive verbs such as: **ponerse / peinarse / afeitarse / vestirse / maquillarse / quitarse**
- verb forms such as: **ponte / péinate / quítate / acuéstate / sal / sé / toma**

Now find examples of the above words in the following magazine article.

Elena Maldonado lee un artículo en su revista favorita.

Buena pinta, buen trabajo

Buena Onda, la revista de la gente joven, te da estas reglas de oro para conseguir una presentación personal impecable y agradable. Son reglas de "buena pinta" que te van a ayudar a conseguir un buen trabajo.

PARA ÉL

1. **La camisa:** Ponte una camisa de buena calidad para mejorar tu apariencia. Y no debes olvidar de ponerte una buena corbata.
2. **Tu pelo:** Péinate con discreción. Los cortes exagerados —muy largos o cortos— dan mala impresión.
3. **La afeitada:** El día de la entrevista, levántate más temprano para poder afeitarte con tranquilidad. Usa una colonia fina, pero varonil.
4. **Tu traje:** Escógelo con cuidado. La moda tropical no es para la oficina. Y el gris es demasiado impersonal. Vístete de chaqueta y pantalón coordinados. Ésa es la solución ideal.

PARA ELLA

1. **Los zapatos:** Ponte unos zapatos finos y toda tu apariencia va a cambiar. Un par de zapatos baratos hacen feo un vestido caro.
2. **Tu peinado:** Péinate a la moda, pero de una manera natural. Nada de peinados elegantes o complicados. Tu jefe o jefa te quiere en la oficina, no frente al espejo todo el día.
3. **El maquillaje:** Maquíllate poco, pero con cuidado. Y ponte un pefume fino.
4. **Tus joyas:** ¿Pensabas usar tus joyas de plástico? Pues, quítatelas. Aretes y pulseras de oro son suficientes... bueno, y quizás también tu mejor collar.
5. **Tu ropa:** Vístete de moda, pero no de una manera exagerada. Un traje es mejor. Y recuerda que los zapatos son sumamente importantes.

PARA ÉL Y ELLA

Acuéstate temprano la noche antes. Toma un buen desayuno. Y antes de salir de la casa, mírate por delante y por detrás en el espejo para asegurarte de la perfección de cada detalle. Ah, otra cosa: ¡sé puntual!

Actividades preliminares

A Choose the best response for each of the following about the magazine article on page 197.

1. Otro título puede ser...

   a. Cómo presentarte a la entrevista
   b. Cómo prepararte para el viaje
   c. Cómo enamorarte de esa persona especial

2. Las palabras "buena pinta" se refieren...

   a. a las habilidades artísticas
   b. al trabajo de medio tiempo
   c. a la apariencia

3. Según este artículo, la presentación personal te ayuda a...

   a. olvidarte de los problemas
   b. conseguir trabajo
   c. ganar partidos

4. En la frase "... cuando quieres impresionar bien a una persona importante...", "persona importante" se refiere a...
   a. un jefe o una jefa
   b. un pariente
   c. un político

B Which of the following would you tell a friend to do for a job interview? Answer **sí** or **no**.

1. Vístete muy rápido.
2. Toma el desayuno primero.
3. Quítate los zapatos antes de entrar.
4. Ponte un traje exagerado.
5. Péinate con discreción.
6. Sé amable.
7. Acuéstate tarde la noche antes.
8. Ponte zapatos sucios.
9. Vístete de colores muy vivos.

Vocabulario 1

Antes de presentarse a la entrevista, hay que...

prepararse

afeitarse despacio

maquillarse cuidadosamente

bañarse

lavarse...

la cara

las manos

el pelo

cepillarse los dientes

peinarse

ducharse

ponerse
ropa limpia

limpiarse los zapatos

cortarse...

el pelo

las uñas

echarse perfume

arreglarse el pelo

echarse colonia

mirarse en el espejo

Actividades

A **Las reglas de una buena presentación.** With a classmate, comment on what Bruno has done wrong in each of the scenes below. Your classmate will then give a "rule" for improving his appearance.

Por ejemplo:

ESTUDIANTE A   **ESTUDIANTE B**
No se peinó.   Debe peinarse antes de salir.

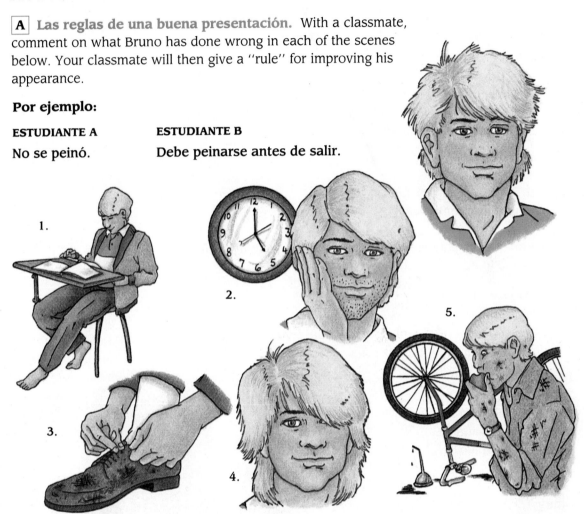

1.
2.
3.
4.
5.

B **¿Y tú?** Tell the order in which you usually do the following activities. Organize your sentences using words such as **primero, segundo, luego, después.**

Por ejemplo:

> Primero me ducho...

1. bañarse
2. cepillarse los dientes
3. ponerse los zapatos
4. peinarse

5. lavarse el pelo
6. ponerse el abrigo
7. afeitarse (maquillarse)

C **¿Qué pasó?** Tell when you usually do the following activities. Then tell about one time that was different and explain the circumstances.

Por ejemplo:

> levantarse
> *Casi siempre me levanto a las siete, pero el lunes pasado me levanté tarde porque el reloj despertador no funcionaba. Llegué tarde a la escuela.*

1. acostarse
2. ducharse
3. vestirse para ir a la escuela
4. cepillarse los dientes

D **De niño.** Compare your routines when you were in the fourth or fifth grade to now for each of the following.

Por ejemplo:

> levantarse
> *Cuando tenía nueve años siempre me levantaba a las siete y media. Ahora me levanto a las...*

1. vestirse de...
2. acostarse
3. afeitarse / maquillarse
4. ducharse / bañarse
5. cortarse el pelo

Cómo encontré un buen trabajo.

«Te voy a explicar cómo lo conseguí...»

E **Acabo de hacerlo.** Imagine it's the following times. Tell what you have just done.

Por ejemplo:

> Es la hora de acostarte.
> *Acabo de cepillarme los dientes y lavarme la cara.*

1. Es la hora de tomar el desayuno.
2. Vas a salir con amigos.
3. Sales para una entrevista.
4. Es la primera vez que sales con un/a muchacho(a) que te gusta mucho.

La buena pinta

En el mundo hispano, la manera de presentarse es sumamente importante. Salir por la noche —ya sea a una fiesta, al cine o de compras— significa vestirse bien. Las señoras tienen vestidos de casa y vestidos de salir. Los hombres tienen pantalones de casa y pantalones de salir. Dentro de la casa sólo se quitan los zapatos para bañarse o para dormir. En el mundo hispano, andar por la casa descalzo (sin zapatos) se considera malo para la salud. También indica mala educación.

Actividad

¿Qué clase de ropa está prohibido llevar en tu escuela? ¿Cuáles son las reglas?

Por ejemplo:

   Se debe... No se debe...

Estructura 1

How to Tell a Friend What to Do

Affirmative **tú** commands: regular, irregular, and reflexive

You have learned many ways of getting a friend to do something. Below are five ways you could get a friend to lend you five dollars.

¿Me puedes prestar cinco dólares, por favor?
¿Me quieres prestar cinco dólares, por favor?
¿Por qué no me prestas cinco dólares, por favor?
¿Me vas a prestar cinco dólares, por favor?
¿Me prestas cinco dólares, por favor?

1. Another way of getting a friend to do something is to tell him or her to do it. To tell a friend to do something, drop the **s** from the **tú** form of the present tense of the verb and add **por favor**.

DESCRIBING AN ACTION	COMMANDING AN ACTION
Escribes la composición.	Escribe la composición, por favor.
Lees la carta.	Lee la carta, por favor.
Hablas español.	Habla español, por favor.

Two command forms that are commonly used to get a friend's attention are **oye** and **mira**.

Mira, ¿por qué no le explicas tu problema al consejero?
Oye, ¿recuerdas qué día es el examen final?

2. The following verbs do not use the above pattern.

venir	ven	David, ven acá.
tener	ten	Marta, ten cuidado.
poner	pon	Miguel, pon la mesa, por favor.
hacer	haz	Enrique, haz la tarea.
salir	sal	Linda, sal de ahí.
ir	ve	Hijo, ve al mercado.
decir	di	Anita, di la verdad.
ser	sé	Juan José, sé bueno.

3. If the verb you are using is reflexive, attach the pronoun **te** to the end of the command.

quitarse	**Quítate el abrigo.**
acostarse	**Acuéstate en seguida.**
irse	**Vete. Ya viene el autobús.**
ponerse	**Ponte el abrigo. Hace frío.**

In the above examples, note that if the command has more than two syllables, you must write an accent over the vowel of the syllable that is normally stressed in the present tense.

te <u>acue</u>stas	acuéstate
te <u>qui</u>tas	quítate
te <u>leva</u>ntas	levántate
te <u>po</u>rtas bien	pórtate bien

Actividades

A ¡Órdenes, órdenes y más órdenes! You overheard your friend's parent telling him or her to do the following things. For each, guess what your friend failed to do.

Por ejemplo:

> Limpia el baño.
> *No limpió el baño.*

1. Haz la tarea.
2. Levántate del sofá.
3. Vístete para ir a la escuela.
4. Acuérdate de tus libros.
5. Sal de tu habitación y ayuda a tu papá.
6. Ven a la cocina.
7. Pórtate bien.
8. Despídete de tu prima.
9. Cepíllate los dientes.
10. Ponte el abrigo antes de salir.
11. Ve al supermercado.

Cuando aprieta el calor...
Refréscate con Néctares

CARIBE®

Su delicioso sabor a fruta fresca calma la sed... Ten en el congelador los cuatro sabores y ríete del calor.

100% NATURALES

B **En la escuela.** Which command form would best begin each of the following statements overheard at school?

Por ejemplo:

> _____ la tarea antes de ir a la clase.
> *Haz la tarea antes de ir a la clase.*

1. _____ la verdad— ¿rompiste el microscopio o no?
2. _____ la foto a la escuela mañana. La quiero ver.
3. _____ esa revista. Es muy interesante.
4. _____ de aquí. Estoy enojado contigo.
5. _____ cuidado con el coche. Es de mi hermana mayor.
6. _____ tu abrigo en tu gaveta.
7. _____ a mi casa esta noche. Te quiero ver.
8. _____ amable con la Srta. Pérez. Es la nueva maestra de álgebra.
9. _____ a la oficina de tu consejero. Él te espera allí.

C **Escúchame, Bruno.** Bruno's mother has just asked him to do the following things, but he just won't listen. Now she's not asking him—she's telling him. What does she say?

Por ejemplo:

> ¿Vas a limpiar tu habitación?
> *Limpia tu habitación, hijo, por favor.*

1. ¿Por qué no juegas con tu primo?
2. ¿Puedes llamar a tu papá?
3. ¿Quieres sacar al perro?
4. ¿Por qué no ordenas tus discos?
5. Debes escribir a tu abuelita.
6. ¿Quieres empezar tu tarea?
7. Tienes que pedir permiso para salir.
8. Debes acordarte de que mañana es el cumpleaños de tu hermana.

LOS PEQUEÑOS DETALLES HACEN LAS GRANDES FIESTAS . . .
Y LOS ENCUENTRA EN

VANIDADES continental
Fiestas

Esta Edición Especial, respaldada por el prestigio y seriedad de VANIDADES, es una guía completa y práctica para que usted dé fiestas y reuniones "perfectas".

D **Una fiesta.** You are having a party and expect everyone to help out. List the names of eleven classmates and tell each one what to do based on his or her interests and talents. Use the following phrases.

Por ejemplo:

> hacer el postre
> *Jorge (Julia), haz el postre.*

1. traer discos
2. limpiar la casa
3. preparar la comida
4. poner la mesa
5. decir qué música vas a tocar
6. hacer las decoraciones
7. venir con los vídeos
8. ir a la panadería primero a comprar la torta
9. ser puntual
10. tener cuidado con el estéreo

E **Buenos consejos.** Tell your partner how to behave in each of the following situations. Give at least two commands for each. Your partner will write down your advice and will report back to the class.

Por ejemplo:

> con los amigos

ESTUDIANTE A

Ayuda a los amigos.
Sé simpático(a) con ellos.
Llámalos por teléfono.
Invítalos a salir. Escucha
sus problemas.

1. en la piscina
2. con los padres
3. en la clase de español
4. antes de una entrevista

ESTUDIANTE B (A la clase:)

Pam dice que debo ayudar a
los amigos y que debo ser...

5. en la biblioteca
6. en una fiesta
7. en el cine

Vocabulario 2

Para estar sano(a) y sentirse bien,
es conveniente...

levantar pesas

evitar las grasas

evitar los antojos

comer alimentos sanos

Lo debes hacer una vez
(dos, tres veces)...

al día
a la semana
al mes

comer una dieta sana

hacer ejercicios aeróbicos

En caso de incendio,
es conveniente...

gritar "socorro"

marcar 911

apagar la luz

cubrirse la boca

acercarse a la ventana

escaparse por la ventana

gatear en el suelo

No se debe...

respirar el humo

tirar agua si hay grasa

En caso de...

tormenta

tornado

terremoto

es preciso...

esconderse

bajar al sótano

refugiarse

cerrar las ventanas

escuchar las noticias

Actividades

A **Dietista.** Complete the following lists with as many food entries as you can think of.

1. alimentos con mucha grasa
2. alimentos con poca grasa
3. alimentos sin grasa

B **La comida sana.** Working with a partner, plan a day's menu of three well-balanced meals. Tell what you will serve **para el desayuno, para el almuerzo, para la cena.** Write down your menu and share it with the class.

C **¿Con qué frecuencia?** Tell how often you generally eat or drink the following.

Por ejemplo:

> jugo de naranja
> *Lo tomo todos los días (dos o tres veces a la semana, de vez en cuando, etc.).*

1. plátanos
2. manzanas
3. postre
4. leche
5. gaseosas
6. pizza
7. espinacas
8. carne
9. papas fritas
10. pollo
11. hamburguesas
12. sopa
13. ensalada
14. queso
15. huevos
16. cereal

Slum's Milk & Dairy Farm
RICA LECHE SIN GRASA
REAL
5 Cuartillos
Mi Vaquita
Fortificada con Vitaminas A y D
Peso neto: 16 oz. (1 lb.)
(453.5 grams)

Rica leche en polvo. Sin grasa. Sin preservativos. Y sin colorantes. Naturalmente mejor. Mi Vaquita. Ahora en su nuevo empaque. Mi Vaquita es leche de ... Mi Vaquita. ... ba de una manera especial. ... le elimina a ésta el agua y la ... su rica proteína. Su

D **Reglas.** Describe the policies for fire drills in your school. Tell three things you should do and three you should not do.

Por ejemplo:

> Debemos cerrar las ventanas. No debemos gritar.

E **Situaciones.** Tell what to do—and what not to do—in each of the following situations. Say at least two things for each situation.

1. un terremoto
2. un tornado
3. una tormenta en la playa
4. un incendio en un centro comercial

CULTURA VIVA 2

La buena educación

La expresión "¡Qué bien (mal) educado!" no se
refiere por lo general a la enseñanza o a la educación
académica. Representa más bien un comentario sobre la manera
de portarse de un individuo. En la cultura hispana, una persona
es más que un individuo; es un representante de su familia, su
barrio o su pueblo y, a veces, su país. Rico o pobre, no importa;
todos pueden y deben ser bien educados.

Las siguientes expresiones de cortesía se usan mucho en el
mundo hispano.

1. Cuando te despides de alguien (someone), dices:
"Que te vaya bien".
2. Cuando le quieres dar las gracias a alguien, dices:
"Gracias, muy amable".
3. Cuando entras en el restaurante o la tienda, dices:
"Buenos días (Buenas tardes, Buenas noches)".
4. Para decir lo que quieres, dices: "Quisiera..."
5. Cuando te presentan a alguien, dices: "Mucho gusto".
6. Cuando alguien te da las gracias, dices: "De nada".
7. Cuando molestas a alguien, dices: "Perdón".
8. Cuando quieres pasar pero hay mucha gente
delante, dices: "Con permiso".
9. Si es el cumpleaños de alguien, dices:
"Felicidades".

Gracias,
muchas gracias.

Actividad

Di si este muchacho se portó bien o mal.

1. Se quitó los zapatos al entrar en la casa.
2. Dejó su servilleta sucia sobre la mesa
en McDonald's.
3. No se quitó el sombrero al entrar en la casa.
4. Se puso un traje para una entrevista.
5. Se puso los shorts para ir a un restaurante elegante.

Estructura 2

How to Refer to People or Things Already Mentioned

More on the use of double object pronouns

You have used the command form to tell a friend what to do.

Haz la tarea ahora. Ve al cine con tus amigos después.

1. You may also attach direct and indirect object pronouns to command forms.

   Mira esa cerámica. Cómprala, es muy bonita.

2. You have also learned to tell a friend what to do using the command form of reflexive verbs, attaching the reflexive pronoun **te** to the command.

   Diviértete en la fiesta pero pórtate bien.

You may also use a direct object pronoun with a few reflexive verbs (such as **ponerse, quitarse, cepillarse, lavarse,** and **limpiarse**) to refer to something already mentioned.

   No sé por qué mamá dice que debo ponerme la falda azul.
   No me la quiero poner. (No quiero ponérmela).

To use a direct object pronoun with the command form of reflexive verbs, attach **te** to the command and then add the direct object pronoun.

   Carlitos, ¿dónde está tu abrigo? Póntelo en seguida.
   ¡Qué guantes tan feos! ¡Quítatelos, chica!

3. You have used direct object pronouns together with indirect object pronouns to refer to people or things already mentioned. Recall that the indirect object pronoun (**me, te, nos**) comes before the direct object pronoun.

   Me encanta tu collar. ¿Me lo prestas?
   No vi la carta de Elena. ¿Puedes enseñármela esta noche?

To use double object pronouns with a command, simply attach them to the command.

> **Me gusta mucho el casete que compraste. Préstamelo, ¿quieres?**
>
> **¿No entiendes la tarea? Dámela, yo te ayudo.**

4. If you want to use direct object pronouns with the indirect object pronouns **le** and **les,** you must change **le** and **les** to **se.**

> **¿Le escribiste la carta a tu mamá?**
>
> **Sí, se la escribí anoche.**
>
> **¿Ya le explicaste el problema a tu papá?**
>
> **No, se lo voy a explicar ahora (No, voy a explicárselo ahora).**

To use these pronouns with command forms, attach them to the command.

> **Tu hermana necesita el libro de álgebra. Préstaselo.**
>
> **Si Jorge te pide dinero, dáselo.**

5. In each of the examples above, the meaning of **se** is clear **(tu mamá, tu papá, tu hermana, Jorge)** because it refers to persons already mentioned.

However, if there is confusion as to whom the **se** refers, it is often necessary to clarify its meaning with the phrase **a** + person(s).

> **¿La maestra le hizo la pregunta a Todd o a Eva?**
>
> **Se la hizo a Todd.**

Actividades

A Por favor. Elena asks her brother very nicely for some favors. But when he doesn't respond, she tells him what to do. What does she say?

Por ejemplo:

> **¿Me prestas el disco?**
>
> *Oye, préstamelo.*

1. ¿Me prestas tu bolígrafo?
2. ¿Me das la tarea?
3. ¿Me traes las fotos?
4. ¿Me escribes la dirección?
5. ¿Me dices el número?
6. ¿Me lees la carta?
7. ¿Me pones la mesa?
8. ¿Me quitas los platos?

B **¿Qué tiempo hace?** Tell whether a friend should put on or take off the following items of clothing based on the weather conditions or months.

Por ejemplo:

> un suéter de lana / nieva
> *Póntelo.*

1. guantes / hace frío
2. la bufanda / hace calor
3. una camiseta de manga corta / enero
4. botas / llueve
5. anteojos de sol / está nublado
6. un abrigo de cuero / agosto

C **Una gran ocasión.** Ask a classmate when he or she puts on the following articles of clothing or accessories.

Por ejemplo:

> joyas

ESTUDIANTE A	ESTUDIANTE B
¿Cuándo te pones joyas?	Me las pongo cuando voy a un baile.

1. una corbata
2. un traje elegante
3. un traje de baño
4. jeans y una camiseta

5. zapatos buenos
6. una camisa cara
7. anteojos de sol
8. un gorro

D **El cumpleaños.** Elena has asked her parents for a lot of things for her birthday. Tell what Elena asked for and say what her parents gave her (+) and what they didn't give her (-).

Por ejemplo:

> un estéreo (-) / una mochila (+)
> *Les pidió un estéreo, pero no se lo dieron. También les pidió una mochila y se la dieron.*

1. un estéreo (-)
2. una mochila (+)
3. un impermeable (+)
4. una secadora de pelo (+)
5. un radio (-)
6. un diccionario (+)
7. unos discos (-)
8. zapatos (+)
9. camisetas para la playa (+)

Finalmente

....

A escribir Imagine that you have a minor problem of some sort (for example, you're always tired, you want to make a better appearance, eat better, get better grades, and so forth). You don't really know how to solve it, so you write a letter to the "advice columnist" of your local paper (one of your classmates). The "columnist" will write back to you, giving possible solutions.

Repaso de vocabulario

papel de carta

PAPEL DE CARTA es especialmente para ti, porque creemos que hablar de nuestros problemas es una forma de sentirnos mejor y, al mismo tiempo, de conocernos. No te prometemos soluciones fáciles, pero sí una sincera charla con un verdadero amigo: TeEN. Escribe al Apartado de Correos nº 35.227, 08080 Barcelona.

ACTIVIDADES
acercarse
afeitarse
apagar
arreglarse
bañarse
cepillarse los dientes
cerrar (ie)
cortarse
cubrirse
ducharse
echarse
escaparse
esconderse
gatear
hacer ejercicios
  aeróbicos
lavarse
levantar pesas
limpiarse
maquillarse
marcar
mirarse
peinarse

presentarse a
refugiarse
respirar

PARTES DEL CUERPO
la boca
la cara
la mano
la uña

DESCRIPCIONES
conveniente
preciso(a)
sano(a)

OTRAS PALABRAS Y EXPRESIONES
el alimento
el antojo
la colonia
la dieta
en caso de
la entrevista
está prohibido
la grasa

el humo
el incendio
el perfume
la salud
el terremoto
la tormenta
el tornado
una vez (dos veces, etc.)
  a la semana (al mes,
  al año)

Lección 3

¡Gracias por todo!

¡A comenzar!

The following are some of the things you will be learning to do in this lesson.

When you want to . . .	You use . . .
1. thank someone for having done something for you	• **Gracias por haber** + past participle.
2. say you're sorry for (not) having done something	• **Siento (no) haber** + past participle.
3. say that you miss someone or something	• **Echo de menos a** + person. / **Echo de menos** + thing.

Now find examples of the above phrases in the following letter.

ME ENCANTA NEW YORK

New York City
GUIA Y MAPA
PARA VISITANTES

Elena les escribe una carta a sus tíos en Puerto Rico.

Nueva York, 13 de febrero

Queridos tíos Manolo y Paquita:

Espero que estén muy bien y contentos, al igual que la abuelita y mi primita querida. Mil gracias a la tía por haberme mandado el mapa de Puerto Rico que le pedí; me sirvió mucho en la escuela. Echo de menos a nuestra isla querida. Cuando nos mudamos aquí el año pasado, creí que no me iba a gustar. Pero ahora tengo muchas amistades y estoy contenta.

Mami está bien — le gusta su trabajo. Y mi primo Juan Orlando dice que siente no haberle escrito una tarjeta a la abuelita para su cumpleaños, pero que pronto le va a escribir.

Después de haberlo pensado mucho, voy a buscar trabajo. La sobrina de una amiga de mami conoce a la coordinadora de una clínica y mañana voy a tener una entrevista para un puesto de ayudante de terapista. ¿Qué les parece?

Bueno, eso es todo por ahora. Gracias por haberme mandado las fotos; echo de menos a mi prima, la rica comida de mi tía, y los días de sol de la isla. Besos a todos. Un abrazo de su sobrina que los quiere

Elena

A Which of the following facts about Elena and her family can you provide, based on her letter? Fill out the application form for her. You won't necessarily find all the information in the letter, but you can guess at most of it.

Nombre: _____ Edad: _____

Nacionalidad: _____

Dirección: _____

   ¿Cuántos años/meses? _____

Dirección anterior: _____

   ¿Cuántos años/meses? _____

Nombres de parientes que viven con usted: parentesco:

_____   _____

_____   _____

_____   _____

Nombre de otro pariente que no vive con usted: parentesco:

_____   _____

Experiencia: _____   Trabajo deseado: _____

B Complete the following statements to thank friends, relatives, neighbors, or teachers for doing something for you.

1. Gracias por haberme prestado...
2. Gracias por haberme ayudado con...
3. Gracias por haberme invitado a...
4. Gracias por haberme permitido...
5. Gracias por haberme comprado...

C Tell whether you miss the following about your elementary school.

Por ejemplo:

    a los maestros
    (No) Echo de menos a los maestros.

1. al director (a la directora)
2. a tus amigos
3. las excursiones (field trips)
4. las clases
5. la comida

Vocabulario 1

Echo de menos
los días de fiesta.

Por ejemplo, las celebraciones...

de la Nochebuena

de Navidad

de Año Viejo

de Año Nuevo

del Día de la Raza

del Día de la Independencia

del Día de Acción de Gracias

de Chanukah

de Yom Kippur

del día de los enamorados

del día de las brujas

de Semana Santa

Actividades

A **Estudiante de intercambio.** You have been chosen to be an exchange student next year in Spain. Tell specifically what people or things you will miss in the following categories.

Por ejemplo:

> los maestros
> *Voy a echar de menos a la Sra. Jones y al Sr. Díaz.*

1. la comida
2. los vecinos
3. los programas de la tele
4. tu gato (perro, conejo, etc.)
5. los partidos de la escuela
6. los parientes
7. los días de fiesta
8. los amigos
9. las fiestas
10. las clases

B **Día de fiesta.** Think of a special holiday you celebrated recently. Describe it, using the following questions as a guide.

1. ¿Qué día era?
2. ¿Dónde estabas? ¿Con quién estabas?
3. ¿Qué hiciste para celebrar el día?
4. ¿Qué había para celebrar el día —música, fuegos artificiales (fireworks), **desfiles** (parades), **procesiones?** Descríbelos.

C **Asociaciones.** What holiday(s) do you associate with the following activities?

Por ejemplo:

> una comida especial
> *Pienso en el Día de Acción de Gracias.*

1. los desfiles
2. los fuegos artificiales
3. las reuniones familiares
4. la música de bandas
5. muchos regalos
6. la medianoche (las doce de la noche)
7. las decoraciones especiales
8. las tarjetas

El Ballet Folklórico de Puerto Rico.

D **¿Cómo lo celebras?** Choose your favorite holiday and tell how you usually celebrate it. Make five to seven statements.

Las gracias

En la carta que Elena escribe a sus tíos en Puerto Rico, ella les da las gracias por los favores que le hacen. En los países hispanos, para mantener buenas relaciones con los amigos de la familia que ayudan a resolver problemas, es necesario dar las gracias después de cada favor por medio de otro favor, de una visita, de una llamada, o de una carta o tarjeta.

Actividades

A ¿Qué haces para dar las gracias por un favor?

1. ¿Haces una llamada por teléfono?
2. ¿Escribes una carta?
3. ¿Mandas un regalo?
4. ¿Haces otro favor?
5. ¿Haces una visita?
6. ¿Mandas una tarjeta?

B ¿A quién le diste las gracias recientemente? ¿Por qué? ¿Cómo las diste?

Por ejemplo:

> A Carolina le di las gracias por su ayuda. Le escribí una carta.

C Imagina que quieres darle las gracias a un/a amigo(a) por un favor o un regalo. Completa la tarjeta.

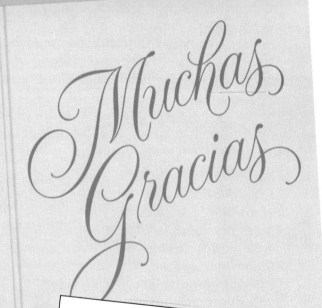

Muchas Gracias

Su atención fue muy apreciada.

Estructura 1

· ·

How to Talk about Having Done Something   **Haber** + *the past participle*

You have learned to thank someone for having done something, and you have learned to say you're sorry for having done something. To say these things you have used **Gracias por... / Siento...** with the word **haber** and a form of the verb called a "past participle."

1. To form past participles of **-ar** verbs, remove the ending and add **-ado**. For **-er** and **-ir** verbs, remove the ending and add **-ido**.

> **Siento haber llegado tarde a la clase ayer. Gracias por haber tenido tanta paciencia conmigo.**

2. If you want to use a pronoun with these expressions, attach the pronoun to the word **haber**.

> **Gracias por haberme traído flores.**
> **De nada. Siento no haberte dado más.**

Note that in the case of **traído** you must write an accent over the **i**. Other past participles that require the written accent are **leído, caído, oído,** and **reído**.

3. The following are verbs you have learned that have irregular past participles.

abrir	abierto
escribir	escrito
romper	roto
poner	puesto
ver	visto
hacer	hecho
decir	dicho

The past participle of the verb **ir** is **ido**.

> **Gracias por haberme escrito ese poema ayer. Me gustó mucho.**
> **Siento no haberte dicho que iba a regresar tarde hoy.**
> **Gracias por haber ido a visitar a mi abuela.**

Actividades

A **Perdón.** Is there anything you regret about last year, last night, or last week? Make five statements, choosing from the expressions below.

Por ejemplo:

> Siento haber sido tan arrogante. (Siento no haber sido más amable).

estudiado	sido	escrito	puesto
aprendido	comido	hecho	prestado
salido	conocido	visto	dado
comprado	vendido	roto	
ayudado	tenido	dicho	

B **Para pedir perdón.** Bruno has a lot to apologize for. How would he apologize to Alicia for each of the following?

Por ejemplo:

> No me despedí de tus padres.
> *Siento no haberme despedido de tus padres.*

1. En la fiesta no me porté bien.
2. Sé que no te llamé antes de venir.
3. No te traje flores.
4. Sé que no te escuché anoche.
5. No te compré el disco que querías.
6. Sé que no te ayudé con el trabajo.
7. No fui a la escuela el día de tu concierto.
8. Puse mis zapatos en la mesa del comedor.

C **¿Qué le dices?** Say one thing you want to thank each of the following people for. Say one thing you need to apologize for.

Por ejemplo:

> a tus padres
> *Gracias por haberme dado la entrada al concierto. Siento no haberles ayudado más.*

1. a un amigo
2. a una amiga
3. a un maestro
4. a un vecino
5. al jefe

D **La venganza de Elena.** After a whole year, Elena reminds her boyfriend, Manolo, of things he did but never apologized for. She also reminds him of things *she* did for him for which he never thanked her. What does Manolo say to her?

Por ejemplo:

> Elena: Le gritaste a mi hermana.
> *Manolo: Siento haberle gritado.*
> Elena: Te hice una torta para tu cumpleaños.
> *Manolo: Gracias por haberme hecho la torta.*

1. Y me rompiste el radio.
2. Y nunca tenías tiempo para mí.
3. Y no me escribiste cartas de amor.
4. Y ¿por qué no me dices que me quieres?
5. Y no fuiste a mi fiesta de cumpleaños.
6. Y nunca me abrías la puerta del coche.
7. Y yo te hice tantos favores.
8. Y no viste el vídeo musical que hice.

E **Estimado maestro.** Write a note to a teacher, parent, or friend, apologizing for not having done something you were supposed to do last week. Give a good explanation.

Por ejemplo:

> Siento no haberle dicho que no iba a estar en la clase el lunes pasado. Tenía que ir al dentista y me olvidé de la fecha. No podía traerle una nota de mi mamá porque ella estaba en el trabajo.

F **Ahora te toca a ti.** Write sentences describing five things you didn't do that someone expected you to do. Then indicate whether or not you apologized for not having done what you were supposed to do.

Por ejemplo:

> No le escribí una tarjeta postal a mi abuela cuando estaba de vacaciones.
> Siento no haberle escrito una tarjeta postal.

Vocabulario 2

Para proteger el medio ambiente, debiéramos reducir...

el ruido

la basura

el humo de las fábricas

la contaminación...

de las aguas

del aire

del ozono

de los bosques

de los plásticos

del petróleo

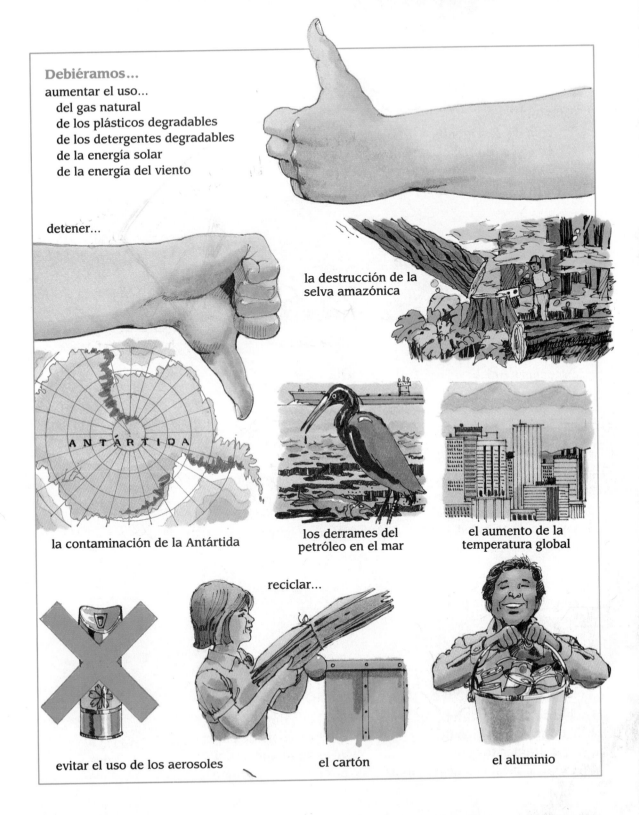

Debiéramos...

aumentar el uso...
  del gas natural
  de los plásticos degradables
  de los detergentes degradables
  de la energía solar
  de la energía del viento

detener...

la destrucción de la
selva amazónica

A N T Á R T I D A

la contaminación de la Antártida

los derrames del
petróleo en el mar

el aumento de la
temperatura global

reciclar...

evitar el uso de los aerosoles

el cartón

el aluminio

Actividades

A **El reciclaje.** Tell in which bin you would put the following.

Por ejemplo:

caja de detergente
La voy a tirar en el contenedor de papel.

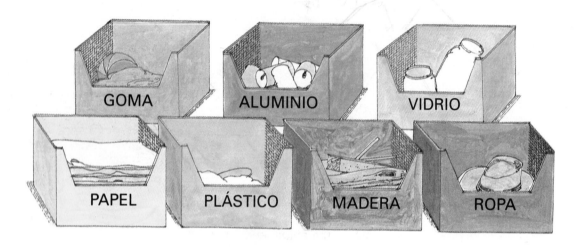

GOMA   ALUMINIO   VIDRIO

PAPEL   PLÁSTICO   MADERA   ROPA

1. caja de cartón
2. botella de aceite
3. lata de gaseosa
4. periódicos
5. revistas
6. tarjetas de Navidad
7. bolsa del supermercado

8. botellitas de perfume
9. una silla rota
10. galones de detergente
11. cartones de jugo de naranja
12. partes de bicicletas rotas
13. botas para la nieve

B **¿Reducir o aumentar?** Classify the following according to whether each should be increased or reduced to protect the environment.

Por ejemplo:

el ruido en las ciudades grandes
Hay que reducirlo.

1. el uso del gas natural
2. la temperatura global
3. los derrames tóxicos
4. el uso de plásticos degradables

5. el uso de aerosoles
6. el reciclaje de papel
7. el humo industrial
8. el uso del petróleo

C **¿Qué hay que hacer?** For each of the ailing landscapes above, tell two things that we must do to improve it.

D **Excusas a la madre naturaleza.** How have you recently wasted energy or abused the environment? Tell four things that you regret having or not having done.

Por ejemplo:

> Siento no haber apagado mi estéreo. (Siento haber tirado basura en la carretera, etc.).

E **Buenos ciudadanos.** Tell a friend one thing he or she should do and one he or she should not do in each of the following places.

Por ejemplo:

> de picnic, en el parque
> *Recoge todo después de comer. No hay que tirar basura.*
> *Apaga el fuego.*

1. en el bosque nacional
2. en casa
3. en la carretera
4. en la escuela
5. en la playa

Puerto Rico

Puerto Rico es una isla de gran belleza. La protección del medio ambiente es un asunto de mucha importancia para los puertorriqueños.

Puerto Rico es parte de los Estados Unidos. No es un estado sino un estado libre asociado. El español es el idioma de la vida diaria. Los ciudadanos de Puerto Rico son también ciudadanos de los Estados Unidos. Aunque son ciudadanos, sus derechos y responsabilidades son diferentes. Por ejemplo, existen las mismas leyes de conscripción al servicio militar, pero mientras la gente se queda en la isla no tiene derecho a votar en las elecciones federales. Muchos puertorriqueños se van a vivir en los Estados Unidos y éstos sí pueden votar en las elecciones.

Actividad

¿Cuáles de estas cosas pueden hacer los puertorriqueños que viven en Puerto Rico? ¿Cuáles tienen que hacer?

Por ejemplo:

Pueden _____. Tienen que _____.

1. votar en las elecciones federales
2. hacer el servicio militar en caso de emergencia
3. hablar inglés
4. hablar español
5. entrar en los Estados Unidos sin necesidad de pasaporte
6. ser parte de dos culturas

Estructura 2

How to Describe Things, Ideas, and People

Placement and agreement of adjectives

1. You have become accustomed to learning nouns with their articles so as to remember whether the noun is masculine or feminine. Some words are easy to predict. For example, the following will always be feminine.

Words ending in **-dad** or **-tad**

la libertad	la actividad
la dificultad	la habilidad
la universidad	la cualidad

Words ending in **-ción** or **-sión**

la información	la supervisión
la dirección	la educación
las elecciones	la expresión

2. Words ending in **-ma** will nearly always be masculine.

el sistema	el programa
el idioma	el problema

3. In describing a word, when you want to put emphasis on the characteristic mentioned, use **un poco, muy, bastante, demasiado,** or **tan** between the noun and the adjective.

> **Es un sistema muy bueno para proteger el bosque.**
> **¡Esa muchacha es tan inteligente!**
> **Algunos estudiantes son bastante aplicados, otros son demasiado perezosos.**

En el parque nacional "El Yunque".

4. If you want to use more than one adjective with a noun, make sure to use the appropriate ending (masculine or feminine, singular or plural) for each adjective.

> **Es un plástico nuevo, degradable y bastante barato.**
> **Los árboles del bosque son antiguos y muy altos.**

5. Some adjectives mean something different when used before the noun.

Es el **único** problema que tengo.	(the only one)
Es un problema **único**.	(unique)
Eva tiene un **nuevo** coche.	(another one)
Es un modelo **nuevo**.	(brand new)
El **pobre** gato está enfermo.	(pathetic)
Mi hermana menor lee un cuento de un gato **pobre**.	(penniless)
Mi **viejo** amigo se mudó a la Florida.	(long-time)
Mi amigo **viejo** ya no vive en Texas.	(old)
Es una **buena** oportunidad.	(excellent)
Es una clase **buena** y el maestro es tan **bueno**.	(good, kind)
Es un **gran** deportista.	(great)
Es un deportista **grande**.	(big)

6. Notice in the last pair of sentences that the word **grande** changes to **gran** when placed before the noun.

Another adjective that may change in form and meaning when placed before the noun is **bueno.** This adjective changes only when the noun is masculine and singular.

Es un **buen** estudiante.	(excellent)
Es un muchacho muy **bueno**.	(kind)

Actividades

A **Derivaciones.** Give the noun that comes from each of the verbs below.

Por ejemplo:

contaminar / destruir
la contaminación / la destrucción

1. recomendar
2. comunicar
3. informar
4. educar

5. decorar
6. preparar
7. explorar
8. operar

El mercado de artesanías africanas en Arecibo.

B **Al revés.** Give the infinitive related to each of the nouns below. All the infinitives will end in **-ar.**

Por ejemplo:

el regreso
regresar

1. la llamada
2. la nieve
3. la entrevista
4. el reciclaje
5. el grito
6. el escape
7. la firma
8. los ahorros
9. la matrícula
10. el aumento

C **Conclusiones.** Make a concluding statement for each of the sentences below, choosing from the following adjectives.

único
bueno
pobre
grande
nuevo
viejo

Por ejemplo:

Mi cuñado acaba de construir una casa para su mamá.
Es una casa nueva, entonces. (Su mamá tiene una casa nueva, entonces, etc.).

1. El hermano de Elena le dio otro sello para su colección.
2. El Sr. Zayas es un maestro muy servicial.
3. El programa que vimos anoche fue fantástico.
4. Nueva York tiene más de ocho millones de habitantes.
5. ¡Qué mala suerte! Manolo perdió su composición de inglés y todos sus libros en el autobús.
6. Hace ocho años que Miguel y yo somos amigos.
7. Es verdad, la abuela de Anita nació en 1907.
8. Necesitaba dinero y vendí todos mis casetes, excepto uno —el primero de Gloria Estefan.

CAPÍTULO 3

Lección 4

La entrevista

AYUDANTE DE TERAPISTA, centro de rehabilitación de la Clínica Madre y Niño. ¿Le gustaría ayudar a niños minusválidos? Se necesita persona responsable y comprensiva, experiencia no necesaria. Llamar al 718/555-4239.

CAJERO(A)Farmacia. Tiempo co pleto y medio tiempo. Noches y

¡A comenzar!

The following are some of the things you will be learning to do in this lesson.

When you want to . . .	You use . . .
1. say what you have or haven't done	• **He** + past participle.
2. ask someone you speak to formally if he or she has done something	• **¿Ha** + past participle?
3. say what you have never done	• **No** + activity + **nunca.**

Now find examples of the above phrases in the following conversation.

Elena tiene entrevista para el puesto de ayudante de terapista.
Habla con la Sra. Acevedo.

SRA. ACEVEDO: Pase, señorita Maldonado, adelante. Tome asiento, por favor.

ELENA: Muchas gracias.

SRA. ACEVEDO: Me han dicho que usted es de Puerto Rico, de Mayagüez. ¿Cuánto tiempo hace que vive en Nueva York?

ELENA: Bueno, nos mudamos mi mamá, mi primo y yo hace un año.

SRA. ACEVEDO: Y ¿qué le parece la ciudad?

ELENA: Bueno, al principio no conocíamos a nadie, y por eso no me gustaba nada. Pero ahora nos hemos acostumbrado y nos encanta la ciudad.

SRA. ACEVEDO: ¡Qué bueno! Dígame, señorita Maldonado, ¿ha trabajado antes?

ELENA: Pues, sí, en el consultorio de un veterinario, en dos restaurantes y también he sido niñera, o sea, he cuidado niños.

SRA. ACEVEDO: Pero ¿ha trabajado alguna vez con gente enferma?

ELENA: No he atendido nunca a los enfermos en el hospital pero tengo mucha paciencia.

SRA. ACEVEDO: Veo que ha sacado buenas notas en la escuela.

ELENA: Sí, lo único que no me ha gustado nunca es escribir composiciones.

SRA. ACEVEDO: Bueno, este trabajo es para ayudar a los terapistas que trabajan con los minusválidos. Parece que usted tiene gran entusiasmo, y por eso le voy a ofrecer el trabajo. Pero va a estar a prueba por un mes. ¿Entiende?

ELENA: Ay, ¡qué alegría! Muchísimas gracias. Le prometo que voy a aprender muy rápido.

Actividades preliminares

A Compare what Sra. Acevedo says to Elena **(usted)** with what Elena would say to a friend.

Por ejemplo:

> ¿Ha trabajado antes?
> *¿Has trabajado antes?*

1. ¿Qué notas ha sacado este semestre?
2. ¿Ha trabajado con gente enferma?
3. ¿Ha sacado buenas notas en la escuela?

B Tell whether or not a person interested in Elena's job would have to do the following.

Por ejemplo:

> tener paciencia con los niños
> *Sí, tendría que tener paciencia con los niños.*

1. escribir composiciones
2. saber nadar
3. tener entusiasmo
4. ser servicial
5. trabajar con veterinarios
6. vivir en Puerto Rico
7. trabajar con gente enferma
8. aprender cosas nuevas

C Tell whether or not **(sí / no)** the following statements accurately describe Elena Maldonado.

1. Ha trabajado antes.
2. Ha cuidado animales.
3. No le ha gustado nunca la escuela.
4. No ha tenido nada de experiencia con niños.
5. Ha vivido en Nueva York por muchos años.

Las profesiones del futuro

LAS investigaciones de organismos internacionales e instituciones empresariales sobre el futuro de las carreras universitarias en España señalan que las empresas precisan para su modernización una serie de profesionales cuya formación no garantiza la oferta de titulaciones superiores. Éstas son las profesiones del futuro:

• **Informática.** Aplicada a dos grandes áreas, la gestión de la empresa y la robótica en las cadenas de producción.

• **Alta dirección.** Profesionales conocedores del complejo mundo de la empresa en todas sus áreas, con las más modernas técnicas de gestión.

• **Mercadeo.** Relaciones comerciales, ventas, imagen de la empresa, jefes de producción.

• **Tecnología punta.** Diversas ingenierías: nuclear, láser, telemática, biogenética, microelectrónica y solar.

• **Comunicólogos.** Expertos en comunicación, imagen y semiología.

• **Relaciones humanas.** Expertos en gestión de personal, desarrollo de los recursos humanos, relaciones con el entorno.

• **Técnicos varios.** Comercio exterior, tráfico marino, seguridad e higiene en el trabajo, riesgos y gestión bancaria.

• **Área de seguros.**
• **Área de alimentación.**

Vocabulario 1

Sueño con...

hacer alpinismo

hacer paracaidismo

hacer un crucero por el Caribe

hacer una película

hacer un viaje al extranjero
dar la vuelta al mundo

escaparme a una isla tropical

ser millonario(a)

tocar...

la guitarra eléctrica

el piano

la trompeta

el saxofón

la batería

el contrabajo

irme a otro planeta

viajar en una aeronave espacial

practicar la tabla hawaiana

bajar el río en balsa

pilotear un avión

grabar un disco

sacar mi licencia de manejar

ser jugador/a
profesional de...

ponerme
en forma

correr en
una maratón

conocer
las pirámides
de Egipto

defender
los animales
de África

entrenarme para
las olimpiadas

Actividades

A ¿**Qué te gustaría hacer?** Tell which of the activities in **Vocabulario 1** you would like to do someday. Choose ten and rank them in order of importance.

Por ejemplo:

> Primero me gustaría hacer una película.
> Segundo...

B ¿**Ya lo hiciste?** Tell about a time when you or someone else did the following activities.

Por ejemplo:

> viajar en una aeronave espacial
> *En 1969 Neil Armstrong viajó en una aeronave espacial. Él y sus compañeros fueron a la luna.*

1. hacer paracaidismo
2. hacer alpinismo
3. tocar *(un instrumento)* en un conjunto
4. hacer un viaje al extranjero
5. pilotear un avión
6. practicar la tabla hawaiana
7. bajar el río en balsa
8. hacer un crucero
9. ponerse en forma
10. correr en una maratón
11. dar la vuelta al mundo

C **Tengo miedo.** How adventuresome are you? Tell at least five things that you will never do. Tell why.

Por ejemplo:

> Nunca voy a hacer alpinismo.
> No me gusta el frío (hacer ejercicio, viajar, etc.).

D **Predicciones.** What do you think your classmates will achieve in the future? Tell what five classmates will do.

Por ejemplo:

> Teresa canta muy bien. Creo que va a grabar un disco y ser muy famosa.

E **Preparativos.** Tell one thing a person interested in the following should do to prepare for each one.

Por ejemplo:

> entrenarse para las olimpiadas
> *Si piensas entrenarte para las olimpiadas, debes ponerte en forma.*

1. ser millonario(a)
2. grabar un disco
3. hacer una película
4. ponerte en forma
5. sacar la licencia de manejar
6. hacer un viaje al extranjero
7. escaparse a una isla tropical
8. dar la vuelta al mundo en bicicleta
9. correr en una maratón

La fortaleza de El Morro en San Juan.

El bachillerato

En el mundo hispano el programa de estudios preuniversitarios se llama el bachillerato, y el estudiante que lo sigue y termina es un bachiller. Los exámenes finales del bachillerato, además de ser escritos y orales, son largos y difíciles. En muchos países lo único necesario para entrar en la universidad es el bachillerato. No hay PSAT, ni SAT, ni ACT, ni cartas de recomendación.

Aunque su cultura es hispana, desde 1898 Puerto Rico ha tenido relaciones culturales, económicas y políticas con los Estados Unidos, y por eso su sistema de educación se parece más a los sistemas de los Estados Unidos. En Puerto Rico y en otras regiones de los Estados Unidos donde muchas personas hablan español, la palabra *bachillerato* simplemente quiere decir diploma de una escuela secundaria.

Actividades

A ¿Qué es lo necesario para graduarse de tu escuela secundaria?

B Compara tu escuela con el sistema descrito en la lectura cultural.

Por ejemplo:

En los Estados Unidos, (no) tenemos _____.

Estructura 1

How to Say What You Have
and Haven't Done

The present perfect tense

You have used **Gracias por...** and **Siento...** with **haber** and a past
participle to thank someone for having done something or to
apologize for having done something.

> **Gracias por haberme traído el libro.**

1. When you want to refer to past time as a finished chapter or a
total unit, you say that you *have done* something. To do this in
Spanish, you use forms of the verb **haber** with the past participle
of the verb. The following are the personal forms of **haber**.

SINGULAR	PLURAL
he	hemos
has	habéis*
ha	han

> **¿Han hecho ustedes todos sus planes para el verano?**
> **Pues, hemos leído muchos libros de turismo.**
>
> **¿Sabes que Mirta ya ha terminado su composición?**
> **Es increíble. Yo todavía no he empezado.**

* This form is rarely used in the Spanish-speaking world, except for Spain.

2. To ask if someone has ever done something, use **alguna vez.**

> **¿Has visitado la selva alguna vez?**
> **¿Han montado en la montaña rusa alguna vez?**

3. You may use this tense with the words **ya** and **todavía no.** You
use **ya** ("already") to tell what you have completed. **Todavía no**
("not yet") tells what you still have left to do.

> **Ya he terminado la carta. Todavía no he comprado sellos.**

4. You place all pronouns (direct object, indirect object, reflexive)
before the personal forms of **haber.**

> **¿Te has matriculado en el curso?**
> **Todavía no. Pedí el horario de las clases, pero todavía no
> me lo han mandado.**

5. Remember that the following verbs that you have learned have irregular past participles.

ir	ido
decir	dicho
hacer	hecho
poner	puesto
ver	visto
abrir	abierto
escribir	escrito
romper	roto
morirse	muerto

Actividades

A **¿Qué has hecho hoy?** Which of the following activities have you done today? Which have you not done?

Por ejemplo:

> lavarse el pelo
> *Me he lavado el pelo.*

1. ducharse
2. tener un examen
3. almorzar
4. ver a los amigos
5. hacer ejercicio
6. terminar las tareas
7. hablar español
8. pedir un favor
9. decirle gracias a alguien
10. aprender algo interesante

11. hacer la cama
12. sacar una buena nota
13. ir a la biblioteca

B **¡Suspendido!** You have just failed the class of a new teacher. A classmate will play the part of the teacher and will write a list of all the things you did and didn't do that caused you to fail. Deny the accusations and defend yourself.

Por ejemplo:

ESTUDIANTE A (MAESTRO [A])

Has llegado tarde a la clase cinco veces.

ESTUDIANTE B

No, señor(a). No he llegado tarde nunca.

C **Alguna vez.** Ask a classmate if he or she has ever done the activities below. Report back to the class.

Por ejemplo:

> bajar el río en balsa

ESTUDIANTE A	ESTUDIANTE B
¿Has bajado el río en balsa alguna vez?	Sí, lo he hecho muchas veces. (No, nunca lo he hecho).

(A la clase:) Mari ha bajado el río en balsa muchas veces. (Mari nunca ha bajado el río en balsa).

1. montar a caballo
2. ponerse en forma
3. jugar ajedrez
4. bucear
5. practicar la tabla hawaiana
6. escribir poesía
7. romper un vidrio
8. estudiar francés
9. ver al presidente de los Estados Unidos
10. perder mucho dinero
11. hacer un viaje a otro país
12. pasear en velero
13. ver un accidente
14. leer ciencia ficción

D **Un día de éstos.** Write a list of at least six activities that you have not done yet, but would like to do some day.

Por ejemplo:

> Todavía no he sacado mi licencia de manejar.

Then, try to find someone in the class who has done each of the activities on your list. Report back to the class.

Por ejemplo:

ESTUDIANTE A	ESTUDIANTE B
¿Has sacado tu licencia de manejar?	Sí, ya la he sacado.

(A la clase:) Raquel ha sacado su licencia de manejar.

E **En toda la vida.** To find out about your childhood, a classmate asks if you have ever done the following. If you always or frequently did it, use the imperfect. If you did it one year during a limited time span, use the preterit.

Por ejemplo:

> viajar mucho

ESTUDIANTE A

¿Has viajado mucho?

ESTUDIANTE B

Sí, mi familia y yo siempre viajábamos en agosto. (Bueno, no mucho, pero hace dos años viajamos en febrero a Arizona).

1. ir a un zoológico
2. vivir en otra ciudad
3. tener un gato o un perro
4. comer en un restaurante elegante
5. acampar

F **Explicaciones.** When you tell what you have or haven't done, it's often necessary to give some type of explanation. Tell three things that you haven't done this week and explain why.

Por ejemplo:

> No he terminado la tarea. Estaba muy aburrido(a). Por eso, fui al parque a andar en monopatín.

G **Autoanálisis.** Reflect on your past, present, and future. Give the following information.

1. Describe cinco cosas que hacías el año pasado con mucha frecuencia.
2. Describe tres eventos especiales del año pasado.
3. Di dos cosas que sientes no haber hecho.
4. Di tres cosas que ibas a hacer este año.
5. Di dos cosas que querías hacer este año pero que no has hecho todavía.

Un anuncio de la Amtrak.

Viaje a otro mundo.

Vocabulario 2

LAS ELECCIONES DEL GOBIERNO ESTUDIANTIL

Hay que apoyar al candidato para...

presidente
vice-presidente

tesorero(a)
secretario(a)

Necesitamos voluntarios para...

PRESIDENTE
José Luis Smith

VICE PRESIDENTE
Pam Vargas

SECRETARIA
Elena Ruiz

TESORERO
Paco Ibañez

repartir folletos

preparar discursos

hacer carteles

organizar las reuniones

contar los votos
publicar los resultados

PRESIDENTE: SMITH 106
VICE PRESIDENTE: VARGAS 86
SECRETARIA: RUIZ 97
TESORERO: IBAÑEZ 88

Los candidatos quieren...
mejorar...

el ambiente

la comida

fomentar...

Arriba los deportes

los deportes

las campañas ecológicas

cambiar...

las actividades
los programas de recreación

Hemos planeado...

un debate

dos asambleas

tres discursos

Actividades

A **Cualidades.** Give a desirable personal characteristic and ability that each of the following school officers should possess.

Por ejemplo:

> un/a presidente
> *Debe ser responsable. Debe saber organizar reuniones y tomar decisiones.*

1. un/a secretario(a)
2. un/a tesorero(a)
3. un/a vice-presidente
4. un/a representante a la asociación de padres

B **Candidato.** You are running for president of your student council and need people to help you with your campaign. Tell whom you will choose to do each of the following tasks and why.

Por ejemplo:

> repartir folletos
> *Tom sería muy bueno para repartir folletos porque conoce a muchos estudiantes.*

1. preparar discursos
2. hacer carteles
3. planear un debate
4. preparar comida para las reuniones
5. publicar los resultados
6. contar votos
7. organizar las reuniones

C **Promesas, promesas.** What will you improve, change, or promote in your school if you are president? Make five campaign promises.

Por ejemplo:

> Si soy presidente, prometo mejorar (cambiar, fomentar) _____.

Elegida la primera mujer negra como alcaldesa de Washington

WASHINGTON, (EFE). La demócrata Sharon Pratt Dixon, de raza negra, fue elegida alcaldesa de Washington, con lo que se convierte en la primera mujer que accede a este cargo en la historia de la capital de Estados Unidos.

¡Bienvenidos a Nueva York!

Muchos hispanos viven en la ciudad de Nueva York. Hay gente de Colombia, Cuba, Ecuador, Argentina, Chile, la República Dominicana, México y Centroamérica, pero la mayoría viene de Puerto Rico. Dado que hay tantos hispanos, es muy común ver letreros y anuncios en español, así como periódicos, revistas, obras de teatro, programas de radio y televisión, y también la guía telefónica.

En las calles de la ciudad hay desfiles para celebrar la hispanidad. En junio se hace el Desfile Puertorriqueño, en julio puedes asistir a la Feria Mundial Hispana, y en octubre muchos van al Desfile del Día de la Hispanidad y al Desfile del Día de la Raza.

Actividad

Lee el artículo a la derecha tomado del periódico neoyorquino *El Diario-La Prensa* y contesta las preguntas que aparecen después.

1. El Día de la Hispanidad es...
   a. el Día de la Raza
   b. el Día de los Muertos
   c. el Día de Acción de Gracias

2. ¿Cuántos años tiene esta celebración?
3. ¿Por qué hay desfiles?
4. ¿De qué países vinieron los neoyorquinos?

El Desfile del Día de la Hispanidad (que fue fundado en Nueva York hace más de treinta años) fue celebrado por la Quinta Avenida y atrajo a una gran cantidad de personas. El público se congregó en un día frío para ver los desfiles de todos los países latinoamericanos que participaron en el evento para expresar su herencia cultural. Grupos folklóricos de Argentina, Puerto Rico, Cuba, Perú, España, Colombia, República Dominicana y los demás países latinoamericanos pusieron una nota de color y calor a lo largo de la aristocrática avenida.

DESFILE DE LA HISPANIDAD INC.
UNITED HISPANIC AMERICAN PARADE

Estructura 2

. . . .

*How to Express
Negative Concepts*

Nadie, nada, nunca, ninguno

You have used words such as **siempre** and **nunca, algo** and **nada** to express positive and negative concepts.

> **Los miércoles siempre tengo mucho que hacer, pero nunca hago tareas los sábados.**

1. If the negative word is placed before the verb, the word **no** is not needed. **No** is needed when the negative word goes after the verb.

> **Nunca salgo solo. Siempre voy con mi grupo a todas partes. Como no tengo nada que estudiar esta noche, los voy a llamar. Alguien tiene que estar en casa a esta hora.**

2. The following chart summarizes most of the affirmative and negative words.

¿Qué?	To say "nothing," use	nada.
	To say "something," use	algo.
¿Quién?	To say "nobody," use *or no one*	nadie.
	To say "somebody," use	alguien.
¿Con qué frecuencia?	To say "never," use	nunca.
	To say "always," use	siempre.
¿Cuántos?	To say "no one / none," use	ninguno(a).
	To say "some," use	alguno(a).

Ninguno and **alguno** before a masculine singular noun become **ningún** and **algún.**

> **¿Sabes que ningún candidato apoya la idea del reciclaje?**

3. When you want to agree with a positive idea ("also"), use **también.** To agree with a negative idea ("either, neither"), use **tampoco.**

> **Alicia no quiere apoyar a Ted. Yo tampoco.**

Actividades

A **Encuesta.** Work in groups of four or five. On a piece of paper write down the statements below. See who in the group can find the greatest number of classmates who fit these descriptions. Write the name of the person next to each description.

Por ejemplo:

Siempre come algo después de las clases.

ESTUDIANTE A
¿Siempre comes algo
después de las clases?

ESTUDIANTE B
Sí, siempre. (No, casi nunca).

1. Nunca se queda en casa los fines de semana.
2. Conoce a alguien con lentes de contacto.
3. No tiene problemas con ninguno de sus amigos.
4. Tiene algunas clases difíciles.
5. No le presta dinero a nadie.
6. Casi siempre está de buen humor.

B **En mi opinión.** On a separate sheet of paper, complete the questionnaire below with the name of a person or persons.

LA MÚSICA
1. Algunos cantantes o conjuntos muy populares este año son ——.
2. Ninguno de los discos de —— ha tenido mucho éxito.
3. Si alguien te invita a ir al concierto de ——, debes ir.

EL CINE
4. Alguien muy popular este año es —— .
5. Nadie quiere ver las películas de —— .
6. Me gustan mucho las películas de —— . También me gusta —— .
7. No me gustan todas las películas de —— pero algunas son muy buenas.

LOS DEPORTES
8. Un/a deportista que casi siempre juega muy bien es —— .
9. No me gusta cómo juega —— . Tampoco me gusta —— .

C **Todos tienen que hacer algo.** Complete the following statements made by campaign workers for student government elections. Choose from the words in parentheses.

Por ejemplo:

Necesito _____ para repartir folletos. *(alguien, nadie)*
Necesito alguien para repartir folletos.

1. No hemos terminado _____ *(ningún, algún)* cartel hoy. Debemos terminar _____ *(alguien, algunos)* esta tarde para ponerlos en la cafetería.
2. No hemos recogido las donaciones _____. *(nada, tampoco)* Tenemos que hacerlo esta tarde _____. *(también, algo)* Vamos a tener mucho trabajo.
3. _____ *(Algo, Algunos)* de nosotros recogemos las donaciones y _____ *(nunca, alguien)* tiene que terminar los carteles.
4. No puse _____ *(nadie, nada)* en la basura. Puse todo en la caja de reciclaje. ¿Vas a poner _____ *(alguien, algo)* de vidrio también?

D **Lo que no me gusta.** Provide one item in response to the following about yourself. Then find out if your partner shares your dislikes. Report to the class.

Por ejemplo:

una bebida que no te gusta

ESTUDIANTE A
No me gusta la leche.
¿A ti te gusta?

ESTUDIANTE B
No, no me gusta. (Sí, me gusta).

(A la clase:) No me gusta la leche. A Raquel no le gusta tampoco. (Pero a Raquel le gusta).

1. una comida que no te gustaba cuando eras niño(a)
2. una legumbre que no te gustaba cuando eras niño(a)
3. una fruta que no te gustaba cuando eras niño(a)
4. algo que no te gustaba hacer cuando eras niño(a)
5. una película que no te gustó
6. un libro que no te gustó
7. un conjunto que no te gustó
8. una clase que no te gusta

Finalmente

A escribir   Imagine that you are applying to college. The application requires you to write a personal essay in which you must discuss your life's accomplishments as well as your goals and dreams for the future. In your essay, include details about what you have done and what you would like to do.

Repaso de vocabulario

ACTIVIDADES
apoyar
bajar el río en balsa
contar (ue) (to count)
dar la vuelta al mundo
defender (ie)
entrenarse
fomentar
grabar
hacer alpinismo
hacer un crucero
hacer paracaidismo
hacer una película
hacer un viaje
mejorar
organizar
pilotear
ponerse en forma
practicar la tabla
   hawaiana
publicar
sacar (to get, receive)

INSTRUMENTOS
la batería
el contrabajo
la guitarra eléctrica
el piano
el saxofón
la trompeta

**PALABRAS AFIRMATIVAS /
NEGATIVAS**
alguien / nadie
alguno(a) / ninguno(a)
también / tampoco

COSAS
la actividad
la aeronave espacial
el ambiente
la asamblea
la balsa
la campaña
el debate
el discurso
las elecciones
el folleto
el gobierno

la licencia de
   manejar
la maratón
las olimpiadas
el planeta
la recreación
el resultado
el voto

PERSONAS
el/la candidato(a)
el/la jugador/a
el/la millonario(a)
el/la presidente
el/la secretario(a)
el/la tesorero(a)
el/la vice-presidente
el/la voluntario(a)

DESCRIPCIONES
ecológico(a)
estudiantil
profesional
tropical

LUGARES
África
el Caribe
Egipto

EXPRESIONES
al (en el) extranjero
alguna vez
todavía no

Lectura

The following article is about handicapped persons in a Hispanic country. 1) Scan the article to find the name of the country. 2) Go through each paragraph alone or with a partner and make a list of those words you know or think you can guess. For those you guessed, what clues did you use?

Los Minusválidos

L os minusválidos llevan una incapacidad física, pero tienen, en cambio, la fortaleza de un roble. Sus incapacidades físicas tienen diferentes orígenes: problemas genéticos, o congénitos, accidentes, enfermedades infecciosas e incluso, la irresponsabilidad profesional de algún médico.

Los servicios de salud, las escuelas de educación especial, los centros de rehabilitación, las oportunidades de empleo y educación y la tecnología necesaria para satisfacer sus necesidades son insuficientes. El contraste entre campo y ciudad es significativo. En una ciudad hay mejores, posibilidades de integración comunitaria que en el campo. Las barreras para los minusválidos son no sólo barreras físicas, sino sociales. Sensibilizar y educar a la familia y a la sociedad es una labor de muchos años, pero es necesaria.

La Organización Mundial de la Salud calcula el número de minusválidos en México entre el 7 y el 12 por ciento de la población y da el 10 por ciento como el porcentaje mundial de minusválidos. Se calcula que durante el período de 1975 a 2000, la cantidad de incapacitados en el mundo aumentará a unos 200 millones.

256

Actividades

A For each of the paragraphs below, select the best theme and provide examples.

1. El primer párrafo:

    a. las incapacidades físicas, como...
    b. los orígenes de incapacidades, como...
    c. la salud de los enfermos, o...

2. El segundo párrafo:

    a. Hay muchos servicios para los minusválidos, como...
    b. No hay suficientes servicios para los minusválidos porque...
    c. Los minusválidos deben mudarse a las ciudades porque...

B Which of the bars in the graph at right best represents the percentage of handicapped people in Mexico?

C The author of this article proposes some solutions. List them.

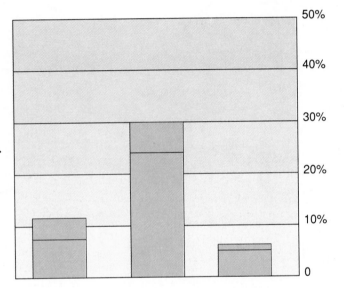

D Which of the following features to help the handicapped does your school have? What changes would you recommend to make your school a better place for the handicapped?

Hay...
No hay...
Debe haber...

puertas anchas

pasamanos

rampas

ascensores

Capítulo 3 Repaso

¿Recuerdas?

Do you remember how to do the following things, which you learned in **Capítulo 3?**

LECCIONES 1-2

1. identify certain occupations (pp. 181–182)
2. talk about imagined situations (p. 186)
3. identify job-hunting procedures (pp. 188–189)
4. describe events that have just taken place (p. 193)
5. describe what you do to look your best (pp. 199–200)
6. tell a friend what to do (pp. 204–205)
7. describe routines for health and safety (pp. 208–209)
8. refer to persons or things already mentioned (pp. 212–213)

LECCIONES 3-4

1. apologize for something you did or failed to do (pp. 216, 223)
2. thank someone for having done something (pp. 216, 223)
3. tell what or whom you miss (pp. 216, 219)
4. identify certain holidays (pp. 219–220)
5. identify measures to protect the environment (pp. 226–227)
6. describe things, ideas, and people (pp. 231–232)
7. identify activities you dream about doing (pp. 239–240)
8. tell what you've already done or haven't yet done (pp. 244–245)
9. identify procedures related to student government elections (pp. 248–249)
10. express negative concepts (pp. 252–253)

LA
solución
ES DE TODOS

Defender la naturaleza requiere algo más que
simpatizar con las grandes causas de Green-

Actividades

A **El candidato perfecto.** Think of a job you could possibly get this year or in years to come. In 200 words, tell why you want the job (be specific) and what you have to offer in terms of talents, abilities, education, or experience that make you the perfect candidate. Also include what hours you can work.

B **Entrevista.** You work for an employment agency and your partner has just come in for an interview. Use the following questions to find out his or her abilities, experience, and interests. Take notes and report back to the class. Based on what your classmate said, what job would you recommend?

1. ¿Cómo es tu compañero(a)? (Por ejemplo: puntual, organizado, listo, servicial, amable).
2. ¿Qué sabe hacer bien?
3. ¿Qué trabajo le interesa?
4. ¿Qué experiencia tiene?
5. ¿Cuántas horas a la semana puede trabajar?
6. ¿Cuánto dinero tiene que ganar?
7. ¿Dónde quiere trabajar? (Por ejemplo: en una ciudad, en la playa, en un centro comercial, cerca de la escuela).
8. ¿Cuándo puede empezar a trabajar?

(A la clase:) Gina dijo que era... Dijo que sabía... Por eso creo que debe trabajar de...

C **Yo, el jefe.** You are the boss and need to hire a worker. Choose one of the situations below (or create your own), and prepare a list of ten questions you will use to interview candidates for the job. Then interview a classmate and take notes on his or her experience, abilities, likes, and dislikes. Decide if you will hire him or her.

Situaciones:

1. Eres el/la gerente de una estación de radio y buscas un/a montadiscos (disc jockey).
2. Eres dueño(a) de un restaurante y buscas un/a mesero(a).
3. Eres veterinario y buscas un/a ayudante.

D **Objetivos personales.** Use the questions below as a guide to interview a classmate about his or her goals. Take notes and for homework write a brief paragraph. Then reverse roles.

Por ejemplo:

¿En qué clases piensa matricularse el año que viene?

ESTUDIANTE A	ESTUDIANTE B
¿En qué clases piensas matricularte el año que viene?	Pienso matricularme en...

(Para la tarea:) Mi compañera Gilda piensa matricularse el año que viene en...

1. ¿Espera conseguir trabajo el verano que viene?
2. ¿Cuándo espera graduarse?
3. ¿Piensa quedarse aquí después de graduarse?
4. ¿Para qué profesión espera prepararse?

E **Educación.** Follow the directions for activity **D** to find out and write about your classmate's educational background.

1. ¿En qué clases se matriculó este año?
2. ¿Qué clases le gustan más?
3. ¿Qué estudió el año pasado?
4. ¿Sacó buenas notas el año pasado?
5. ¿Tenía que estudiar mucho?
6. Por lo general, ¿cuántas horas estudia por la noche?
7. ¿Pertenece a un club? ¿Perteneció a un club el año pasado?
8. ¿Hizo algo especial el año pasado?

F **Experiencia.** Follow the directions for activity **D** to find out and write about your classmate's work experience.

1. ¿Tenía un trabajo de medio tiempo el año pasado?
2. ¿Cuántas horas trabajó a la semana?
3. ¿Cómo era el trabajo?
4. ¿Qué hizo el verano pasado?
5. ¿Trabaja después de las clases? ¿Cuántas horas a la semana? ¿Qué tiene que hacer?

G **Mil consejos.** Tell the people or pets below what to do in each of the following situations.

Por ejemplo:

> un/a amigo(a) que no ha visto una película que te gustó
> *Ve al cine Cineplex a ver...*

1. un/a amigo(a) que no sabe dónde pasar las vacaciones
2. tu hermano menor que necesita dinero
3. tu gato cuando no viene
4. tu perro cuando corre tras tu gato
5. tu compañero(a) de clase que siempre llega tarde a la escuela

H **Causas nobles.** Work with one or two classmates to prepare a pamphlet, poster, speech, or letter to the principal as a means of informing the public of or promoting one of the issues below. Present your project to the class.

1. environmental concerns: problems and solutions
2. a school campaign in support of the election of a candidate
3. health and nutrition
4. school improvement
5. how to select a part-time job
6. eliminating barriers for the handicapped

I **Instrucciones.** Tell a classmate how to do three of the following activities. Be sure to include at least two steps.

Por ejemplo:

> cómo limpiar tu habitación
> *Recoge la ropa del suelo. Pasa la aspiradora.*
> *Pon los libros en el estante...*

cómo preparar tu sandwich favorito
cómo cuidar niños
cómo lavarte la cara
cómo buscar una palabra en el diccionario
cómo conseguir trabajo
cómo invitar a un/a muchacho(a) a salir
cómo prepararse para un examen

Me encanta Nueva York

Lección 1

¿Qué tienes?

¡A comenzar!

The following are some of the things you will be learning to do in this lesson.

When you want to . . .	You use . . .
1. describe someone's symptoms of illness	• Tiene...
	• Se siente...
2. report what someone says	• Dice que...
3. say that someone has a headache / sore throat	• Le duele la cabeza / la garganta.

Now find examples of the above words and phrases in the following hospital admission form.

CLÍNICA MADRE Y NIÑO

INFORMACIÓN SOBRE EL PACIENTE

Apellido: Martínez

Nombre: Juan Orlando

Fecha de nacimiento: 11 20 79
          mes día año

Lugar: Puerto Rico

Dirección: 378 Corona Blvd
          (calle)

3B
(apartamento)

Queens,   NY
(ciudad)   (estado)

11133
(código postal)

718-555-9831
(teléfono)

Estudiante
(ocupación)

(lugar donde trabaja)   (teléfono)

Síntomas: Tiene sueño y le duele la cabeza. También le duele la garganta. Le pican los ojos. Tiene ataques de estornudos. Se siente mareado.

Nombre del padre: César Martínez

Dirección: Mayagüez, P. R.

Nombre de la madre: Alicia Martínez

Dirección: 445 C/Quintana, Mayagüez, P. R.

Pariente o Guardián: Emilia de Maldonado

Parentesco: madrina

Dirección: 378 Corona Blvd., Apto. 3B, Queens, NY 11133

Seguro médico:

Medicaid

Medicare

HMO

Blue Cross/Blue Shield X

Otro

Número: 250-460-1119

Nombre: Emilia de Maldonado

Hospitalizaciones previas:

Razones:

Historia familiar: Marque sí o no en caso de que sus padres o tíos carnales hayan sufrido de alguna de las siguientes enfermedades. Indique qué pariente ha sufrido de la enfermedad.

	Sí	No	Pariente
Presión alta			
Ataque cardíaco			
Obstrucción de las coronarias			
Diabetes			

Actividades preliminares

A Answer the following questions about the patient, based on the form on page 265.

1. ¿Cómo se llama el paciente?
2. ¿De dónde es?
3. ¿Cuándo nació?
4. ¿Dónde vive?
5. ¿Cómo se llaman los padres?
6. ¿Dónde viven los padres?
7. ¿Con quién vive el paciente?
8. ¿Por qué fue al hospital?

B Imagine that a classmate is ill. He or she has a headache, stomachache, and dizzy spells. Your classmate comes to the hospital where you work. Ask the following questions, and then, on a separate sheet of paper, fill out the admission form.

1. ¿Cómo se llama?
2. ¿Cuándo nació? ¿Dónde?
3. ¿Dónde vive?
4. ¿Con quién vive?
5. ¿Cuál es su número de teléfono?
6. ¿Qué síntomas tiene?

Apellido _____   Nombre _____

Dirección _____   Teléfono _____

Fecha de nacimiento _____   Lugar _____

Padre/madre/guardián _____

Síntomas: _____

_____

_____

Vocabulario 1

¿Dónde te duele?
Me duele...

el estómago

la cabeza

la garganta

una muela

¿Qué tienes?
Tengo...

mucha tos

un catarro

fiebre alta

la nariz tapada

mucho hipo

la garganta inflamada

una herida

la gripe

una picadura

una quemadura

una infección de la piel

una cortadura

Me pican...

los ojos

los oídos

Me duelen...

los ojos

los oídos

Estoy...

de mal humor

ronco(a)

Me siento...

débil

mareado(a)

congestionado(a)

resfriado(a)

Para mejorarte debes tomar...

estas pastillas

unas aspirinas

este antibiótico

este jarabe

Debes ponerte...

una loción repelente

unas gotas en los ojos

una venda

una curita

crema con antibióticos

Actividades

A **Buenos consejos.** Tell two things you should do to either (a) prevent or (b) cure each of the following ailments.

Por ejemplo:

el dolor de muelas

Para evitar...   Para curar o remediar...

Debes cepillarte bien los   Debes ir al dentista.
dientes.

No debes comer muchos
dulces.

1. un catarro   6. el dolor de estómago
2. una quemadura del sol   7. el hipo
3. las picaduras de insectos   8. si te pican los ojos
4. una tos   9. si te sientes débil
5. una herida   10. si estás ronco(a)

B **Historial médico.** Complete the following about yourself.

1. Me siento mareado(a) cuando...
2. Me duele la cabeza cuando...
3. Me duele la garganta cuando...
4. Me duele el estómago cuando...
5. Tomo jarabe cuando...
6. Me pongo una curita cuando...
7. Me pongo una crema con antibióticos cuando...
8. Me pican los ojos cuando...
9. Tengo mucha tos cuando...
10. Me siento de mal humor cuando...

C **El botiquín.** Tell when you use each of the following health-care products.

Por ejemplo:

> las aspirinas
> *Las uso (tomo) cuando me duele la cabeza.*

1. la loción repelente
2. el jarabe
3. el antiácido
4. la calamina
5. una curita

D **¡Qué dolor!** Tell how you feel as a result of the following situations.

Por ejemplo:

> Estudiaste demasiado hoy. Leíste un libro entero.
> *Me duele la cabeza.*

1. En el picnic cantaste y gritaste mucho.
2. Fuiste a un restaurante y comiste demasiado.
3. Fuiste a un club a bailar. Había mucha gente y mucho ruido.
4. Hace veinte y cuatro horas que no duermes.
5. Tienes que ir al dentista para una pequeña operación.

E **Quiero quedarme en casa.** Tell three good reasons you sometimes give your parents for staying home.

Por ejemplo:

> Quiero quedarme en casa porque tengo (me siento)...

Now tell why you stayed at home the last time you felt ill.

Por ejemplo:

> Me quedé en casa porque tenía una infección en los ojos.

La familia hispana

Una familia hispana incluye no sólo a los que forman parte de ella por nacimiento, sino también a los que se agregan a la familia por matrimonio o por amistad. Toda esta gente forma parte de un grupo que se hace presente cuando hay algún problema, una muerte o enfermedad, una celebración grande o un negocio que cerrar. Se puede decir que muchas familias norteamericanas también se mantienen en contacto. Sin embargo, lo que hace diferente a una familia hispana es la *intensidad* de las relaciones entre ellos; todos los parientes tienen obligaciones y derechos familiares, tanto entre primos, tíos y cuñados como entre hermanos.

PARIENTES DIRECTOS	PARIENTES POLÍTICOS, O SEA POR CASAMIENTO
primos	cuñados(as): esposos(as) de mis hermanos
tíos	suegros: padres del esposo (de la esposa)
abuelos	nuera: esposa de mi hijo
bisabuelos	yerno: esposo de mi hija
sobrinos	
padres	**COMPADRES**
hijos	padrinos y madrinas
nietos	de mis hijos
bisnietos	mis padrinos

Actividad

Dile a tu compañero los nombres de los parientes que tienes. Dile qué parientes no tienes todavía.

Por ejemplo:

Tengo tres tíos que se llaman Tom, Oscar y Cal. Mis tíos políticos se llaman... No tengo nietos todavía.

Estructura 1

. . . .

How to Say Where It Hurts   *The verb* **doler**

You have used a form of the verb **doler (ue)** to say that something hurts.

> **Estudié demasiado y me duele la cabeza.**

1. To refer to others, use the appropriate indirect object pronoun **(te, le, nos, les)** before **duele / duelen.**

> **Mis hermanos tienen catarro. Les duele la garganta.**

2. To describe what hurt you in the past, use the imperfect tense forms **dolía / dolían.**

> **Cuando hablé con Javier anoche, dijo que le dolía el estómago.**

3. Notice that you never use the Spanish words for "my, his, her," or "your" with **doler**. Instead, use **el, la, los,** or **las.**

Actividades

A **En Nueva York.** Look at the following listing for doctors from the Spanish yellow pages and tell which doctor to call for the following ailments a classmate has.

Por ejemplo:

> **Me duelen los oídos.**
> *Si te duelen los oídos, debes llamar a la doctora Ruiz. Su número es el 663-9980.*

1. Tengo problemas con los anteojos.
2. Me duele el estómago.
3. Tengo laringitis.
4. Me duele una muela.
5. Me duele la cabeza.

Para una bonita sonrisa
Dr. Daniel Scala
Dentista Familiar

Un dentista amable
y con paciencia

Servicios de urgencia
• **Dentistería de niños**
• **Extracciones**
• **Frenos**

887-0092
Abierto lunes - sáb 9-6 PM

Dr. Miguel Saez
Especialista en enfermedades del estómago
Consulta 11-7 PM SAB 10-2 PM
421 W. 57 St. 586-0760

James H. Cordero, M.D.
Especialista de los ojos
310 W. 56 St. 582-1534

Dra. Amalia Menéndez
Pediatra
79 E. 10 St 765-00144

Ramona A. Ruiz, M.D.
Especialista de oído, nariz y garganta
43 E. 26 St. (casi esquina Broadwa...
Hor. 10-6 PM .... 663-99...

Internista con experiencia
Ling Sun Chu, M.D.

Control de alergias, artritis, dolores de cabeza y de espalda

107 E. 73 St.
472-3000

B **¿Qué pasó?** Poor Manolo has had a bad week. For each day, tell the following: (a) predict how he's going to feel based on each of his actions, (b) tell why he feels the way he does, and (c) tell why he sought each solution.

Por ejemplo:

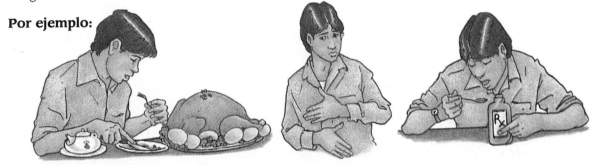

a. Manolo comió demasiado. Le va a doler el estómago.
b. Le duele el estómago porque comió demasiado.
c. Tomó un antiácido porque le dolía el estómago.

Vocabulario 2

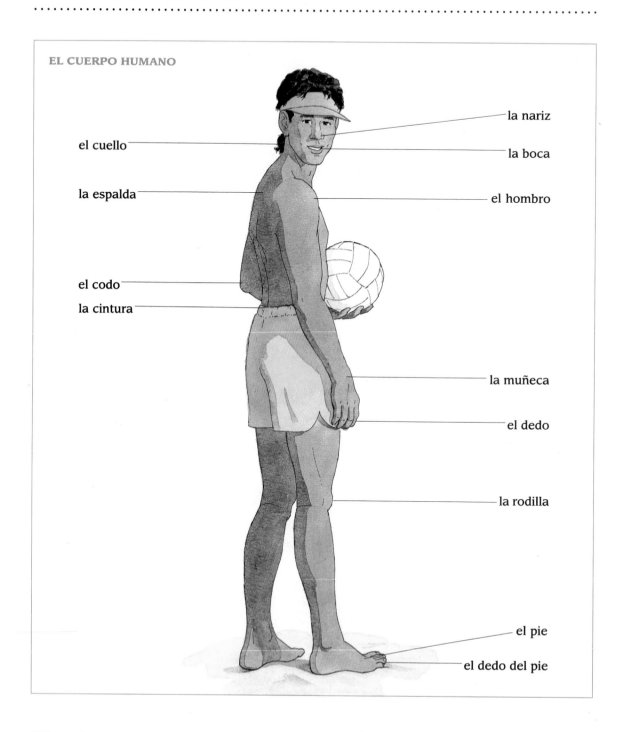

EL CUERPO HUMANO

el cuello

la espalda

el codo

la cintura

la nariz

la boca

el hombro

la muñeca

el dedo

la rodilla

el pie

el dedo del pie

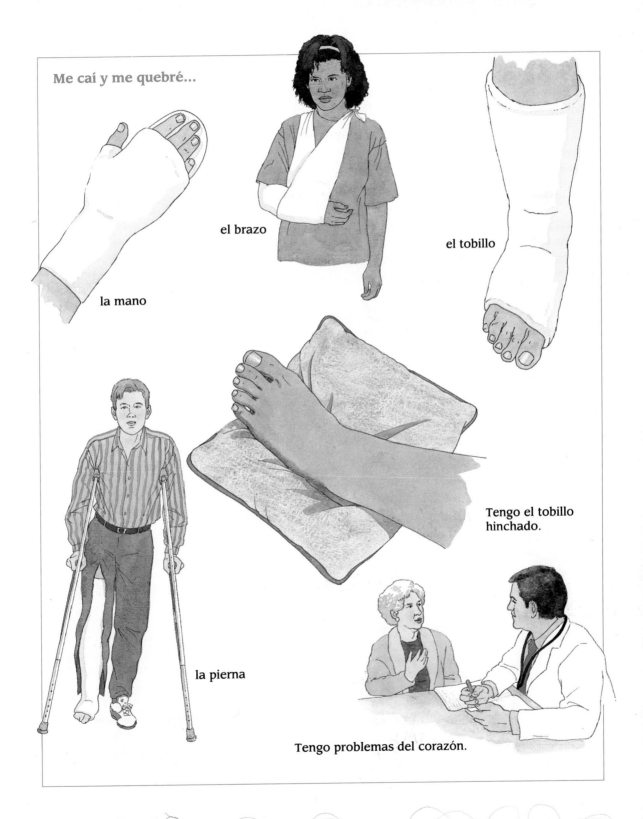

Me caí y me quebré...

la mano

el brazo

el tobillo

la pierna

Tengo el tobillo hinchado.

Tengo problemas del corazón.

Actividades

A **De pies a cabeza.** Tell which parts of the body are described by each of the following descriptions.

1. Tengo dos ventanas para mirar al mundo y un micrófono para comunicarme.
2. Si usas perfume o colonia, ya lo sé.
3. Te podemos llevar a muchos lugares diferentes.
4. Me usas para gritar, para comer y para hablar.
5. Somos indispensables para usar la computadora y para tocar el piano.
6. Nos necesitas para bailar, correr y hacer caminatas.
7. Soy un maravilloso instrumento para dibujar, escribir y trabajar.

B **¿Dónde les duele?** Guess how the following people probably feel now, based on their actions.

Por ejemplo:

> Toño dio una caminata de veinte kilómetros.
> *Le duelen los pies.*

1. Héctor ayudó a sus tíos a mudarse. Levantó un sofá, un piano y un estante grande.
2. Silvia jugó tenis con su mamá por tres horas.
3. Linda hizo gimnasia toda la tarde.
4. Víctor montó en bicicleta en las montañas de Colorado.
5. Era la primera vez que Sonia patinaba sobre hielo. Se cayó cinco veces.

C **El ejercicio.** What parts of the body do the following activities exercise?

Por ejemplo:

> montar en bicicleta
> *Es bueno para las piernas, la espalda...*

1. correr
2. nadar
3. caminar
4. jugar tenis
5. bailar
6. levantar pesas
7. jugar vóleibol

EJERCICIOS PARA SU HABITACION

D **¿Para qué sirven?** For each of the following parts of the body, list the functions they perform.

Por ejemplo:

las piernas
Sirven para correr, caminar, bailar...

1. los ojos
2. las manos
3. los oídos
4. los brazos
5. los pies
6. los dedos de la mano
7. la cabeza
8. la boca

Los padrinos

Las familias hispanas generalmente incluyen los abuelos, los tíos y los primos, así como los amigos íntimos y los padrinos. A veces los ahijados viven con sus padrinos y no con sus padres. Esto pasa no sólo cuando los padres han muerto, sino cuando vivir con los padrinos significa tener más oportunidades económicas o educativas.

En las sociedades hispanas, cuando un ahijado vive con los padrinos se considera *hijo,* así que los padrinos tienen la responsabilidad de educarlo y de tomar las decisiones necesarias para el bienestar del ahijado.

Actividades

A ¿Cómo debe ser un padrino o una madrina? Escoge palabras de la lista.

> amable
> responsable
> tacaño(a)
> afectuoso(a)
> de buen humor
> divertido(a)
> débil
> respetuoso(a)

B ¿Tienes padrinos? ¿Cómo se llaman? ¿Quiénes son los parientes o amigos más íntimos de tu familia? ¿Qué hacen por ti?

Estructura 2

How to Report on What You Know, Think, and Observe

The use of **que** *as a connector*

You have used the word **que** after verbs such as **saber, parecer,** and **creer** to report on what you know or think to be true or how someone or something appears to be.

> **Es muy tarde. Parece que Miguel no viene.**
> **Creo que su papá no le permite salir.**
> **Sé que su papá es muy estricto.**

You have also used **que** after a form of **decir** to report on what someone says.

> **Emilia dice que es el cumpleaños de su ahijado.**
> **Tus hermanos me han dicho que hoy es tu cumpleaños.**

1. You may also use the verbs **ver, leer,** and **oír** for reporting.

> *Leí que* **México es la ciudad más grande del mundo.**
> **Cuando llegamos a México,** *vimos que* **no es fácil encontrar un taxi cuando llueve.**
> **Acaba de llamarme mi prima que vive allí.** *Oí que* **hay mucho que hacer pero que todo es muy caro.**

A un Ahijado Especial

2. You may also use **que** after a form of **imaginarse** to report on how you imagine things to be.

> **Me imagino que sería divertido vivir en México.**

Actividades

A **Diles que...** A friend has volunteered to give some people messages for you. What will you tell him or her to say?

Por ejemplo:

> Tu mamá quiere saber cuándo regresas a casa.
> *Dile a mi mamá por favor que voy a regresar a las seis y media.*

1. Tus maestros quieren saber por qué no estás en la escuela hoy.
2. Tu abuela quiere saber por qué no usas el suéter que te compró.
3. Tus amigos quieren saber por qué no puedes salir con ellos esta noche.
4. Tus padres quieren saber por qué sacaste esa mala nota.

B **Hace mucho tiempo.** Think of someone you haven't seen or spoken to for a while. Write that person a note to bring him or her up to date on the latest news. Use the sentence leads below as a guide.

1. Parece que...
2. ¿Sabías que...?
3. Me imagino que...
4. Sé que...
5. Me han dicho que...
6. ¿Sabes?, dicen que...

C **Chismes.** Tell three pieces of news that you heard recently. Tell where you were when you heard the news.

Por ejemplo:

> Estaba en la cafetería ayer por la tarde y me dijeron que (escuché que) Ann ya no iba a salir más con Todd.

Finalmente

Situaciones

A conversar Imagine that you are on a family vacation in Mexico. One of the members of your family has a medical emergency. Since you are the only person in your family who speaks Spanish, you must take your relative to the emergency room to get help. Your partner will play the role of the physician. Your partner should get the following information about the "patient."

1. name
2. age
3. relationship to you
4. symptoms
5. how long the symptoms have been present
6. what happened (if it was an accident)

Para Llamadas de Emergencia Unicamente

9·1·1

Incendio y Rescate

Policia Sheriff Patrulla de Caminos

Repaso de vocabulario

PREGUNTAS
¿Dónde te (le, les) duele?
¿Qué tiene(s)?

EL CUERPO
el brazo
la cabeza
la cintura
el codo
el corazón
el cuello
el dedo
el dedo del pie
la espalda
el estómago
la garganta
el hombro
la muela

la muñeca (wrist)
la nariz
el oído
el pie
la piel
la pierna
la rodilla
el tobillo

PROBLEMAS MÉDICOS
el catarro
la cortadura
la fiebre
la gripe
la herida
el hipo
la infección
la picadura

la quemadura
la tos

REMEDIOS
los antibióticos
la aspirina
la curita
las gotas
el jarabe
la loción repelente
la pastilla
la venda

DESCRIPCIONES
alto(a) (high)
congestionado(a)
débil
hinchado(a)

inflamado(a)
mareado(a)
resfriado(a)
ronco(a)
tapado(a)

ACTIVIDADES
mejorarse
picar (sting)
quebrarse (ie)

OTRAS PALABRAS Y EXPRESIONES
doler (ue)
estar de mal humor
el problema

Lección 2

¿Cómo te sientes?

¡A comenzar!

The following are some of the things you will be learning to do in this lesson.

When you want to. . .	You use. . .
1. say what you hope has or has not happened	• **Espero que (no) haya(n)** + past participle.

2. link your thoughts to show:
    contrast
    result
	• **sin embargo / aunque**
	• **así que**

3. tell how someone reacted	• **Se puso** + emotion.

Now find examples of the above words and phrases in the following phone conversation.

¡Que Te Mejores Pronto!

La Sra. de Maldonado llama a Elena por teléfono para saber las noticias de Juan Orlando.

ELENA: Aló, ¿mamá?

MAMÁ: Dime, hijita, ¿cómo está el ahijado? Espero que le hayan hecho las pruebas.

ELENA: Sí, mamá, se las hicieron esta mañana. Lo examinaron de pies a cabeza, así que no tienes por qué preocuparte.

MAMÁ: Sí, hijita, sin embargo a veces se equivocan.

ELENA: Mamá, cálmate. Aunque todavía no sabemos los resultados, estoy segura que todo va a estar bien.

MAMÁ: ¡Ay, pobrecito! Espero que no le hayan encontrado nada grave.

ELENA: ¿Ya hablaste con mis tíos?

MAMÁ: Sí, hablé con tu tío hoy. Cuando le dije que Juan Orlando estaba en el hospital, se puso muy agitado. Quiere venir a verlo.

Actividades preliminares

A Use either **así que, aunque,** or **sin embargo** to link the phrases in the following sentences.

1. Elena puede usar el teléfono en su trabajo, _____ puedes llamarla si quieres.
2. Elena quiere regresar a Puerto Rico algún día; _____ dice que va a echar de menos a sus compañeras en el hospital.
3. Elena dice que Juan Orlando se siente mejor, _____ tiene que estar dos días más en el hospital.

¿Cómo se sienten?

B Tell how you reacted the last time the following things happened.

Por ejemplo:

> cuando el maestro anunció un examen
> *Me puse nervioso(a), triste, etc.*

1. cuando encontraste dinero en la calle
2. cuando tus padres te permitieron regresar a casa muy tarde
3. cuando recibiste el regalo que querías
4. cuando tu amigo(a) te hizo un gran favor
5. cuando perdiste tu tarea

C Who do you hope has done (or has not done) the following things?

1. Espero que ____ (no) haya visto mis notas.
2. Espero que a ____ le haya dado permiso para usar el coche esta noche.
3. Espero que ____ no haya tenido problemas en su trabajo.
4. Espero que ____ (no) me haya llamado.

Vocabulario 1

Cuando lo vi me puse...

blanco(a) de miedo
blanco(a) como el papel

rojo(a) de rabia

rojo(a) de vergüenza

furioso(a)

verde de envidia

histérico(a)

asustado(a)

serio(a)

pálido(a)

contento(a)

agitado(a)

Actividades

A **Mi mejor amigo.** How well do you know your friends? Tell what situations cause them to react in the following ways.

Por ejemplo:

> furioso(a)
> *Mi amiga Ann (Mi amigo Brad) siempre se pone furiosa(o)*
> *cuando su hermana usa sus cosas.*

1. nervioso(a)
2. blanco(a) de miedo
3. serio(a)
4. verde de envidia
5. rojo(a) de rabia
6. triste
7. rojo(a) de vergüenza
8. asustado(a)

B **¿Cómo se puso?** Tell how Bruno reacted in the following situations.

1. cuando el policía le pidió su licencia de manejar

2. cuando le contaron que vieron a su novia con otro muchacho

3. cuando vio su nota del examen de química

4. cuando recibió el trofeo del equipo de fútbol

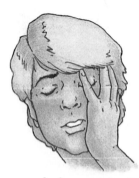

5. cuando la maestra leyó la nota que escribía en clase

C | **Reacciones.** Give people's reactions to the following.

Por ejemplo:

> los pasajeros, cuando el avión hizo un zigzag entre las montañas
>
> *Se pusieron histéricos (blancos como el papel, etc.).*

1. tú, cuando el maestro te dio una "A" en tu examen
2. los empleados, cuando el ascensor bajó rápidamente
3. los estudiantes, cuando el maestro dio un examen sin anunciarlo
4. tú, cuando tu mejor amigo recibió un coche nuevo para su cumpleaños
5. tú, cuando tus padres te dijeron que no podías ir de vacaciones con tus amigos
6. la maestra, cuando ganó la lotería

D | **Me puse...** Recount incidents in which you reacted in the following ways.

Por ejemplo:

> rojo(a) de vergüenza
>
> *Invité a mi novia a un restaurante. Después de comer, cuando iba a pagar la cuenta, vi que no tenía bastante dinero para pagarla. Me puse rojo.*

1. verde de envidia
2. blanco(a) como el papel
3. rojo(a) de rabia
4. asustado(a)
5. agitado(a)

Cada el nuevo se pone mejor.

Bajo fu... el titul...

Un anuncio para un periódico puertorriqueño.

El lenguaje del cuerpo

Inteligente y curioso lenguaje el de nuestro cuerpo, y sin embargo, mucho más elocuente y ruidoso que el lenguaje de las palabras. Es sincero a veces, mentiroso otras.

Cuando me presentan a alguien, lo primero que miro son sus ojos, después sus manos y por último sus zapatos. A través de sus ojos, puedo adivinar tristeza o alegría, verdad o mentira a pesar de las bellas palabras.

No conozco a nadie que no acompañe sus palabras con gestos o ademanes en algún momento de la conversación, porque las manos tienen un lenguaje realmente rico. Pero cuidado: Gestos que en un país significan acuerdo, alegría, aprobación, en otro país significan totalmente lo contrario.

Actividad

1. En el primer párrafo, la autora de esta lectura compara dos tipos de lenguaje. ¿Los puedes identificar? ¿Cuál revela más?
2. Escribe seis palabras que emplea la autora en el primer párrafo para describir "lenguaje".
3. Expresa tres emociones usando únicamente el lenguaje del cuerpo. ¿Pueden tus compañeros de clase adivinar lo que sientes?

Estructura 1

How to Say What You
Hope Has Happened

Esperar *with the present
perfect subjunctive*

You have already learned to tell what has or hasn't happened.

Ya he terminado mi tarea. ¿Has visto mi vídeo musical?

1. When you want to say that *you hope* something has or hasn't happened, use **Espero que + (no) haya** + past participle.

    Espero que haya nevado en las montañas. Quiero ir a esquiar este fin de semana. Espero que no haya llovido.

2. To talk about other people, use the following forms.

hayas	to talk to a friend or family member
haya	to talk about someone else; to address someone you speak to formally
hayan	to talk to or about more than one person

    Espero que no hayas perdido mi libro.
    Espero que mis padrinos me hayan escrito.
    Buenas tardes, señora Montes. Espero que no haya tenido que esperar mucho tiempo.

3. Recall that past participles of **-ar** verbs end in **-ado** and past participles of **-er** and **-ir** verbs end in **-ido**.

4. When you need to use pronouns (**me, te, nos, le, les, lo, la, los, las, se**), you place the pronouns before **haya(-s, -n)**.

    Le dije a mi abuela que quiero el casete nuevo de Gloria Estefan. Espero que me lo haya comprado.

    Toño estuvo tres días en Puerto Rico. Espero que no se haya quemado del sol.

5. To say what you hope there is or there are in a place, use **haya**. **Haya** is used for either one or more than one person or thing.

    Espero que haya buena música en la fiesta de Anita.
    Espero que no haya muchachos tontos.

Actividades

A **Nuevas situaciones.** What do you hope to find (or hope not to find) in the following places?

Por ejemplo:

> **Piensas ir a la playa.**
> *Espero que haya muchas muchachas (muchos muchachos).*
> *Espero que no haya muchos insectos.*

1. Piensas hospedarte en un hotel grande.
2. El año que viene, tienes que asistir a otra escuela.
3. Tu familia piensa mudarse a otra ciudad.
4. El verano que viene, tú y tus amigos piensan ir a acampar en la sierra.
5. Piensas matricularte en la universidad.

B **Mi maestro.** Below are some things your teacher may have done. Tell whether you hope he or she has or has not done them.

Por ejemplo:

> **llamar a tus padres**
> *Espero que no haya llamado a mis padres.*

1. preparar un examen
2. planear una excursión para la clase
3. hablar con tu consejero
4. decidir darles tarea para el fin de semana
5. traer un vídeo a la clase

C **En el hospital.** While Juan Orlando is in the hospital, his **madrina** worries about what people have or have not been doing for him. Tell what she is thinking.

Por ejemplo:

> **Elena / tener tiempo para visitarlo**
> *Espero que Elena haya tenido tiempo para visitarlo.*

1. la ayudante / limpiarle la habitación
2. los amigos / mandarle muchas tarjetas
3. la doctora / poder examinarlo hoy
4. los especialistas / ver sus exámenes de laboratorio
5. la enfermera / escribir instrucciones claras

D **Mi compañero.** Tell a classmate two things that you hope he or she has done. Then tell two things that you hope he or she hasn't done.

Por ejemplo:

> Espero que te hayas mejorado.
> Espero que no hayas abierto mi gaveta.

E **No te preocupes, tía.** Elena's aunt in Puerto Rico worries about how she is doing in New York. She has the following questions in her mind about what's going on. What hope would she express for each?

Por ejemplo:

> ¿Se puso enferma?
> *Espero que no se haya puesto enferma.*

1. ¿Nos escribió?
2. ¿Perdió el dinero que le mandé?
3. ¿Compró guantes y un abrigo con el dinero?
4. ¿Ahorró un poco del dinero?
5. ¿Llegó tarde al trabajo el primer día?
6. ¿Leyó todos los anuncios de trabajo?
7. ¿Nos hizo un telegrama después de la entrevista?
8. ¿Ha tenido un accidente?

F **Preparativos.** The following people have made plans for some activities. You hope they have made all the necessary preparations. Tell them two things you hope they have or have not done.

Por ejemplo:

> Tus padres piensan hacer un viaje a España.
> *Espero que hayan recibido los pasaportes. Espero que hayan comprado cheques de viajero.*

1. Tu mamá te va a comprar muebles nuevos para tu habitación.
2. Tu papá sale a comprar regalos para la Navidad.
3. Tus amigos te van a hacer una fiesta de cumpleaños.
4. Algunos compañeros de la clase de español van a pasar las vacaciones en Puerto Rico.

Vocabulario 2

Hablando por teléfono...

7-98-65-03

(Marca el número).

Aló.

Quisiera hablar con Victoria Vélez, por favor.

Sí, cómo no. ¿De parte de quién?

De Sara Ruiz.

Un momento, por favor.

Actividades

A **¿Qué significa?** Match the statements on the left to the responses on the right.

Si oigo...

1. Está equivocado.
2. ¿De parte de quién?
3. No está en casa.
4. Con él.
5. Un momento, por favor.
6. que está ocupado.

Debo...

a. empezar la conversación
b. esperar
c. marcar otro número
d. volver a llamar
e. dejar un recado
f. decir mi nombre

B **¿Qué dices?** Tell what you say in the following situations.

1. Contestas el teléfono.
2. Quieres hablar con tu amigo.
3. Te preguntan: —¿De parte de quién?
4. Te dicen que tienes un número equivocado.
5. Quieres dejar un recado.
6. Hace media hora que la línea está ocupada.

C **Una llamada.** Call a classmate to invite him or her to a party at your house. Say the number as you dial. He or she will answer the phone.

D **Maratón telefónica.** Work in groups of four. Each person writes his or her phone number on a piece of paper. Pass the papers around so that each person gets a number. "Call" someone in the group. As you dial, say the number out loud. If the number corresponds to that person, that person should "answer" your call and talk to you. If you chose the wrong number, the person should tell you it's the wrong number.

Por ejemplo:

ESTUDIANTE A

(1) Tres, cuarenta y cinco, veintiocho, cuarenta.

(3) Quisiera hablar con Mike.
(5) Con Sarah.

ESTUDIANTE B

(2) Aló.

(4) Con él. ¿Con quién hablo?
(6) Hola, ¿qué tal?

Una llamada internacional

Si quieres llamar a los Estados Unidos desde otro país y no quieres pagar la llamada, puedes hacer una llamada de cobro revertido. Esta comunicación no es directa. Le dices toda la información a la telefonista. Ella toma nota del nombre y del teléfono en los Estados Unidos y te llama un rato después, cuando ya haya conseguido la comunicación.

La gente tiene diferentes maneras de contestar según el país.

En el Caribe y en muchos países se dice: Aló. (Oigo).
   También se dice: A la orden. (Sí).
En México se dice: Bueno. (Mande).
En España se dice: Diga. (Dígame).
En la Argentina se dice: Hola.

Actividades

A ¿Cómo contestan el teléfono las siguientes personas?

Por ejemplo:

Jorge, que vive en San Juan.
Dice "Aló" ("Oigo", "A la orden").

1. Amalia, que vive en Madrid.
2. Ricardo, que vive en Acapulco.
3. Sonia, que vive en La Habana.
4. Mercedes, que vive en Barcelona.
5. Inés, que vive en Buenos Aires.
6. Juan Carlos, que vive en Santo Domingo.

B Imagínate que estás en México. ¿Qué le dices a la telefonista para hacer una llamada de cobro revertido a tus padres?

¿VA A LLAMAR A MÉXICO?

Usted puede efectuar la llamada...desde su habitación.

AT&T

Estructura 2

···

How to Link Your Thoughts   *Connecting words*

1. To link your thoughts to show contrast, use words such as **pero,
   aunque,** and **sin embargo.**

   > Me gusta leer, *pero* no me gustan las novelas policiales.

   > *Aunque* me gusta leer, no me gustan las novelas policiales.

   > Me gusta leer; *sin embargo,* no me gustan las novelas
   > policiales.

2. To link your statements for combining or continuing your
   thoughts, use words such as **o, y, también, tampoco,** and
   además.

   > ¿Quieres jugar vóleibol *o* tenis?
   > Prefiero quedarme en casa *y* tocar el piano.
   > Julio juega vóleibol. *También* toca el piano.
   > Juega vóleibol y tenis. *Además* toca el piano.
   > No juega vóleibol. *Tampoco* juega tenis.

3. To link your thoughts to show cause or result, use words or
   phrases such as **porque, así que,** and **por eso.**

   > No me llamó *porque* no tenía mi número.
   > No tenía mi número, *así que* no me llamó.
   > No tenía mi número. *Por eso,* no me llamó.

4. To clarify what you say, use phrases such as **es
   decir, o sea,** and **por ejemplo.**

   > Pienso regresar a la isla, *es decir,* a
   > Puerto Rico.
   > En Puerto Rico, hay mucho que hacer.
   > *Por ejemplo,* puedes nadar, tomar el sol,
   > explorar la selva... Siento no haber traído la
   > tarea, *o sea,* la he traído pero no la he
   > terminado.

Actividades

A **Todo salió mal.** Elena relates the events of her day yesterday on the phone to a friend. Link her sentences with **aunque, pero,** or **sin embargo.** *however* *although; even though*

1. Queríamos ir al cine. No teníamos dinero.
2. Queríamos ir a la playa. Nadie tenía coche.
3. Entonces, llamamos a Pedro. No estaba en casa. Él dijo que iba a estar en casa toda la tarde.
4. Mariana dijo que iba a llamarme. Estaba muy ocupada.
5. Después, Rafael me invitó a una fiesta la semana que viene. ¡Él tiene novia!

B **La combinación.** The most common way of making conversation is adding on to what we have already said. Expand on Elena's sentences using **y, también (tampoco),** and **además.** *besides, moreover*

1. Tengo alergia. Mi primo tiene alergia.
2. Él tiene asma.
3. Él no quiere ponerse las inyecciones. Yo no quiero ponerme las inyecciones.
4. No le gusta el doctor.

C **Resultados.** Link Elena's sentences using **así que,** *so, therefore* **porque,** and **por eso.** *therefore thats y*

1. Estaba débil. Vi al doctor.
2. Tengo que tomar vitaminas. Las vitaminas dan apetito y energía.
3. Mi mamá me da sopa de legumbres y miel (honey) con limón. La sopa de verduras tiene muchas vitaminas y minerales.
4. El doctor quiere verme otra vez. Voy a verlo la semana que viene.

297

D **Además de ser mi padre, es mi amigo.** Some people and things mean a lot more to us than we realize. Complete the sentences below.

Por ejemplo:

> Además de ser nuestro vecino, también es... Por ejemplo,...
>
> *Además de ser nuestro vecino, Larry también es un buen amigo. Por ejemplo, cuando perdí la llave de la casa, me ayudó a buscarla.*

1. Además de ser padre (madre), también es... Por ejemplo,...
2. Además de ser maestro(a), también es... Por ejemplo,...
3. Mi amigo(a), además de ser generoso(a), también es... Por ejemplo,...
4. Mi habitación, además de ser un lugar para dormir, también es...
5. Mi escuela, además de ser un lugar para aprender cosas, también es...

E **Una persona muy especial.** Write about a person who is very special to you. Organize your writing in the following way.

1. Tell what the person is or was, above and beyond being or doing what one would expect. (**Además de ser..., es [era] también...**)
2. Tell one thing that person does (or did) for you in spite of some difficulty. (**Aunque no tiene mucho dinero, siempre me presta [prestaba]...**)
3. Relate as completely as possible a specific incident that supports your opinion of this person. (**Por ejemplo, un día, estábamos en una tienda y...**)
4. Make a statement of conclusion. (**Así que [Por eso] siempre voy a acordarme de mi amigo[a]...**)

Finalmente

Situaciones

A escribir Imagine that today was one of "those" days—everything that could have gone wrong went wrong! Write an entry in your diary or journal, including the following. Connect your thoughts using words and phrases such as **además, aunque, sin embargo, así que,** and **por eso.**

1. Tell at least three things that went wrong.
2. Tell how you reacted to each.
3. Tell at least one thing you regret having done or not having done today.

Repaso de vocabulario

DESCRIPCIONES
agitado(a)
asustado(a)
furioso(a)
histérico(a)
pálido(a)
serio(a)

OTRAS PALABRAS Y EXPRESIONES
además
así que
aunque
la envidia
es decir
o sea
la persona
por ejemplo
¡Qué lata!
la rabia

sin embargo
volver a + activity

HABLANDO POR TELÉFONO
aló
Con él (ella).
¿De parte de quién?

Está equivocado.
más tarde
Un momento.
perdone
el recado
Sigue ocupado.

Lección 3

¡Que te mejores pronto!

¡A comenzar!

The following are some of the things you will be learning to do in this lesson.

When you want to . . .	You use . . .
1. say what others want you to do	• **Quieren que** + forms of the present subjunctive
2. say what it is necessary for others to do	• **Es necesario que** + activity.
3. say what you hope others will do	• **Espero que** + activity.
4. ask what someone is allergic to	• **¿A qué es alérgico(a)?**

Now find examples of the above phrases in the following conversation.

EL DIARIO-LA PRENSA, LUNES 20 DE ENERO

Clasificados

ESPECIALISTAS DE LOS OJOS

Exámenes de los Ojos
Cirugía de Cataratas
Lentes Intraoculares, Rayos
Laser, Glaucoma, Estrabismo,
Cirugía Plástica de los ojos.
Lun a Vie 12-7 Sab. 9-1
Aceptamos Medicare
Drs. Cavero-Fernández
Qns. 37-28 75th Street
Jksn Hts 552-6800
Manh. 41 West 96th St.
Tel. 613-0303

DR MIGUEL SAEZ
ESPECIALISTA DE ESTOMAGO
CONSULTA 11-7PM SAB 10-2
P.M. 421 WEST 5 ST 209-0760

DR. ULISES ARANGO
Cirugía y Enfermedades
de los Ojos
280 W. 81 St. 516-5888

ESPECIALISTA DE LOS OJOS
Lentes, enferm. vista, cataratas,
glauc, cirugía, Pvdo/medicare/
medic/uniones. Hab Esp Lenox
Optical 79 W 125 St (Lenox)
714-7521

Especialista de la Piel
DR. N. HOYOS

Especialista de la Pi
DR. N. HOYOS
40-18 81 St., Jackson I
Queens 209-6200

ESPECIALISTA ARGENTI
CORAZON, PRESION A
Diabetes y Obesidad. M
Medicare-Priv 42-30 H
St., Elmhurst Telepho
7792

ESPECIALISTA DE I
DOCTORA ARGEN
37-51 72 St. (Entra
Broadway), Jackson H
513-8224

ESPECIALISTA DE L
CORONA
Aceptamos Medicar

Elena llama a su mamá desde el hospital.

ELENA: Aló, ¿mamá? Ya me dieron los resultados de los exámenes de laboratorio.

MAMÁ: Ay, hija, espero que no sea nada grave.

ELENA: No te preocupes, mamá. Dicen que Juan Orlando tiene alergia.

MAMÁ: ¿Alergia? Ay, pobrecito. ¿A qué es alérgico?

ELENA: Bueno, no están seguros. Parece que es alérgico o al polen o al polvo.

MAMÁ: ¿Y qué quieren que hagamos?

ELENA: Bueno, quieren que lo llevemos a un especialista. Es necesario que le pongan unas inyecciones.

MAMÁ: Pero no conocemos a ningún especialista.

ELENA: Ya lo sé, pero Sandra, la técnica, conoce a la secretaria de un médico muy bueno.

Actividades preliminares

A What do your parents want all of you to do? Answer **sí** or **no**.

1. Quieren que limpiemos la habitación.
2. Quieren que estudiemos las lecciones.
3. Quieren que saquemos malas notas.
4. Quieren que ayudemos en casa.
5. Quieren que lleguemos tarde a la escuela.
6. Quieren que nos acostemos antes de la medianoche.

B Tell what you hope will happen this weekend.

Por ejemplo:

> ¿Esperas que haga buen tiempo o que llueva?
> *Espero que haga buen tiempo. (Espero que llueva).*

1. ¿Esperas que tu mamá (papá) trabaje o que esté en casa?
2. ¿Esperas que tu mamá (papá) te compre ropa nueva o que te dé dinero para salir?
3. ¿Esperas que un amigo te llame por teléfono o que te visite?
4. ¿Esperas que haya un vídeo o un examen en la clase de historia?

C The following people have allergies. Beside their allergies is the advice their doctors gave them. However, no one has followed the advice. Say what each person did.

Por ejemplo:

> Raquel: azúcar / no comer pasteles ni dulces
> *Aunque Raquel es alérgica al azúcar, comió pasteles y dulces.*

1. Jorge: los insectos / no irse al campo
2. Victoria: el maíz / no comer tortillas
3. Carmen: los mariscos / no comer camarones
4. Olivia: el perfume / no usar maquillaje
5. Tomás: el polvo / no conseguir trabajo en una fábrica

Vocabulario 1

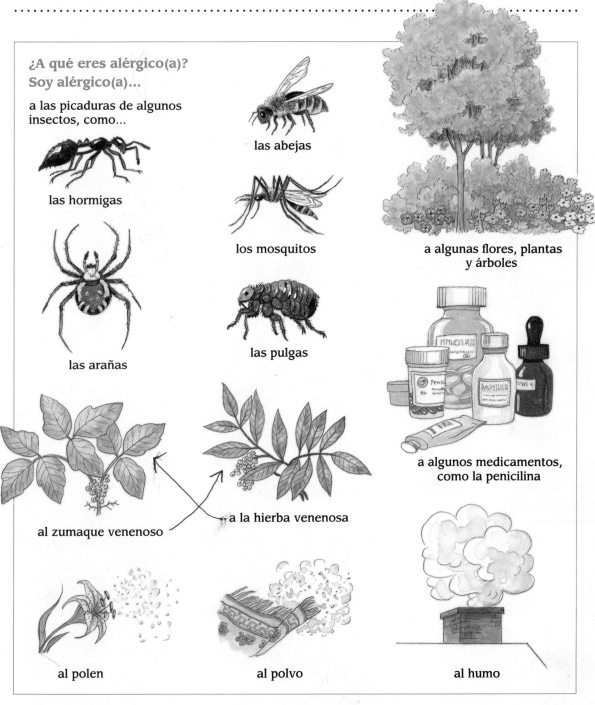

¿A qué eres alérgico(a)?
Soy alérgico(a)...

a las picaduras de algunos
insectos, como...

las hormigas

las abejas

los mosquitos

a algunas flores, plantas
y árboles

las arañas

las pulgas

a algunos medicamentos,
como la penicilina

al zumaque venenoso

a la hierba venenosa

al polen

al polvo

al humo

al perfume

a algunos metales, como...

el oro

el cobre

la plata

a algunos cosméticos

al jabón

a algunos materiales, como...

la goma

el plástico

la lana

el cuero

la seda

el algodón

a algunos alimentos, como...

los mariscos

a algunos animales, como los gatos

la leche

la harina de trigo

Actividades

A **Categorías.** Working with a classmate, list as many examples as you can think of for the following categories.

1. animales
2. alimentos
3. ropa para caballeros
4. ropa para damas
5. insectos
6. muebles
7. metales
8. medicamentos
9. partes del cuerpo
10. materiales
11. plantas y árboles

B **Consecuencias.** Tell what each person below couldn't do as a result of his or her allergy.

Por ejemplo:

> Samuel era alérgico a la leche.
> *Por eso no podía comer mantequilla, queso o helados.*

1. Maribel era alérgica al pelo de los animales.
2. Miguel era alérgico al humo.
3. Yolanda era alérgica al maquillaje.
4. Enrique era alérgico a los insectos.
5. Roberto era alérgico al polen.
6. Juan José era alérgico a los huevos.
7. Lupe era alérgica al azúcar.

C **¡Qué picazón!** Interview a classmate to find out whether he or she has any allergies or knows of anybody who has them.

Por ejemplo:

ESTUDIANTE A	ESTUDIANTE B
(1) ¿A qué eres alérgico(a)?	(2) **Soy alérgico(a) a...** No puedo comer... (No soy alérgico a nada pero mi prima es alérgica a...).
(3) ¿Qué te dijo el doctor?	(4) **Me dijo que...**
(5) Yo también soy alérgico(a).	(5) ¿A qué?

Plantas que causan alergias

Zumaque

Poison Oak

Poison Ivy

Protéjase la piel con ropa de manga larga, pantalones largos, calcetines y zapatos. ☙ El contacto puede ser indirecto a través de la ropa (cuando la toca), el pelo del perrito si estuvo en contacto con

Gracias, muy amable

Es muy importante saber qué decir en distintas ocasiones.

LA OCASIÓN	DICES...
Si alguien está enfermo...	¡Que te mejores (se mejore) pronto!
Si alguien se va...	Adiós, ¡que te (le) vaya bien!
Si alguien se casa...	Que sean muy felices en su matrimonio.
Si alguien sale de viaje...	¡Buen viaje! Que lo pase(s) bien en...
Si alguien estornuda...	¡Salud! (¡Jesús!)
Si alguien te elogia por algo...	Muy amable.
Si un pariente o amigo de alguien se muere...	Mi más sentido pésame.

Actividad

¿Qué dices en cada una de las siguientes ocasiones?

1. el cumpleaños de tu amigo
2. la muerte del abuelo de tu amigo
3. un matrimonio
4. una enfermedad
5. la graduación de tu amigo
6. un viaje
7. un elogio

Nacimientos

En la Clínica Santa María ha nacido Guillermo, hijo de don Guillermo Wilson Searle y de la señora María Pía Tirado de Wilson.

—En la Clínica Santa María ha nacido Francisca, hija de don Constantino Cruz Hunzueta y de la señora Adriana Debesa de Cruz Unzueta y de la señora Adriana Debesa de Cruz.

—En la Clínica Santa María ha hecido Carolina Pe...

Lizama de Poblete.

—En la Clínica Sa... do Alicia, hija de don ... Acuña y de la señora E... De la Cerda.

—En la Clínica Sa... do Waldo Javier, hijo d... Enrique Bernales Vicen... Ana Patricia Delmal...

AVISOS FUNEBRES

SEPELIOS

†

CHERUBINI. Sara Bellagamba. Vda. de, q.e.p.d., fall en Gral. Rodriguez (B) el 15-2-87, c.a.s.r. y b.p. - Sus hermanos Maria, Ana, Dominga Elba, Margarita, Eduardo y Elida; sus hijastros Alfredo Cherubini, Marta D'Alessandro y Nelly Cherubini; sobrines, sob, nietos, sob. bisnietos, primos y d/d. invitan al sepelio en el Cem. local hoy a las 10.30 hs. previo responso en la iglesia parroquial. C/v. Av. San Martín 379 - EMPRESA: LC SANCHEZ

†

D'AGNILLO, Felix Juan. q. e. p. d.. fall. el 15-2-87. c. a. s. r. y b. p. - El Colegio de Escribanos de San Isidro participa el fallecimiento de su ex presidente e invita sepelio Cem. de la Chacarita. hoy a las 11 hs. desde C/v. Av. Malipú 2180, Dpto. "B", Olivos - CASA TREZZA. Franco Hnos. S. A.

†

D'AGNILLO, Juan Antonio. q. e. p. d.. fall. el 15-2-87. c. a. s. r. y b. p. - El Colegio de Escribanos de la Pcia. de Buenos Aires participa el fallec- imiento de su consejero e invita

GHIGLIA... p. d., fall ... Ghigliazz... Caballero... primos ... Ghigliazz... y Alcira ... sobrinos ... Gloria M... Colacelli... que sus ... en el Ce... C/m. G... piso. Dp... GULLE... 803-461...

Estructura 1

How to Express Desires
about the Actions of Others;
What It Is Necessary for
Others to Do

The present subjunctive

You have used the expression **Espero que...** to talk about what you
hope others have or haven't done in the past.

> **Espero que Elena haya llegado a casa sin problema.**
> **Espero que no haya tenido que esperar el autobús.**

1. To say what you or others hope someone (**yo, él, ella, usted**)
   does (not) do or will (not) do, use a form of **esperar** + **que** and
   verbs in what is called the "present subjunctive." The present
   subjunctive forms are very similar to the present tense you have
   learned, except there is a change in the ending.

2. To form the present subjunctive of most -**ar** verbs, take the **yo**
   form of the present tense you have learned, drop the -**o** ending,
   and replace it with -**e.** To form the present subjunctive of most
   -**er** and -**ir** verbs, take the **yo** form, drop the -**o** ending and
   replace it with -**a.**

INFINITIVE	PRESENT TENSE	PRESENT SUBJUNCTIVE
ayudar	**ayudo**	**ayude**
comer	**como**	**coma**
escribir	**escribo**	**escriba**
hacer	**hago**	**haga**
tener	**tengo**	**tenga**
decir	**digo**	**diga**
poner	**pongo**	**ponga**
conocer	**conozco**	**conozca**
ver	**veo**	**vea**
oír	**oigo**	**oiga**
traer	**traigo**	**traiga**
huir	**huyo**	**huya**
recordar	**recuerdo**	**recuerde**
pensar	**pienso**	**piense**
pedir	**pido**	**pida**

3. Certain verbs have spelling changes in the present subjunctive.

- verbs ending in -zar

    empezar   empiece

- verbs ending in -car

    buscar   busque
    tocar   toque

- verbs ending in -gar

    pagar   pague
    jugar   juegue

- verbs ending in -ger or -gir

    recoger   recoja
    escoger   escoja

4. Six verbs have irregular forms.

    ir   vaya
    haber   haya
    dar   dé
    estar   esté
    ser   sea
    saber   sepa

*Con deseos cariñosos
    por mucha felicidad,
Y que todos tus sueños
    se hagan realidad.*

*Que Tengas
Un Día Hermoso*

5. If you wish to say what you want or need another person to do, use a form of **(no) querer** + **que** or **(no) necesitar** + **que** with the present subjunctive.

    Mamá quiere que yo vaya al mercado. Quiere que compre leche, cereal y plátanos. Después necesita que la ayude con los quehaceres.

6. You also use the present subjunctive when you want to say what it is (or is not) necessary, better, important, advisable, or urgent for someone to do.

    (No) Es   necesario   que...
                 mejor
                 importante
                 conveniente
                 urgente

    Es necesario que (yo) vaya a ver al médico.
    Creo que es mejor que vaya en taxi.
    Es conveniente que vayas al doctor una vez al año.

7. When you wish to speak in general terms, that is, when you are not referring to any one individual in particular, use the above expressions followed by the infinitive.

> Miguel, quiero *que lleves* traje, camisa y corbata a la entrevista. Es importante *que te vistas* bien.

> Es importante *vestirse* bien para una entrevista. También es conveniente *llegar* a la hora.

Actividades

A **Amigos.** Do your friends always do what you want them to? Tell whether or not you want a friend to do each of the following.

Por ejemplo:

> pedirte dinero
> *(No) Quiero que me pida dinero.*

1. prestarte el libro de español cuando lo olvidas
2. quedarse en tu casa
3. matricularse en tus clases
4. irse a otra ciudad
5. traerte regalos
6. ponerse furioso(a) contigo
7. escribirte cartas cuando se va de vacaciones
8. darte las gracias por un favor
9. prestarte sus discos
10. enseñarte a bailar
11. decirte secretos

B **Espero que...** Elena's mother has told Juan Orlando to do the following things. What does she hope?

Por ejemplo:

> Sal temprano.
> *Espera que salga temprano.*

1. Haz tu cama antes de salir.
2. Ven a casa después de las clases.
3. Ten cuidado con esa bicicleta.
4. Dime la verdad acerca de tus notas.
5. Tráeme un periódico del quiosco.
6. Ponte el abrigo antes de salir.

C **La otra semana.** Manolo is thinking about what he did last week and wondering if people are still mad at him. Say what he thinks.

Por ejemplo:

>Mi mamá se puso furiosa conmigo la semana pasada.
>*Espero que no esté furiosa todavía.*

1. Mi maestro se puso furioso conmigo.
2. Mi amiga Silvia se puso nerviosa cuando le grité.
3. Mi abuela se puso irritable con mi radio.
4. Mi amigo se puso verde de envidia por mi moto.
5. La maestra de biología se puso roja de rabia porque rompí el microscopio.

D **Amigos perfectos.** What are your expectations for really good friends? Make two lists of three items each as indicated below.

>*Es importante que...*   *No quiero que...*

Por ejemplo:

>Es importante que sean generosos. No quiero que me digan mentiras.

E **Cómo superarse en el trabajo.** What suggestions would you make to someone who wants to get a raise at work, given the following choices?

Por ejemplo:

>llegar temprano o cinco minutos tarde
>*Es mejor que llegue temprano.*

1. escuchar la radio o los consejos del jefe
2. ser amable con los clientes o con los compañeros
3. vestirse con camiseta o con uniforme
4. tardar en hacer un proyecto bien o hacerlo rápidamente
5. ir a restaurantes muy lejos para el almuerzo o comer en la cafetería de la compañía
6. salir de casa temprano si nieva o no ir al trabajo ese día

Un encuentro con la potencia
ESTEREO
92.1 MHZ

F **Consejos por teléfono.** Elena's uncle works as an emergency operator on the 911 line. What kind of advice would he give for the following emergencies?

Por ejemplo:

> un incendio
> *Es urgente que no respire humo, que tape la boca, que cierre las puertas, etc.*

1. una herida
2. una tormenta
3. un envenenamiento
4. un terremoto

G **El candidato ideal.** What kind of candidate do you want for president of your class? Complete each of the following statements.

Por ejemplo:

> Queremos que sea...
> *Queremos que sea responsable, inteligente...*

1. Queremos que sepa...
2. Queremos que hable...
3. Queremos que mejore...
4. Queremos que aumente...
5. Queremos que nos dé...
6. Queremos que conozca...
7. Queremos que oiga...
8. Queremos que diga...
9. Queremos que tenga...

H **Remedios.** What advice would you give a friend who has the following ailments?

Por ejemplo:

> un dolor de cabeza
> *Es mejor (necesario, importante, conveniente, etc.) que te acuestes y que tomes aspirina.*

1. una cortadura
2. un dolor de estómago
3. un resfriado
4. una quemadura

I **Comida sana.** What advice regarding good eating habits would you give a friend who wanted to join a sports team? Write down five statements.

Por ejemplo:

> **Es necesario que evites las grasas.**

Vocabulario 2

Las enfermedades
la mononucleosis
el asma

la varicela

una pulmonía

una bronquitis

Los síntomas

la inflamación

una erupción en la piel

las glándulas
hinchadas

estornudos

No puedo...

respirar

tragar

Me corre la nariz.

Los remedios caseros

Debes...

tomar una infusión de hierbas

Debes guardar cama

tomar caldo de ave

hacer gárgaras de sal

tomar jugo de limón

tomar té con miel

Necesitas una vacuna contra la influenza.

Debes ponerte una compresa de hielo.

Actividades

A **Síntomas.** Match the following illnesses with their symptoms.

Por ejemplo:

> la mononucleosis / glándulas hinchadas, mucho
> cansancio, fiebre
> *Si tienes mononucleosis, tienes las glándulas hinchadas,*
> *mucho cansancio y fiebre.*

1. la varicela
2. un resfriado
3. la apendicitis
4. el asma

a. le cuesta trabajo respirar, tiene tos
b. le corre la nariz, tiene tos, le duele
   la garganta
c. tiene una erupción por todo el cuerpo
   y mucha picazón
d. le duele el abdomen y tiene ganas
   de vomitar

B **¡Pobrecito!** Think of an illness you had that made you stay home from school. Tell when it was, how you felt, and what you had to do to feel better.

Por ejemplo:

> En diciembre del año pasado no fui a la escuela porque
> tenía bronquitis. Me sentía muy mal. Me costaba trabajo
> respirar. Tomé antibióticos.

C **Remedios.** What did you do to feel better in each of the situations below? Choose from the following list.

Por ejemplo:

> Te cortaste el dedo. / ponerse una venda
> *Me puse una venda.*

tomar miel con limón
guardar cama
ponerse una compresa de hielo
tomar caldo de ave

tomar aspirinas
ponerse una curita
ponerse unas gotas

1. Te dolía la garganta.
2. Después de caerte, tenías la rodilla hinchada.
3. Tenías una gripe.
4. Tenías varicela.

LISTA ÚTIL PARA PREVENIR EL ASMA

☑ No fume. Evite los lugares donde otros están fumando.

☑ Mantenga su apartamento lo más libre de polvo posible y pase la aspiradora a menudo; evite las alfombras peludas (shag); lave la ropa de cama y las cortinas a menudo en agua caliente.

☑ En lo posible no tenga animales domésticos. De lo contrario, mantenga al animal fuera del dormitorio del enfermo de asma.

☑ Mantenga su casa lo más libre de cucarachas que sea posible. Guarde la comida debidamente y use productos para matar las cucarachas.

☑ Ventile bien los baños y los sótanos para evitar que crezca moho.

☑ Evite los ejercicios agotadores en los días fríos y secos. Si la aspirina le causa asma, asegúrese de leer las etiquetas de las medicinas de venta libre que pueden contener aspirina.

☑ En el verano use el aire acondicionado cuando sea posible, especialmente cuando hay mucha contaminación.

El enchufe

Sandra, la amiga de Elena que trabaja en el hospital, la va a ayudar a encontrar un especialista. En muchas culturas, incluso en las de Norteamérica, es común depender de los amigos o familiares para resolver problemas personales o profesionales. Por ejemplo, si queremos conseguir un buen trabajo, una beca, o la entrada en un club o una escuela, muchas veces contamos con la recomendación o la ayuda financiera de amigos o parientes. En las culturas hispanas estos amigos (o amigos de amigos) representan un grupo muy grande y muy influyente que sirve para facilitar o conseguir cualquier cosa. Si hay un problema, siempre hay un amigo que conoce a alguien —el enchufe— que lo pueda resolver.

Actividades

A ¿Cómo te ha servido el enchufe? Da un ejemplo.

Por ejemplo:

> Quiero conseguir un trabajo, y mi papá conoce al jefe de una fábrica.

B ¿A quién(es) pides ayuda en las siguientes ocasiones?

1. si necesitas dinero
2. si quieres entrar en un club
3. si quieres salir con una persona
4. si quieres información sobre los exámenes en otras clases

Estructura 2

. . . .

How to Say What You Want Others to Do, Hope Others Will Do

Personal endings of the present subjunctive

You have used the present subjunctive to tell what you hope another person will do and want another person to do, and to say what is necessary and better for another person to do.

> **Espero que Miguel venga a mi fiesta.**
> **Quiero que traiga sus discos.**
> **Es necesario que llegue a tiempo porque todos quieren bailar.**

1. To talk about different people using the subjunctive, you will add the endings **-s, -n,** and **-mos. Venir** is done as an example.

venga	vengamos
vengas	vengáis*
venga	vengan

> **Espero que vengas a mi concierto.**
> **El maestro de música quiere que todos estemos en la escuela quince minutos antes del concierto.**

2. You have used the present subjunctive of the verbs **dar** and **estar.** Note which forms of these verbs have written accent marks.

dé	demos	esté	estemos
des	deis*	estés	estéis*
dé	den	esté	estén

*This form is rarely used in the Spanish-speaking world, except for Spain.

3. You have used the present subjunctive of stem-changing verbs whose stems change to **ie, ue,** or **i** in the present tense.

acostarse	**Es necesario que te acuestes temprano.**
entender	**Espero que entiendas la tarea.**
pedir	**Miguel no quiere que le pida más favores.**

4. You do not use the **ie** or **ue** stem change in the **nosotros** forms of the present subjunctive. However, you do keep the **i** stem change. For example:

acostarse (ue)	**Es necesario que nos acostemos temprano.**
entender (ie)	**La maestra espera que entendamos la tarea.**
servir (i)	**Mamá quiere que sirvamos la sopa primero.**

5. There are a few **-ir** verbs that do have stem changes in the **nosotros** form. They are **preferir, sentirse, divertirse, dormir(se)**, and **morirse**. The **nosotros** form of the present subjunctive of these verbs is irregular: **e** changes to **i**, and **o** changes to **u**.

preferir	**prefiramos**
sentirse	**nos sintamos**
divertirse	**nos divirtamos**
dormir(se)	**(nos) durmamos**
morirse	**nos muramos**

Espero que Uds. se diviertan.
Esperan que nos divirtamos también.

Espero que duermas bien.
Papá quiere que nos durmamos en seguida.

Quieren que lleve guantes, abrigo y gorro.
No quieren que me muera de frío.
Quieren que llevemos mucha ropa de invierno.
No quieren que nos muramos de frío.

Actividades

A **Mi compañero, mi amigo.** Tell a classmate three things you want him or her to do for you. Then tell three things you don't want him or her to do.

Por ejemplo:

Quiero que me presentes al nuevo estudiante.
No quiero que te pongas furioso(a) conmigo si pierdo tu disco.

B **Grandes cambios.** Bruno's Spanish teacher is determined that he and his friend Oscar will change their ways. Tell what she has in mind for them.

Por ejemplo:

> Nunca piden permiso.
> *Quiere que pidan permiso.*

1. Siempre llevan jeans.
2. Siempre vienen tarde a clase.
3. Siempre salen temprano.
4. Nunca traen sus libros.
5. Nunca se ponen serios.
6. Nunca dicen gracias ni por favor.
7. Nunca van a la clase de educación física.
8. Son mal educados e irrespetuosos.
9. No saben portarse bien.

C **Una semana en casa.** You have been home sick for a week. Tell three things you hope have happened during your absence from school and three things you hope have not happened.

Por ejemplo:

> Espero que el equipo haya ganado el partido.

D **Pobre Juan Orlando.** Juan Orlando is having a hard time obeying the orders of his nurse in the hospital. Explain what the problem is.

Por ejemplo:

> Quiere comer dulces.
> *La enfermera no quiere que coma dulces.*

1. Quiere tomar leche.
2. No quiere descansar.
3. No quiere estar en la cama.
4. Quiere ir a casa.
5. No quiere darle su dirección a la ayudante.
6. Quiere poner las legumbres debajo de la cama.

E **En cambio.** Bruno has his own ideas about what class should be like. Below is what he says about his teachers. Tell what he wants them to do.

Por ejemplo:

> No tienen paciencia.
> *Quiere que tengan paciencia.*

1. Dan tarea todos los días.
2. No le permiten levantarse sin pedir permiso.
3. Le quitan el chicle.
4. No le dejan sentarse con sus amigos.
5. Llaman por teléfono a sus padres cuando saca una mala nota.
6. No aceptan tareas atrasadas.
7. No escuchan ninguna excusa.

F **En casa.** Tell how your parents divide responsibilities in your house. Describe who does the following chores.

Por ejemplo:

> Mis padres quieren que yo bañe al perro y que mis hermanos saquen la basura.

1. sacar la basura
2. pasar la aspiradora
3. lavar los platos
4. cocinar
5. poner la mesa
6. quitar los platos
7. cortar el césped
8. cuidar a los hermanitos
9. regar las flores
10. sacudir los muebles
11. hacer las compras
12. darle de comer al perro

G **Ahora soy yo el que manda.** Assume you are in charge now. Tell how you would redistribute five of the most disliked chores.

Por ejemplo:

> Quiero que mis hermanas hagan todas las camas.

H **Un contrato provechoso.** You and your parents have agreed that if you do five of your chores for a week, they will grant you five wishes. Make two columns. In the first column, write what you have done. In the second, write what you want.

Por ejemplo:

> He lavado los platos y también he puesto la mesa todos los días.
>
> Quiero que me permitan ir a la fiesta el viernes. Además,...

I **En mi clase.** Write a short paragraph explaining how one of your teachers wants things done. Answer the following questions.

Por ejemplo:

> ¿Deben Uds. explicar por qué llegan tarde?
> *Sí, el maestro (la maestra) quiere que expliquemos por qué llegamos tarde.*

1. ¿A qué hora deben llegar a clase?
2. ¿A qué hora debe empezar y terminar la clase?
3. ¿Qué deben Uds. recoger antes de venir a la clase?
4. ¿Qué deben sacar al empezar la clase?
5. ¿Deben corregir los exámenes?
6. ¿Pueden jugar en la clase?
7. ¿Qué deben hacer si pierden el libro?

J **El medio ambiente.** What things should we all do to protect the environment? Make statements using the verbs below.

Por ejemplo:

> usar
> *Es necesario que usemos botellas de vidrio, no de plástico.*

1. reciclar
2. aumentar
3. reducir
4. ahorrar
5. apagar
6. proteger
7. entregar
8. conservar

HUMO SAPIENS

Finalmente

. . . .

Situaciones

A conversar Imagine that you have not been feeling well; you think that you may have an allergy. Your partner will play the role of a doctor. He or she should find out the following information from you.

1. your name and age
2. your symptoms
3. how long you've been having symptoms
4. when the symptoms occur

Repaso de vocabulario

PREGUNTA
¿A qué eres (es) alérgico(a)?

COSAS
el caldo de ave
el cobre
la compresa
los cosméticos
las gárgaras
la glándula
la harina
la hierba venenosa
la infusión de hierbas
el limón
el material
el medicamento
la miel
la penicilina
el polen
el polvo
el remedio casero
el síntoma

el trigo
la vacuna
el zumaque venenoso

PROBLEMAS MÉDICOS
el asma
la bronquitis
la enfermedad
la erupción
el estornudo
la inflamación
la influenza
la mononucleosis
la pulmonía
la varicela

DESCRIPCIONES
alérgico(a)
importante
necesario(a)

urgente
venenoso(a)

ANIMALES
la abeja
la hormiga
el mosquito
la pulga

ACTIVIDADES
guardar cama
tragar

OTRAS PALABRAS Y EXPRESIONES
contra
Me corre la nariz.

Lección 4

Todo va a salir bien

¡A comenzar!

The following are some of the things you will be learning to do in this lesson.

When you want to...

1. tell a friend or family member how not to be
2. tell a friend or family member not to do something

You use...

- **No seas...**

- **No** + verb in the **tú** form of the present subjunctive.

Now find examples of the above phrases in the following conversation.

DR. RAÚL ÁLVAREZ

ALERGISTA PEDIATRA

CLÍNICA FAMILIAR

314 E. 92 ST.
NEW YORK, NY 10027

(212) 555-7982

Juan Orlando ya está en casa. Elena habla con su mamá sobre sus medicinas.

MAMÁ: Por favor, hijita, no llames al médico...

ELENA: Mamá, no te preocupes.

MAMÁ: Oye, Elena, mira... quiero que traigas las medicinas de Juan Orlando a casa.

ELENA: Pero mamá...

MAMÁ: No conocemos a ese médico. Es mejor que le pongamos las inyecciones aquí en casa. Podemos llamar al practicante.

ELENA: No seas exagerada, mamá. Eso es imposible aquí. Recuerda, no estamos en la isla.

MAMÁ: Sí, ya lo sé. Tengo que acostumbrarme a eso.

ELENA: Anímate, mamá. No te pongas triste. Todo va a salir bien.

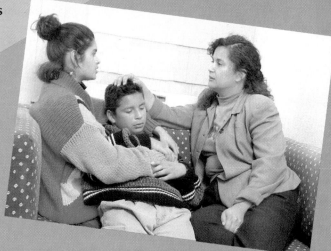

Actividad preliminar

Complete each of the sentences on the left with a command from the right.

1. No seas pesimista.
2. No te pongas nerviosa.
3. No te enfermes más.
4. No te vayas.
5. No estudies más.
6. Descansa.

a. Cálmate.
b. Alégrate.
c. Mejórate.
d. Quédate.
e. Acuéstate.
f. Siéntate.

Vocabulario 1

No seas...

mentiroso(a)

comediante

cobarde

tímido(a)

loco(a)

¡No, no, no y no!

terco(a)

travieso(a)

egoísta

así

desobediente

NO PISAR

desordenado(a)

insolente

alarmista

BIBLIOTECA

desconsiderado(a)

pesado(a)

13 MARTES

No seas tan...

supersticioso(a)

Amor Para Siempr

sensible

mandón(ona)

pesimista

Actividades

A **No seas así.** Match the commands on the left to the words on the right that could follow them.

1. No seas mentiroso.
2. No seas tan pesimista.
3. No seas tacaño.
4. No seas tonto.
5. No seas tan perezoso.
6. No seas comediante.
7. No seas cobarde.
8. No seas egoísta.

a. ¡Tanta exageración!
b. Haz la tarea.
c. Piensa en lo que dices.
d. Sé valiente.
e. Anímate.
f. Di la verdad.
g. Dale el dinero a tu hermanito.
h. Piensa en los demás.

B **Gente de todos tipos.** What would you say to each of the following people in response to their comments?

1. Tengo tres jirafas y un elefante en casa.
2. ¿Veinte dólares por un par de zapatos? ¡Eso es demasiado!
3. Cuando fui a Europa, me quedé en el castillo de una princesa.
4. No puedo ir a la playa. Le tengo miedo al agua.
5. Oye, ¿qué te parece si ponemos sal en todos los azucareros de la cafetería?
6. Primero, quiero que me prestes cinco dólares, luego quiero que me lleves en coche a la casa de mi amiga. Ven a mi casa a las tres y media pero no invites a ninguno de tus amigos.

C **Es decir.** Tell what it means when someone says the following to you.

Por ejemplo:

> cobarde
> *Si alguien me dice "No seas cobarde", eso quiere decir que no debo tener miedo.*

1. perezoso(a)
2. tacaño(a)
3. cruel
4. pesimista
5. mentiroso(a)
6. travieso(a)
7. egoísta

El practicante y la farmacia

En las ciudades hispanas, un practicante es como un enfermero que sabe poner inyecciones y atender a personas enfermas o dar primeros auxilios en caso de un accidente. Todas las tardes el practicante va de casa en casa, visitando a sus enfermos y dando algunos consejos para que se mejoren más rápido. Mucha gente prefiere consultar a un practicante porque él atiende al enfermo en casa. Esta persona no es médico ni puede recetar medicinas, pero tiene una importante función en las comunidades pequeñas y dentro de los grupos familiares.

La farmacia del barrio también es un lugar muy importante, donde la gente va no sólo a comprar medicinas, sino a pedir consejos para resolver sus pequeños problemas de salud.

Actividad

¿Cuáles de las siguientes enfermedades se consideran "pequeños problemas de salud"?

1. una tos
2. la diabetes
3. un ataque al corazón
4. una indigestión
5. una alergia en la piel
6. una gripe
7. un catarro
8. una fractura de la pierna
9. una pulmonía
10. un dolor de cabeza

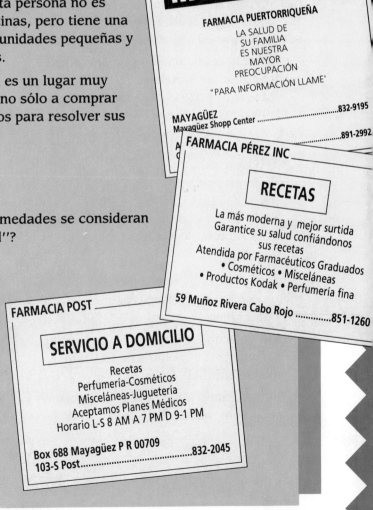

FARMACIA MOSCOSO

MOSCOSO RX

FARMACIA PUERTORRIQUEÑA

LA SALUD DE
SU FAMILIA
ES NUESTRA
MAYOR
PREOCUPACIÓN

"PARA INFORMACIÓN LLAME'

MAYAGÜEZ
Mayagüez Shopp Center 832-9195

...................................891-2992

FARMACIA PÉREZ INC

RECETAS

La más moderna y mejor surtida
Garantice su salud confiándonos
sus recetas
Atendida por Farmacéuticos Graduados
• Cosméticos • Misceláneas
• Productos Kodak • Perfumería fina

59 Muñoz Rivera Cabo Rojo 851-1260

FARMACIA POST

SERVICIO A DOMICILIO

Recetas
Perfumería-Cosméticos
Misceláneas-Juguetería
Aceptamos Planes Médicos
Horario L-S 8 AM A 7 PM D 9-1 PM

Box 688 Mayagüez P R 00709
103-S Post...................................832-2045

Estructura 1

. . . .

How to Tell a Friend Not to Do Something

Negative **tú** commands

You have learned how to tell a friend to do something.

> José, *ven* aquí. Y *trae* tus libros.
> Carla, *escribe* tu dirección aquí. Y *dime* tu número de teléfono.
> Aquí tienes tus guantes. *Póntelos*, pues hace mucho frío.

1. When you want to tell a friend or family member not to do something, you use **No** + a verb in the present subjunctive.

> No veas la tele después de las once.
> No comas en la sala.
> No tengas prisa para comer, es malo.
> No salgas por esa puerta.

2. If you need to use a pronoun, put it between **no** and the verb.

> No te preocupes.
> ¡No me digas!
> No te duches por la mañana. Dúchate por la noche.
> Esos zapatos son bonitos, pero no los compres en esta tienda.

3. If you use two pronouns, remember that you use the indirect object or reflexive pronoun first, followed by the direct object pronoun.

> Esa corbata es muy fea. No te la pongas.
> No quiero ver las fotos de tu fiesta. No me las enseñes.
>
> Juan Orlando quiere ese disco, pero no se lo compres. Es muy caro.

Actividades

A **Dos veces.** To make sure Juan Orlando gets the message, Elena usually tells him everything twice and in two different ways. Predict what she'll say next.

Por ejemplo:

> Pon la ropa en <u>tu armario.</u>
> No la pongas en el suelo.

1. Haz las tareas en <u>tu habitación.</u>
2. Llama a tu abuelita <u>en seguida.</u>
3. Baja la escalera <u>despacio.</u>
4. Di <u>la verdad.</u>
5. Escribe la composición en <u>el cuaderno.</u>

B **Buenos consejos.** What advice would you give a friend on how to prepare for an interview? Tell whether your friend should or shouldn't do the following.

Por ejemplo:

> saludar al entrevistador / empezar la conversación
> *Saluda al entrevistador. No empieces la conversación.*

ANTES DE LA ENTREVISTA

1. llegar tarde
2. bañarse antes
3. ponerse nervioso(a)
4. ponerse un traje rojo, verde y morado
5. preocuparse
6. acostarse temprano

DURANTE LA ENTREVISTA

7. ser desconsiderado(a)
8. decirle al entrevistador tus problemas
9. quejarte
10. ponerse nervioso
11. darle las gracias al entrevistador al salir
12. hacerle preguntas personales al entrevistador
13. quitarse los zapatos
14. peinarse de vez en cuando
15. ser comediante

SOLICITUD DE EMPLEO

1. Apellido paterno	Apellido materno
2. Fecha de nacimiento	3. Lugar de nacimiento

día   mes   año

5. Dirección actual

Calle

Estado

| 6. Número de identidad | Estado civil: |

7. Idiomas	Leer			Escribir
	Excelente	bueno	regular	Excelente
	❐	❐	❐	❐
	❐	❐	❐	❐
	❐	❐	❐	❐
	❐	❐	❐	

8. Mecanografía - palabras por minuto:

inglés: _____

español: _____

9. Trabajos preferidos:

C **La entrevista.** Your friend had the interview and you're wondering if he or she did the things you suggested. Tell what you hope he or she did, based on your suggestions in activity **B**.

Por ejemplo:

> Espero que haya saludado al entrevistador.
> Espero que no haya empezado la conversación.

D **En casa de la abuela.** Bruno has to behave better when he visits his grandmother than he does at home. Tell him how to improve his behavior.

Por ejemplo:

> En casa generalmente duerme hasta las once.
> *No duermas hasta las once en casa de tu abuela.*

1. En casa deja las toallas en el suelo.
2. En casa habla por teléfono por más de dos horas.
3. En casa come todo lo que hay en el refrigerador.
4. En casa siempre tiene prisa cuando come.
5. Cuando está en casa, sale después de las diez de la noche.
6. En casa pone los pies en el sofá.
7. En casa a veces es comediante.

E **Sí y no.** Make a list of five "do's" and five "don'ts" for a new student coming to your school.

Por ejemplo:

> Llega a tiempo a las clases. No comas en la cafetería.

F **Una receta para salir mal.** Give a classmate the perfect recipe for failure in school—the things to do and not to do if you want to get poor grades and be unpopular. Tell your classmate five things to do and five things not to do.

Por ejemplo:

> Grita en las clases. No hagas las tareas.

Vocabulario 2

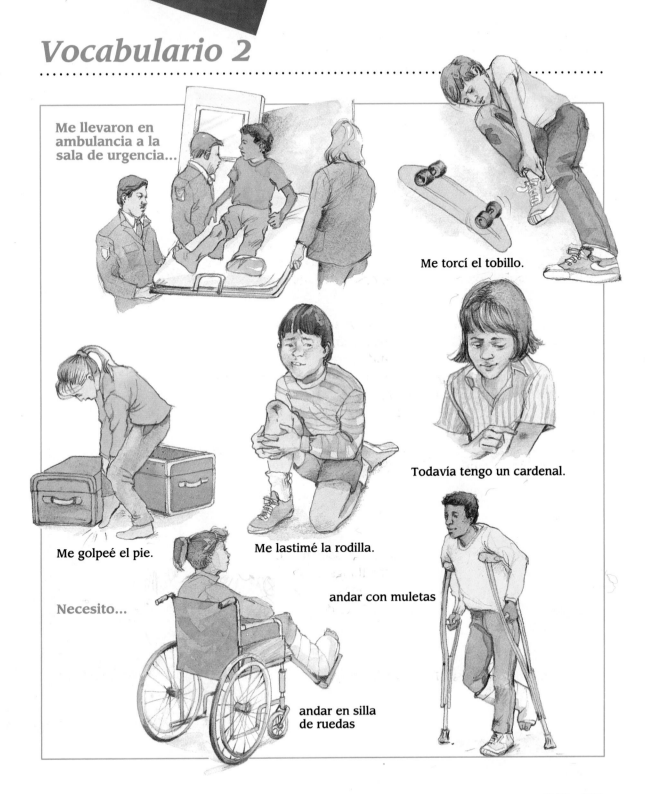

Me llevaron en ambulancia a la sala de urgencia...

Me torcí el tobillo.

Todavía tengo un cardenal.

Me golpeé el pie.

Me lastimé la rodilla.

andar con muletas

Necesito...

andar en silla de ruedas

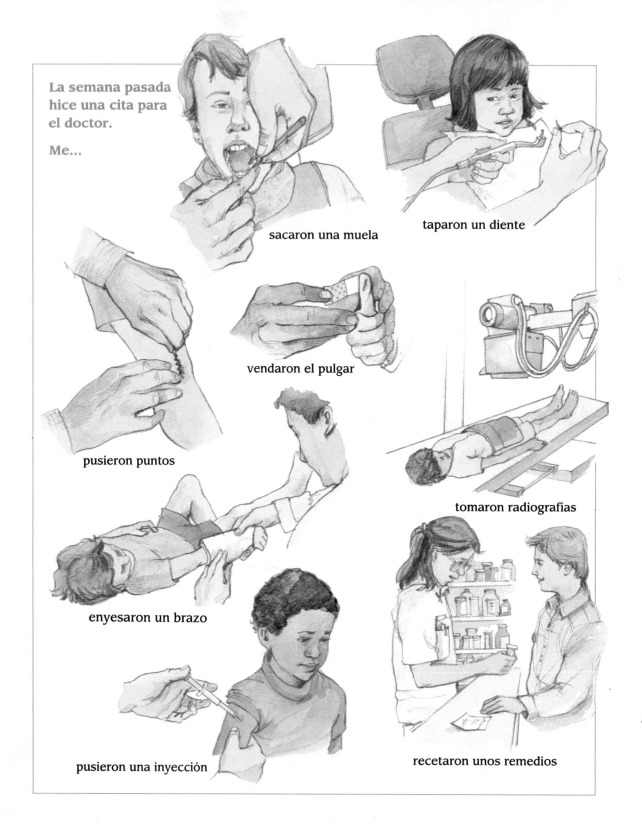

La semana pasada hice una cita para el doctor.

Me...

sacaron una muela

taparon un diente

vendaron el pulgar

pusieron puntos

tomaron radiografías

enyesaron un brazo

pusieron una inyección

recetaron unos remedios

Actividades

A **¡Socorro!** Tell what is wrong with these patients. What will the doctor do for each of them? Choose from the list below.

Por ejemplo:

> Parece que el muchacho tiene una tos muy grave.
> Creo que el doctor (la doctora) le va a recetar unos
> antibióticos.

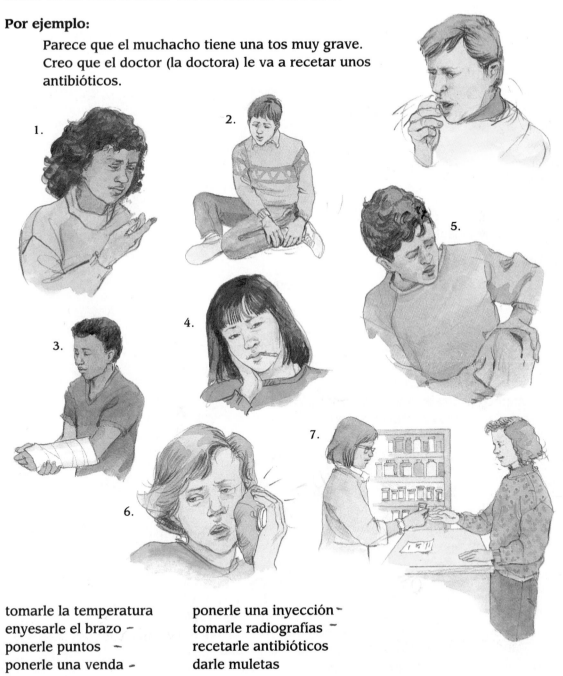

tomarle la temperatura
enyesarle el brazo –
ponerle puntos –
ponerle una venda –

ponerle una inyección –
tomarle radiografías –
recetarle antibióticos
darle muletas

B **Informe del médico.** Ted, a friend of Elena's, went to Puerto Rico for a vacation. The week started out well, but poor Ted ended up in the hospital. Complete the doctor's report below, choosing from the following list.

tomó una radiografía

puso... puntos

ambulancia

una herida

andar con muletas

sala de urgencia

enyesó

andar en silla de ruedas

se torció

A las once horas del día martes 28 de abril llegó en ___ a la ___ del hospital municipal el joven Ted Mayerson; se cayó mientras pescaba en la bahía de Boca de Cangrejo. El paciente tenía ___ en la pierna derecha. Después que la doctora le ___ de la pierna vio que tenía una pequeña fractura en la tibia. La doctora le ___ tres ___, y le ___ la pierna. Dice que Ted va a tener que ___ los primeros días y después ___. El paciente me dijo que caminaba por los arrecifes cuando ___ el tobillo y se cayó sobre las rocas.

C **¿Caso de urgencia?** Tell whether the following people should make an appointment with a doctor or call an ambulance.

Por ejemplo:

> Hace dos días que tiene dolor de cabeza.
> *Debe hacer una cita para ir al doctor.*

1. Se cayó del árbol; se quebró la muñeca.
2. Caminaba por la playa y se cortó dos dedos del pie derecho.
3. Tiene una erupción en el brazo izquierdo.
4. Tiene las glándulas hinchadas.
5. Se quemó las dos manos mientras cocinaba.
6. Se cortó los dedos mientras cortaba el césped.
7. Estornuda mucho y le corre la nariz.
8. Hace dos semanas que le duele la garganta.

D **¿Y tú?** Describe the circumstances surrounding an accident you once had. Tell what happened, when and where it happened, whom you were with, and what you were doing when it happened. Then tell what you or someone with you did to take care of the situation.

Por ejemplo:

> El verano pasado estaba de vacaciones en la playa. Un día mi amiga y yo nadábamos. Me zambullí en el agua, pero no sabía que había rocas y me golpeé la rodilla. Me dolía mucho. Mi amiga llamó al salvavidas y llegó una ambulancia. Me llevaron a la sala de urgencia...

La botánica

Estudios recientes de los efectos de las plantas han confirmado que la "aromaterapia", una técnica usada hace más de 8,000 años, nos relaja o estimula, y afecta el ritmo del corazón y la tensión arterial. O sea, el aroma de las hierbas o plantas medicinales nos hace sentir mejor. Desde la antigüedad el hombre usa hierbas para aliviar sus dolores y enfermedades. Según tu malestar, escoge la planta.

PLANTAS	EFECTOS
Albahaca (basil)	Es muy buena para la indigestión.
Manzanilla (chamomille)	Un calmante natural, mejora la piel dañada por el acné y alivia el insomnio.
Eucalipto	Da energía y ayuda a curar algunos problemas respiratorios.
Lavanda	Es relajante y antiséptica; además, sirve para la fatiga y el dolor de cabeza.
Limón	Es tonificante para la piel.

Actividad

¿Qué tomó cada una de las personas siguientes?

Por ejemplo:

Paul no podía trabajar bien después de la influenza.
Tomó eucalipto o lavanda.

1. Elena trabajó diez y seis horas en el hospital sin descansar.
2. Después del verano, Carla tenía la piel muy fea y seca.
3. Hace tres noches que Manolo no duerme porque Elena no lo quiere ver más.
4. Alicia comió demasiado en una fiesta de cumpleaños ayer.

Estructura 2

. . . .

How to Tell More Than One Friend to Do Something; How to Tell People You Address Formally to Do Something   *Formal commands*

You already know how to advise people other than a friend to do something using introductory expressions and a verb in the present subjunctive.

> **Es necesario que Ud. hable con el médico.**
> **Es necesario que Uds. vean a la enfermera.**

1. Sometimes, however, the introductory phrase is not used. You simply use the **Ud.** or **Uds.** form of the present subjunctive.

> **Hable Ud. con el médico.**
> **Vean a la enfermera.**

2. When you need to use a pronoun, attach the pronoun to the end of the verb. Notice that, in commands of three syllables or more, you must write an accent on the syllable that is stressed.

> **¿Quiere hablar con la Dra. Sánchez? Pues, llámela esta tarde a la una.**
> **Sra. Olmos, siéntese aquí, por favor. Dígame dónde le duele.**

3. Remember that if you use two pronouns together, you use the reflexive or indirect object pronoun first **(me, te, se, nos)** followed by the direct object pronoun **(lo, la, los, las).**

> **Necesito las radiografías. Pásemelas, por favor.**
> **¿Dónde le pongo la inyección al niño?**
> **Póngasela en el brazo izquierdo, por favor.**

Recall that when you use **le** or **les** followed by a direct object pronoun, the **le** or **les** becomes **se**.

> **Le debe dar su número de teléfono a Mario.**
> **Déselo ahora.**

Actividades

A **Letreros.** Lots of signs tell us what to do. Tell what you should write on a sign for the following places or things.

Por ejemplo:

> si no quieres que nadie entre en tu habitación
> *No entren.*

1. si el director no quiere que nadie abra una de las puertas de la escuela
2. si no quieres que nadie coma tus galletas
3. si la maestra no quiere que nadie use sus bolígrafos
4. si el ascensor no funciona y hay que subir por la escalera
5. si el entrenador no quiere que nadie juegue con las pelotas nuevas
6. si no quieres que nadie se siente en tu asiento en el auditorio
7. si el director no quiere que nadie estacione delante de la escuela

B **Todo el mundo da órdenes.** Tell two orders you might hear in each of the following places.

Por ejemplo:

> en el cine
> *Señorita, no hable tanto. (Muchachos, no hablen tanto).*
> *Guárdenme ese asiento, por favor.*

1. en el avión
2. en el parque
3. en el autobús
4. en el consultorio del dentista
5. en casa
6. en la biblioteca
7. en la clase de español
8. en el consultorio del doctor
9. en la oficina del director de la escuela

¡NO SE OLVIDE! Somos los primeros porque:

PORQUE nos preocupamos por la educación y futuro de nuestros estudiantes.

PORQUE enseñamos inglés a fondo con laboratorio y profesores especializados.

PORQUE enseñamos al estudiante a desarrollar sus destrezas en un verdadero centro de trabajo.

PORQUE trabajamos con el

Una visita. A group of students from Puerto Rico will be spending two weeks in your town. Help them make some choices about places to go or things to do.

Por ejemplo:

> ¿dónde comprar regalos?
> *Compren regalos en el centro comercial (en las tiendas del centro).*

1. ¿dónde comer?
2. ¿qué programas ver?
3. ¿qué clases tomar?
4. ¿qué lugares visitar?
5. ¿a cuáles maestros conocer?
6. ¿qué partidos ver?
7. ¿adónde ir los fines de semana?
8. ¿qué hacer por la noche?
9. ¿dónde oír música buena?

D **¿Qué hay que hacer?** Two of your classmates have job interviews tomorrow. What advice would you give them?

Por ejemplo:

> ¿A qué hora hay que acostarse?
> *Acuéstense antes de las diez. (No se acuesten tarde).*

1. ¿A qué hora deben despertarse?
2. ¿Cómo deben vestirse?
3. ¿Deben ducharse o lavarse la cara?
4. ¿Cómo no deben ponerse?
5. ¿Qué más deben hacer para prepararse?

GeoMundo

Un panorama del mundo a todo color

¡Coleccióne la!

Finalmente

A escribir Imagine that you share a room with a younger brother or sister. Lately, your sibling has been aggravating you. Write a list of at least six rules to post on your door, telling your sibling what to do and what not to do. Give a reason for each of your demands.

Repaso de vocabulario

DESCRIPCIONES
alarmista
cobarde
comediante
desconsiderado(a)
desobediente
desordenado(a)
egoísta
insolente
loco(a)
mandón(ona)
mentiroso(a)
pesado(a)
pesimista
sensible
supersticioso(a)
terco(a)
tímido(a)
travieso(a)

COSAS
la ambulancia
el cardenal
la sala de urgencia

ACTIVIDADES
andar en silla de ruedas
andar con muletas
enyesar
golpearse
lastimarse
poner una inyección
recetar
sacar (to extract, take out)
tapar
tomar radiografías
torcerse (ue)
vendar

OTRA PALABRA
así

Lectura

....

Before starting the activities on page 341, skim this article to become familiar with its contents.

Before starting the activities on page 341, skim this article to become familiar with its contents.

S A L U D

Un desacuerdo corporal

Las alergias son incómodas reacciones a sustancias que no son peligrosas. Aunque son difíciles de eliminar, las alergias se pueden controlar.

por Aliza Lifshitz, M.D.

El cambio de las estaciones, las plantas en flor y el calor del verano traen consigo, además de la alegría del espíritu, las incómodas alergias.

Las alergias son causadas por hipersensibilidad a sustancias que se comen, se inhalan (respiran) o que entran en contacto con la piel. A estas sustancias se les llama alergenos y pueden incluir polen, moho, polvo, plantas, cosméticos, alimentos, productos químicos, etc.

La manifestación de las alergias depende de la parte del cuerpo que entre en contacto con la sustancia atacada. Las de los alimentos se manifiestan en el intestino. Si el alergeno pasa a la sangre, la batalla sucede en los vasos sanguíneos, causando dolor de cabeza. En la piel causa eczemas, irritaciones y salpullidos. Las alergias más comunes, causadas por sustancias que están en el aire, producen reacciones en la nariz y los ojos, con exceso de mucosidades, picazón y estornudos. A veces ocurre en los pulmones, como en el asma alérgico. En casos muy severos, pueden causar dificultad para respirar, desmayo e incluso la muerte. Algunas personas desarrollan una o más alergias durante su infancia, que pueden desaparecer en la adolescencia o permanecer por el resto de sus vidas. Otras personas desarrollan alergias en la adolescencia o después. Se cree que hay cierta susceptibilidad hereditaria a padecer alergias pero no hay forma de predecir quién las va a desarrollar y quién no.

La alergia es un malestar común. Una de cada 10 personas padece de alergias. El mejor tratamiento obviamente es evitar la exposición a la sustancia que causa la alergia, pero a veces es necesario hacer una serie de pruebas en la oficina del médico para determinar a qué sustancia se es alérgico. Sin embargo, aunque las alergias son difíciles de eliminar, hay tratamientos y drogas que ayudan a controlar el problema.

Algunos consejos para evitar los alergenos en la casa:
- Elimine los objetos que tienden a coleccionar polvo como los libros y los adornos.
- La ropa de cama debe ser lavable, de material sintético. Evite la franela y la lana.
- Pasar la aspiradora y limpiar las superficies con un trapo húmedo diariamente también ayuda a eliminar el polvo.
- Las almohadas deben ser de poliéster o estar cubiertas de plástico.
- La calefacción se debe apagar en el cuarto durante la noche, si es posible.
- Los ductos de la calefacción se deben limpiar periódicamente.
- Mantenga los animales domésticos fuera de la casa.
- No cepille a los animales dentro de la casa.
- Evite los abrigos de piel.
- La persona debe bañarse o ducharse después de estar expuesta a hierbas en el jardín o en el campo.
- Evite que se fume en casa.

Actividades

A This article contains five paragraphs. The publisher of the magazine has asked you, as editor, to give each paragraph a subheading. Match each subheading below to the paragraph to which it belongs.

a. Las víctimas de las alergias
b. El origen de las alergias
c. Para controlar las alergias
d. Lo bueno y lo malo del verano
e. Los síntomas de las alergias

B Match the allergy on the left to its symptoms on the right. There may be more than one symptom.

Alergias a...

1. la comida
2. las sustancias que se tocan
3. las sustancias que se inhalan (respiran)

Producen los síntomas de...

a. irritaciones o infecciones de la piel
b. asma alérgica
c. dolores de cabeza
d. picazones
e. problemas intestinales
f. estornudos
g. problemas de los pulmones

C Now look at the section that gives advice on how to avoid allergens. Use this list to compose ten commands to a friend on what he or she should or shouldn't do.

Por ejemplo:

Compra almohadas de poliéster. No cepilles a los animales dentro de la casa.

Capítulo 4 Repaso

¿Recuerdas?

Do you remember how to do the following things, which you learned in **Capítulo 4?**

LECCIONES 1-2

1. identify certain symptoms and remedies (pp. 267–268)
2. tell where someone feels pain (p. 272)
3. identify parts of the body (pp. 274–275)
4. report what someone thinks, knows, and observes (p. 279)
5. tell how someone reacted to something (p. 285)
6. say what you hope has or has not happened (p. 289)
7. manage a telephone conversation (pp. 292–293)
8. connect your thoughts to show contrast, result, or continuation (p. 296)

LECCIONES 3-4

1. ask and tell what someone is allergic to (pp. 303–304)
2. say what you want others to do (pp. 307–309)
3. say what it is necessary for you or others to do (pp. 307–309)
4. identify and describe childhood illnesses (pp. 312–313)
5. say what you hope others will do or have done (pp. 316–317)
6. tell a friend or family member how not to be (pp. 324–325)
7. tell a friend or family member not to do something (p. 328)
8. describe an accidental injury you suffered (pp. 331–332)
9. tell someone you address formally or more than one friend what to do (p. 336)

Actividades

A **Una excusa.** When you miss school, one of your parents has to write a note to say what was wrong with you. Write a similar note to your Spanish teacher. Begin with **Estimado(a) Sr. (Sra., Srta.)** _____.

Por ejemplo:

> Mi hijo(a) no fue a clase ayer porque tenía (le dolía)...

B **¿Qué hacían?** Tell where each of these people probably was and what he or she was probably doing when the following happened.

Por ejemplo:

> Se torció el tobillo.
> *Jugaba tenis (Esquiaba, Corría, etc.).*

1. Se quemó el dedo.
2. Se lastimó la pierna.
3. Le picó una abeja.
4. Se torció la muñeca.
5. Se quebró el brazo.

Now tell how the doctor or nurse treated each of the above accidents.

Por ejemplo:

> Le tomaron radiografías y le dijo que tenía que andar con muletas.

C **Consejos.** Your friend has the following complaints. Tell him or her what to do or what not to do.

Por ejemplo:

> Tengo mucho sueño.
> *Acuéstate. No trabajes más.*

1. Me duele la cabeza.
2. Tengo fiebre.
3. Me duele el estómago.
4. Me duele la garganta.
5. Me corté el dedo.
6. Creo que me torcí el tobillo.
7. Soy alérgico(a) a los productos de leche.

D **Un catarro.** Working with a partner, list as many causes, symptoms, and home remedies as you can for the common cold. Make three columns: **causas, síntomas,** and **remedios caseros.** Report back to the class.

E **No seas comediante.** A "comediante" is always overacting, always exaggerating. How would such a person finish the following statements?

Por ejemplo:

> Estaba tan enamorado(a) que _____.
> *Estaba tan enamorado que a mi novia le mandé flores,*
> *le compré un collar de oro, le canté y le toqué la guitarra...*

1. Estaba tan cansado(a) que _____.
2. Estaba tan nervioso(a) que _____.
3. Me siento tan mal que _____.
4. Me dolía tanto la cabeza que _____.
5. Tenía tanto frío que_____.

F **¡Qué perezoso!** Pretend you are the laziest person you can imagine and make five statements about your day yesterday.

Por ejemplo:

> Ayer dormí quince horas. Mi mamá me trajo el almuerzo y lo comí en la cama...

G **El turismo.** Your family has decided to take a trip to Puerto Rico. You want to find out as much as possible about this place before you visit. Make a list of ten questions you have about the island of Puerto Rico.

H **Al despertarse.** Tell five things that you hope will happen or you want to happen during the day.

Por ejemplo:

> Espero que no tengamos clase. Quiero que los maestros no nos den tarea.

I **Por ningún motivo.** Tell three things your parents don't let you do, and explain their reasoning.

Por ejemplo:

> Mis padres no quieren que salga con Jan porque dicen que ella no maneja bien.

J **Es necesario.** Tell when it is necessary for us to do each of the following things.

Por ejemplo:

> descansar
> *Es necesario que descansemos después de correr (si estamos cansados, etc.).*

1. ponernos los abrigos
2. escuchar con atención
3. escribir con cuidado
4. terminar con prisa
5. pedirles dinero a nuestros padres
6. quedarnos en casa

K **Si quieres trabajar.** Tell a friend five things to do and five not to do to be successful in an interview.

Por ejemplo:

> Vístete bien. No llegues tarde.

L **El visitante más importante del país.** The President of the United States is visiting your school. You are on the welcoming committee and must make him as comfortable as possible. Offer to do at least six things for him.

Por ejemplo:

> ¿Quiere que le traiga una silla cómoda?

Un viaje al Perú

Lección 1

Los preparativos

¡A comenzar!

The following are some of the things you will be learning to do in this lesson.

When you want to . . .

1. express disbelief about an action
2. say you're happy something is happening
3. say you're sorry that something is or is not happening

You use . . .

- **No creo que** + present subjunctive.
- **Me alegro que** + present subjunctive.
- **Siento que** + present subjunctive.

Now find examples of the above phrases in the following letter.

Carlos Alberto es un estudiante peruano que ha ido a estudiar en los Estados Unidos.

St. Louis, 16 de marzo

Queridos papá y mamá, Manolo y Toño:

Espero que ustedes estén bien. Yo por aquí no tan mal aunque hace un frío espantoso. Me alegro que allí Manolo y Toño se diviertan en la playa.

Los dos amigos de la foto son Scott y Greg. Son los que van conmigo a pasar las vacaciones en el Perú. Estamos todos muy interesados en ir a la sierra porque hemos estudiado los incas y hemos leído del descubrimiento de Machu Picchu. Estamos entusiasmados con la idea de viajar y explorar aunque no creo que tengamos tiempo para hacer todo lo que queremos.

Me alegro que ustedes me hayan dado permiso para hacer el viaje a la sierra con mis amigos porque realmente no conozco bien mi patria. Pensamos llegar a Lima a mediados de junio y luego ir a Cuzco a fines de mes para los festivales. Siento que Toño no nos pueda acompañar.

Aunque me gustan mucho las cosas de aquí, los echo de menos a todos ustedes. Me emociona pensar en volver a mi país y verlos a todos. Un fuerte abrazo de su hijo y hermano que los quiere mucho.

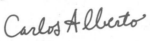

Carlos Alberto

Actividades preliminares

A Answer the following questions about the writer of the letter on page 349.

1. ¿Cómo se llama?
2. ¿De dónde es?
3. ¿Dónde está ahora?
4. ¿Cómo es su familia?
5. ¿Qué idiomas habla?
6. ¿Qué le gusta hacer?
7. ¿Cuántos hermanos tiene?
8. ¿Cómo se llaman sus amigos?
9. ¿Qué planes tiene para las vacaciones?
10. ¿Cuándo piensa regresar a su país?
11. Cuando escribió la carta, ¿qué estación del año era en los Estados Unidos? ¿Qué puedes hacer durante esa estación? ¿Qué estación era en el otro país? ¿Qué puedes hacer durante esa estación?

B Say that you don't think the following will happen. Support your answers with information from Carlos Alberto's letter.

Por ejemplo:

> ¿Los muchachos van a la playa?
> *No creo que vayan a la playa porque dice que van a la sierra.*

1. ¿Piensan pasar las vacaciones en Lima?
2. ¿Es de los Estados Unidos Carlos Alberto?
3. ¿Es Toño amigo de Greg y Scott?
4. ¿Acompaña Toño a los muchachos a la sierra?

C Tell three things you don't think will happen.

Por ejemplo:

> No creo que mi papá me dé dinero para ir al concierto.

D Tell two things you're happy people have done.

Por ejemplo:

> Me alegro que mis abuelos me hayan invitado a su casa para las vacaciones.

Vocabulario 1

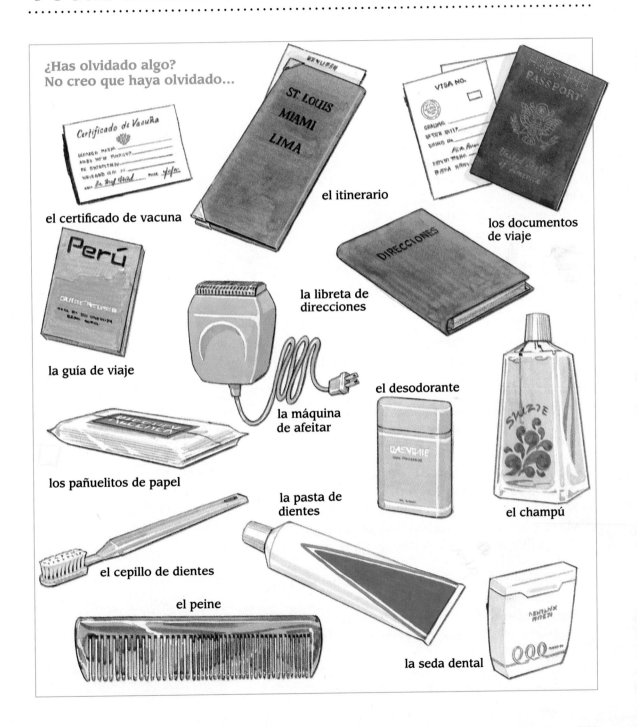

¿Has olvidado algo?
No creo que haya olvidado...

el certificado de vacuna

el itinerario

los documentos de viaje

la guía de viaje

la libreta de direcciones

la máquina de afeitar

el desodorante

el champú

los pañuelitos de papel

la pasta de dientes

el cepillo de dientes

el peine

la seda dental

Actividades

A **¿Para qué sirve?** Tell what five of the items below are used for. A classmate will guess which item you are describing. Reverse roles.

la libreta de direcciónes
la máquina de afeitar
el champú
el peine
el cepillo de dientes
la pasta de dientes
la guía de viaje
el itinerario
la billetera
los documentos de viaje

Por ejemplo:

ESTUDIANTE A

Sirve para afeitarse.

ESTUDIANTE B

Es la máquina de afeitar.

B **¿Qué no podían hacer?** Each of the following travelers on flight 222 to Lima forgot to pack something. Based on what each person says, guess what item he or she might have left behind.

Por ejemplo:

> Enrique dijo que no podía salir de viaje.
> *¿Olvidó el pasaporte (el certificado de vacuna, los documentos de viaje)?*

1. El Sr. Ramos dijo que no iba a saber qué día debía llegar a Machu Picchu.
2. La Srta. Vélez dijo que tenía que cancelar su vuelo y llamar a su médico inmediatamente.
3. Dijiste que ya no vas a poder escribirles a todos tus amigos.
4. Los Pacheco ya no saben cuáles son los mejores restaurantes de Lima.
5. Oscar cree que va a causar mala impresión cuando sale con su novia. Piensa ir de compras después de llegar.

AEROPERU

LA LINEA AEREA
INTERNACIONAL DE PERU
VIAJAMOS A LIMA
BUENOS AIRES
SANTIAGO - LA PAZ
GUAYAQUIL - PANAMA
SAO PAULO - RIO DE JANEIRO

"RESERVACIONES"

AEROPERU
Llame Sin Cargo 800 255 7378

C **Categorías.** Place each of the items in **Vocabulario 1** in as many of the following categories as apply.

Por ejemplo:

> el itinerario
> *El itinerario es liviano y de papel.*

> irrompible/delicado
> pesado/liviano
> sanitario/no sanitario
> para muchachos/para muchachas
> caro/barato
> de metal
> de papel
> de tela
> de plástico

D **Hay que comprarlos.** You have forgotten the following items and will have to purchase them in the foreign country. Estimate what you would expect to pay for each.

Por ejemplo:

> el champú
> *Hay que pagar tres dólares.*

1. los pañuelitos de papel
2. la seda dental
3. la guía de viaje
4. el peine
5. el desodorante
6. la cámara

Cuando el calor de su cuerpo aumenta

FLIGHT # 171 CANCELLED

—AEROLINE

Degree™ Protege Más

¡Degree!
Una nueva
forma de protección
desodorante antiperspirante.

El vuelo 171 se queda abajo mientras el calor de su cuerpo sube. Usted necesita la protección de nuevo Degree. Degree se activa cada vez que el calor de su cuerpo aumenta para darle alta protección, bajo cualquier situación.

El Perú

La República del Perú está en Sudamérica entre el Ecuador y Colombia al norte, y Chile al sur. Al oeste está el Océano Pacífico; la frontera con Bolivia y la selva amazónica del Brasil están al este. Aunque la capital, Lima, fundada en 1535, está en la costa, las ciudades de mayor importancia se encuentran en el interior del país.

Hay que recordar que en el hemisferio austral (del sur) las estaciones son al revés, o sea que los meses de frío son junio, julio y agosto. Este invierno es muy suave, sin embargo, porque el Perú está entre la línea del ecuador y el trópico de Capricornio en la zona más calurosa. Cuando Carlos Alberto está en pleno invierno en los Estados Unidos, su familia puede ir a la playa todos los días en el Perú porque es verano.

Actividades

A Si vas al Perú para las siguientes ocasiones, ¿qué ropa debes llevar?

1. la Navidad
2. la Semana Santa
3. el Día de la Independencia (28 de julio)
4. el Festival del Inti Raymi en la sierra (21 de junio)

B ¿Cuáles son los mejores meses para ir a Chile a esquiar?

Vocabulario 2

Si vas a acampar, es conveniente que lleves...

la hamaca

el hacha

la carpa

los colchones inflables

el machete

la lámpara de kerosén

los sacos de dormir

la cuerda de nilón

el cortaplumas

la linterna

el hornillo

los fósforos

Actividades

A | **Al aire libre.** Give a logical conclusion or response to each of the following statements made by campers, choosing from the group below.

1. ¡Me pican los mosquitos!
2. Todos tenían hambre.
3. Aquí hay muchas piedras y no puedo dormir.
4. No tenía sueño y quería leer un poco.
5. ¿Cómo voy a cortar esta cuerda?

a. ¿Por qué no usas el colchón inflable?
b. Por eso encendieron el hornillo.
c. Toma mi cortaplumas.
d. Ponte loción repelente.
e. Por eso encendió la lámpara de kerosén.

B | **¿Para qué sirve?** Greg doesn't know the Spanish words for a lot of camping gear, but he can explain what the items are used for. Tell the names in Spanish for the objects he describes below.

Por ejemplo:

> Se usa para cortar la cuerda de nilón.
> *Es un cortaplumas (una hacha).*

1. Se usa para tener luz.
2. Se usa para dormir.
3. Se usa para protegerse de la lluvia o del frío cuando uno duerme.
4. Se usan para encender (to light) el hornillo o la lámpara de kerosén.
5. Se usa para cocinar.
6. Se usa para ver por la noche.

C | **Prioridades.** Which of the items in **Vocabulario 2** would you not want to forget on a camping trip? Which would you be able to do without? List them in the categories below. Then explain why.

> Es preciso que lleve...   No es necesario que lleve...

Por ejemplo:

> Es preciso que lleve la carpa porque si llueve no quiero mojarme.

Machu Picchu

Cuando los españoles llegaron al Perú en 1532, encontraron una civilización avanzada que se extendía por un territorio inmenso —desde Colombia al norte hasta Chile y la Argentina al sur. Esta civilización —la de los incas— conocía la agricultura, la ingeniería, la medicina, las matemáticas y la astronomía. Tenían un gobierno muy estructurado y los reyes se llamaban "Incas". Todas las ciudades estaban conectadas por un extenso sistema de caminos y mensajeros, llamados "chasquis". Cuando los españoles los conquistaron, su organización desapareció, pero sus descendientes —los quechuas— viven todavía en la sierra andina y mantienen muchas de las costumbres antiguas.

En 1911 un profesor norteamericano, Hiram Bingham, descubrió una ciudad inca abandonada —la legendaria Machu Picchu.

Actividad

Match each of the following accomplishments of Incan civilization to the experts who performed them.

Por ejemplo:

> Podían mandar recados rápidamente a grandes distancias.
> *Había chasquis.*

chasquis	gerentes
agricultores	médicos
ingenieros	astrónomos

1. Sabían hacer pequeñas operaciones.
2. Sabían cultivar maíz, quinoa y otros cereales.
3. Sabían construir caminos y puentes.
4. Tenían muy buenos administradores.
5. Sabían predecir las fases de la luna y tenían un calendario muy exacto.

Estructura 2

....

How to Say You Are Happy/ Sorry That Something Happened, Will Happen, or Is Happening

The present and present perfect subjunctive after alegrarse and sentir

1. When you want to say that you are glad something happened or didn't happen, use **Me alegro que** + present perfect subjunctive. You may also use **¡Qué bueno que** + present perfect subjunctive!

   Me alegro que hayan podido venir.
   Me alegro que no se haya ido a vivir en California.
   ¡Qué bueno que me hayas esperado!

2. When you want to say that you're glad that something is happening or will happen, use the above expressions with the present subjunctive.

   Me alegro que Uds. se casen.
   ¡Qué bueno que estés aquí ahora!

3. When you want to say that another person or other persons are glad that something has happened, is happening, or will happen, use the appropriate form of **alegrarse.**

   Carlos se alegra que su hermano lo visite.
   Sus padres se alegran que haya decidido ir a Cuzco.

4. When you want to say you're sorry something has happened, is happening, or will happen, use **Siento que** + present perfect or present subjunctive.

   Siento que no hayan podido venir tus hermanos.
   Siento que tus padres no puedan venir el año que viene.

   You may also say **¡Lástima que...!**

   No puedo ir contigo mañana. ¡Lástima que no vayas otro día!

5. To say that others are sorry, use the appropriate form of **sentir.**

   Carlos siente que su hermano no lo acompañe en el viaje.
   Sentimos que no hayas podido ir a Machu Picchu.

Actividades

A **Contentos.** Tell three things that you're happy people have or haven't done.

Por ejemplo:

> Me alegro que mis maestros no nos hayan dado exámenes esta semana.

B **¡Felicitaciones!** Congratulate a classmate on something he or she has or hasn't done lately.

Por ejemplo:

> ¡Felicitaciones! Me alegro que no hayas olvidado la tarea.

C **Me he portado bien.** Have you made anyone in your family happy lately? Tell two things you have or haven't done that made some family member happy.

Por ejemplo:

> Mi mamá se alegra que no le haya pedido dinero para comprar ropa.

D **Amistad.** Tell what you would say to a friend who has had the following problems.

Por ejemplo:

> Sacó una "F" en un examen.
> *Siento que no hayas salido bien
> (que hayas salido mal).*

1. Perdió el trabajo que tenía.
2. Le robaron la bicicleta en el supermercado.
3. Su novio(a) la(lo) dejó por otra(o).
4. Sus padres no le dieron permiso para ir al club de esquí.
5. Se fracturó el tobillo cuando jugaba fútbol.

E **Nunca está satisfecho.** Carlos has a friend who is never satisfied with things the way they are. Tell what she would say to Carlos's good news.

Por ejemplo:

> Mi hermana sacó esta foto de mis padres.
> *Lástima que no sepa sacar mejores fotos.*

1. En este nuevo trabajo que tengo, me van a pagar dos dólares por hora.
2. Pagué cincuenta dólares por los boletos para el concierto.
3. El maestro de álgebra dice que voy a sacar una "B" este semestre.
4. En febrero no tenemos vacaciones.
5. Nadie me ha invitado al baile de la clase.
6. Dicen que los estudiantes no van a tener baile de graduación.

F **El enamorado.** You write an advice column for the Spanish Club's newsletter and have received the following letter from Robert. Write back telling him what you are happy about and what you are sad about. Then give him one or two sentences of advice.

Es muy difícil para mí contar lo que me pasa con mi amiga, Carolina. Es una chica fantástica y la quiero de veras. Creo que ella también me quiere a mí, pero no se expresa bien. Siempre sale con otros. Por ejemplo, el lunes pasado yo tenía que trabajar por la noche en la farmacia y ella me dijo que iba a quedarse en casa porque tenía que estudiar. Pues, esa noche hizo una cita con otro chico. El martes también tenía que trabajar yo. ¿Y ella? Estaba con otro — ¡otro chico más! El miércoles fuimos al cine y ella me lo confesó todo y me dijo que lo sentía mucho. El jueves en la clase de inglés me mandó una carta de amor, pero esa noche la llamé y nadie contestó el teléfono. Ahora, no sé qué pensar. Aunque me dice que siempre piensa en mí, creo que no es muy fiel. ¿Qué consejo me puedes dar?

Finalmente

A conversar Imagine that you want to invite a friend to go camping with you. Invite a classmate to go, and then together, make plans for the trip. Include the following details in your conversation.

1. when and where you will go
2. what items (equipment, clothing, food) you should take with you
3. what items it is important that you not forget
4. what activities you hope you can do while camping
5. what activities you don't think you'll be able to do and why

Repaso de vocabulario

COSAS
la carpa
el cepillo de dientes
el certificado de vacuna
el champú
el colchón inflable
el cortaplumas
la cuerda de nilón
el desodorante
el documento de viaje
el fósforo
la guía de viaje
el hacha (f.)
la hamaca
el hornillo
el itinerario
la lámpara de kerosén
la libreta de direcciones
la linterna
el machete

la máquina de afeitar
el pañuelito de papel
la pasta de dientes
el peine
el saco de dormir
la seda dental

OTRAS EXPRESIONES
alegrarse que
lástima que

Lección 2

La vida al aire libre

¡A comenzar!

The following are some of the things you will be learning to do in this lesson.

When you want to . . .

1. talk in general terms about what is or is not done
2. give advice to someone

You use . . .

- phrases such as **se puede / se piensa / se ofrece**
- verbs such as **recomendar, decir,** and **aconsejar** + present subjunctive

Now find examples of the above phrases in the following brochure.

Aventura andina

Aventur**andina**

Cuando se piensa en la aventura, también se piensa en lo inesperado. Y eso es lo que les ofrece AVENTUR-ANDINA. Con AVENTURANDINA se puede:

- dejar la rutina
- conocer el esplendor natural del Perú y su gente acogedora
- explorar ríos torrentosos, montañas majestuosas, valles fértiles

Todo sin peligro, sin complicación.

Viajes de aventura

Se ofrece una nueva manera de viajar, una manera de *participar* y no sólo observar. Con AVENTURANDINA se ven diversos terrenos: picos nevados, lagos transparentes, baños termales, selvas tropicales. Se puede hacer:

- caminatas
- excursiones en canoa, balsas de goma o kayacs
- andinismo
- excursiones en bicicleta
- excursiones a caballo
- safari fotográfico
- observación de pájaros

Con AVENTURANDINA se ofrecen:
- servicios de guías
- carpas para dos personas
- colchones inflables para dormir

Para las excursiones por río se alquilan:
- balsas de goma o kayac
- chalecos salvavidas

Se recomienda llevar:
- camisas y polos de algodón
- suéter y pantalones de lana
- shorts y blue jeans para caminar
- gorro de lana
- impermeable
- guantes y calcetines de lana
- zapatillas y botas para caminar
- mochila pequeña
- saco de dormir
- anteojos de sol
- loción protectora contra el sol
- linterna

CONDICIONES GENERALES Para información sobre reservaciones y precios, condiciones de pago, chárters especiales y servicios adicionales, póngase en contacto con su agencia de viajes local.

Answer the following questions about **Aventurandina**.

1. **Según el folleto, ¿en qué consiste la aventura?**

2. **Haz una lista de todas las palabras que nos dan una impresión de la naturaleza.**

3. **Haz dos listas de equipo: (a) lo que tú tienes que traer; (b) lo que la agencia trae.**

4. **¿Qué necesitas cuando...?**
   a. **haces un viaje por río**
   b. **pasas una noche en el campamento**
   c. **hay un día de lluvia**
   d. **haces un viaje a la selva**
   e. **hay un día frío de mucho viento**

5. **Probablemente** *andinismo* **quiere decir:**
   a. **el deporte de subir y bajar montañas como los Andes**
   b. **una enfermedad que sufres en los Andes**
   c. **una amistad con la gente que vive en los Andes**

6. **¿Qué viaje se recomienda a las siguientes personas?**
   a. **un aventurero a quien le gustan todos los deportes acuáticos**
   b. **una persona a quien le gusta sacar fotos de flores y plantas**
   c. **una persona a quien le gusta visitar el zoológico**
   d. **una persona a quien le gustan los animales tropicales**
   e. **una persona que no sabe nadar**
   f. **una persona interesada en las plantas raras**
   g. **un ciclista**

7. **Para ti, ¿cuál de los viajes es el más interesante? ¿Por qué?**

Vista de Machu Picchu.

Vocabulario 1

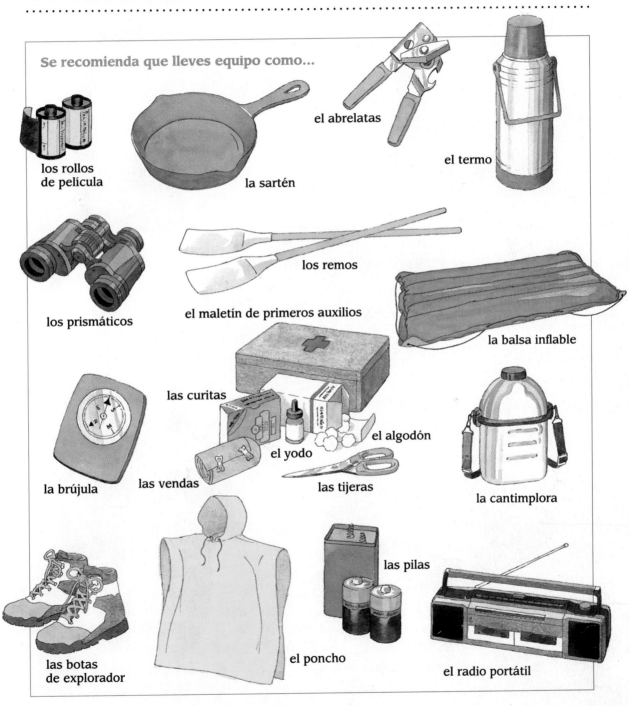

Se recomienda que lleves equipo como...

los rollos de película

la sartén

el abrelatas

el termo

los prismáticos

los remos

el maletín de primeros auxilios

la balsa inflable

la brújula

las curitas

las vendas

el yodo

el algodón

las tijeras

la cantimplora

las botas de explorador

el poncho

las pilas

el radio portátil

Debes tener cuidado de no...

desorientarte

resbalarte

perderte

Para calentarte, debes encender un fuego.

No debes olvidarte de apagarlo.

Actividades

A **¡Vamos a acampar!** Give a logical conclusion or response to each of the following statements made by campers, choosing from the group below.

1. Hacía frío.
2. Querían comer los peces que Carlos les trajo.
3. ¿Cómo vas a cortar la venda?
4. ¡Qué bonitas son aquellas llamas!
5. Estos botes no tienen motor.
6. No quiero que tengas infección en esa herida.
7. Una de las muchachas se cayó y se lastimó la mano.
8. No quiero que te pierdas.
9. Parece que el radio portátil no funciona.

a. Buscaron la sartén.
b. Hay que buscar el maletín de primeros auxilios.
c. Entonces tenemos que usar remos.
d. ¡Qué va! Lo que pasa es que no tiene pilas.
e. Por eso se puso la chaqueta y el gorro de lana.
f. No te preocupes. Aquí tengo las tijeras.
g. No las veo. Dame los prismáticos.
h. Por eso te pongo yodo.
i. Por eso debes llevar la brújula.

B **¿Para qué sirve?** Tell the names in Spanish for the objects below, based on what each is used for.

Por ejemplo:

> Se usa para radios y linternas.
> *Es una pila.*

1. Se usa para protegerse del frío.
2. Se usa para sacar fotos.
3. Se usa para orientarse.
4. Se usa para abrir latas de comida.
5. Se usa para cortar papel.
6. Se usa cuando uno se corta o se lastima.
7. Se usa para calentarse cuando uno acampa.
8. Se usa para mantener líquidos fríos o calientes.
9. Se usan para ver lejos.
10. Se usan para encender el fuego.

C **Así que no podía.** Finish these sentences for Scott by telling what he couldn't do.

Por ejemplo:

> Rompí la linterna.
> *Rompí la linterna así que no podía leer.*

1. Olvidé el saco de dormir.
2. Dejé las pilas en casa.
3. Perdí la brújula.
4. Olvidé mis botas de explorador.
5. Sólo compré un rollo de película.
6. Rompí el hornillo.
7. Perdí los remos.
8. Olvidé los fósforos.
9. Dejé en casa la cantimplora y el termo.

D **Equipo.** Tell what one needs in the following situations.

Por ejemplo:

> para encontrar el polo norte
> *Se necesita una brújula.*

1. para hacer un safari fotográfico
2. para subir y bajar montañas
3. para pasar el fin de semana en la playa
4. para viajar en España por dos semanas
5. para dormir al aire libre
6. para comer cuando vas a acampar
7. para vendar una herida
8. para escuchar el pronóstico del tiempo

E **Esa cosa.** Scott can never remember the names of things in Spanish when he's looking for them. How would he describe the items pictured below?

Por ejemplo:

Se usa para llevar bicicletas en el coche.

1.

2.

3.

4.

5.

6.

7.

F **Accidentes.** Working with a partner, tell about five accidents that can happen on a camping trip.

Por ejemplo:

Si no tienes cuidado, puedes quemarte.

G **¿Qué se necesita?** What items do you need to do the following?

Por ejemplo:

para explorar
Se necesitan una brújula, unas botas de explorador, unos prismáticos, etc.

1. para orientarte
2. para preparar comida
3. para calentarte
4. para hacer alpinismo

5. para sacar fotos
6. para bajar el río
7. para dormir
8. para cuidar una herida

La influencia del quechua en el español

La cultura quechua sobrevive en el Perú, Ecuador y partes de Bolivia, Chile y la Argentina. Su influencia es tan grande que el vocabulario del español es bastante diferente en estas áreas.

Algunas palabras quechuas usadas en español se refieren a la ropa, otras a la tierra, las plantas y los animales, y otras a la comida.

Actividad

Lee los anuncios que siguen, y clasifica las palabras subrayadas (underlined) en estos grupos.

Ropa   Tierra, plantas y animales   Comida

Regalos, cerámica y ropa. **Chompas** tejidas, **ponchos** de **alpaca**, gorros de lana. Gran liquidación. Visítenos, tienda "La Flor Cuzqueña".

Hoy, reunión de basquetbolistas en la **cancha** del club México, más allá de la **pampa** de Loreto.

¿Desean probar platos típicos de la zona? Hoy tenemos **chupe** de gallina, **locro**, **porotos**, **choclotandas** y **charqui**.

Llegó pescado fresco y **cochayuyo**.

Pescadería San Pedro, Mercado Central.

Estructura 1

How to Talk in General Terms about What Is Done   *The impersonal* **se**

You have used **se puede** to say what is or is not allowed.

> **En esta clase no se puede llegar tarde, pero se puede entregar tarde una tarea cada semestre.**

1. When you want to say in general terms what is done, use **se** + the verb form used for one other person.

> **Se dice que el Perú es un país fascinante.**
> **Se habla español en el Perú pero también se habla quechua, especialmente en la sierra.**
> **Allí se come comida muy rica.**

English has many ways of expressing this idea. For example, the phrase **se dice** is the equivalent of "people say, one says, they say," or "you say."

2. If the verb form is followed by a plural expression, add **-n** on the end of the verb.

> **No se venden revistas en esta tienda.**
> **En la selva se ven muchos árboles raros.**

3. If you are talking about an activity, the only form possible is **se puede,** even when followed by a plural expression.

> **Se puede dar caminatas y acampar.**

Actividades

A **En el extranjero.** Tell what languages are spoken in the following places.

Por ejemplo:

Madrid
En Madrid se habla español.

1. Barcelona
2. Lima
3. Londres
4. Berlín
5. Roma
6. San Juan
7. Tokio
8. París
9. San Francisco
10. Cuzco
11. Buenos Aires
12. Moscú

B **Instrucciones.** Tell how to get to the cafeteria from your classroom.

Por ejemplo:

Se dobla a la derecha. Se baja la escalera...

C **Letreros.** Make signs in Spanish for the following.

Por ejemplo:

''Money exchanged.''
Se cambia dinero.

1. ''German spoken.''
2. ''House for sale.''
3. ''Cook needed.''
4. ''Room for rent.''
5. ''Running not permitted.''

D **Una prueba cultural.** Finish the following statements to make comparisons between the U.S. and Spanish-speaking countries, then add two of your own.

1. En los países hispánicos, se cena a las ____. Pero en los Estados Unidos se cena a las ____.
2. En los Estados Unidos se comen muchas hamburguesas. Pero ____.
3. En los Estados Unidos se usan camisetas en la escuela. Pero ____.
4. En los Estados Unidos se ve mucho la televisión. Pero ____.

E **Reglas de la clase.** Name three "do's" and three "don'ts" of your classroom.

Por ejemplo:

> Se llega a tiempo. No se habla durante los exámenes.

F **Los preparativos.** Tell the order in which Carlos's arrangements for his trip to Peru should be made.

Por ejemplo:

> pedir permiso para viajar / pedir folletos
> *Primero se pide permiso para viajar. Luego se piden folletos.*

1. comprar regalos
2. hacer las reservaciones
3. llamar a la agencia de viajes
4. hacer las maletas
5. terminar las clases
6. dar los exámenes finales

G **Álbum de fotos.** Scott and Greg's Spanish teacher shows them her photo album of Peru and tells them what she liked about Cuzco and Lima. Look at the pictures and tell what their teacher might say.

Por ejemplo:

> Me gustaba Lima (Cuzco) porque se veía...
> (Allí se podía...)

1.

2.

3.

4.

5.

6.

Vocabulario 2

En el cielo se ve(n)...

la luna

las nubes

el sol

las estrellas

un OVNI

Buscamos refugio a causa de...

la niebla

la erupción volcánica

el maremoto

la nevazón

un apagón

la inundación

No te puedes imaginar. Era...

gigantesco(a)

asombroso(a)

impresionante   increíble

hermosísimo(a)   fascinante

Me quedé...

boquiabierto(a)

asombrado(a)

patitieso(a) de emoción

paralizado(a) de miedo

maravillado(a)

frío(a) hasta la médula
horrorizado(a)

Me dio...

¿Estudiaste para el examen?

pánico

susto

Actividades

A Titulares. Read the following newspaper headlines and draw conclusions as to the cause of each incident.

Por ejemplo:

20 MIL PERSONAS SIN CASA
*Fue a causa de una inundación
(una erupción volcánica).*

LA LAVA AVANZA:
OTRO PUEBLO DESTRUIDO
EN HAWAII

NUEVA YORK PARALIZADA:
7 HORAS SIN LUZ

Producción de maíz arruinada

Mala visibilidad:
Aeropuertos cerrados

Duraznos de Georgia perdidos

En la carretera:
espectacular choque
de 20 coches

Conductor de camión
congelado en Nebraska

B ¿Cómo reaccionaste? Complete the following with something you heard or saw recently.

Por ejemplo:

boquiabierto(a)
Cuando vi (oí) que..., me quedé boquiabierto(a).

1. paralizado(a) de miedo
2. patitieso(a) de emoción
3. asombrado(a)
4. horrorizado(a)

C El OVNI. You have seen an "unidentified flying object" land. Describe the experience to the class by completing the following.

1. Me quedé...
2. Era gigantesco, casi...
3. Era impresionante. Había (Tenía)...
4. Era hermosísimo. Había (Tenía)...
5. Era increíble porque...
6. Me dio...

Cuzco, capital arqueológica

Según las leyendas de los incas, la ciudad de Cuzco fue fundada por Manco Cápac, el primer Inca. Se decía que allí estaba el centro del mundo, y era el sitio de donde salían los caminos en las cuatro direcciones. Los incas traían cestos de tierra de los territorios conquistados, y todas las tierras del imperio se mezclaban en la plaza mayor de Cuzco. Los incas, incomparables ingenieros y arquitectos, construyeron una metrópolis con una precisión asombrosa. Allí había grandes templos, palacios y calles que todavía se usan.

El Cuzco es una de tres ciudades de los continentes americanos que ha tenido habitantes en forma continua desde el siglo once. Las otras ciudades están en México: Toluca fue fundada en 1120 y Tenochtitlan en 1325.

Cuando los españoles llegaron a Cuzco, destruyeron la ciudad inca y sobre las ruinas construyeron una nueva ciudad con las piedras originales. Sin embargo, la presencia inca en Cuzco es fuerte e inolvidable. En las calles y los muros de los edificios españoles, viejos ya después de 450 años, se ve todavía el genio inca. Ahora Cuzco se considera la capital arqueológica de Sudamérica y la UNESCO la ha designado como uno de los tesoros culturales de la humanidad.

Actividad

¿Qué ves en las siguientes fotos?

Estructura 2

....

How to Give Advice
or Orders to Someone

The present subjunctive
after **recomendar, mandar**
aconsejar, *and* **decir**

You have used the subjunctive to express what you want others to do.

> **Quiero que me ayudes.**
> **Por favor, necesito que me traigas esos papeles.**
> **Es importante que no los pierdas.**

You have also used the subjunctive to express how you feel about the actions of others.

> **Me alegro que ustedes puedan venir.**
> **Siento que Juan Carlos no venga.**
> **Lástima que esté enfermo.**

Finally, you have used the subjunctive to express what you believe not to be true.

> **No creo que esta clase sea difícil.**

1. You have used a form of **deber** followed by the infinitive to give advice.

   > **Debes visitar Machu Picchu —es absolutamente fascinante.**

   You may also give advice using the appropriate form of **aconsejar** (to advise), **recomendar (ie)**, or **decir** + **que** + the present subjunctive.

   > **Siempre le digo a Mike que prepare sus exámenes con tiempo.**
   > **Y a mi hermanito le recomiendo que tenga cuidado con el perro.**
   > **A mis amigos les aconsejo que estudien más.**

2. To describe an order, use the verb **mandar** + **que** + present subjunctive.

   > **A veces mis padres me mandan que cuide a mis hermanitos.**

Actividades

A **¡Cuidado!** Something could happen to the following people if you don't give them some advice.

Por ejemplo:

Le recomiendo al muchacho que mire bien antes de cruzar la calle.

1.

2.

3.

4.

5.

6.

B **Hay que ser obediente.** Complete the sentences below to say what your parents make you do.

Por ejemplo:

> Me mandan que me quede en casa cuando...
> *Me mandan que me quede en casa cuando tengo tos.*

1. Me dicen que no salga cuando...
2. Me aconsejan que no coma ciertas cosas cuando...
3. Me mandan que haga quehaceres, como por ejemplo...
4. Me dicen que no salga con...
5. Me dicen que no pierda el tiempo en...
6. Me aconsejan que no compre...
7. Quieren que...
8. Me recomiendan que...

C **Lo que nos aconsejan los maestros.** Tell four pieces of advice your teachers give you.

Por ejemplo:

> Nos aconsejan que no lleguemos tarde.

D **Consejos.** Tell what advice you would give young people in the following situations.

Por ejemplo:

> a un muchacho de 13 años que quiere ir solo a la playa
> *Le aconsejo que vaya con un hermano o un amigo.*

1. a un muchacho que tiene 18 años y quiere casarse
2. a una muchacha que tiene 11 años y quiere usar maquillaje
3. a una muchacha que tiene 15 años y quiere usar el coche
4. a unos muchachos de 17 años que quieren hacer un viaje en grupo sin chaperona
5. a unos jóvenes que sacan malas notas y quieren salir por la noche
6. a los jóvenes que están aburridos en la escuela

Finalmente

Situaciones

A escribir Imagine that you work as a counselor in a summer camp. It is your responsibility to write to your campers prior to the opening of camp and give general instructions. In your letter, include the following.

1. information about who you are
2. a welcoming statement: say how happy you are that they are coming to your camp
3. directions on how to get to the camp from your area
4. all the activities that one can do at camp
5. recommendations as to what items to bring and what not to bring

Repaso de vocabulario

COSAS
el apagón
las botas de explorador
la brújula
la cantimplora
el cielo
el equipo (equipment)
la erupción volcánica
la estrella
el fuego
la inundación
la luna
el maletín de primeros auxilios
el maremoto
la nevazón
la niebla
la pila
el poncho
los prismáticos
el radio portátil

los remos
el rollo de película
la sartén
el sol
el termo
las tijeras
el yodo

DESCRIPCIONES
asombroso(a)
fascinante
gigantesco(a)
hermosísimo(a)
impresionante
increíble

REACCIONES
quedarse +
    asombrado(a)
    boquiabierto(a)

frío(a) hasta la médula
horrorizado(a)
maravillado(a)
paralizado(a) de miedo
patitieso(a) de emoción

ACTIVIDADES
aconsejar
calentarse (ie)
encender (ie)
imaginarse
mandar
orientarse
perderse (ie)
recomendar (ie)
resbalarse

OTRAS EXPRESIONES
a causa de
Me dio susto (pánico).

Lección 3

¡Atención, señores pasajeros!

¡A comenzar!

The following are some of the things you will be learning to do in this lesson.

When you want to . . .	You use . . .
1. say how something is done	• **-mente** attached to the feminine singular form of adjectives
2. talk about some time in the future	• **cuando** + present subjunctive
3. say what someone does for what purpose	• Activity + **para que** + verb in present subjunctive.
4. say that something won't happen unless something else happens	• Activity + **a menos que** + verb in present subjunctive.
5. say what has to happen before something else can occur	• **antes que** + present subjunctive

Now find examples of the above words and phrases in the following narration.

Carlos Alberto, Greg y Scott acaban de abordar el avión en el aeropuerto de Lima.

Señores pasajeros: Bienvenidos al vuelo 321 de Aerolíneas Andinas con destino a Cuzco. El vuelo a Cuzco dura tres cuartos de hora y por lo tanto vamos a aterrizar a las 10:30 a menos que todavía haya niebla en el aeropuerto.

Favor de ubicar las cuatro salidas de emergencia, una en la cola, dos sobre las alas, aquí a la izquierda, allí a la derecha y otra en la puerta delantera. Quisiera recordarles que hay un chaleco salvavidas debajo de cada asiento y una mascarilla de oxígeno en el compartimiento de arriba que se abre automáticamente en caso de emergencia.

Asegúrese de colocar su equipaje de mano debajo del asiento delante de usted para que haya libertad de movimiento.

Les rogamos que no fumen durante el despegue ni durante el aterrizaje, ni cuando la luz de no fumar se encienda. Sean tan amables de abrocharse el cinturón ahora y de mantenerlo abrochado hasta que se apague la luz.

Antes que despeguemos, quisiera darles las gracias por volar con nosotros en las aerolíneas preferidas de la sierra, Aerolíneas Andinas.

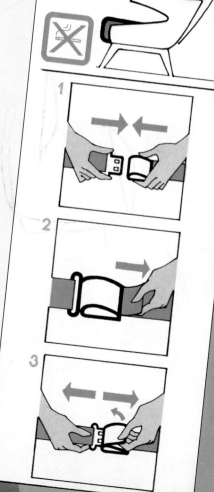

DESPEGUE Y ATERRIZAJE

387

Actividad preliminar

Tell why an airline passenger should do the following activities by matching each one with a reason on the right.

Por ejemplo:

> abrochar el cinturón / para que no ocurran accidentes
> *Debe abrochar el cinturón para que no ocurran accidentes.*

1. colocar el equipaje de mano debajo del asiento
2. saber dónde están las salidas de emergencia
3. saber dónde está el chaleco salvavidas
4. no fumar
5. llamar a la auxiliar de vuelo
6. pedir un refresco
7. pedir una manta
8. saber dónde está el servicio

a. a menos que la luz esté apagada
b. cuando tenga sed
c. cuando quiera dormir
d. para que no se ahogue si se cae al mar
e. cuando necesite lavarse las manos
f. para que sepa por dónde escapar
g. cuando necesite una almohada
h. para que tenga bastante espacio para los pies

Pasajero

volumen 2 número 17   noviembre/diciembre

LA PAZ

LA OTRA CARA DEL CINE MEXICANO

Vocabulario 1

Cuando llegues al aeropuerto, hay que...

Salida	147	1:45 p.m.
Salida	27	2:00 p.m.
Salida	155	2:10 p.m.
Salida	22	2:17 p.m.
Salida	319	2:35 p.m.
Salida	40	3:00 p.m.
Salida	55	3:05 p.m.
Salida	612	3:15 p.m.
Salida	112	3:30 p.m.

ver si hay demora

ir al mostrador
de la compañía
de aviación

entregar el pasaje

recibir la tarjeta de embarque

revisar
los documentos

facturar el equipaje

recibir el recibo del equipaje

Antes que abordes el avión, hay que...

PUERTA 6 ➡

No hay que fumar

pasar por
seguridad

buscar la puerta
del vuelo

apagar los cigarrillos

entregar la tarjeta de
embarque al agente

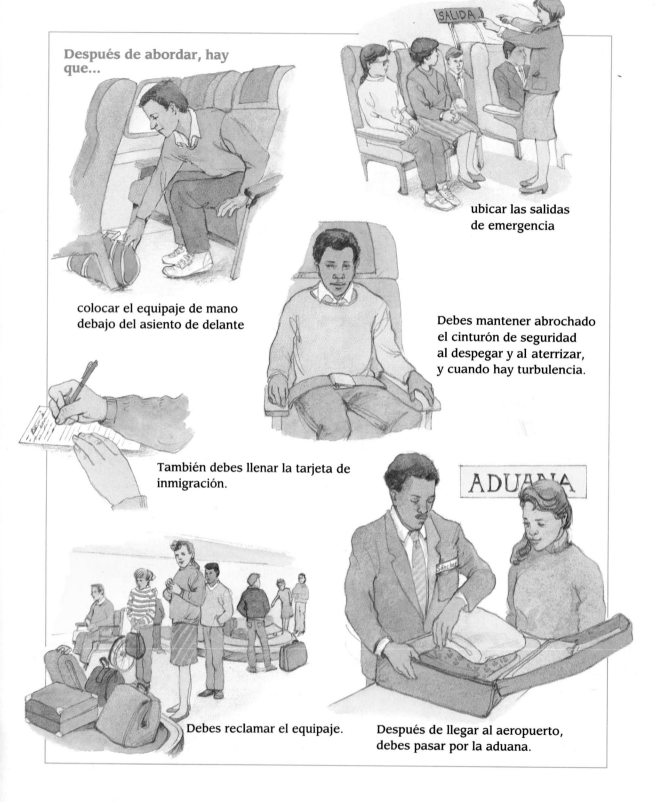

Después de abordar, hay que...

colocar el equipaje de mano debajo del asiento de delante

ubicar las salidas de emergencia

Debes mantener abrochado el cinturón de seguridad al despegar y al aterrizar, y cuando hay turbulencia.

También debes llenar la tarjeta de inmigración.

ADUANA

Debes reclamar el equipaje.

Después de llegar al aeropuerto, debes pasar por la aduana.

Actividades

A **Instrucciones a bordo.** Match each of the airline safety illustrations with its caption.

1. abrochar el cinturón de seguridad
2. ponerse la mascarilla de oxígeno
3. poner el asiento en posición vertical
4. resbalarse por la rampa
5. ponerse el chaleco salvavidas
6. ubicar todas las salidas de emergencia
7. no fumar

a.

b.

c. SALIDA

d.

e.

f.

g.

B **¿Dónde se encuentran?** Where would you most likely find the following items—on a plane, in the airport, or in either place?

Por ejemplo:

> el chaleco salvavidas
> *Se encuentra en el avión.*

1. la seguridad
2. el cinturón de seguridad
3. la aduana
4. el mostrador de la compañía de aviación
5. el recibo del equipaje
6. el pasaje
7. el equipaje de mano
8. la tarjeta de inmigración
9. el asiento de la ventanilla o del pasillo
10. la puerta del vuelo
11. la tarjeta de embarque

C **¿Dónde hay que hacerlo?** You're traveling with a friend who has never flown before. Your friend asks you about what to do. Tell him or her whether he or she should do the following activities in the airport or on the plane.

Por ejemplo:

> llenar la tarjeta de inmigración

ESTUDIANTE A	ESTUDIANTE B
¿Dónde lleno la tarjeta de inmigración?	Pues, la llenas en el avión.

1. ubicar las salidas de emergencia
2. reclamar el equipaje
3. entregar la tarjeta de embarque
4. recibir la tarjeta de embarque
5. facturar el equipaje
6. pedir otro refresco a la auxiliar de vuelo

D **Letreros.** Where would you go to do the following in an airport? Match the sign with the activity.

1.
2.
3.

4.
5.
6.

1. Quieres saber si tu vuelo tiene demora.
2. Quieres lavarte la cara y las manos.
3. Quieres reclamar el equipaje.
4. Quieres entregar el equipaje.
5. Quieres conseguir un buen asiento.
6. Te necesitan revisar el equipaje antes que entres en el país.
7. Necesitas abordar el avión en seguida.

E **Le ruego que...** While traveling by air, you encounter the following problems. What would you say to get each problem solved? Use the phrase **Le(s) ruego que...** to make polite requests.

Por ejemplo:

> Hay un señor sentado en tu asiento.
> *Señor, le ruego que tome otro asiento.*

1. Te han servido carne aunque eres vegetariano(a).
2. Hay un pasajero que fuma en la sección de no fumar.
3. Hay un bebé que llora tanto que te da un dolor de cabeza muy fuerte.
4. Te gustaría leer una revista.
5. Quisieras otra manta porque tienes frío.
6. El avión va a despegar y ves que la persona sentada a tu lado no se ha abrochado el cinturón de seguridad.
7. El pasajero sentado a tu lado tiene miedo de volar.
8. Otro pasajero se sienta con las piernas en el pasillo.
9. Un pasajero no ha colocado el equipaje de mano debajo del asiento.
10. No puedes dormir a causa de la luz y del walkman del pasajero a tu lado.

F **Se necesita intérprete.** You are traveling in the U.S. and the passenger next to you speaks only Spanish. Help her understand what the flight attendant says to her.

Por ejemplo:

> "Chicken or fish?"
> *Quiere saber si usted quiere pollo o pescado.*
> "Sit down, please."
> *Quiere que se siente.*

1. "Coffee or tea?"
2. "Fasten your seat belt, please."
3. "Turn off your light, please."
4. "Fill out this form, please."
5. "Put the bag under the seat, please."
6. "Locate the emergency exits."
7. "Pillow or blanket?"
8. "Show me your ticket, please."

G **La aduana.** Travelers cannot bring certain items into the U.S. without declaring them. Below are categories of prohibited items. Place each item in its proper category.

Plantas y flores
Frutas
Legumbres
Animales
Pieles
Carnes
Pescados y mariscos
Artefactos arqueológicos

Por ejemplo:

> una caja de oro
> *Es un artefacto arqueológico.*

1. aguacates
2. una araña
3. naranjas
4. una bolsa de cocodrilo
5. camarones
6. un jamón
7. ciruelas
8. frijoles
9. orquídeas

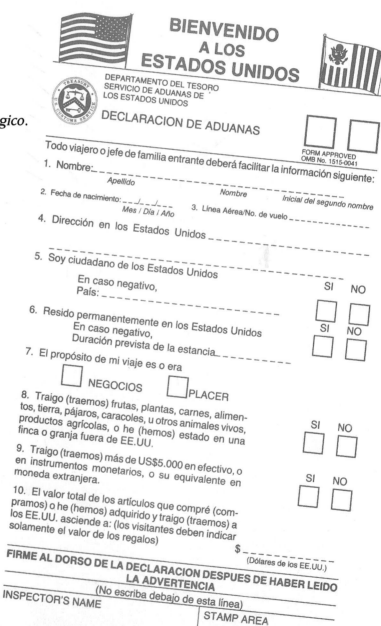

BIENVENIDO A LOS ESTADOS UNIDOS

DEPARTAMENTO DEL TESORO
SERVICIO DE ADUANAS DE
LOS ESTADOS UNIDOS

DECLARACION DE ADUANAS

FORM APPROVED
OMB No. 1515-0041

Todo viajero o jefe de familia entrante deberá facilitar la información siguiente:

1. Nombre: _____
   Apellido   Nombre   Inicial del segundo nombre

2. Fecha de nacimiento: ___/___/___
   Mes / Día / Año
   3. Línea Aérea/No. de vuelo _____

4. Dirección en los Estados Unidos _____

5. Soy ciudadano de los Estados Unidos   SI   NO
   En caso negativo,
   País: _____

6. Resido permanentemente en los Estados Unidos   SI   NO
   En caso negativo,
   Duración prevista de la estancia _____

7. El propósito de mi viaje es o era
   ☐ NEGOCIOS   ☐ PLACER

8. Traigo (traemos) frutas, plantas, carnes, alimen-
   tos, tierra, pájaros, caracoles, u otros animales vivos,   SI   NO
   productos agrícolas, o he (hemos) estado en una
   finca o granja fuera de EE.UU.

9. Traigo (traemos) más de US$5.000 en efectivo, o   SI   NO
   en instrumentos monetarios, o su equivalente en
   moneda extranjera.

10. El valor total de los artículos que compré (com-
    pramos) o he (hemos) adquirido y traigo (traemos) a
    los EE.UU. asciende a: (los visitantes deben indicar
    solamente el valor de los regalos) $ _____
                                          (Dólares de los EE.UU.)

FIRME AL DORSO DE LA DECLARACION DESPUES DE HABER LEIDO
LA ADVERTENCIA
(No escriba debajo de esta línea)
INSPECTOR'S NAME

STAMP AREA

BADGE NO.

Cuzco, corazón del mundo andino

Aunque es relativamente pequeña (70,000 habitantes), Cuzco es el centro del mundo andino. Está en el sureste del país, donde las montañas empiezan a bajar hacia la selva amazónica. Cuzco parece una pequeña ciudad española, con su catedral, plazas, iglesias, museos, estaciones de ferrocarril, una universidad y tiendas donde se venden hermosísimas artesanías y artículos de plata y oro. Sin embargo, la construcción de la ciudad —arquitectura española sobre ruinas incaicas— indica otra realidad: la base de la ciudad es la población quechua, la gente que vende en los mercados y en las calles. Para mucha gente, el encanto de Cuzco consiste en la mezcla de las dos culturas, y la magia y el misterio del pasado inca. ¿Sabías que Cuzco es la ciudad más vieja del continente?

Actividad

Si vas a Cuzco, ¿qué puedes ver?

Actividades

A **¿Cómo se hace?** Match each word on the left with an equivalent expression from the column on the right.

1. completamente
2. cuidadosamente
3. generalmente
4. realmente
5. exactamente
6. tranquilamente
7. descuidadamente
8. rápidamente
9. lentamente
10. inmediatamente
11. fácilmente
12. frecuentemente
13. perfectamente
14. actualmente

a. hoy día
b. precisamente
c. con frecuencia
d. con mucho cuidado
e. muy
f. con calma
g. despacio
h. sin dificultad
i. muy de prisa
j. en seguida
k. en general
l. con poco cuidado
m. totalmente
n. sin errores

B **Generalmente.** Converse with a classmate to describe how you do the following activities. Then reverse roles.

Por ejemplo:

hablar español

ESTUDIANTE A

¿Cómo hablas español?

ESTUDIANTE B

Lo hablo fácilmente (perfectamente).

1. hacer la tarea
2. escribir cartas de amor
3. leer el periódico
4. manejar el coche
5. conocer nuevos amigos
6. comer comida mexicana
7. peinarse
8. preparar una hamburguesa
9. dormir

Especialmente Para Ti, Mamá CON CARIÑO

C **¿De qué manera?** Tell one thing that you do in each of the ways listed below.

Por ejemplo:

> fácilmente
> *Gasto dinero fácilmente.*

1. correctamente
2. lentamente
3. rápidamente
4. frecuentemente
5. descuidadamente
6. tranquilamente
7. completamente
8. cuidadosamente
9. perfectamente

D **Lo bueno y lo malo.** Everything has its pros and cons. Tell one good and one bad thing for each of the following, using **afortunadamente** and **desafortunadamente.**

Por ejemplo:

> tu habitación
> *Afortunadamente, no tengo que compartir*
> *mi habitación con mi hermano(a).*
> *Desafortunadamente, es muy pequeña.*

1. tu ciudad
2. la escuela
3. tu mejor amigo(a)
4. los maestros
5. tu deporte favorito
6. tu casa
7. el coche de tu familia
8. tu perro (gato, etc.)

E **Actualmente.** For each of the categories below, make a statement to describe how the present is different from some point in the past.

Por ejemplo:

> tu ciudad
> *Hace dos años (Cuando era niño[a], etc.) no había piscina.*
> *Actualmente hay dos piscinas grandes.*

1. la ropa
2. los Estados Unidos
3. la comida
4. la escuela
5. las notas
6. los padres
7. los maestros

Fauna de las Américas

Hasta que Colón llegó al Nuevo Mundo en 1492, América estaba aislada, separada de los otros continentes por dos vastos océanos. Cuando los españoles llegaron a las costas, encontraron distintas especies de flora y fauna, desconocidas en otras partes del mundo. Actualmente nos preocupa mucho que la destrucción de la selva está causando la extinción de cientos de especies todos los días.

Animales del Viejo Mundo

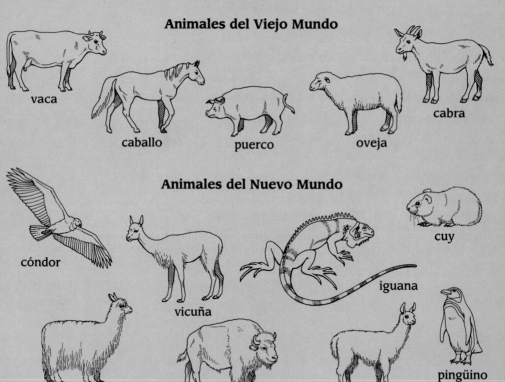

vaca

caballo

puerco

oveja

cabra

Animales del Nuevo Mundo

cóndor

vicuña

iguana

cuy

alpaca

búfalo

llama

pingüino

Actividad

¿Qué animales pueden servir para comida? ¿para transporte? ¿para ropa?

Estructura 2

How to Say What You Must
Do So That Something Will
Happen/What You Will Do
Unless Something Happens

Para que and **a menos que**
with the present subjunctive

1. When you want to say what you do or don't do in order that
   something will happen, use **para que** + present subjunctive.

> **No digo nada para que nadie sepa mis secretos.**
> **Voy a practicar más para que veas que soy muy serio.**

2. When you want to say what you will do or what will happen
   unless something is done, use **a menos que** + present
   subjunctive.

> **No voy a tener dinero para ir al Perú a menos
> que trabaje durante el verano.**
> **Pienso ir también a Bolivia a menos que no
> tenga tiempo.**

El Lago Titicaca, entre el Perú y Bolivia.

Actividades

A **Reglas del buen muchacho.** What advice would
you give to friends in the following situations? Match
the actions on the left with the results on the right.

Por ejemplo:

> ser más tolerante / tener más amigos
> *Tienes que ser más tolerante para que tengas más amigos.*

1. entrenarte
2. estudiar más
3. comer menos
4. trabajar
5. ser más amable
6. ser menos egoísta
7. levantarte a las seis

a. ganar dinero
b. tener más amigos
c. llegar temprano
d. ganar el campeonato
e. sacar mejores notas
f. perder peso
g. entender a la gente

B **Planes.** Tell what you are doing or planning to do so that you'll get something else.

Por ejemplo:

> Vamos a practicar fútbol más...
> *Vamos a practicar fútbol más para que ganemos todos los partidos.*

1. Vamos a ahorrar dinero...
2. Voy a escribirle a...
3. Vamos a invitar a...
4. Vamos a llamar a...
5. Vamos a comprar...
6. Voy a pedir...

C **Consejos.** Tell what people tell you to do so that you'll attain certain goals.

Por ejemplo:

> para que puedas matricularte en una universidad
> *Tienes que estudiar más para que puedas matricularte en una universidad.*

1. para que tengas más dinero
2. para que puedas hablar español
3. para que conozcas a otra gente
4. para que todos te quieran
5. para que te diviertas
6. para que consigas lo que quieres
7. para que no tengas más problemas
8. para que tus padres estén orgullosos (proud) de ti
9. para que termines tus tareas más rápido
10. para que saques buenas notas

D **¡Qué buen amigo eres!** Give your friends three bits of advice that will help them solve problems or fulfill their objectives.

Por ejemplo:

> Busca otro(a) novio(a) más interesante; no debes perder el tiempo con este(a) muchacho(a).
> *Quiero que busques otro(a) novio(a) más interesante para que no pierdas el tiempo con este(a) muchacho(a).*

1. Busca un trabajo más interesante; debes aprender cosas útiles.
2. Cámbiate al equipo de tenis; debes jugar conmigo todos los días.
3. Pídele el coche a tu hermano; debes ir al cine esta noche.
4. Ahorra un poco de dinero; debes viajar a California conmigo.
5. Vende tu coche viejo; debes comprar otro mejor.
6. Estudia un poco más de geometría; no debes tomar el curso otra vez el año que viene.

E **Ya sé lo que hay que hacer.** Complete the sentences below to tell what you and your classmates should do to achieve the following goals.

Por ejemplo:

> Para que entreguemos la tarea más temprano...
> *Para que entreguemos la tarea más temprano, es necesario que la empecemos más temprano (que no escuchemos la radio cuando estudiamos, etc.).*

1. Para que durmamos bien...
2. Para que no nos den tantas tareas de inglés...
3. Para que podamos ir a esquiar (ir a la playa)...
4. Para que hagamos una buena fiesta...
5. Para que salgamos el sábado por la noche...
6. Para que no nos enfermemos...
7. Para que no nos ahoguemos...
8. Para que consigamos licencia de manejar...
9. Para que protejamos el medio ambiente...

F ¡Qué susto! What warnings have Scott's family, friends, or teachers given him lately?

Por ejemplo:

> salir / lavar tu ropa
> *No vas a salir a menos que laves tu ropa.*

1. superarte / estudiar y leer más
2. hacer amigos / salir y conversar con ellos
3. tener dinero / ahorrar un poco ahora
4. salir con Ana María / pedirle una cita
5. entrar en el equipo de fútbol / entrenarte más

G **A menos que...** A good friend tells you what will happen to you in the situations below unless you do something to resolve the problem. Agree with your friend as in the model.

Por ejemplo:

> No creo que saques una buena nota en historia porque no has leído el libro todavía.
> *Es verdad. No voy a sacar una buena nota en historia a menos que lea el libro.*

1. No creo que nadie te preste el dinero porque no has sido muy generoso(a).
2. No creo que nadie vaya contigo al concierto porque no has conseguido entradas para tus amigos.
3. No creo que tengas dinero para las vacaciones porque no has conseguido trabajo todavía.
4. No creo que te inviten a la fiesta porque no contestas el teléfono.
5. No creo que esa chica te llame porque no has invitado a sus amigos.

H ¿Qué planes tienes? Write four activities you plan to do this week and what you must take into consideration to carry them out.

Por ejemplo:

> Quisiera ir al centro comercial esta semana...
> *Quisiera ir al centro comercial esta semana a menos que mi papá no me preste el coche (a menos que mi mamá no me permita, etc.).*

Finalmente

Situaciones

A conversar Imagine that you and a classmate have won a trip to Machu Picchu. Make plans for the trip. Include the following details in your conversation.

1. what you should take with you in order to be able to do what you want while there
2. what you need to do as soon as you arrive at the airport
3. what activities you hope to do when you get to Peru

Repaso de vocabulario

ACTIVIDADES
abordar
aterrizar
colocar
despegar
entregar
fumar
mantener (ie)
pasar por
revisar
ubicar

COSAS
el cigarrillo
el equipaje de mano
el mostrador
el recibo de equipaje
la seguridad (security)
la tarjeta de inmigración
la tarjeta de embarque
la turbulencia

ADVERBIOS
actualmente
afortunadamente
antiguamente
completamente
correctamente
cuidadosamente
desafortunadamente
descuidadamente
difícilmente
especialmente
exactamente
fácilmente
frecuentemente
generalmente
inmediatamente
lentamente
perfectamente
rápidamente
tranquilamente

PERSONA
el / la agente

EXPRESIONES
a menos que
antes que
hasta que
para que
tan pronto como

¿CUALES SON LAS MALETAS QUE PUEDES LLEVAR CONTIGO EN EL AVION?

Viajar con un equipaje liviano en los aviones está muy de moda, pero para llevar tus bolsas contigo en el avión, tienes que regirte por las restricciones de las líneas aéreas. Estas reglas establecen, entre otras cosas, el tamaño del equipaje que el pasajero puede llevar en el avión. Por ejemplo, una maleta que mida 50 cms x 40 cms x 12 cms (20" x 15" x 5") es de un tamaño aceptable. Las restricciones varían de una aerolínea a otra; pero para que tengas una idea, el maletín o bolso debe caber en el espacio que hay debajo del asiento de enfrente.

Lección 4

Una carta de Cuzco

¡A comenzar!

The following are some of the things you will be learning to do in this lesson.

When you want to . . .

1. describe people and things that may not exist
2. talk about what you and a friend do for each other

You use . . .

- person (thing) + **que** + present subjunctive
- **Nos** + **nosotros** form of verbs.

Now find examples of the above phrases in the following letter.

Carlos Alberto anda de aventuras con sus amigos Greg y Scott.
Desde la sierra le escribe una carta a su familia.

HOTEL
LIBERTADOR / Cusco

Cuzco, 23 de junio

Queridos mamá y papá, Mando y Toño:

Llegamos a Cuzco ayer sin problemas. El piloto voló sobre Machu Picchu y vimos el río y las ruinas. Me impresionó tanto la vista que saqué estas fotos. Aquí se las mando. ¿Qué les parecen?

Bueno, al llegar vinimos en microbús al hotel. En menos de una hora nos pusimos super-enfermos, Scott y yo con náusea y Greg con dolor de cabeza. Aquí en el hotel nos dijeron que era el soroche y nos dieron una infusión de hierbas. Ahora nos sentimos mejor así que vamos a salir a comer y sacar fotos. Greg dice que se muere de ganas de comer una hamburguesa y quiere buscar un restaurante que sirva comida norteamericana, pero no creo que encuentre ninguno. ¡Está loco! Yo necesito buscar una tienda que venda película porque sólo me quedan tres rollos.

Scott y Greg les mandan saludos a todos. Son realmente buenos conmigo. Los tres nos entendemos y nos llevamos bastante bien. Reciban un apretado abrazo de su hijo y hermano

Carlos Alberto

HOTEL
LIBERTADOR / Cusco

Señor Dn.
Antonio Aguilera Vallejos
Los Pimientos 536, Miraflores

Lima

CORREOS PERU
I/.1000
Sardanapalus-Hembra   1989

PERU CORRE
I/.500
Trichocereus
peruvianus

Actividades preliminares

A Tell who would be likely to make the following statements: you and a classmate, a close friend, or a neighbor.

Por ejemplo:

> Nos vemos de vez en cuando.
> *Mi vecino y yo.*

1. Nos prestamos la ropa.
2. Nos vemos sólo en las clases.
3. Nos saludamos casi todos los días porque vivimos cerca.
4. Nos conocemos, pero no muy bien.
5. Nos entendemos perfectamente.
6. Nos prestamos los cuadernos y las tareas.

B Your classmate needs to buy the items listed below. Tell him or her what kind of store to look for.

Por ejemplo:

> leche y queso

ESTUDIANTE A

Busco una tienda que venda leche y queso.

ESTUDIANTE B

Ah, buscas una lechería.

1. libros y revistas
2. curitas
3. panecillos
4. toda clase de alimentos
5. plátanos y peras
6. cámaras, rollos de película y pilas
7. un cortaplumas

Estimado Huésped:

Ayúdenos a ahorrar energía.
Por Favor:

- Apague todas las luces, cuando no estén en uso.
- Le suplicamos apagar el clima artificial al salir.
- Asegúrese que las llaves del agua estén cerradas.
- Agradecemos sinceramente toda su cooperación.

Vocabulario 1

Buscamos un hotel que...

sea de lujo

esté cerca de la estación

sea económico

Necesitamos un hotel que...

Buscamos un hotel donde haya...

Desayuno
Almuerzo
Cena

Desayuno

tenga pensión completa

tenga media pensión

salón de juego videocaseteras

cancha de tenis

Quiero una habitación que...

tenga calefacción

tenga aire acondicionado

tenga baño privado

tenga vista...

a la sierra

al mar

tenga balcón hacia...

el patio

el jardín

la plaza

Actividades

A **Un hotel que tenga...** Read the ads below and choose which hotel you would prefer to stay in and tell why.

Por ejemplo:

> Quisiera hospedarme en ＿＿ para que tenga ＿＿
> (para que mi mamá pueda ＿＿, etc.).

Hotel La Rosita

Atención de sus propios dueños

- **Habitación con balcón**
- **Pensión completa**
- **Comida peruana típica**
- **Salón de juegos**
- **US$ 50 por persona**

Hotel El Conquistador

Estupendas habitaciones dobles
Música típica desde las 19 horas en el restaurante
Servicios de niñeras • Piscina
Desayuno incluido
Con vista a la playa y al mercado
Estacionamiento

US$ 60 por persona

Telef. 231698

PENSIÓN LOS ESTUDIANTES

HABITACIONES PARA 3 O 4 PERSONAS
PEQUEÑA PISCINA
PENSIÓN COMPLETA
SERVICIO DE LAVANDERÍA
DESCUENTOS A GRUPOS ESTUDIANTILES

US$ 35-45 ◆ TELEF. 231000

Hotel Francisco de Pizarro

☆ ☆ ☆ ☆ ☆

Todo lujo • Baño privado
Balcones y jardines • Piscina temperada
Canchas de tenis y mini golf
Calefacción y aire acondicionado

◆

Restaurante internacional
US$ 85 por persona, habitación doble
US$ 65 niños menores de 12 años
US$ 120 con media pensión

Haga sus reservaciones en Lima.
Telef. 231970

B **Lo único que quiero.** Give your idea of perfection for the following persons or things.

Por ejemplo:

> una casa
> *Quiero una casa que sea grande y moderna, y que tenga una piscina y una cancha de tenis. Quiero que esté en el campo.*

1. una habitación
2. amigos
3. un restaurante
4. un/a maestro(a)
5. un coche
6. un trabajo

El soroche

El soroche es una enfermedad causada por los cambios de altura, especialmente por una subida rápida a la sierra, como cuando uno llega a Cuzco por avión. Los síntomas principales son un fuerte dolor de cabeza, náusea, y fatiga general. Generalmente el efecto pasa después de unos días, pero el soroche puede ser grave y hasta fatal, aunque raramente. Lo único que se puede hacer es descansar inmediatamente después de llegar. Es preferible no comer ni beber por algunas horas y, si es necesario, bajar de altura. Si estás en buenas condiciones físicas, los cambios de altura te molestan menos.

Actividades

A Cuando viajas, ¿cuáles son algunas de las cosas que debes llevar contigo para casos de urgencia?

B ¿Qué debes hacer para disminuir el efecto de los cambios de altura?

C Describe cómo se pusieron Carlos, Scott y Greg una hora después de llegar a Cuzco.

Estructura 1

How to Describe People and Things That May Not Exist

The subjunctive in adjective phrases

To describe things that you need or are looking for without having someone or something specific in mind, you use the subjunctive. Compare the following sentences.

> **Quisiera un hotel que no *sea* caro. ¿Conoces alguno?**
> **Yo me hospedo en la pensión Los Estudiantes que *es* super barata.**

If you know of the existence of a specific thing, you do not need the subjunctive. In the first sentence, however, the speaker does not know the hotels in general. He only knows that he would like an inexpensive one. In this case, the subjunctive is used.

You use the subjunctive in the following sentences because you don't have anyone or anything specific in mind. You only have an idea of the characteristics or specifications you're looking for.

> **Busco un amigo que no sea egoísta. Necesito alguien que tenga paciencia conmigo también.**
> **Quiero encontrar un trabajo que esté cerca de mi casa y donde paguen bien.**

Note that in the first sentence above you do not use the personal **a** with this construction.

Busco ...

Busco cualquier cosa que tengan de Patrick Swayze (pósters, etc.) y de su acompañante de la película "Dirty Dancing." Elena Cuéllar Lara, Virgen Fuensanta, 100 Lima.

Se buscan "fans" de Spandau Ballet que estén interesados en apuntarse en uno de los mejores clubs de España. Desde mayo, delegación en Londres. S.B. Como. San Vicente de Paúl, 9, 2.º izqda. 52201 Zaragoza.

Actividades

A **Difícil, pero no imposible.** Find classmates who fit as many of the descriptions below as possible. Write the name of the person who responds positively to your questions on a piece of paper. The first person who finds classmates who fit all of the descriptions wins.

Por ejemplo:

> Buscas alguien que practique el esquí acuático.

ESTUDIANTE A	ESTUDIANTE B
¿Practicas el esquí acuático?	No. (Sí).

Buscas alguien (un/a compañero[a])...

1. que sea de otro estado
2. que sepa el nombre de cinco frutas en español
3. que hable inglés, español y un idioma más
4. que sepa un poema de memoria
5. que tenga pasaporte
6. que viva muy cerca de la escuela
7. que pueda cantar muy bien
8. que sepa manejar un coche
9. que tenga un/a hermano(a) que vive en otra ciudad
10. que trabaje los fines de semana
11. que tenga una serpiente

B **Los compañeros.** Working in groups of two or three, write a list of five difficult or unusual activities you have not done yet. Choose a spokesperson who will ask if anyone in the class does the things on your list.

Por ejemplo:

> bucear
> *Todavía no hemos buceado.*
> *Buscamos alguien que bucee.*

JEFA DE RELACIONES HUMANAS

* Se solicita señorita para el puesto de Gerencia de Relaciones Humanas que tenga experiencia mínima de 3 años

Teléfono 540-72-60, de 10:00 a 14:00 y de _____ ____ de lunes a viernes.

EMPRESA IMPORTANTE EN SU RAMO SOLICITA

SECRETARIA BILINGÜE

• que tenga excelente presentación
• que tenga experiencia mínima de dos años
• que sepa inglés mínimo 90 %

Interesadas concertar cita con el licenciado ERNESTO BARRIOS GASTELUM, al teléfono 271-66-69.

IMPORTANTE EMPRESA EN EL RAMO DE LAS ARTES GRÁFICAS SOLICITA:

AYUDANTE DE FOTÓGRAFO

que tenga de 25 a 35 años   que no tenga problemas de horario
que tenga 3 años de experiencia mínima comprobada

• • •

Concertar cita a los Tels. 527-8762 527-87-70 y 399-0649 con la Srta. Araceli Ávila de 10:00 a 14:00 ó de 16:00 a 17:30 horas.

EMPRESA METALMECÁNICA SOLICITA:

INGENIERO ESTRUCTURISTA

• que tenga experiencia en cálculo y diseños de parte metálica
• que sepa inglés técnico 50%
• Sueldo según aptitudes
• Amplias posibilidades de desarrollo
• Servicio de comedor

Concertar cita al teléfono 576-03-99, extensión 146. Atención IRMA RIVERA, de 9:00 a 17:00 horas

C **Soñar no cuesta nada.** Describe your idea of the ideal places, persons, or things listed below.

Por ejemplo:

> encontrar / una escuela
> *Me gustaría encontrar una escuela donde haya clases los lunes, miércoles y viernes (que no tenga matemáticas ni gimnasia, etc.).*

1. asistir a / una clase
2. conocer / una persona
3. manejar / un coche
4. encontrar / una escuela
5. tener / un trabajo
6. tener / un/a hermano(a)
7. vivir en / un lugar
8. encontrar / un trabajo
9. hacer un viaje / un país
10. comprar / una chaqueta
11. descubrir / una isla
12. tener / un animal
13. encontrar / un restaurante

D **No pido mucho.** Using the listing below, tell what services and facilities you require of a campsite.

Por ejemplo:

> Quiero un campamento que tenga electricidad.

Vocabulario 2

Quiero tener amigos que sean...

pacientes

leales

humildes

habladores

agradables

No quiero amigos que sean...

impacientes

desleales

pretenciosos

callados

desagradables

graciosos

serios

dóciles

mandones

HORARIO

CLASES	8-2
TAREA	2-4
FÚTBOL	-6
COMER	
TELE	

cuerdos

despistados

considerados

bondadosos

trabajadores

Actividades

A **Para mí, es más importante.** Rank the characteristics listed in **Vocabulario 2** in order of importance (1 to 5).

Por ejemplo:

> Primero, es importante que mis amigos sean... Segundo, es importante que sean... Tercero, cuarto, quinto

B **¿En quién confías?** Describe at least four characteristics of the people you trust. Then do the same for people you don't trust.

Por ejemplo:

> Yo confío en la gente trabajadora, callada... No confío en la gente...

C **¿Cómo es?** How would you describe the following people? Match the words on the right with the descriptions on the left.

Por ejemplo:

> Siempre me presta dinero.
> *Es una persona muy bondadosa.*

1. Siempre se viste bien.
2. Hace cosas tontas y peligrosas.
3. Siempre me defiende cuando tengo problemas.
4. Juega tenis, fútbol y baloncesto.
5. Trabaja como loco.
6. No tiene buen sentido del humor.
7. No puede pensar en los demás.
8. Nunca habla.
9. Nunca dice la verdad.
10. Dice que es mi amiga pero se ríe de mí cuando está con los compañeros.
11. Cuenta chistes muy buenos.

a. egoísta
b. desleal
c. leal
d. mentiroso
e. trabajador
f. elegante
g. callado
h. gracioso
i. loco
j. serio
k. deportista

D **Los estereotipos.** What are your ideas of stereotypes? Girls should list four stereotypes generally associated with boys. Boys should list four stereotypes for girls. See how many in your class support your views (**[No] Estoy de acuerdo**).

Por ejemplo:

> Generalmente la gente cree que los hombres deben ser...

E **Me gustaría.** List five qualities you would like to have more of. Tell why.

Por ejemplo:

> Quisiera ser más atento(a). Siempre me olvido de dar las gracias.

F **Una carta abierta.** The class divides into small groups of boys and small groups of girls. Each group writes a letter to a group of the opposite sex, listing five qualities they look for in the opposite sex.

Por ejemplo:

> Nosotros, los chicos, buscamos chicas que sean graciosas y guapas, y que tengan trabajos que paguen bien, para que nos puedan invitar a comer a restaurantes lujosos y elegantes...

G **Si el mundo fuera perfecto.** Give your idea of perfection for the following persons or things.

Por ejemplo:

> perro
> *Quiero un perro que sea dócil, que me obedezca y que no destruya mis calcetines.*

1. un/a novio(a)
2. una clase
3. un/a maestro(a)
4. un/a amigo(a)
5. un/a abuelo(a)
6. un/a hermano(a)
7. unas vacaciones

Las maravillas del mundo incaico

Los incas, como los demás pueblos de América, no tenían vehículos para el transporte, ni conocían las máquinas o herramientas de construcción que se utilizaban en Europa. Sin embargo, construyeron edificios y otras estructuras de piedra de una inmensidad y precisión increíbles. Sólo tenían el calor del fuego, el frío del agua y el movimiento de una piedra contra otra. Para transportar los materiales de las montañas a los valles —muchas veces una distancia de 60 a 80 kilómetros— usaban miles de hombres.

A dos kilómetros del Cuzco, una caminata de media hora, está la fortaleza de Sacsayhuamán, un estupendo ejemplo de la ingeniería inca. Las piedras que forman los muros de Sacsayhuamán pesan miles de toneladas y algunas de ellas son más grandes que una casa.

Un poco más lejos, a siete kilómetros, está Tambomachay, que servía de centro de adoración del agua. Allí se ven canales, fuentes, baños y un pequeño templo.

Actividad

Greg mandó sus fotos a su familia en St. Louis. Describe lo que ves en cada foto.

Actividades

A Find the word in the text that has the same meaning as each of the following words or phrases.

Primer párrafo:	1. la destrucción
	2. de mucho valor
Segundo párrafo:	3. terminar la vida
Tercer párrafo:	4. herir, lastimar
	5. muy finos
	6. piedra verde de mucho valor
	7. cortarle la lana
Cuarto párrafo:	8. no finos
Quinto párrafo:	9. gran satisfacción
	10. símbolo oficial

B Tell whether the following statements are true or false according to the reading. If you think a statement is false, rewrite it so that it is accurate.

1. La seda y la vicuña son las fibras naturales más delicadas del mundo.
2. La lana de vicuña es muy cara porque hay que matar al animal.
3. En los tiempos de los incas, sólo los reyes podían usar ropa de vicuña.
4. El animal que da más lana es, por supuesto, la vicuña.
5. Los peruanos quieren conservar a la vicuña porque así pueden vender las pieles.

C Answer the following questions.

1. ¿Sabes qué animales están en peligro de extinción aquí en los Estados Unidos?
2. ¿Sabes qué animal se ve en el escudo de los Estados Unidos? ¿en el escudo de México? ¿Sabes qué aparece en el escudo de tu estado?
3. ¿Qué podemos hacer para que ciertas especies no se extingan y terminen para siempre? Da dos ideas.

Capítulo 5 Repaso

¿Recuerdas?

Do you remember how to do the following things, which you learned in **Capítulo 5?**

LECCIONES 1–2

1. identify items used for personal care (p. 351)
2. express disbelief about an action (p. 355)
3. identify equipment related to camping and hiking
   (pp. 359, 369)
4. say that you are happy or sorry that something happened, is happening, or will happen (pp. 362–363)
5. speak in a general terms about what is done (p. 375)
6. describe reactions to places and events (p. 379)
7. give advice and orders to others (p. 382)

LECCIONES 3–4

1. identify procedures related to air travel (pp. 389–390)
2. refer to events in the future (pp. 396–397)
3. tell in what manner someone does something (p. 399)
4. say what you do so that something will happen (p. 403)
5. say what you will do unless something happens (p. 403)
6. inquire about hotel facilities (pp. 411–412)
7. describe people and things that may not exist (p. 415)
8. describe people's personal characteristics (pp. 418–419)
9. talk about "each other" (p. 423)

¿Quiere un pan
que contribuya
a una vida activa
y saludable?

Multigrano de BIMBO

Multigrano de Bimbo es para la gente que como usted,
se preocupa por mantenerse en forma.

Porque tiene centeno, avena, ajonjolí, cebada, huevo, miel
de abeja y la gran fibra del trigo integral, cualidades que
lo hacen nutritivo y sabroso.

Con Multigrano de BIMBO usted enriquecerá su
alimentación diaria generando energía para una vida activa
y saludable.

Actividades

A **¿Qué llevaron?** The following people took different kinds of trips. List at least five items of clothing or equipment that they took with them.

Por ejemplo:

> Toño fue a la playa.
> *Llevó una toalla, el traje de baño, un radio de pilas, loción bloqueadora de sol, sandalias, anteojos de sol...*

1. Antonia y sus amigas hicieron una excursión en bicicleta de tres días por el campo.
2. Paco y Beto hicieron una excursión en canoa.
3. Los estudiantes de la clase de la Sra. Campo hicieron una excursión para sacar fotos de la sierra.
4. Un fin de semana la familia Ramírez fue a acampar.

B **Instrucciones.** Instruct your class on how to perform a task. First list the items you will need, then the steps to be followed. Choose one of the tasks below or think of one of your own.

Por ejemplo:

> lavar un coche
>
> *(1) Para lavar un coche, se necesitan agua, jabón y toallas viejas.*
> *(2) Primero se lava con jabón y luego se echa agua. Después se seca con toallas viejas.*

1. hacer la tarea
2. hacer una fiesta
3. preparar una comida especial
4. limpiar la habitación

¡Usted también está invitado!

C **Exploraciones científicas.** Tell what kinds of things the people below are interested in.

Por ejemplo:

> los botánicos
> *A los botánicos les interesan las plantas y las flores. Quieren descubrir plantas nuevas en la selva. Otros quieren proteger las especies en peligro de extinción.*

1. los arqueólogos
2. los astrónomos
3. los biólogos
4. los geólogos
5. los zoólogos
6. los antropólogos
7. los agricultores
8. los guías de excursiones
9. los escaladores de montañas
10. los campeones de esquí
11. los visitantes extranjeros

D **¿Qué se ve?** Name at least three things that are seen in each of the following places.

1. en un parque de tu ciudad
2. en el cielo
3. afuera en el suelo
4. cerca de tu escuela
5. cerca de tu casa

E **Una carta.** You and a classmate won the Spanish Club's two-week Andean holiday trip. Write a letter back to the club. Follow the guidelines below.

1. Empiecen la carta.
2. Pregunten por la salud de todos.
3. Digan cómo están ustedes.
4. Digan que sienten no haberles escrito antes.
5. Describan el país y los lugares que han visitado.
6. Digan todas las cosas que han hecho ya.
7. Digan las cosas que no han hecho todavía.
8. Díganles a sus compañeros que los echan de menos.
9. Terminen la carta y fírmenla.

F **Rumores.** Give three rumors that are going around your school—real or fictitious. Your classmates will respond by telling you whether or not they believe they're true.

Por ejemplo:

> Dicen que Mark salió con una estudiante universitaria el fin de semana pasado.

(Los compañeros:) No creo que haya salido con ella. (Sí, creo que tienen razón).

G **Una carta.** This letter arrived for you from Carlos Alberto. Tell a classmate what Carlos says in it. The first sentence is done for you.

Por ejemplo:

> La carta dice: Espero que estés bien.
> *Espera que yo esté bien.*

H **Recomendaciones.** Complete the sentences below to give your classmates six pieces of advice about what to do, see, wear, or where to go on a trip to Peru.

1. Es importante que Uds. _____.
2. Les recomiendo que _____.
3. Espero que _____.
4. También les aconsejo que _____.
5. Naturalmente, quisiera que _____.
6. Lógicamente, la maestra quiere que _____.

Lima, 6 de septiembre

Querido amigo:

Espero que estés bien. También espero que tomes unos días de vacaciones. Por aquí no creo que los exámenes terminen nunca. Mis padres y yo queremos que ustedes vengan a Lima. Mamá especialmente quiere que venga tu mamá porque ha sido tan simpática en sus cartas. Espero que ustedes puedan venir para las Navidades porque es una época tan especial para nosotros. Quiero verte y no creo que mis padres me dejen regresar a los Estados Unidos por unos años. Escríbeme pronto. Un abrazo de tu amigo peruano

Carlos Alberto

En busca de aventuras

Lección 1

El gran festival

¡A comenzar!

The following are some of the things you will be learning to do in this lesson.

When you want to...	You use...
1. describe an action in progress	• a form of **estar** + the present participle (**-ando** on the end of **-ar** verbs / **-iendo** on the end of **-er** and **-ir** verbs)
2. describe how you and others spend your time	• a form of **andar / seguir / pasar** + present participle
3. express what others are probably doing or what is probably happening	• **A lo mejor** + activity.

Now find examples of the above words and phrases in the following conversation.

Scott y Greg conversan en el hotel en Cuzco el día del festival
Inti Raymi.

SCOTT: ¿Has visto a Carlos?

GREG: Pues, no. Creía que estaba contigo. No lo he visto desde esta mañana cuando salimos para el Inti Raymi.

SCOTT: A lo mejor anda buscando artesanía en la plaza. ¿A qué hora se fue del festival?

GREG: Como a las cuatro. Por seguro está conversando con esas chicas que conocimos allí en el Inti Raymi.

SCOTT: Espero que no le haya pasado nada. Ayer pasó el día durmiendo. Espero que no se sienta mal.

GREG: Así que sigues siendo el pesimista del grupo, ¿no? No te preocupes. A lo mejor, está divirtiéndose en la plaza. Vamos a buscarlo.

Actividad preliminar

How did you spend your last school vacation? Choose from the list below.

Por ejemplo:

Pasé las vacaciones de abril...

leyendo	tocando el piano
escribiendo	viajando
saliendo	preparándome para...
hablando por teléfono	esquiando
practicando deportes	estudiando
trabajando	mirando las flores
patinando	descansando

Vocabulario 1

¡La vida es una fiesta!
¡Cuánto me gustan...!

las carrozas

los carnavales

las procesiones religiosas

los desfiles

los disfraces*

los fuegos artificiales

* el disfraz, *pl.* disfraces

las bandas

los payasos

los conjuntos folclóricos

los bailes

las reuniones familiares

las orquestas

La gente pasa el día divirtiéndose.

Actividades

A **Asociaciones.** What U.S. holiday do you associate with each of the following?

Por ejemplo:

> una comida especial
> *Pienso en el Día de Acción de Gracias.*

1. los fuegos artificiales
2. los desfiles
3. los disfraces
4. las carrozas
5. los dulces

6. las decoraciones especiales
7. música de bandas
8. una cena grande
9. reuniones familiares
10. procesiones religiosas

B **Día de fiesta.** Think of a special holiday and describe to the class one time you celebrated it, answering the questions below. Your classmates will guess which holiday you are describing.

1. ¿Dónde estabas? ¿Con quién estabas?
2. ¿Qué hiciste para celebrar el día?
3. ¿Qué había para celebrar el día —un desfile, música, fuegos artificiales? Descríbelos.

C **Proclamación.** Proclaim your own holiday and announce it using the model at right. Include the date, the reason, and the name of your holiday, how people will celebrate it, and what they are to think about on that day.

Proclamación

Fecha:

Nombre del día
de fiesta:

Quiero que todos celebren la
ocasión porque...

De aquí en adelante quiero
que todos...

No quiero que nadie...

Va a haber...

Es un día para pensar en...

Es un día para ir...

El Inti Raymi

El altiplano peruano recibe poco calor del sol. El sol es muy importante para la agricultura, y para poder comer y sobrevivir. Los incas adoraban al sol y consideraban al Inca, o rey, como hijo del sol. Todos los años, representantes de todas partes del mundo inca venían al Cuzco a darle al Inca toda clase de regalos en una ceremonia que se llamaba el Inti Raymi, o sea el festival del sol.

Ahora, el Inti Raymi se celebra en el Cuzco (en Sacsayhuamán, realmente) para recordar el pasado y mantener las tradiciones antiguas, y también para celebrar una fiesta quechua con música, procesiones y bailes folclóricos. Como ves, el sol es muy importante en la cultura quechua. ¿Sabes que la moneda nacional del Perú se llama "el sol" también?

Actividad

Contesta las siguientes preguntas sobre el Inti Raymi.

1. ¿Por qué era tan importante el sol para los quechuas?
2. ¿Qué te parece más interesante en las fotos del Inti Raymi?
3. ¿Qué otras cosas de la naturaleza son importantes para otras culturas? Por ejemplo, ¿sabes qué cosas eran objetos de adoración en algunas culturas indígenas de los Estados Unidos?

BANCO CENTRAL DE RESER
LAGO TITICACA
MIL INTIS

Estructura 1

How to Say How You Spend Your Time

The present participle

1. To say what you spend your time doing, use a form of the verb **pasar** + expression of time and add what is called a "present participle." You form these participles by removing the -**ar**, -**er**, or -**ir** from the infinitive and adding -**ando** (-**ar**) or -**iendo** (-**er**, -**ir**).

> **Me gusta conversar con mis amigos. Paso las tardes hablando por teléfono con ellos.**
>
> **El domingo pasado no tenía ganas de hacer nada. Pasé el día viendo la tele, comiendo y descansando.**

2. When you use pronouns such as **lo, la, los, las, le, les, se, nos, me,** and **te,** these are attached to the -**ando** or -**iendo** form of the verb. Note that you must write an accent on the vowel that you stress when you say the word.

> **Paso muchas horas preparándome para el examen.**
> **Ayer pasé el día escribiéndoles a mis amigos y contándoles cosas de mi viaje.**

3. Those -**ir** verbs whose stems change from **e** to **i** or **o** to **u** in the third person preterit also have a stem change in the present participle.

seguir	siguiendo	reírse	riéndose
conseguir	consiguiendo	vestirse	vistiéndose
servir	sirviendo	divertirse	divirtiéndose
pedir	pidiendo	dormir	durmiendo
despedirse	despidiéndose	morirse	muriéndose

4. And some are written differently so that there will not be three vowels together.

caerse	cayéndose
creer	creyendo
leer	leyendo
oír	oyendo
destruir	destruyendo
huir	huyendo

5. You may also use a form of the verbs **andar** and **ir** followed by the present participle to tell how you and others spend your time. Use a form of **seguir** to tell what you and others are still doing.

> **¿Has visto a Carlos?**   **Sí, anda comprando regalos para su familia.**
>
> **Miguel no ha cambiado nada. Sigue divirtiéndose y saliendo con sus amigos.**
>
> **Íbamos caminando por el parque cuando empezó a llover. Nos mojamos completamente.**

Actividades

A   ¿Cómo andas? Actions speak louder than words. Describe yourself by your actions, telling which of the following you could be found doing at any point during the day.

Una madre con su hija en Cuzco.

Por ejemplo:

> Siempre (Todo el tiempo)...

ando riéndome
ando quejándome
ando divirtiéndome
ando pidiendo favores
ando conversando
ando soñando
ando pensando en formas de ganar dinero

B   Mi sueño es pasar el día... Say how you would like to spend your day if you were free to choose. Use the list of suggestions below or think of your own.

Por ejemplo:

> A mí me gustaría pasar el día saliendo y no haciendo nada.
> Pero a mi hermana le gustaría pasar el día haciendo ejercicio y terminando sus proyectos de la clase de arte.

ayudando a...   escribiéndoles notas a mis amigos
descansando   leyendo revistas
durmiendo   viendo la tele
escuchando música   divirtiéndome con mis amigos

C **Otra vez Bruno.** Bruno has good and bad habits; let's see if you can give him good advice.

Por ejemplo:

> Pasa el día durmiendo y no quiere salir a pasear.
> *Le recomiendo que no duerma tanto y que salga a pasear.*

1. Pasa el día estudiando y, a veces, soñando despierto.
2. Pasa el jueves en casa leyendo revistas románticas y de cine.
3. Pasa el domingo pidiéndole ropa nueva a su mamá y no la deja descansar de su trabajo.
4. Pasa la noche hablando por teléfono con Lulú y contándole que otras chicas lo llaman mucho.
5. Pasa los sábados viendo programas tontos en la tele y no sale a tomar el aire fresco.

D **Y tú, ¿qué haces?** Complete the following sentences according to how you like to spend your days.

Por ejemplo:

> Cuando estoy cansado(a)...
> *Cuando estoy cansado, paso el día durmiendo y leyendo.*

1. Cuando estoy enfermo(a)...
2. Cuando tengo un examen...
3. Cuando llueve...
4. En verano...
5. En invierno...
6. Nunca...
7. En mi cumpleaños...
8. Cuando no hay clases...

CON VIASA . . .
EL TIEMPO PASA VOLANDO
Sólo con Viasa siempre con Viasa

Teléfonos Reservaciones:
721-3378 / 721-4860 / 800 327-5454

27 Años de prestigio y competencia en el mundo

VIASA
LA LINEA AEREA DE VENEZUELA

E **Imagínate.** Have you ever wondered how people in various lines of work spend their time? Below are some schedules for Peruvians from various professions. How would you say each one spends his or her day?

Por ejemplo:

El señor Varela pasa el día dando clases...

Andrea Alas,
auxiliar de vuelo

3 LUNES

dar clase de química
preparar examen para la tercera clase
corregir composiciones de la
   primera clase
escribir carta de recomendación para
   Lucía Márquez
ayudar a Beto Carrasco con la
   tarea de biología

César Varela, maestro

3

salir de Lima
llegar a Buenos Aires
salir de Buenos Aires
llegar a Santiago
pasar la noche
en Santiago

3 LUNE

OPERAR AL PERRO DE LOS PACHECO
REUNIRME CON EL REPRESENTANTE DE
   LA COMPAÑÍA FARMACÉUTICA SANEX
VER AL GATO DE LOS IBÁÑEZ
ENTRENAR A LA NUEVA AYUDANTE

F **Cuando era niño(a).** Have you changed much from when you were a child in terms of the way you spend your time? Compare how you spent your days as a child with how you spend your days now.

Amalia Legazpi, veterinaria

Por ejemplo:

Cuando era niño, pasaba los días jugando, trepando a los árboles, escuchando los cuentos de mi mamá...
Hoy día, paso el tiempo...

Vocabulario 2

¿En sus marcas? ¿Listos? ¡Ya!
Voy a participar en...

un campeonato
una competencia

un concurso

una carrera

Acaban de...

marcar un tanto

quedar
empatados(as)

marcar un gol

recibir...

EXHIBICIÓN

Lluvia Ácida

el premio

el trofeo

la medalla de oro

Están en...

el primer (segundo, tercer, cuarto, etc.) puesto

Me pregunto quién es...

el / la perdedor/a

el / la ganador/a

el / la árbitro(a)

el / la entrenador/a

el / la campeón(ona)

Actividades

A **Las olimpiadas.** Design five "Olympic events" for your school to find out who can do certain activities the best. Don't limit yourself to athletic events.

Por ejemplo:

> una carrera
>
> *Una carrera para encontrar a alguien que pueda correr (recoger los papeles del suelo de la cafetería, etc.) más rápido.*

1. un torneo
2. una competencia
3. un partido
4. un concurso
5. un campeonato

B **Titulares.** Write headlines for your school newspaper announcing the results of the recent games or contests in your school. Choose seven of those listed below.

Por ejemplo:

> fútbol americano
>
> *¡El campeonato entre Lincoln y West quedó empatado!*

tenis	debate
baloncesto	música
fútbol	arte
fútbol americano	composición
natación	matemáticas
béisbol	ciencias
campo y pista (field and track)	vóleibol

C **En la tele.** Rank your five favorite television programs according to first place, second place, and so on.

Por ejemplo:

> En primer puesto está...

D **¿De quién habla?** Following a recent girls' basketball game, you overheard the statements below. Tell to whom each comment refers, choosing from the following list of people.

> las ganadoras
> las perdedoras
> el árbitro
> la entrenadora
> las campeonas

Por ejemplo:

> Se entrenaron mucho, así que me alegro que hayan recibido el trofeo.
> *Habla de las ganadoras (las campeonas).*

1. Manda que las muchachas practiquen todos los días.
2. ¡Imagínate! No marcaron ni un tanto en todo el partido.
3. No entiendo por qué penalizó a Ramírez.
4. Dicen que cuando el equipo ganó el campeonato el año pasado, invitaron a todas las muchachas a su casa para una fiesta. *invitó*
5. ¡Lástima que no hayan jugado mejor!
6. No creo que haya sido muy justo.

E **El campeón.** Choose a popular sports figure to visit your class. Working in groups of three, decide who will visit and then make a list of six or seven questions to use to interview this person.

La bailarina norteamericana Evelyn Cisneros.

Aventuras en los Andes

CAMINATAS

Camino inca a Machu Picchu Machu Picchu y el Camino inca se declaró Parque Arqueológico Nacional y Santuario Histórico en 1970. Aquí se ve una abundante vegetación con algunas especies en peligro de extinción. Viaje de 6 días, Cuzco-Machu Picchu-Cuzco. Abril a octubre.

Cordillera blanca Los picos tropicales más altos del mundo son el paraíso sudamericano de andinistas y caminantes, en el corazón del Parque Nacional del Huascarán. Viaje de 6 días, Lima-Huaraz-Lima. Abril a octubre.

EXCURSIONES POR LOS RIOS

Río Apurímac Considerado por Jacques Cousteau y otros científicos como el origen del Amazonas, el Apurímac le ofrece al experto aguas torrentosas llenas de rápidos. Viaje de 7 días. Julio y agosto.

Río Urubamba Valle Sagrado de los Incas, el programa más popular de Sudamérica, combina rápidos suaves, picos nevados, comunidades nativas quechuas y ruinas incaicas. Combina perfectamente con cualquier visita a Machu Picchu. Viaje de 2 días. Mayo a octubre.

Actividad

Escoge la excursión que más te interese. ¿Qué ropa y equipo tendrías que llevar en esa excursión?

Por ejemplo:

> Me interesa mucho la excursión al Río Apurímac. Para esa excursión tendría que llevar un chaleco salvavidas, botas...

Estructura 2

. . . .

*How to Describe an
Action in Progress*

*The present progressive
tense*

You have used the present participle with verbs such as **pasar,
andar,** and **seguir** to describe how you and others spend your day.

> **Paso la tarde leyendo.**
> **Carlos anda explorando la ciudad.**
> **¿Greg y Scott siguen durmiendo?**

To describe what is going on in the present by focusing on the
activities in progress, use the present tense of **estar** + present
participle.

> **El año pasado fui de vacaciones a Colorado, pero este año
> estoy pensando ir a Alaska.**
>
> **Roberto se está entrenando muy bien este año porque
> quiere ganar un trofeo en la competencia de ciclismo.**

You use the present tense, not the present progressive, to describe
what you and others generally or typically do.

> **Nos portamos bien en esa clase.**
> **Siempre obedecemos al maestro.**

Actividades

A **¿Para qué?** The following are some activities you may be
doing to reach certain goals. Finish each of the statements about
yourself.

Por ejemplo:

> Estoy haciendo ejercicio para que...
> *Estoy haciendo ejercicio para que pueda
> correr más rápido.*

1. **Estoy estudiando para que...**
2. **Estoy buscando un/a muchacho(a) que...**
3. **Estoy tomando clases de español para que...**
4. **Estoy trabajando para que...**
5. **Estoy ahorrando dinero para que...**

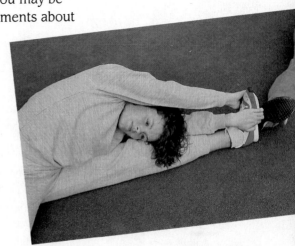

B No puedo; estoy ocupado. Sometimes we're too busy to do what people want us to do. Give two reasons why you can't do each of the following right now.

Por ejemplo:

> Tu mamá quiere que laves los platos.
> *En este momento no puedo. Estoy lavándome el pelo y...*

1. Tu papá necesita que saques la basura.
2. Son las seis de la tarde y tu amigo quiere que le hables por teléfono.
3. Tu amigo(a) quiere que le ayudes con la tarea.
4. Tu hermano te dice que cortes el césped.
5. Un vecino te pide que cuides a sus tres niños.

C ¿Qué estás haciendo? Imagine the following times. Tell where you are and what you are doing.

Por ejemplo:

> Es lunes, a las cuatro de la tarde.
> *Estoy en la reunión del club de debate. Estoy preparándome para una competencia.*

1. Es sábado, a la una de la tarde.
2. Es viernes, a las cuatro y media de la tarde.
3. Es miércoles, a las ocho de la noche.
4. Es jueves, a las siete de la mañana.
5. Es domingo, a las diez de la mañana.
6. Es el Día de Acción de Gracias, a las tres de la tarde.
7. Es el Día de la Independencia, a las nueve de la noche.

D ¿Dónde estás? Describe a real or imagined scene in a place you go regularly. Tell what you and the people around you are doing at a particular moment. Your classmates will guess where you are.

Por ejemplo:

> Estoy comiendo algo que no me gusta mucho. Todos están hablando. Algunos están leyendo.
> (Los compañeros:) Estás en la cafetería.

Finalmente

Situaciones

A conversar Working with a partner, imagine that both of you are in charge of organizing a special event at school. First decide what you will celebrate (for example, a holiday party or dance, an athletic victory, or graduation), then formulate plans. Include the following details in your conversation.

- when and where the event will take place
- what activities people will be able to do **(Pueden pasar el tiempo...)**
- what refreshments you will serve
- what decorations you will use
- who will help you do everything that needs to be done

You may wish to make a large poster advertising your event and share it with the class.

Repaso de vocabulario

COSAS
el baile
la banda
el campeonato
el carnaval
la carrera
la carroza
la competencia
el concurso (contest)
el conjunto folclórico
el disfraz (*pl.* los disfraces)
los fuegos artificiales
el gol
la medalla
la orquesta
el premio

la procesión religiosa
el puesto (ranking, place)
la reunión familiar
el tanto
el trofeo
la vida

el torneo

PERSONAS
el / la árbitro(a)
el / la campeón(ona)
el / la entrenador/a
el / la ganador/a
el payaso
el / la perdedor/a

ACTIVIDADES
andar
marcar (to score)
participar
quedar empatado(a)
seguir (i) (to continue, keep on)
no pasar

EXPRESIÓN
a lo mejor

Lección 2

¡Qué aventura!

¡A comenzar!

The following are some of the things you will be learning to do in this lesson.

When you want to . . .	You use . . .
1. describe sounds you hear	• phrases such as **los rugidos del río / el ulular del viento**
2. describe how someone does something, making nonfactual comparisons	• Activity + **como si fuera...**
3. say what you wish something were like	• **Ojalá que fuera...**
4. blame someone	• **echarle la culpa a** + person

Now find examples of the above phrases in the following conversation.

Carlos, Scott y Greg están en el Valle Sagrado de los Incas. Están preparándose para bajar el río Urubamba. Aunque tienen todo lo necesario para el viaje, Scott está sumamente nervioso.

SCOTT: Oye, Carlos, esto... ¿lo has hecho alguna vez? Tengo tanto miedo de que los rápidos sean peligrosos y nos ahoguemos. ¿Oyes los rugidos del río? ¿y el ulular del viento?

CARLOS: Sí, pero ¿por qué te asustas? Puedes nadar como si fueras pez.

SCOTT: Bueno, ojalá que fuera verdad. Puedo nadar muy bien en la piscina, pero no es lo mismo en un río torrentoso, hombre. Y el chaleco salvavidas, ¿lo tengo bien puesto?

GREG: Sí, Scott, cálmate. Carlos tiene razón. Te preocupas como si fueras mi abuelita.

SCOTT: Bueno, no tengo tanto miedo por mí. Es que no quiero que nada les pase a ustedes.

CARLOS: Ah, ¡claro! ¡Ahora nos echa la culpa a nosotros!

Actividad preliminar

Tell whom you blame in the following situations.

Por ejemplo:

> Le(s) echo la culpa a...

1. No encuentras el casete que buscas.
2. Buscas tu libro de español, pero no está en tu gaveta.
3. Ves que tu suéter nuevo está sucio.
4. Tu mamá está enojada porque su plato favorito se rompió.
5. Tus padres se pusieron furiosos porque les dijiste que ibas a llegar a casa a las diez, pero llegaste a las once y media.

Vocabulario 1

Se oye (n)...

el silencio de los campos

el ronroneo de los coches y las motos

los rugidos de los motores

de las ramas de los árboles

el crujido...

de las puertas

del fuego

de las hojas en el suelo

el ulular del viento cuando hay tormenta

el eco de las voces

los chillidos de los niños, de los pájaros y de los monos

los ladridos de los perros

los maullidos de los gatos

el zumbido de...

las moscas

los mosquitos

las abejas

Actividades

A Sonidos. Tell whether you like or dislike each of the following sounds.

1. el crujido del fuego
2. los chillidos de los niños
3. el zumbido de los mosquitos
4. el crujido de las hojas en el suelo
5. los ladridos de los perros
6. el ronroneo de un coche deportivo
7. el ronroneo de las motos
8. los maullidos de los gatos
9. el ulular del viento
10. los chillidos de los monos
11. el silencio

B ¿Dónde se oyen? Tell all the places where you might hear the sounds below, choosing from the following list.

en el zoológico	en la playa
en casa	en el estadio
en la finca	en una casa abandonada
en la ciudad	en la selva
en el campo	en el picnic
en el desierto	en la carretera

Por ejemplo:

los maullidos de los gatos
Se oyen en la casa (en la finca, etc.).

1. el eco de las voces
2. el zumbido de las moscas
3. el crujido de una puerta
4. el crujido del fuego
5. el ulular del viento
6. el ronroneo de los camiones
7. el silencio
8. los chillidos de los niños
9. los rugidos de los leones

El Lago Titicaca.

C **¿Cuándo se oyen?** Tell what sounds you might hear at the following times.

Por ejemplo:

> cuando hay una tormenta
> *Se oye el ulular del viento, el crujido de las ramas de los árboles, etc.*

1. en primavera
2. en invierno
3. cuando nieva
4. cuando hay un tornado
5. en otoño
6. durante un incendio

D **Reacciones.** Tell how you react to various sounds, completing the sentences below.

1. ... me da(n) miedo.
2. ... me da(n) susto.
3. ... me da(n) ganas de...
4. ... me da(n) placer (pleasure).
5. ... me da(n) curiosidad.

E **Escena y acción.** Working with a partner, set a scene in the past, telling the time, place, weather, and sounds. Then complete your description with actions and events. Complete the sentences below.

1. Era(n) la(s) ____ de la ____.
2. Estábamos en ____.
3. Hacía ____.
4. Se oía(n) ____.
5. Entonces, ____.

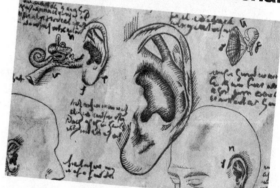

Usted posee la mejor tecnología para escuchar

la mejor tecnología en sonido:

Serie X50DCD

Technics cuenta con nuevos modelos de componentes y Compact Discs que son una verdadera delicia al oído. La línea de sistemas de audio Technics Serie X, combina la más alta tecnología en electrónica con la excelente calidad de sonido. Los nuevos reproductores de Compact Disc Technics, presentan la tecnología MASH de 1 bit, que logra la mayor calidad de conversión digital-analógica con gran resolución y mínima distorsión, aun a niveles bajos de audio. Usted posee la mejor tecnología para escuchar y Technics ha creado la mejor tecnología para que usted la escuche.

La tecnología MASH fue desarrollada por NTT (LSI-Lab Japón)
MASH es una marca registrada de NTT

Technics
La ciencia del sonido.

El Valle Sagrado

Cerca del Cuzco, donde corre el Río Vilcanota, está el Valle Sagrado de los Incas. Según algunas leyendas, el valle se consideraba sagrado porque allí se cultivaba un maíz especial —blanco, delicado y tierno— que les gustaba mucho a los incas y que no se encontraba en ninguna otra parte. Como la tierra era muy fértil, la gente cultivaba también las laderas de las montañas donde construyeron "andenes", o sea, terrazas, para retener la tierra y controlar el agua que corría hacia abajo durante la estación de las lluvias.

La familia del Inca y los otros nobles del Cuzco construyeron palacios de verano en los pueblos del valle. Allí iban para escaparse de las temperaturas más altas de la ciudad y para tomar baños termales.

Actividad

Di qué legumbres y frutas se cultivan en tu región.

Por ejemplo:

En mi región se cultivan papas y manzanas.

Estructura 1

··

How to Make Nonfactual Comparisons or to Say What You Wish Someone Were Like

Como si / Ojalá que +
imperfect subjunctive

COMO SI

1. You may describe how someone does something by making comparisons using characteristics or activities of someone or something else.

    Esa muchacha juega tenis *como si fuera una profesional.*
    Ese muchacho nada *como si fuera un pez.*

Use the phrase **como si** followed by what is called the imperfect subjunctive to convey the notion "as if."

2. The following are the forms of **ser** in the imperfect subjunctive.

fuera	fuéramos
fueras	fuerais*
fuera	fueran

    Después de pasar un año en los Estados Unidos, Carlos Alberto habla inglés como si fuera un norteamericano.

3. The above forms are also the imperfect subjunctive of **ir.**

    Te vistes como si fueras a la Antártida.

4. The following are forms of **estar** in the imperfect subjunctive.

estuviera	estuviéramos
estuvieras	estuvierais*
estuviera	estuvieran

    Se queja como si estuviera enferma.
    Se portan como si estuvieran en su casa.

5. The following are forms of **tener** in the imperfect subjunctive.

tuviera	tuviéramos
tuvieras	tuvierais*
tuviera	tuvieran

    Gasta dinero como si tuviera un millón de dólares.

* This form is rarely used in the Spanish-speaking world, except for Spain.

OJALÁ QUE

6. To express what you wish you and others were, use the phrase
ojalá que + imperfect subjunctive of **ser.**

> **Ojalá que fuera más organizada.**
> **Ojalá que mis hermanos fueran menos egoístas.**

7. To express where you wish you and others were, use **ojalá que** +
imperfect subjunctive of **estar.**

> **¡Qué frío hace! Ojalá que estuviéramos en Puerto Rico.**

8. To express what you wish you and others had, use **ojalá que** +
imperfect subjunctive of **tener.**

> **Ojalá que mis padres tuvieran más paciencia conmigo.**

Actividades

A **¿Cómo se visten?** Tell how the following
people are dressed.

Por ejemplo:

> *Se viste como si fuera a la Antártida.*

B **Gente famosa.** Based on the descriptions below, tell what the following people do.

Por ejemplo:

_____ como si fuera Eddie Murphy.
Cuenta chistes como si fuera Eddie Murphy.

1. _____ como si fuera Elvis.
2. _____ como si fuera Gabriela Sabatini.
3. _____ como si fuera Paula Abdul.
4. _____ como si fuera Darryl Strawberry.
5. _____ como si fuera Joe Montana.

C **Ojalá.** Tell a classmate how he or she does the following. Your classmate will respond that he or she wishes it were so.

Gabriela Sabatini, tenista argentina.

Por ejemplo:

jugar béisbol / ser profesional

ESTUDIANTE A	ESTUDIANTE B
Juegas béisbol como si fueras profesional.	Ojalá que fuera profesional.

1. gastar / tener mucho dinero
2. vestirse / estar en la playa
3. cuidar niños / tener mucha paciencia
4. reírse / estar enamorado(a)
5. hablar español / ser español/a
6. correr / ser atleta
7. saltar / jugador/a de baloncesto

D **Ojalá que estuvieras aquí.** Imagine that you're on vacation in your favorite place. Write a postcard to a friend back home. Be sure to open and close your letter politely, and complete the following sentences.

1. Paso los días...
2. Ojalá que estuvieras aquí conmigo porque...
3. También podríamos...

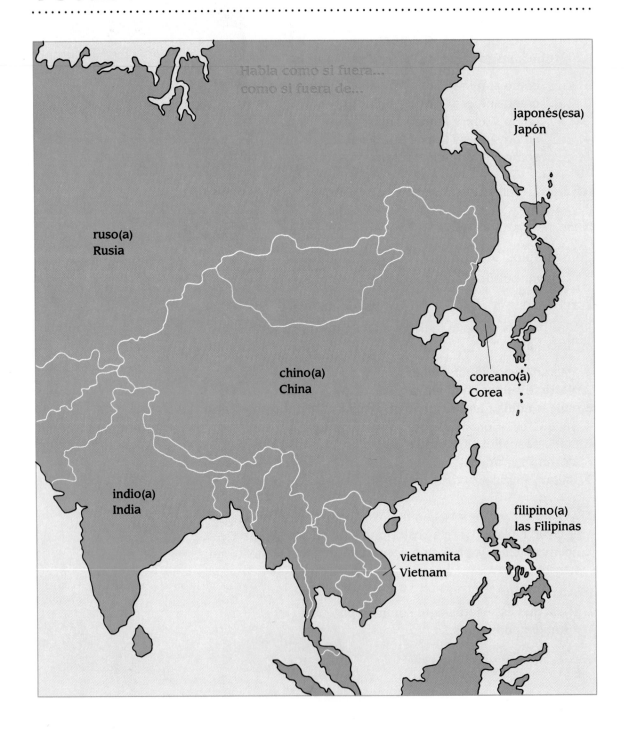

japonés(esa)
Japón

ruso(a)
Rusia

chino(a)
China

coreano(a)
Corea

indio(a)
India

filipino(a)
las Filipinas

vietnamita
Vietnam

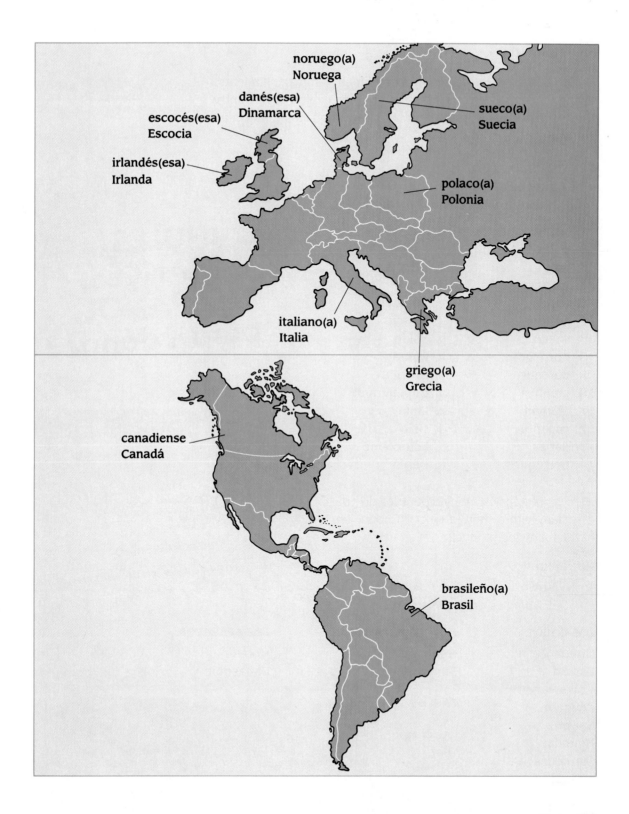

noruego(a)
Noruega

danés(esa)
Dinamarca

escocés(esa)
Escocia

irlandés(esa)
Irlanda

sueco(a)
Suecia

polaco(a)
Polonia

italiano(a)
Italia

griego(a)
Grecia

canadiense
Canadá

brasileño(a)
Brasil

Actividades

A Estudiantes de idiomas. Compliment language students, saying that they speak as if they're from the capital of a country where the language is spoken. Match the languages to the cities on the right.

Por ejemplo:

francés / París
Hablas francés como si fueras de París.

1. italiano	a. Saigón
2. polaco	b. Londres
3. ruso	c. Atenas
4. vietnamita	d. Seúl
5. inglés	e. Varsovia
6. griego	f. Moscú
7. sueco	g. Tokio
8. noruego	h. Roma
9. coreano	i. Brasilia
10. japonés	j. Copenhague
11. alemán	k. Lima
12. español	l. Oslo
13. danés	m. Estocolmo
14. portugués	n. Berlín

INGLES, FRANCES, ESPAÑOL, pero ¿dónde?

CENTRO DE IDIOMAS DE LIMA

NIÑOS, JOVENES Y ADULTOS
GRUPOS REDUCIDOS Y DINAMICOS
PRE-ESCOLAR - FCE - PROFICIENCY
FACILIDADES DE PAGO

Inicio: 9 de Enero

Av. Manuel Olguín 215 - Surco (Espalda U. de Lima) Telfs. 350601 - 355970

B Asociaciones. What countries do you associate with certain products? Choose ten of the following products.

Por ejemplo:

Volvo
El Volvo es un coche sueco.

LOS COCHES	LAS COMPUTADORAS	LOS APARATOS
Honda	Apple	Hoover
Ferrari	Sanyo	Panasonic
Volkswagen		
Peugeot	LA ROPA	
Saab	Levi	
Hyundai	Gucci	
Mercedes	Dior	

C **Los mejores.** Complete the following statements to tell where you think the best products are from.

1. Los mejores coches son los de...
2. La mejor comida es la de...
3. Las mejores computadoras son las de...
4. La mejor ropa es la de...
5. Los mejores zapatos son los de...
6. Los mejores estéreos son los de...

D **Por todo el mundo.** Using the time zone map below, tell what time it is in each of the following countries. Also tell what teenagers in each of the countries are probably doing.

Por ejemplo:

Japón
Son las nueve de la noche en Japón. A lo mejor los muchachos japoneses están haciendo la tarea, descansando, hablando con la familia, etc.

1. India   3. Grecia   5. Italia
2. Noruega   4. Vietnam   6. Perú

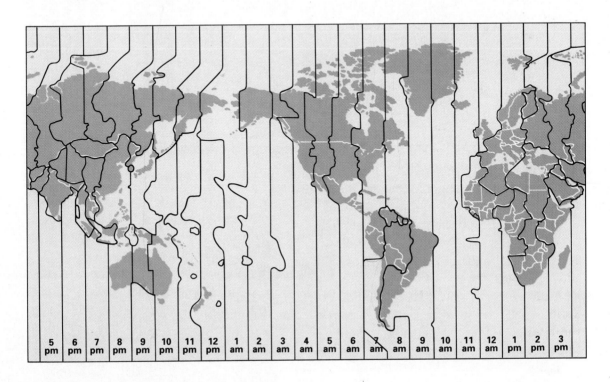

La desertificación

En la sierra peruana y en otras partes del mundo está cayendo muy poca lluvia. Cuando no llueve, no hay buenas cosechas; se mueren los animales domésticos porque no tienen comida; se secan las fuentes de agua; la leña, que sirve para calentar las casas, se hace cada vez más difícil de obtener. El ganado tiene que buscar alimento por zonas más vastas, y los agricultores se ven forzados a cultivar terrenos más lejanos y menos fértiles. Así, las posibilidades de sobrevivir disminuyen.

Actividad

¿Cuáles de las siguientes cosas debes hacer para conservar agua? ¿Cuáles no debes hacer?

1. usar menos agua cuando te duchas o te bañas
2. lavar el coche todas las semanas
3. regar el césped una vez al día
4. pedir muchos vasos de agua cuando vas a un restaurante
5. cerrar el grifo (faucet) cuando te cepillas los dientes
6. encender el aire acondicionado aunque no hace calor

Estructura 2

. . . .

Review of the verbs
ser *and* **estar**

SER

1. You have used forms of **ser** to state the identity, origin, and nationality of people.

¿Quién *es* ese muchacho?	*Es* Carlos Alberto Aguilera.
¿Y de dónde *es*?	*Es* de Perú, de Lima. Pero cuando *era* niño, vivía en Chile.
¿Es deportista?	No, *es* estudiante.

Pues, juega fútbol como si *fuera* jugador profesional. Yo lo vi jugar en el partido de la semana pasada. ¡*Fue* fantástico!

2. You have used forms of **ser** to state possession.

¿De quién *es* ese coche?	No sé. Ojalá que *fuera* mío.

3. You have used forms of **ser** to tell time.

¿Qué hora *era* cuando salieron para el Cuzco?	*Eran* las cuatro.

4. You also have used forms of **ser** to tell where an event is held.

¿Dónde *es* la fiesta?	*Es* en la casa de Inés que está en la calle Figueroa.

Ojalá que *fuera* en otro lugar, pues la calle Figueroa está muy lejos.

Notice in the above example that to give the location of the event, you use **ser.** To give the location of the house and street, you use **estar.**

ESTAR

5. You have used forms of **estar** to tell where people and things are located.

No te vi en la fiesta. ¿Dónde *estabas*?

Estaba en la cocina, ayudando a Inés.

6. You have used forms of **estar** to describe moods and conditions.

Parece que Inés *estaba* muy ocupada.

Sí, después de la fiesta la ayudé a limpiar la cocina. *Estaba* muy sucia.

Bueno, pero todos se divirtieron mucho.

Sí, Inés *estaba* muy contenta.

7. You have used forms of **estar** to describe how things taste.

Anoche fuimos a comer en el restaurante peruano que está en mi barrio. Aunque los postres *estuvieron* muy dulces, la comida *estuvo* muy rica.

Actividades

A | **Olimpiadas.** Tell the country and year of the Summer Olympics listed in the chart below. Where statistics are provided, also tell the number of participants.

Por ejemplo:

En 1948 las olimpiadas fueron en Londres, que está en Inglaterra. Ese año participaron 4.062 atletas.

AÑO	CIUDAD	PARTICIPANTES
1948	Londres	4.062
1952	Helsinki (Finlandia)	5.867
1956	Melbourne	3.184
1960	Roma	5.396
1964	Tokio	5.586
1968	México	6.626
1972	Munich	8.183
1976	Montreal	6.934
1980	Moscú	6.934
1984	Los Ángeles	7.800
1988	Seúl	
1992	Barcelona	
1996	Atlanta	

B **¿Quieres venir?** Describe an upcoming event in your community. Tell (a) what the event is, (b) where it will be held and at what time, and (c) where the place is located.

C **El amigo ideal.** Describe the ideal friend in terms of (a) personal characteristics, (b) physical attributes, and (c) moods. Give at least two descriptive words for each category.

Por ejemplo:

Quiero un/a amigo(a) que sea simpático(a) y..., que no sea demasiado alto(a)... y que esté de buen humor...

D **Gente famosa.** Describe one of the photos below to a classmate, who will then guess whom you are referring to. Try to include all of the following information about the person.

1. ocupación
2. apariencia física
3. personalidad
4. origen
5. cómo se sintió en una ocasión en particular

Finalmente

. . . .

Situaciones

A escribir Imagine that you and your clasmates are on a hiking and
rafting excursion in the Andes. You are having many new
experiences and sensations. Write an entry of at least eight lines in
your diary or journal describing what you are seeing, doing, feeling,
and hearing. Also mention that you forgot to pack something
important and tell why you wish you had that item now.

Repaso de vocabulario

COSAS
el crujido
el chillido
el eco
el ladrido
el maullido
la mosca
la rama
el ronroneo
el rugido
el silencio
el suelo (ground)
el ulular
la voz
el zumbido

PAÍSES
Brasil
Canadá
Corea
China
Dinamarca
Escocia
las Filipinas
Grecia

India
Irlanda
Italia
Japón
Noruega
Polonia
Rusia
Suecia
Vietnam

NACIONALIDADES
brasileño(a)
coreano(a)
chino(a)
danés(esa)
escocés(esa)
filipino(a)
griego(a)
indio(a)
irlandés(esa)
noruego(a)
polaco(a)

sueco(a)
vietnamita

EXPRESIÓN
echar la culpa

CAPÍTULO 6

Lección 3

La gran caminata

¡A comenzar!

The following are some of the things you will be learning to do in this lesson.

When you want to . . .	You use . . .
1. say what you would have done if you had known	• Si hubiera sabido, habría + activity.
2. say you're exhausted	• Estoy agotado(a).
3. name certain plants and flowers	• los helechos / las orquídeas / las violetas, etc.
4. describe a scent	• Huele a + thing.

Now find examples of the above words and phrases in the following conversation.

En el Camino inca los muchachos han pasado muchas horas subiendo y bajando por la sierra. Scott está de mal humor aunque el paisaje es magnífico.

GREG: ¡Qué hermosura, Dios mío!

CARLOS: Sí, es una maravilla. Miren estas flores. Creo que son distintas variedades de orquídeas, ¿no? ¡Qué aroma! Y miren el río allá abajo —parece un hilo de plata.

GREG: Sí, ¡qué precioso! Y mira esos helechos.¡Parece el paraíso! Este aire tan puro me tiene mareado. Huele a perfume.

SCOTT: ¡Ya está! ¡Yo estoy agotado! ¡No puedo más! Si hubiera sabido que el Camino inca era así, habría alquilado una llama para llevarme el equipo.

GREG: Oye, Carlos, ¿descansamos un rato aquí? Parece que nuestro compañero está de mal humor. Además, me gustaría sacar unas fotos de las orquídeas y de esas flores que son como violetas.
¿Qué te parece?

Actividades preliminares

A Imagine that you've been so busy that you're exhausted. Tell why you feel that way.

Por ejemplo:

> Estoy agotado(a) porque pasé el día (la noche, etc.) estudiando y...

B How might hikers finish the following statements? Choose a logical completion from the phrases below.

1. Si hubiera sabido que el paisaje era tan maravilloso...
2. Si hubiera sabido que el camino era tan difícil...
3. Si hubiera sabido que hacía tanto frío por la noche...
4. Si hubiera sabido que el equipo pesaba tanto...
5. Si hubiera sabido que hacía tanto sol en la sierra...
6. Si hubiera sabido que íbamos a bajar el río...

a. me habría puesto un impermeable
b. habría traído un poncho
c. habría traído mi equipo fotográfico y muchos rollos de película
d. me habría puesto botas de explorador
e. habría llevado la loción protectora
f. habría dejado esta mochila en casa

C **El Camino inca** is now a national park, through which thousands of tourists travel every year. What advice would you give tourists to preserve the beauty and history of the site? Give three pieces of advice.

Por ejemplo:

> Les aconsejo que...

El Templo del Sol, Machu Picchu.

Vocabulario 1

¡Miren el paisaje! ¡Qué maravilla!
¡Miren los árboles majestuosos!

Los olmos son los
árboles del orgullo.

Los pinos son los árboles
del cementerio.

Los helechos simbolizan
la elegancia.

¡Qué aroma más exquisito!

Las orquídeas son
las flores de la hermosura.

Las rosas rojas son
las flores del amor.

Las rosas blancas son
las flores de la paz.

Los pensamientos
son las flores de
la tristeza.

Los claveles son las flores de la alegría.

Las margaritas son las flores del verano.

Las violetas son las flores
de la humildad.

Los nardos son las flores
de la inocencia.

Los tulipanes son las
flores de la primavera.

Los crisantemos son las flores de la muerte.

La corona del Inca es
la flor del poder.

Actividades

A **Asociaciones.** What flower shown in **Vocabulario 1** would you associate with the following occasions?

1. la Navidad
2. el día de los enamorados
3. el Día de la Madre
4. la primavera
5. el verano
6. el otoño
7. el invierno

B **De colores.** What color do you associate with each of the following?

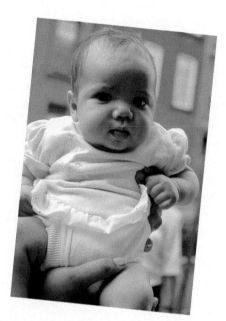

Por ejemplo:

> el amor
> *Para mí el amor es rosado.*

1. la hermosura
2. la elegancia
3. la alegría
4. la tristeza
5. la primavera
6. la inocencia
7. la muerte
8. el orgullo
9. la vida
10. la paz
11. el poder

C **Lo opuesto.** Give the opposite of each of the following words, choosing from the list on the right.

Por ejemplo:

> invierno / verano
> *El invierno es lo opuesto del verano.*

1. orgullo
2. hermosura
3. guerra (war)
4. tristeza
5. culpabilidad
6. vida
7. debilidad

a. muerte
b. inocencia
c. alegría
d. poder
e. humildad
f. paz
g. fealdad

D **Los cumpleaños.** Below are symbolic flowers for the twelve months of the year. Tell which flower you could give as a gift to each of the following persons.

Por ejemplo:

> un/a primo(a)
> *Mi prima Rita nació en enero. Le podría comprar un clavel.*

1. tú
2. tu mamá
3. tu papá
4. un/a hermano(a)

5. un amigo
6. una amiga
7. tu abuelo(a)
8. tu tío(a)

ENERO el clavel	JULIO la petunia
FEBRERO la violeta	AGOSTO el gladiolo
MARZO el narciso	SEPTIEMBRE el mirasol
ABRIL la margarita	OCTUBRE la caléndula
MAYO el nardo	NOVIEMBRE el crisantemo
JUNIO la rosa	DICIEMBRE la corona del Inca

El Camino inca

Los caminos son necesarios para el transporte y, antes de los tiempos modernos, eran también necesarios para la comunicación. El imperio inca era enorme, pues se extendía a lo largo de todo el continente, y por eso el Inca mantenía un sistema de caminos que comunicaba la costa con la sierra y la selva, y el norte con el sur. El sistema cubría unos 5.000 kilómetros e iba desde lo que es actualmente la frontera entre Colombia y el Ecuador hasta un poco más al sur de Santiago de Chile.

Como las civilizaciones precolombinas no tenían vehículos con ruedas, los caminos servían sólo para la gente que viajaba a pie. Por eso, el Camino inca no es como los caminos modernos: tiene puentes colgantes sobre los ríos, y el camino sube y baja por escaleras en las laderas de los cerros. En algunas partes de la sierra todavía se puede encontrar el Camino inca, o *Inka ñan,* como lo llamaban los quechuas.

Actividades

A ¿A cuántas millas equivalen cinco mil kilómetros? (Es igual a la distancia entre la ciudad de México y la parte norte de Alaska).

B Da dos ejemplos de medios modernos de transporte y tres de medios antiguos.

Por ejemplo:

> No estudió para el examen de álgebra y sacó una "F".
> *Si hubiera estudiado, no habría sacado una "F".*

1. Dejó su composición en el suelo y su perro se la comió.
2. No llamó a Alicia y ella se enojó.
3. Comió demasiado y se puso enfermo.
4. Manejó su coche a 65 millas por hora y le dieron una multa.
5. Llevó una araña a la clase de arte y la maestra lo echó de la clase.
6. Echó a la basura el helecho favorito de su mamá y ella no le permitió salir por una semana.
7. Jugó béisbol en la casa y rompió un vidrio.
8. Peleó con su hermana menor y ella lloró como loca.

D **Buenas intenciones.** Tell two things you were going to do this week but didn't get around to.

Por ejemplo:

> Iba a ahorrar dinero,
> pero no ahorré nada.

E **¿Te arrepientes?** For each of the things that you listed in activity **D**, tell what would have happened, or what would not have happened, if you had done it.

Por ejemplo:

> Si hubiera ahorrado dinero, habría podido comprar dos casetes (no habría tenido que pedirle dinero a mi hermana, etc.).

Sale de Oro
Ahorrando en el First Federal

Con la Cuenta Dorada del First Federal usted sale de oro. Porque le paga un alto interés de 5.50% garan-tizado aún cuando el del mercado

visite cualquiera de nuestras sucursales que abren los sábados para su conveniencia o llame a Telebanco al 728-8000 desde el Area Metropolitana o al 137-800-462-8000

Vocabulario 2

Mmmn... ¡qué aroma! Huele a...

perfume

rosas

colonia

menta

almendras

aire de campo

brisa de mar

ajo

cebolla

¡Ay! ¡Qué olor! Huele a...

humo

establo

cloro

basura

podrido

perro

gasolina

pescado

Actividades

A **Olores y aromas.** Place each of the smells listed in **Vocabulario 2** in one of the following columns.

Me encanta el aroma de...   Me molesta el olor de...

B **¿Dónde estás?** Tell where you are and what you are doing when you smell the following.

Una joven peruana.

Por ejemplo:

Huele a cloro.
Estoy en la piscina. Estoy nadando.

1. Huele a perfume.
2. Huele a fruta podrida.
3. Huele a perro.
4. Huele a detergente.
5. Huele a humo.
6. Huele a brisa de mar.
7. Huele a cebolla.
8. Huele a caballo.
9. Huele a medicina.
10. Huele a chocolate.

C **Profesiones.** Tell what smells the following workers are accustomed to.

Por ejemplo:

los mecánicos
Los mecánicos se acostumbran al olor de aceite, de gasolina...

1. los veterinarios
2. los cocineros
3. los salvavidas
4. las amas de casa
5. los taxistas
6. los meseros
7. los vendedores de cosméticos
8. los jardineros
9. los agricultores
10. los enfermeros

D **Recuerdos.** What do the following remind you of?

Por ejemplo:

el aroma de tocino
El aroma de tocino me hace pensar en los desayunos que me preparaba mi abuelo.

1. el aroma de café
2. el aroma de pizza
3. el aroma de flores
4. el aroma de campo
5. el aroma de papas fritas
6. el aroma de jabón
7. el aroma de chocolate

E **Huele a...** How would you describe the following places by smell?

Por ejemplo:

> el garaje
> *Huele a gasolina.*

1. la cafetería
2. la basura
3. la ciudad
4. el campo
5. McDonald's

F **¿Qué está pasando?** You smell the following things. Tell what people are probably doing.

Por ejemplo:

> Huele a cosméticos.
> *Alguien está maquillándose.*

1. Huele a jabón.
2. Huele a limpio.
3. Huele a detergente.
4. Huele a ajo.
5. Huele a polvo.
6. Huele a humo.

G **Asociaciones.** What aromas might you smell at the following times?

Por ejemplo:

> el Día de Acción de Gracias
> *La cocina huele a pavo.*

1. la Navidad
2. el cuatro de julio
3. los domingos por la mañana en tu casa
4. el carnaval
5. el almuerzo de la cafetería

El quipu

Las culturas precolombinas tenían varios sistemas para contar y para recordar información. El sistema de los incas —el quipu— es un sistema único que hasta ahora no se ha podido descifrar. El quipu consistía en una serie de cuerdas de distintos colores y tamaños. Cada cuerda tenía nudos a ciertos intervalos que servían para "anotar" o escribir la información.

Cuando el Inca quería mandar un mensaje de un lugar a otro, lo mandaba en forma de un quipu. Un mensajero, llamado "chasqui", corría dos kilómetros a toda velocidad y entonces le pasaba el quipu a otro chasqui, y así seguía la cadena hasta que se entregaba el mensaje al jefe correspondiente.

Actividades

A ¿Qué medios de comunicación tenemos ahora? Divídelos en dos grupos, tradicionales y modernos.

B ¿Tienes algún medio de comunicación secreto con tus amigos?

Estructura 2

Some uses of **por** and **para**

You have seen the words **por** and **para** used to express a variety of meanings.

You have used **por** to express the following.

1. To tell the time of the day and duration of time.

   > **Por la mañana, la cocina huele a café y tocino.**
   > **Viví en Cuzco por cinco años.**

2. To indicate a general area.

   > **Cuando llegamos a Cuzco, dimos un paseo por la plaza.**
   > **Cuando empezó a llover, entramos en la catedral por la puerta principal.**

3. To indicate actions done for or on behalf of someone or something, and to thank someone for something.

   > **Carlos Alberto habló por nosotros en la aduana porque no entendíamos los documentos.**
   > **Su papá reservó las habitaciones del hotel por nosotros.**
   > **Le dimos las gracias por habernos hecho el favor.**

4. To indicate exchanges.

   > **Quería cambiar el hacha por el machete, pero no podía encontrar el recibo.**
   > **Compré el hacha por veinte dólares.**

You have used **para** to express the following.

5. To express purpose.

   > **Me compré un poncho y un gorro para protegerme del frío de la sierra.**
   > **Cuando me corté con el cortaplumas, me puse yodo y una curita para curarme la herida.**
   > **No le voy a decir nada a mi mamá para que no se preocupe.**
   > **¿Para qué sirve ese aparato?**
   > **Para cocinar cuando vas a acampar.**

6. To indicate the recipient of an action.

> ¡Mira los regalos que les compré a mis padres! Estos guantes de lana son para mi mamá y este poncho es para mi papá. También compré este cuadro de Machu Picchu para mi habitación.

7. To indicate destination.

> Salimos para Cuzco mañana por la mañana.

Actividades

A **¡Gracias!** Think of three people who have done favors for you or given you gifts. What would you say to each one to thank him or her? Also say what you couldn't have done if you hadn't received the favor or gift.

Por ejemplo:

> tu amiga
> *Gracias por haberme prestado dos dólares el viernes pasado. Si no me hubieras prestado el dinero, no habría podido comer en la cafetería ese día.*

B **¿Qué se necesita?** Working with a classmate, think of as many objects as you can that you would need to do the following. Report your findings to the class. Which pair of students has the most complete list?

Por ejemplo:

> hacer un cartel para las elecciones del gobierno estudiantil

ESTUDIANTE A
Para hacer un cartel se necesitan tijeras.

ESTUDIANTE B
También se necesitan lápices y bolígrafos.

1. poner la mesa
2. dar una fiesta
3. hacer un picnic
4. hacer las maletas para pasar dos semanas en el Perú
5. llenar un maletín de primeros auxilios
6. acampar
7. viajar en avión

Un Regalo Para Los Novios

C ¿Cuánto vale? Imagine that your birthday is coming up. Compile a list of at least five things you want and tell how much a friend or relative would have to pay to purchase each item and where he or she should go to purchase it.

Por ejemplo:

> En la tienda (el almacén) _____ puedes comprar un teléfono por _____ dólares.

D En el extranjero. The following chart gives the currency of several countries whose names you know in Spanish. Tell a friend who's leaving for the cities listed below what currency he or she should exchange U.S. dollars for.

Por ejemplo:

> Roma
> *Si sales para Roma, debes cambiar dólares norteamericanos por liras.*

1. Cuzco
2. Toronto
3. Sevilla
4. Acapulco
5. Moscú
6. Berlín
7. Tokio
8. Buenos Aires
9. París
10. Pekín

	ALEMANIA	EL MARCO
	ARGENTINA	EL AUSTRAL
	CANADÁ	EL DÓLAR CANADIENSE
	CHINA	EL YUAN
	ESPAÑA	LA PESETA
	FRANCIA	EL FRANCO
	ITALIA	LA LIRA
	JAPÓN	EL YEN
	MÉXICO	EL PESO
	PERÚ	EL SOL
	RUSIA	EL RUBLO

Finalmente

Situaciones

A conversar Imagine that you and a classmate can travel to a place you've always wanted to visit. Decide on your destination and include the following details in your conversation.

- date of departure
- length of stay
- what your travel agent needs to do for you
- what activities you hope to do and what clothing or equipment you need to pack to do each one
- what gifts you will buy for yourselves and for others

Repaso de vocabulario

COSAS
la almendra
el aroma
la brisa
el cementerio
el cloro
el establo
la gasolina
la menta
el olor
el paisaje

CONCEPTOS
la alegría
la elegancia
la hermosura
la humildad
la inocencia
la muerte
el orgullo

la paz
el poder
la tristeza

FLORES
el clavel
la corona del Inca
el crisantemo
la margarita
el nardo
la orquídea
el pensamiento
la rosa
el tulipán
la violeta

ÁRBOLES
el olmo
el pino

PLANTA
el helecho

DESCRIPCIONES
ser +
   exquisito(a)
   majestuoso(a)
estar +
   agotado(a)
   podrido(a)

EXPRESIONES
huele(n) a...
¡Qué maravilla!

Lección 4

En Machu Picchu

¡A comenzar!

The following are some of the things you will be learning to do in this lesson.

When you want to . . .

1. say what you would bring if you could
2. say what you would like someone else to do
3. say that it was worth the effort to do something

You use . . .

- **Si pudiera** + verb in conditional tense.
- **Quisiera que** + verb in imperfect subjunctive.
- **Valía la pena** + activity.

Now find examples of the above phrases in the following conversation.

Carlos, Greg y Scott ya han llegado a Machu Picchu. Asombrados por tanta belleza, se detienen a contemplar la magnífica ciudad a sus pies. Los tres están totalmente maravillados y boquiabiertos.

SCOTT: ¡Dios mío! ¡Qué ambiente tan mágico! Es como si estuviéramos en otro mundo.

GREG: ¡Y las ruinas! ¡Qué ingeniería más avanzada! He oído que los incas eran magníficos astrónomos y que hicieron muy buenos mapas del cielo. Ay, ¡cómo quisiera que mis padres estuvieran aquí! ¡Si pudiera, traería a mi familia el año que viene!

CARLOS: Y miren allá el precipicio. No me explico cómo podían subir las piedras hasta aquí sin ascensores ni ruedas. ¿Saben que mis parientes, que son peruanos, nunca han venido a la sierra? Nada de "pudieras" ni "quisieras" conmigo. ¡Yo vuelvo este mismo año con mi familia!

GREG: Scott, ¡estás como hipnotizado, hombre! Estás pensando que la caminata por el Camino inca valía la pena, ¿no?

SCOTT: Claro que sí, hombre. ¡Bien valía un Perú!

Actividad preliminar

Looking back on your study of Spanish, what things were worth the effort? Comment on each of the following.

Por ejemplo:

aprender vocabulario nuevo
Valía la pena aprender vocabulario nuevo.

1. escuchar música
2. hablar con los compañeros de clase
3. intercambiar opiniones
4. aprender la cultura
5. mirar las fotos del libro
6. escribir cartas

Vocabulario 1

¡Qué ambiente tan...!

mágico

misterioso

extraño

Es como si estuviéramos en...

otro siglo

una cápsula del tiempo

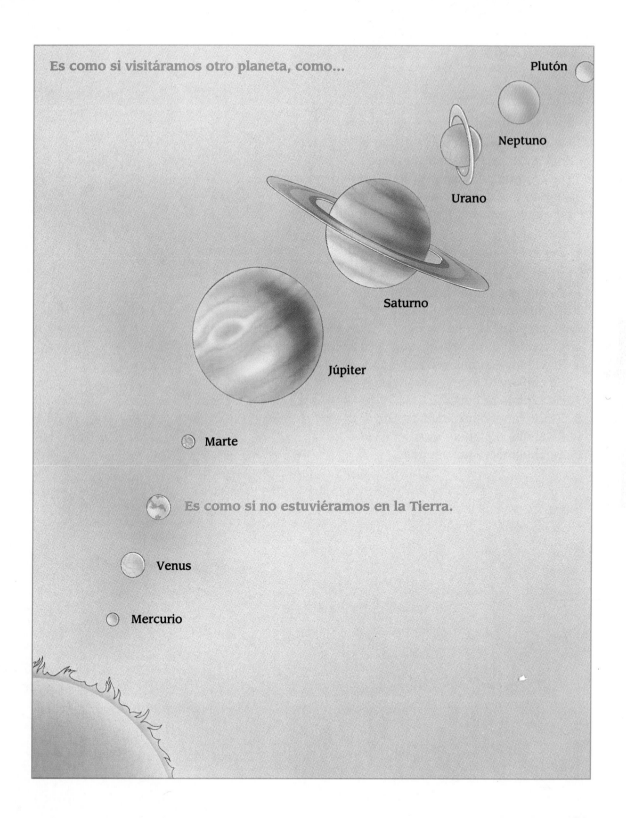

Es como si visitáramos otro planeta, como...

Plutón

Neptuno

Urano

Saturno

Júpiter

Marte

Es como si no estuviéramos en la Tierra.

Venus

Mercurio

Actividades

A **¿Qué te parece?** Complete the following statements.

1. Para mí, el planeta más impresionante es ____.
2. Para mí, el planeta más mágico es ____.
3. Para mí, el planeta más misterioso es ____.
4. El planeta que quisiera visitar es ____.
5. Yo creo que puede existir una forma de vida en ____.
6. Yo creo que el planeta más extraño es ____.
7. Creo que vamos a llegar a Saturno en el siglo ____.

B **¿Cuánto sabes?** To which planet does each of the following descriptions refer?

1. Es el planeta más grande de todos.
2. Tiene numerosos anillos.
3. Es un planeta rojo.
4. Contando desde el sol, es el sexto planeta.
5. Es el planeta más cercano al sol.
6. Es el planeta más lejano del sol.
7. Es el planeta más frío.
8. Es el planeta más caluroso.
9. Es el único planeta que tiene vida.
10. Es el planeta más pequeño.

C **En el año 2550.** You have traveled in time to the year 2550. Write a letter to your classmates of the present, describing what it is like in the world of the future. Complete each of the following statements.

QUERIDOS COMPAÑEROS:
¡ESTOY EN EL SIGLO ____! OJALÁ QUE ESTUVIERAN AQUÍ
CONMIGO, PORQUE AQUÍ PODRÍAN ____, ____, Y
____. AQUÍ LA GENTE ____. PASO LOS DÍAS ____.
ME DIVIERTO ____. SIGO ____. ECHO DE MENOS ____.
VALE LA PENA ____.

SALUDOS A TODOS DE ____.

Vale un Perú

La cantidad de joyas y de objetos de oro y plata que los conquistadores mandaron a España les dio la impresión a los españoles de que había inagotables riquezas en el Nuevo Mundo, sobre todo en el Perú. Desde aquella época, cuando queremos decir que una cosa tiene un valor inmenso, sin comparación, decimos que "vale un Perú".

Actividades

A ¿Qué cosas valen un Perú para ti? Di tres.

B ¿En qué otro lugar encontraron los españoles grandes riquezas y tesoros artísticos increíbles?

Estructura 1

. . . .

How to Talk about Imagined Situations   The conditional tense

You have used verbs such as **me gustaría, sería, podría,** and **tendría** to tell what you *would* do in hypothetical situations, that is, situations that haven't happened or may never happen.

> **Me gustaría visitar Machu Picchu algún día. Creo que sería fantástico. Podría caminar por el Camino inca.**
> **Claro, tendría que ahorrar dinero por mucho tiempo.**

1. To describe what things would be like or what you and others would do under certain circumstances, use verb forms in the conditional tense. To form the conditional tense, simply attach the following endings to the infinitive form of the verb.

-ía	-íamos
-ías	-íais*
-ía	-ían

   A Laura le gustaría viajar. Dice que primero iría a Europa, y después visitaría Sudamérica.

*This form is rarely used in the Spanish-speaking world, except for Spain.

2. You have probably noticed that the forms **podría (poder)** and **tendría (tener)** do not follow the above rule. These verbs have irregular stems in the conditional tense. The following verbs also have irregular stems.

salir	saldr-
venir	vendr-
poner	pondr-
saber	sabr-
haber	habr-
querer	querr-
hacer	har-
decir	dir-

   Algunos de mis amigos creen que sería fantástico acampar en los Andes.
   Dicen que harían cualquier cosa por hacerlo.

3. Notice the following example, which uses the imperfect subjunctive following **si** to state the condition ("if this were the case"), and the conditional tense to state the result ("what would happen").

> **Si tuviera un amigo como Carlos Alberto, haría un viaje al Perú con él.**

You will practice using the imperfect subjunctive later in this lesson. For now, you need only to recognize it in order to express what would happen in a certain situation.

Actividades

A ¡Qué fantasía! Imagine that you could design your own school and make it anything you wanted it to be. Complete the following statements to describe what it would be like. Then think of two statements of your own.

1. Mi escuela estaría en ____.
2. Tendría ____.
3. En esa escuela, habría ____.
4. También yo querría ____.
5. Los estudiantes irían a la escuela a las ____ y saldrían a las ____.
6. Todos podrían ____.
7. Los exámenes serían ____.
8. Estudiaríamos ____.
9. Los maestros serían ____.
10. En la cafetería servirían ____.
11. ¿Ropa? Pues, llevaríamos ____.
12. No tendríamos que ____.

13. ¿?
14. ¿?

¿**A** quién te llevarías a una isla desierta? TEST

B Si estuvieras en el Perú. What would you like to do if you were able to go to Peru? Complete the following statements to describe your plans.

1. Vería ____.
2. Visitaría ____.
3. Aprendería ____.
4. Hablaría ____.
5. Comería ____.
6. Me quedaría en un hotel ____.
7. Me gustaría conocer ____.
8. Me interesaría ____.
9. Haría una excursión a ____.
10. Compraría ____.

C ¡Los marcianos han llegado! If the inhabitant of another planet were to visit your classroom, how would you introduce him or her to your culture? Complete the following to say what you and your classmates would do.

1. ¿Qué le dirían?
2. ¿Adónde lo (la) llevarían? ¿Por qué?
3. ¿Qué le enseñarían? ¿Por qué?
4. ¿Qué comida le gustaría?
5. ¿A quién le presentarían?
6. ¿A qué hora se acostaría?
7. ¿Se pondría enfermo(a)? ¿De qué?

D Si fuera así. Tell at least one thing you would do if the following were true.

1. Si tuviera veinte y un años...
2. Si pudiera salir por la noche sin pedir permiso...
3. Si pudiera viajar al extranjero...
4. Si me graduara este año...
5. Si fuera millonario(a)...
6. Si fuera astronauta...
7. Si pudiera ser maestro(a) por un día...

E Hábitos. There are some things that we are so accustomed to that it's hard to imagine what we would do without them. For each of the following, tell (a) what you would not be able to do, and (b) what you would do instead.

Por ejemplo:

Si no hubiera...
Si no hubiera televisores, no podría ver mis programas favoritos. Leería más.

Si no hubiera...

1. coches
2. escuelas o libros
3. luz eléctrica
4. teléfonos
5. radios o estéreos
6. calefacción
7. aire acondicionado
8. cines
9. relojes
10. refrigeradores
11. restaurantes de comida al paso (fast food)
12. calculadoras
13. ventanas

Vocabulario 2

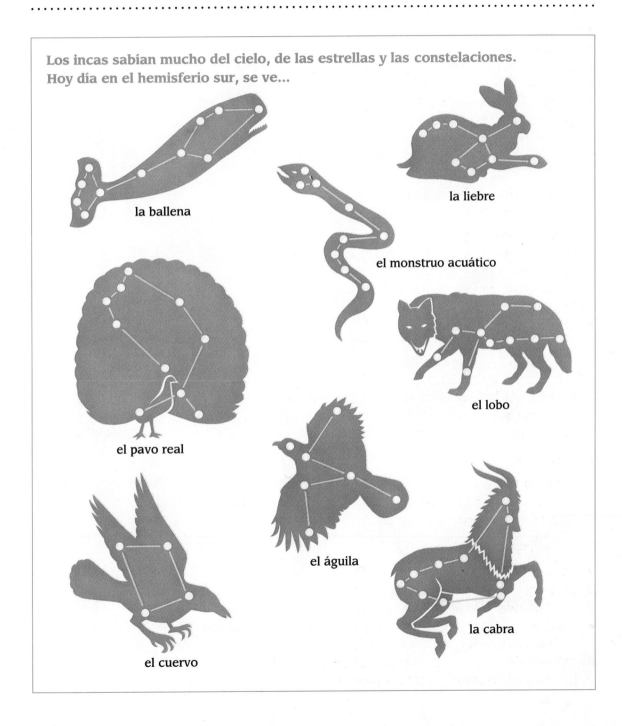

Los incas sabían mucho del cielo, de las estrellas y las constelaciones.
Hoy día en el hemisferio sur, se ve...

la ballena

la liebre

el monstruo acuático

el pavo real

el lobo

el cuervo

el águila

la cabra

el delfín

el lagarto

el cisne

el dragón

la jirafa

el cangrejo

el toro

Actividades

A **Hábitat.** List as many animals as you can think of that would be found in the following places.

Por ejemplo:

> la casa
> *En la casa hay perros, gatos, canarios...*

1. el cielo
2. la selva
3. la sierra
4. la Antártida
5. el mar
6. el bosque
7. la finca
8. la cueva
9. el lago
10. el establo
11. el río
12. los llanos (plains) del África
13. el parque zoológico

B **Características.** Working with a partner, list as many animals as you can think of that have the following characteristics. Which pair of students can produce the most complete list?

Por ejemplo:

> pequeño

ESTUDIANTE A

Los insectos como las moscas y las abejas son pequeños.

ESTUDIANTE B

Las arañas también son pequeñas.

1. trabajador
2. dormilón
3. inteligente
4. miedoso
5. elegante
6. orgulloso
7. humilde
8. rápido
9. comunicativo
10. amistoso
11. libre
12. feroz
13. gracioso

C **¿Qué serías?** If you could be an animal, which would you be? Why?

Por ejemplo:

> Sería un delfín porque los delfines...

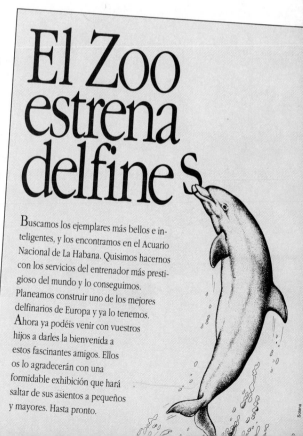

El Zoo estrena delfines

Buscamos los ejemplares más bellos e inteligentes, y los encontramos en el Acuario Nacional de La Habana. Quisimos hacernos con los servicios del entrenador más prestigioso del mundo y lo conseguimos. Planeamos construir uno de los mejores delfinarios de Europa y ya lo tenemos. Ahora ya podéis venir con vuestros hijos a darles la bienvenida a estos fascinantes amigos. Ellos os lo agradecerán con una formidable exhibición que hará saltar de sus asientos a pequeños y mayores. Hasta pronto.

La sociedad inca

Aunque los incas no dejaron nada escrito y los quipus —hasta ahora— no se han podido descifrar, tenemos bastante información sobre la vida diaria de la sociedad inca. Hay muchas fuentes de información, como las ruinas de las ciudades, los descubrimientos arqueológicos y las descripciones que escribieron los conquistadores españoles. La descripción más completa es la que hizo un quechua llamado Felipe Guaman Poma de Ayala. A principios del siglo XVII, dio una descripción de cómo se vivía en el Perú antes y después de la conquista. La "carta" (tres volúmenes en total) iba acompañada de más de 200 dibujos que ilustraban el texto. Estos dibujos de Guaman Poma sirven para darnos una imagen detallada de la sociedad inca.

Actividad

Di el número de la frase que describe cada uno de los dibujos de Guaman Poma.

1. Hasta las niñas muy pequeñas tenían que trabajar.

2. Los hombres y las mujeres trabajaban juntos en el campo.

3. Tenían sistemas de irrigación para canalizar el agua por los campos.

4. Había empleados o jefes importantes que construían edificios y puentes.

Estructura 2

. . . .

How to Say What You Would
Do If Things Were Different

The imperfect
subjunctive after **si**

You have used verb forms such as **estuviera, fuera, tuviera** (known
as the imperfect subjunctive) following the phrase **como si** to
describe people and things, making nonfactual comparisons.

> **Esa muchacha nada como si fuera un delfín.**
> **Ese muchacho corre como si fuera una liebre.**

You have also used these verb forms after the phrase **ojalá que** to
say what you wish someone or something were like.

> **Ojalá que Marisol no estuviera tan ocupada. Ojalá que no**
> **tuviera que estudiar esta noche.**

1. You also use the imperfect subjunctive following **si** to describe a
   situation that is not fact, that is, when you want to hypothesize. It
   conveys the notion of "if this were true." You have seen such
   statements frequently in this lesson and have used them to guess
   about *what would happen.*

   > **Si Marisol no tuviera que estudiar, podría salir con**
   > **nosotras.**
   > **Si fuéramos al cine, sé que ella se divertiría mucho.**

2. You may have noticed that the imperfect subjunctive looks very
   similar to the **-aron** and **-ieron** forms of the preterit tense. In fact,
   to form the imperfect subjunctive, simply replace the **-on** of these
   endings with **-a, -as, -a, -amos, -ais, -an.** The verb **hacer** is
   done as an example.

   HICIERON (HICIER-)

hiciera	hiciéramos
hicieras	hicierais*
hiciera	hicieran

Note that you must write an accent mark on one of these forms.

*This form is rarely used in the Spanish-speaking world, except for Spain.

3. You have not been asked to use the preterit of the following irregular verbs. Now you will need to learn the preterit stem of these verbs in order to use them in the imperfect subjunctive.

INFINITIVE	PRETERIT STEM	IMPERFECT SUBJUNCTIVE
mantener	mantuv-	mantuviera
detener	detuv-	detuviera
reducir	reduj-	redujera
saber	sup-	supiera
andar	anduv-	anduviera
querer	quis-	quisiera

4. You have used the present subjunctive after verbs such as **querer** to express wishes about the actions of others.

> **Quiero que mis padres me den permiso para viajar el verano que viene.**
> **Quiero que mi amigo vaya conmigo a la sierra.**

To express past wishes about the actions of others, use the imperfect or preterit of verbs such as **querer** followed by the imperfect subjunctive.

PRESENT **Ahora mi mamá quiere que estudie para el examen de geografía.**

PAST **La semana pasada quería que estudiara para el examen de álgebra.**

PRESENT **Quiero que vengas al partido hoy.**

PAST **Quería que Carmen viniera al partido la semana pasada pero no vino.**

SIEMPRE UN HOTEL DE TURISTAS... EN CUALQUIER LUGAR DEL PERU

Actividades

A **Condiciones.** What conditions would have to exist in order for the following actions to happen? Choose from the options in parentheses.

Por ejemplo:

> Si _____, saldría con mis amigos esta noche.
> (estar muy ocupado / mis padres darme permiso)
> *Si mis padres me dieran permiso, saldría con mis amigos esta noche.*

1. Si _____, tendría que pagar una multa. (manejar a más de 55 millas por hora / ser buen conductor)
2. Si _____, me pondría muy enfermo. (morirme de aburrido(a) / salir sin abrigo ni gorro)
3. Si _____, podría ahorrar dinero para la Navidad. (encontrar trabajo de verano / gastar todo en casetes)
4. Si _____, podría reparar mi bicicleta. (mi hermano ayudarme / dormir mucho)
5. Si _____, podría hacer un viaje a Grecia. (tener pasaporte / llenar la tarjeta de embarque)

B **Ojalá.** Tell what conditions would have to exist for you to be able to do the following.

Por ejemplo:

> Si _____, podría reunirme con los amigos.
> *Si terminara mi trabajo (hiciera todos los quehaceres, no tuviera que estudiar, etc.), podría reunirme con mis amigos.*

1. Si _____, podría votar en las elecciones.
2. Si _____, podría manejar un coche.
3. Si _____, podría comprar un coche.
4. Si _____, podría viajar al extranjero.
5. Si _____, podría graduarme.
6. Si _____, podría salir con los amigos por la noche.
7. Si _____, tendría mucho dinero en el banco.
8. Si _____, compraría _____.

C Utopía. What is your idea of a perfect world? List at least five conditions.

Por ejemplo:

> _____, sería un mundo perfecto.
> *Si yo no tuviera que hacer nada (Si yo hiciera las leyes, etc.),*
> *sería un mundo perfecto.*

D Gente. What would things be like for you if it weren't for the following people?

1. Si no fuera por mi maestro(a) de...
2. Si no fuera por mis padres...
3. Si no fuera por mis amigos...
4. Si no fuera por mi entrenador/a de...
5. Si no fuera por los médicos...
6. Si no fuera por los astronautas...
7. Si no fuera por mis abuelos...

E Cuando era niño(a). What things did your parents want you to do (or not want you to do) when you were younger? List five things they wanted you to do and five they didn't want you to do.

Por ejemplo:

> Querían que me acostara temprano.
> No querían que tuviera amigos desconsiderados.

F ¿Y tú? When you were younger, what did you want the following people to do (or not to do)?

Por ejemplo:

> tus hermanos
> *No quería que destruyeran mis juguetes.*

1. tus maestros
2. tus padres
3. tus abuelos
4. tus vecinos
5. tus compañeros de clase

Finalmente

Situaciones

A escribir Imagine that a group of Peruvian students is planning to study in a high school in the U.S. next year. The group has to choose between your school and a school in another part of your state. Write the group a letter telling why you would like them to come to your school. Include details about what fun things they could do and see in your city or town if they were to come. Also say a few things about what you hope you all can do together.

Repaso de vocabulario

ANIMALES
el águila (f.)
la ballena
la cabra
el cangrejo
el cisne
el cuervo
el delfín
el dragón
la jirafa
el lagarto
la liebre
el lobo
el monstruo acuático
el pavo real
el toro

LOS PLANETAS
Júpiter
Marte
Mercurio
Neptuno
Plutón
Saturno

Tierra
Urano
Venus

DESCRIPCIONES
extraño(a)
mágico(a)
misterioso(a)

OTRAS PALABRAS
la cápsula del tiempo
la constelación
el hemisferio (norte, sur)

Las líneas de Nazca.

Lectura

COLECCIÓN DE ARTESANÍAS PERUANAS

La multitud de turistas que van al Cuzco para visitar las ruinas incaicas y las iglesias coloniales han hecho de la ciudad un importante centro de venta de arte popular peruano.

En los Andes peruanos la artesanía está muy ligada a las estaciones. La mayor parte de la población andina cultiva la tierra, y la época de hacer ropa y cerámica es la estación de "la seca", de mayo a septiembre. En esta época hay poco trabajo en los campos porque no llueve. Muchos de los tejidos y de la cerámica llevan símbolos ligados a la vida diaria del campesino como, por ejemplo, el ganado, el sol y la luna.

La tradición artesanal es hoy fuente de ingresos para muchos campesinos. La base de esta industria familiar es la alpaca, pariente de la llama, que produce una de las lanas más finas del mundo. La lana de la oveja también se usa mucho, pero la alpaca sigue siendo el estándar de calidad. "¡Es de alpaca pura!" gritan las vendedoras callejeras.

La crianza de alpacas es tan tradicional como el tejido. Las alpacas se crían en las desoladas

laderas que están cerca del Cuzco. La variedad de productos que se obtienen de la alpaca es enorme: de la lana se tejen suéteres, gorros, guantes, calcetines, ponchos, mantas y tapices, y de las pieles se hacen alfombras y colchas. Todos estos artículos se venden en innumerables tiendas, bazares y mercados callejeros. Algunas tiendas se especializan en los tejidos regionales de la mejor calidad, cuyo precio oscila entre 50 y 200 dólares y hasta más. Se calcula que un poncho de la mejor calidad lleva de 500 a 600 horas de trabajo.

La alfarería, o sea la cerámica, es un arte muy común también. Los campesinos andinos siempre se han hecho sus propias ollas y, en la actualidad, hacen grandes cantidades de vasijas para el comercio turístico del Cuzco. Pisac, cerca del Cuzco, es un importante centro de cerámica donde se hacen platos, tazas, tazones y jarrones que se pintan a mano con diseños tomados de los antepasados incas. Muchos de los diseños son muy complejos y hermosos.

Actividades

A En el primer párrafo, busca una expresión que quiere decir "artesanía".

B Busca dos ejemplos de artesanía peruana en este artículo.

C Termina las siguientes frases según el párrafo indicado, usando una de las siguientes expresiones: *por eso, o sea, por ejemplo, aunque.*

Primer párrafo:

1. Muchos turistas van al Cuzco. _____ Cuzco se ha hecho un centro importante para la venta de artesanía.

Segundo párrafo:

2. Muchos peruanos trabajan en la tierra. _____ sólo pueden hacer artesanía durante la estación seca, _____, de mayo a septiembre.

3. Muchos de los símbolos que usan en la artesanía, _____, el ganado, el sol y la luna, representan aspectos de la vida diaria del campesino.

Tercer párrafo:

4. _____ también se usa la lana de oveja, la lana de alpaca se considera superior.

Cuarto párrafo:

5. De la alpaca se consiguen muchos productos. De la lana, _____, se tejen suéteres, gorros y mantas. De las pieles, _____, se hacen alfombras y colchas.

6. Un poncho de buena calidad cuesta muchas horas de trabajo. _____, algunos ponchos son muy caros.

Quinto párrafo:

7. La cerámica, _____, la alfarería, se pinta a mano. _____ tardan mucho en hacerla.

D Tu amigo(a) ha ofrecido traerte algo típico de la región. Dile lo que quieres que te traiga. Dale una descripción completa del tamaño, color y diseño de lo que quieres.

Capítulo 6 Repaso

¿Recuerdas?

Do you remember how to do the following things, which you learned in **Capítulo 6**?

LECCIONES 1–2

1. describe activities associated with holidays and festivals (pp. 436–437)
2. describe how you spend your time (pp. 440–441)
3. describe athletic events (pp. 444–445)
4. describe an action in progress (p. 449)
5. identify certain sounds (pp. 454–455)
6. describe people and things, making nonfactual comparisons (pp. 459–460)
7. say what you wish someone or something were like (pp. 459–460)
8. identify certain countries and nationalities (pp. 462–463)
9. use **ser** and **estar** (pp. 467–468)

LECCIONES 3–4

1. identify certain flowers and trees (pp. 475–476)
2. express abstract qualities (pp. 475–476)
3. express the notion of "what would have happened if" (p. 480)
4. identify certain smells and aromas (pp. 483–484)
5. use **por** and **para** (pp. 488–489)
6. identify the planets (p. 495)
7. talk about imagined situations (pp. 498–499)
8. identify certain constellations (pp. 501–502)
9. say what you would do if things were different (pp. 505–506)

Actividades

A **Entrevistas.** A group of experienced travelers has just returned from five weeks in Peru. You and your co-host will interview several of them on your morning radio or TV show. Break into small groups of four to six students, half **periodistas** and half **viajeros.** The **periodistas** prepare a series of eighteen to twenty interview questions to ask the **viajeros** that focus on what they saw and did and on their general reactions and impressions. Be prepared to cover a number of topics. Choose among the following.

> **impresiones generales del país**
> **efectos de la altura**
> **contraste entre las regiones geográficas**
> **compras y artesanías**
> **la gente**
> **aventuras**

B **Como si fueras poeta.** Create a poem of five lines in the following manner.

primera línea:	abstract idea
segunda línea:	two ideas (or colors) that go with it
tercera línea:	three flowers that represent it
cuarta línea:	one statement to describe it
quinta línea:	a symbol for the idea

Por ejemplo:

Amor
tristeza, alegría
rosas, claveles, margaritas.
¡Ojalá que lo tuviera!
Corazón.

C **Días de fiesta.** Tell how you spent the following occasions last year. Say two things for each occasion.

Por ejemplo:

> las vacaciones de abril
> *Pasé las vacaciones de abril saliendo con mis amigos y acostándome tarde.*

1. las vacaciones de febrero
2. el Día de Acción de Gracias
3. el día de las brujas
4. el Día de los Veteranos
5. el Día de la Independencia

D **Lo que me dé la gana.** If all your time were your own and you had no deadlines or obligations, how would you prefer to spend it? Find out from a classmate how he or she would prefer to spend his or her time. Report back to the class, comparing what your classmate prefers and what you prefer.

Por ejemplo:

ESTUDIANTE A	ESTUDIANTE B
¿Cómo prefieres pasar el día?	Prefiero pasar el día durmiendo, viendo la tele... ¿Y tú?

(A la clase:) Yo prefiero... En cambio, Paul prefiere... A los (las) dos nos gusta...

E **Horarios.** Tell what the following people are probably doing at the times indicated. Then compare or contrast their activities with yours.

Por ejemplo:

> tu maestro(a) de ____ / las seis de la tarde
> *A lo mejor mi maestro(a) de español está leyendo nuestras composiciones, pero yo estoy viendo la tele.*

1. tu amigo(a) / a las ocho de la noche
2. tus abuelos / a las diez de la mañana
3. el/la entrenador/a del equipo de ____ / a las tres y media de la tarde

F **¿Te alegras?** Tell three good things you did this week. Then tell what would have happened if you hadn't done them.

Por ejemplo:

> Trabajé mucho. Si no hubiera trabajado, no habría ganado dinero.

G **¡Vacaciones instantáneas!** What would you do if all of a sudden a week of vacation were announced and you did not have to go to school? Working with a classmate, list five things. Report to the class and vote on which pair of students has the best ideas.

ESTUDIANTE A

Podríamos ir al cine.

ESTUDIANTE B

Y después yo daría una fiesta.

H **La cápsula del tiempo.** Your time machine can take you to both ancient civilizations and the world of the future. Working with a partner, answer the questions below to describe the Incan civilization of the past and the world of the future, as you imagine it.

En el mundo de los incas...

1. ¿Qué (no) había?
2. ¿En qué trabajaba la gente?
3. ¿Cómo eran las casas?
4. ¿Cómo viajaba la gente?
5. ¿Qué comía la gente?
6. ¿Cómo se comunicaba la gente?
7. ¿Qué fiestas tenían?

En el mundo del futuro...

8. ¿Qué (no) habría?
9. ¿En qué trabajaría la gente?
10. ¿Cómo serían las casas?
11. ¿Cómo viajaría la gente?
12. ¿Qué comería la gente?
13. ¿Cómo se comunicaría la gente?
14. ¿Qué fiestas tendrían?

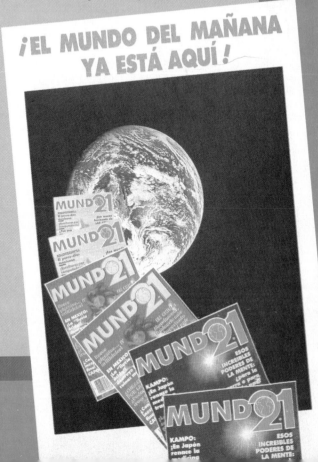

Verb Charts

1. REGULAR VERBS

hablar

PRESENT	hablo, hablas, habla, hablamos, habláis, hablan
IMPERFECT	hablaba, hablabas, hablaba, hablábamos, hablábais, hablaban
PRETERIT	hablé, hablaste, habló, hablamos, hablasteis, hablaron
CONDITIONAL	hablaría, hablarías, hablaría, hablaríamos, hablaríais, hablarían
PRESENT PERFECT	he hablado, has hablado, ha hablado, hemos hablado, habéis hablado, han hablado
PRESENT SUBJUNCTIVE	hable, hables, hable, hablemos, habléis, hablen
PRESENT PERFECT SUBJUNCTIVE	haya hablado, hayas hablado, haya hablado, hayamos hablado, hayáis hablado, hayan hablado
PLUPERFECT SUBJUNCTIVE	hubiera hablado, hubieras hablado, hubiera hablado, hubiéramos hablado, hubierais hablado, hubieran hablado
CONDITIONAL PERFECT	habría hablado, habrías hablado, habría hablado, habríamos hablado, habríais hablado, habrían hablado
TÚ COMMAND	habla; no hables
UD./UDS. COMMAND	hable/hablen
PRESENT PARTICIPLE	hablando

comer

PRESENT	como, comes, come, comemos, coméis, comen
IMPERFECT	comía, comías, comía, comíamos, comíais, comían
PRETERIT	comí, comiste, comió, comimos, comisteis, comieron
CONDITIONAL	comería, comerías, comería, comeríamos, comeríais, comerían
PRESENT PERFECT	he comido, has comido, ha comido, hemos comido, habéis comido, han comido
PRESENT SUBJUNCTIVE	coma, comas, coma, comamos, comáis, coman
PRESENT PERFECT SUBJUNCTIVE	haya comido, hayas comido, haya comido, hayamos comido, hayáis comido, hayan comido
PLUPERFECT SUBJUNCTIVE	hubiera comido, hubieras comido, hubiera comido, hubiéramos comido, hubierais comido, hubieran comido
CONDITIONAL PERFECT	habría comido, habrías comido, habría comido, habríamos comido, habríais comido, habrían comido
TÚ COMMAND	come; no comas
UD./UDS. COMMAND	coma/coman
PRESENT PARTICIPLE	comiendo

vivir

PRESENT	vivo, vives, vive, vivimos, vivís, viven
IMPERFECT	vivía, vivías, vivía, vivíamos, vivíais, vivían
PRETERIT	viví, viviste, vivió, vivimos, vivisteis, vivieron
CONDITIONAL	viviría, vivirías, viviría, viviríamos, viviríais, vivirían
PRESENT PERFECT	he vivido, has vivido, ha vivido, hemos vivido, habéis vivido, han vivido
PRESENT SUBJUNCTIVE	viva, vivas, viva, vivamos, viváis, vivan

PRESENT PERFECT SUBJUNCTIVE	haya vivido, hayas vivido, haya vivido, hayamos vivido, hayáis vivido, hayan vivido
PLUPERFECT SUBJUNCTIVE	hubiera vivido, hubieras vivido, hubiera vivido, hubiéramos vivido, hubierais vivido, hubieran vivido
CONDITIONAL PERFECT	habría vivido, habrías vivido, habría vivido, habríamos vivido, habríais vivido, habrían vivido
TÚ COMMAND	vive; no vivas
UD./UDS. COMMAND	viva/vivan
PRESENT PARTICIPLE	viviendo

2. STEM-CHANGING VERBS

o, u ⟶ ue
encontrar

PRESENT	encuentro, encuentras, encuentra, encontramos, encontráis, encuentran
IMPERFECT	encontraba, encontrabas, encontraba, encontrábamos, encontrabais, encontraban
PRETERIT	encontré, encontraste, encontró, encontramos, encontrasteis, encontraron
CONDITIONAL	encontraría, encontrarías, encontraría, encontraríamos, encontraríais, encontrarían
PRESENT PERFECT	he encontrado, has encontrado, ha encontrado, hemos encontrado, habéis encontrado, han encontrado
PRESENT SUBJUNCTIVE	encuentre, encuentres, encuentre, encontremos, encontréis, encuentren
PRESENT PERFECT SUBJUNCTIVE	haya encontrado, hayas encontrado, haya encontrado, hayamos encontrado, hayáis encontrado, hayan encontrado
PLUPERFECT SUBJUNCTIVE	hubiera encontrado, hubieras encontrado, hubiera encontrado, hubiéramos encontrado, hubierais encontrado, hubieran encontrado
CONDITIONAL PERFECT	habría encontrado, habrías encontrado, habría encontrado, habríamos encontrado, habríais encontrado, habrían encontrado
TÚ COMMAND	encuentra; no encuentres
UD./UDS. COMMAND	encuentre/encuentren
PRESENT PARTICIPLE	encontrando

Verbs like **encontrar**: acordarse, acostarse, colgar, contar, costar, doler, jugar, llover, recordar, soñar, volver.

e ⟶ ie
pensar

PRESENT	pienso, piensas, piensa, pensamos, pensáis, piensan
IMPERFECT	pensaba, pensabas, pensaba, pensábamos, pensabais, pensaban
PRETERIT	pensé, pensaste, pensó, pensamos, pensasteis, pensaron
CONDITIONAL	pensaría, pensarías, pensaría, pensaríamos, pensaríais, pensarían

PRESENT PERFECT	he pensado, has pensado, ha pensado, hemos pensado, habéis pensado, han pensado
PRESENT SUBJUNCTIVE	piense, pienses, piense, pensemos, penséis, piensen
PRESENT PERFECT SUBJUNCTIVE	haya pensado, hayas pensado, haya pensado, hayamos pensado, hayáis pensado, hayan pensado
PLUPERFECT SUBJUNCTIVE	hubiera pensado, hubieras pensado, hubiera pensado, hubiéramos pensado, hubierais pensado, hubieran pensado
CONDITIONAL PERFECT	habría pensado, habrías pensado, habría pensado, habríamos pensado, habríais pensado, habrían pensado
TÚ COMMAND	piensa; no pienses
UD./UDS. COMMAND	piense/piensen
PRESENT PARTICIPLE	pensando

Verbs like pensar: cerrar, defender, despertarse, empezar, encender, entender, nevar, perder, quebrarse, recomendar, regar, sentarse.

e ⟶ i present and preterit
servir

PRESENT	sirvo, sirves, sirve, servimos, servís, sirven
IMPERFECT	servía, servías, servía, servíamos, servíais, servían
PRETERIT	serví, serviste, sirvió, servimos, servisteis, sirvieron
CONDITIONAL	serviría, servirías, serviría, serviríamos, serviríais, servirían
PRESENT PERFECT	he servido, has servido, ha servido, hemos servido, habéis servido, han servido
PRESENT SUBJUNCTIVE	sirva, sirvas, sirva, sirvamos, sirváis, sirvan
PRESENT PERFECT SUBJUNCTIVE	haya servido, hayas servido, haya servido, hayamos servido, hayáis servido, hayan servido
PLUPERFECT SUBJUNCTIVE	hubiera servido, hubieras servido, hubiera servido, hubiéramos servido, hubierais servido, hubieran servido
CONDITIONAL PERFECT	habría servido, habrías servido, habría servido, habríamos servido, habríais servido, habrían servido
TÚ COMMAND	sirve; no sirvas
UD./UDS. COMMAND	sirva/sirvan
PRESENT PARTICIPLE	sirviendo

Verbs like servir: conseguir, despedirse, medir, pedir, reírse, seguir, vestirse.

e ⟶ ie in present, ⟶ i in preterit
preferir

PRESENT	prefiero, prefieres, prefiere, preferimos, preferís, prefieren
IMPERFECT	prefería, preferías, prefería, preferíamos, preferíais, preferían
PRETERIT	preferí, preferiste, prefirió, preferimos, preferisteis, prefirieron
CONDITIONAL	preferiría, preferirías, preferiría, preferiríamos, preferiríais, preferirían
PRESENT PERFECT	he preferido, has preferido, ha preferido, hemos preferido, habéis preferido, han preferido

PRESENT SUBJUNCTIVE	prefiera, prefieras, prefiera, prefiramos, prefiráis, prefieran
PRESENT PERFECT SUBJUNCTIVE	haya preferido, hayas preferido, haya preferido, hayamos preferido, hayáis preferido, hayan preferido
PLUPERFECT SUBJUNCTIVE	hubiera preferido, hubieras preferido, hubiera preferido, hubiéramos preferido, hubierais preferido, hubieran preferido
CONDITIONAL PERFECT	habría preferido, habrías preferido, habría preferido, habríamos preferido, habríais preferido, habrían preferido
TÚ COMMAND	prefiere; no prefieras
UD./UDS. COMMAND	prefiera/prefieran
PRESENT PARTICIPLE	prefiriendo

Verbs like **preferir:** divertirse, sentirse.

o ⟶ ue in present, **⟶ u** in preterit
dormir

PRESENT	duermo, duermes, duerme, dormimos, dormís, duermen
IMPERFECT	dormía, dormías, dormía, dormíamos, dormíais, dormían
PRETERIT	dormí, dormiste, durmió, dormimos, dormisteis, durmieron
CONDITIONAL	dormiría, dormirías, dormiría, dormiríamos, dormiríais, dormirían
PRESENT PERFECT	he dormido, has dormido, ha dormido, hemos dormido, habéis dormido, han dormido
PRESENT SUBJUNCTIVE	duerma, duermas, duerma, durmamos, durmáis, duerman
PRESENT PERFECT SUBJUNCTIVE	haya dormido, hayas dormido, haya dormido, hayamos dormido, hayáis dormido, hayan dormido
PLUPERFECT SUBJUNCTIVE	hubiera dormido, hubieras dormido, hubiera dormido, hubiéramos dormido, hubierais dormido, hubieran dormido
CONDITIONAL PERFECT	habría dormido, habrías dormido, habría dormido, habríamos dormido, habríais dormido, habrían dormido
TÚ COMMAND	duerme; no duermas
UD./UDS. COMMAND	duerma/duerman
PRESENT PARTICIPLE	durmiendo

3. VERBS WITH IRREGULARITIES

andar

PRESENT	ando, andas, anda, andamos, andáis, andan
IMPERFECT	andaba, andabas, andaba, andábamos, andabais, andaban
PRETERIT	anduve, anduviste, anduvo, anduvimos, anduvisteis, anduvieron
CONDITIONAL	andaría, andarías, andaría, andaríamos, andaríais, andarían
PRESENT PERFECT	he andado, has andado, ha andado, hemos andado, habéis andado, han andado
PRESENT SUBJUNCTIVE	ande, andes, ande, andemos, andéis, anden
PRESENT PERFECT SUBJUNCTIVE	haya andado, hayas andado, haya andado, hayamos andado, hayáis andado, hayan andado
PLUPERFECT SUBJUNCTIVE	hubiera andado, hubieras andado, hubiera andado, hubiéramos andado, hubierais andado, hubieran andado

CONDITIONAL PERFECT	habría andado, habrías andado, habría andado, habríamos andado, habríais andado, habrían andado
TÚ COMMAND	anda; no andes
UD./UDS. COMMAND	ande/anden
PRESENT PARTICIPLE	andando

caerse

PRESENT	me caigo, te caes, se cae, nos caemos, os caéis, se caen
IMPERFECT	me caía, te caías, se caía, nos caíamos, os caíais, se caían
PRETERIT	me caí, te caíste, se cayó, nos caímos, os caísteis, se cayeron
PRESENT PERFECT	me he caído, te has caído, se ha caído, nos hemos caído, os habéis caído, se han caído
CONDITIONAL	me caería, te caerías, se caería, nos caeríamos, os caeríais, se caerían
PRESENT SUBJUNCTIVE	me caiga, te caigas, se caiga, nos caigamos, os caigáis, se caigan
PRESENT PERFECT SUBJUNCTIVE	me haya caído, te hayas caído, se haya caído, nos hayamos caído, os hayáis caído, se hayan caído
PLUPERFECT SUBJUNCTIVE	me hubiera caído, te hubieras caído, se hubiera caído, nos hubiéramos caído, os hubierais caído, se hubieran caído
CONDITIONAL PERFECT	me habría caído, te habrías caído, se habría caído, nos habríamos caído, os habríais caído, se habrían caído
TÚ COMMAND	cáete; no te caigas
UD./UDS. COMMAND	cáigase/cáiganse
PRESENT PARTICIPLE	cayéndose

Verb like caerse: oír.

dar

PRESENT	doy, das, da, damos, dais, dan
IMPERFECT	daba, dabas, daba, dábamos, dabais, daban
PRETERIT	di, diste, dio, dimos, disteis, dieron
CONDITIONAL	daría, darías, daría, daríamos, daríais, darían
PRESENT PERFECT	he dado, has dado, ha dado, hemos dado, habéis dado, han dado
PRESENT SUBJUNCTIVE	dé, des, dé, demos, deis, den
PRESENT PERFECT SUBJUNCTIVE	haya dado, hayas dado, haya dado, hayamos dado, hayáis dado, hayan dado
PLUPERFECT SUBJUNCTIVE	hubiera dado, hubieras dado, hubiera dado, hubiéramos dado, hubierais dado, hubieran dado
CONDITIONAL PERFECT	habría dado, habrías dado, habría dado, habríamos dado, habríais dado, habrían dado
TÚ COMMAND	da; no des
UD./UDS. COMMAND	dé/den
PRESENT PARTICIPLE	dando

decir

PRESENT	digo, dices, dice, decimos, decís, dicen
IMPERFECT	decía, decías, decía, decíamos, decíais, decían

PRETERIT	dije, dijiste, dijo, dijimos, dijisteis, dijeron
CONDITIONAL	diría, dirías, diría, diríamos, diríais, dirían
PRESENT PERFECT	he dicho, has dicho, ha dicho, hemos dicho, habéis dicho, han dicho
PRESENT SUBJUNCTIVE	diga, digas, diga, digamos, digáis, digan
PRESENT PERFECT SUBJUNCTIVE	haya dicho, hayas dicho, haya dicho, hayamos dicho, hayáis dicho, hayan dicho
PLUPERFECT SUBJUNCTIVE	hubiera dicho, hubieras dicho, hubiera dicho, hubiéramos dicho, hubierais dicho, hubieran dicho
CONDITIONAL PERFECT	habría dicho, habrías dicho, habría dicho, habríamos dicho, habríais dicho, habrían dicho
TÚ COMMAND	di; no digas
UD./UDS. COMMAND	diga/digan
PRESENT PARTICIPLE	diciendo

estar

PRESENT	estoy, estás, está, estamos, estáis, están
IMPERFECT	estaba, estabas, estaba, estabamos, estabais, estaban
PRETERIT	estuve, estuviste, estuvo, estuvimos, estuvisteis, estuvieron
CONDITIONAL	estaría, estarías, estaría, estaríamos, estaríais, estarían
PRESENT PERFECT	he estado, has estado, ha estado, hemos estado, habéis estado, han estado
PRESENT SUBJUNCTIVE	esté, estés, esté, estemos, estéis, estén
PRESENT PERFECT SUBJUNCTIVE	haya estado, hayas estado, haya estado, hayamos estado, hayáis estado, hayan estado
PLUPERFECT SUBJUNCTIVE	hubiera estado, hubieras estado, hubiera estado, hubiéramos estado, hubierais estado, hubieran estado
CONDITIONAL PERFECT	habría estado, habrías estado, habría estado, habríamos estado, habríais estado, habrían estado
TÚ COMMAND	está; no estés
UD./UDS. COMMAND	esté/estén
PRESENT PARTICIPLE	estando

haber

PRESENT	he, has, ha, hemos, habéis, han
IMPERFECT	había, habías, había, habíamos, habíais, habían
PRETERIT	hube, hubiste, hubo, hubimos, hubisteis, hubieron
CONDITIONAL	habría, habrías, habría, habríamos, habríais, habrían
PRESENT PERFECT	he habido, has habido, ha habido, hemos habido, habéis habido, han habido
PRESENT SUBJUNCTIVE	haya, hayas, haya, hayamos, hayáis, hayan
PRESENT PERFECT SUBJUNCTIVE	haya habido, hayas habido, haya habido, hayamos habido, hayáis habido, hayan habido
PLUPERFECT SUBJUNCTIVE	hubiera habido, hubieras habido, hubiera habido, hubiéramos habido, hubierais habido, hubieran habido

CONDITIONAL PERFECT	habría habido, habrías habido, habría habido, habríamos habido, habríais habido, habrían habido
PRESENT PARTICIPLE	habiendo

hacer

PRESENT	hago, haces, hace, hacemos, hacéis, hacen
IMPERFECT	hacía, hacías, hacía, hacíamos, hacíais, hacían
PRETERIT	hice, hiciste, hizo, hicimos, hicisteis, hicieron
CONDITIONAL	haría, harías, haría, haríamos, haríais, harían
PRESENT PERFECT	he hecho, has hecho, ha hecho, hemos hecho, habéis hecho, han hecho
PRESENT SUBJUNCTIVE	haga, hagas, haga, hagamos, hagáis, hagan
PRESENT PERFECT SUBJUNCTIVE	haya hecho, hayas hecho, haya hecho, hayamos hecho, hayáis hecho, hayan hecho
PLUPERFECT SUBJUNCTIVE	hubiera hecho, hubieras hecho, hubiera hecho, hubiéramos hecho, hubierais hecho, hubieran hecho
CONDITIONAL PERFECT	habría hecho, habrías hecho, habría hecho, habríamos hecho, habríais hecho, habrían hecho
TÚ COMMAND	haz; no hagas
UD./UDS. COMMAND	haga/hagan
PRESENT PARTICIPLE	haciendo

ir

PRESENT	voy, vas, va, vamos, vais, van
IMPERFECT	iba, ibas, iba, íbamos, ibais, iban
PRETERIT	fui, fuiste, fue, fuimos, fuisteis, fueron
CONDITIONAL	iría, irías, iría, iríamos, iríais, irían
PRESENT PERFECT	he ido, has ido, ha ido, hemos ido, habéis ido, han ido
PRESENT SUBJUNCTIVE	vaya, vayas, vaya, vayamos, vayáis, vayan
PRESENT PERFECT SUBJUNCTIVE	haya ido, hayas ido, haya ido, hayamos ido, hayáis ido, hayan ido
PLUPERFECT SUBJUNCTIVE	hubiera ido, hubieras ido, hubiera ido, hubiéramos ido, hubierais ido, hubieran ido
CONDITIONAL PERFECT	habría ido, habrías ido, habría ido, habríamos ido, habríais ido, habrían ido
TÚ COMMAND	ve; no vayas
UD./UDS. COMMAND	vaya/vayan
PRESENT PARTICIPLE	yendo

morirse

PRESENT	me muero, te mueres, se muere, nos morimos, os morís, se mueren
IMPERFECT	me moría, te morías, se moría, nos moríamos, os moríais, se morían
PRETERIT	me morí, te moriste, se murió, nos morimos, os moristeis, se murieron

CONDITIONAL	me moriría, te morirías, se moriría, nos moriríamos, os moriríais, se morirían
PRESENT PERFECT	me he muerto, te has muerto, se ha muerto, nos hemos muerto, os habéis muerto, se han muerto
PRESENT SUBJUNCTIVE	me muera, te mueras, se muera, nos muramos, os muráis, se mueran
PRESENT PERFECT SUBJUNCTIVE	me haya muerto, te hayas muerto, se haya muerto, nos hayamos muerto, os hayáis muerto, se hayan muerto
PLUPERFECT SUBJUNCTIVE	me hubiera muerto, te hubieras muerto, se hubiera muerto, nos hubiéramos muerto, os hubierais muerto, se hubieran muerto
CONDITIONAL PERFECT	me habría muerto, te habrías muerto, se habría muerto, nos habríamos muerto, os habríais muerto, se habrían muerto
TÚ COMMAND	muérete; no te mueras
UD./UDS. COMMAND	muérase/muéranse
PRESENT PARTICIPLE	muriéndose

poder

PRESENT	puedo, puedes, puede, podemos, podéis, pueden
IMPERFECT	podía, podías, podía, podíamos, podíais, podían
PRETERIT	pude, pudiste, pudo, pudimos, pudisteis, pudieron
CONDITIONAL	podría, podrías, podría, podríamos, podríais, podrían
PRESENT PERFECT	he podido, has podido, ha podido, hemos podido, habéis podido, han podido
PRESENT SUBJUNCTIVE	pueda, puedas, pueda, podamos, podáis, puedan
PRESENT PERFECT SUBJUNCTIVE	haya podido, hayas podido, haya podido, hayamos podido, hayáis podido, hayan podido
PLUPERFECT SUBJUNCTIVE	hubiera podido, hubieras podido, hubiera podido, hubiéramos podido, hubierais podido, hubieran podido
CONDITIONAL PERFECT	habría podido, habrías podido, habría podido, habríamos podido, habríais podido, habrían podido
PRESENT PARTICIPLE	pudiendo

poner

PRESENT	pongo, pones, pone, ponemos, ponéis, ponen
IMPERFECT	ponía, ponías, ponía, poníamos, poníais, ponían
PRETERIT	puse, pusiste, puso, pusimos, pusisteis, pusieron
CONDITIONAL	pondría, pondrías, pondría, pondríamos, pondríais, pondrían
PRESENT PERFECT	he puesto, has puesto, ha puesto, hemos puesto, habéis puesto, han puesto
PRESENT SUBJUNCTIVE	ponga, pongas, ponga, pongamos, pongáis, pongan
PRESENT PERFECT SUBJUNCTIVE	haya puesto, hayas puesto, haya puesto, hayamos puesto, hayáis puesto, hayan puesto
PLUPERFECT SUBJUNCTIVE	hubiera puesto, hubieras puesto, hubiera puesto, hubiéramos puesto, hubierais puesto, hubieran puesto
CONDITIONAL PERFECT	habría puesto, habrías puesto, habría puesto, habríamos puesto, habríais puesto, habrían puesto

TÚ COMMAND	pon; no pongas
UD./UDS. COMMAND	ponga/pongan
PRESENT PARTICIPLE	poniendo

querer

PRESENT	quiero, quieres, quiere, queremos, queréis, quieren
IMPERFECT	quería, querías, quería, queríamos, queríais, querían
PRETERIT	quise, quisiste, quiso, quisimos, quisisteis, quisieron
CONDITIONAL	querría, querrías, querría, querríamos, querríais, querrían
PRESENT PERFECT	he querido, has querido, ha querido, hemos querido, habéis querido, han querido
PRESENT SUBJUNCTIVE	quiera, quieras, quiera, queramos, queráis, quieran
PRESENT PERFECT SUBJUNCTIVE	haya querido, hayas querido, haya querido, hayamos querido, hayáis querido, hayan querido
PLUPERFECT SUBJUNCTIVE	hubiera querido, hubieras querido, hubiera querido, hubiéramos querido, hubierais querido, hubieran querido
CONDITIONAL PERFECT	habría querido, habrías querido, habría querido, habríamos querido, habríais querido, habrían querido
TÚ COMMAND	quiere; no quieras
UD./UDS. COMMAND	quiera/quieran
PRESENT PARTICIPLE	queriendo

reducir

PRESENT	reduzco, reduces, reduce, reducimos, reducís, reducen
IMPERFECT	reducía, reducías, reducía, reducíamos, reducíais, reducían
PRETERIT	reduje, redujiste, redujo, redujimos, redujisteis, redujeron
CONDITIONAL	reduciría, reducirías, reduciría, reduciríamos, reduciríais, reducirían
PRESENT PERFECT	he reducido, has reducido, ha reducido, hemos reducido, habéis reducido, han reducido
PRESENT SUBJUNCTIVE	reduzca, reduzcas, reduzca, reduzcamos, reduzcais, reduzcan
PRESENT PERFECT SUBJUNCTIVE	haya reducido, hayas reducido, haya reducido, hayamos reducido, hayáis reducido, hayan reducido
PLUPERFECT SUBJUNCTIVE	hubiera reducido, hubieras reducido, hubiera reducido, hubiéramos reducido, hubierais reducido, hubieran reducido
CONDITIONAL PERFECT	habría reducido, habrías reducido, habría reducido, habríamos reducido, habríais reducido, habrían reducido
TÚ COMMAND	reduce; no reduzcas
UD./UDS. COMMAND	reduzca/reduzcan
PRESENT PARTICIPLE	reduciendo

romper

PRESENT	rompo, rompes, rompe, rompemos, rompéis, rompen
IMPERFECT	rompía, rompías, rompía, rompíamos, rompíais, rompían
PRETERIT	rompí, rompiste, rompió, rompimos, rompisteis, rompieron

CONDITIONAL	rompería, romperías, rompería, romperíamos, romperíais, romperían
PRESENT PERFECT	he roto, has roto, ha roto, hemos roto, habéis roto, han roto
PRESENT SUBJUNCTIVE	rompa, rompas, rompa, rompamos, rompáis, rompan
PRESENT PERFECT SUBJUNCTIVE	haya roto, hayas roto, haya roto, hayamos roto, hayáis roto, hayan roto
PLUPERFECT SUBJUNCTIVE	hubiera roto, hubieras roto, hubiera roto, hubiéramos roto, hubierais roto, hubieran roto
CONDITIONAL PERFECT	habría roto, habrías roto, habría roto, habríamos roto, habríais roto, habrían roto
TÚ COMMAND	rompe; no rompas
UD./UDS. COMMANDS	rompa/rompan
PRESENT PARTICIPLE	rompiendo

saber

PRESENT	sé, sabes, sabe, sabemos, sabéis, saben
IMPERFECT	sabía, sabías, sabía, sabíamos, sabíais, sabían
PRETERIT	supe, supiste, supo, supimos, supisteis, supieron
CONDITIONAL	sabría, sabrías, sabría, sabríamos, sabríais, sabrían
PRESENT PERFECT	he sabido, has sabido, ha sabido, hemos sabido, habéis sabido, han sabido
PRESENT SUBJUNCTIVE	sepa, sepas, sepa, sepamos, sepáis, sepan
PRESENT PERFECT SUBJUNCTIVE	haya sabido, hayas sabido, haya sabido, hayamos sabido, hayáis sabido, hayan sabido
PLUPERFECT SUBJUNCTIVE	hubiera sabido, hubieras sabido, hubiera sabido, hubiéramos sabido, hubierais sabido, hubieran sabido
CONDITIONAL PERFECT	habría sabido, habrías sabido, habría sabido, habríamos sabido, habríais sabido, habrían sabido
TÚ COMMAND	sabe; no sepas
UD./UDS. COMMAND	sepa/sepan
PRESENT PARTICIPLE	sabiendo

ser

PRESENT	soy, eres, es, somos, sois, son
IMPERFECT	era, eras, era, éramos, erais, eran
PRETERIT	fui, fuiste, fue, fuimos, fuisteis, fueron
CONDITIONAL	sería, serías, sería, seríamos, seríais, serían
PRESENT PERFECT	he sido, has sido, ha sido, hemos sido, habéis sido, han sido
PRESENT SUBJUNCTIVE	sea, seas, sea, seamos, seáis, sean
PRESENT PERFECT SUBJUNCTIVE	haya sido, hayas sido, haya sido, hayamos sido, hayáis sido, hayan sido
PLUPERFECT SUBJUNCTIVE	hubiera sido, hubieras sido, hubiera sido, hubiéramos sido, hubierais sido, hubieran sido
CONDITIONAL PERFECT	habría sido, habrías sido, habría sido, habríamos sido, habríais sido, habrían sido

TÚ COMMAND	sé; no seas
UD./UDS. COMMAND	sea/sean
PRESENT PARTICIPLE	siendo

tener

PRESENT	tengo, tienes, tiene, tenemos, tenéis, tienen
IMPERFECT	tenía, tenías, tenía, teníamos, teníais, tenían
PRETERIT	tuve, tuviste, tuvo, tuvimos, tuvisteis, tuvieron
CONDITIONAL	tendría, tendrías, tendría, tendríamos, tendríais, tendrían
PRESENT PERFECT	he tenido, has tenido, ha tenido, hemos tenido, habéis tenido, han tenido
PRESENT SUBJUNCTIVE	tenga, tengas, tenga, tengamos, tengáis, tengan
PRESENT PERFECT SUBJUNCTIVE	haya tenido, hayas tenido, haya tenido, hayamos tenido, hayáis tenido, hayan tenido
PLUPERFECT SUBJUNCTIVE	hubiera tenido, hubieras tenido, hubiera tenido, hubiéramos tenido, hubierais tenido, hubieran tenido
CONDITIONAL PERFECT	habría tenido, habrías tenido, habría tenido, habríamos tenido, habríais tenido, habrían tenido
TÚ COMMAND	ten; no tengas
UD./UDS. COMMAND	tenga/tengan
PRESENT PARTICIPLE	teniendo
	Verbs like **tener**: detener, mantener.

traer

PRESENT	traigo, traes, trae, traemos, traéis, traen
IMPERFECT	traía, traías, traía, traíamos, traíais, traían
PRETERIT	traje, trajiste, trajo, trajimos, trajisteis, trajeron
CONDITIONAL	traería, traerías, traería, traeríamos, traeríais, traerían
PRESENT PERFECT	he traído, has traído, ha traído, hemos traído, habéis traído, han traído
PRESENT SUBJUNCTIVE	traiga, traigas, traiga, traigamos, traigáis, traigan
PRESENT PERFECT SUBJUNCTIVE	haya traído, hayas traído, haya traído, hayamos traído, hayáis traído, hayan traído
PLUPERFECT SUBJUNCTIVE	hubiera traído, hubieras traído, hubiera traído, hubiéramos traído, hubierais traído, hubieran traído
CONDITIONAL PERFECT	habría traído, habrías traído, habría traído, habríamos traído, habríais traído, habrían traído
TÚ COMMAND	trae; no traigas
UD./UDS. COMMAND	traiga/traigan
PRESENT PARTICIPLE	trayendo

venir

PRESENT	vengo, vienes, viene, venimos, venís, vienen
IMPERFECT	venía, venías, venía, veníamos, veníais, venían
PRETERIT	vine, viniste, vino, vinimos, vinisteis, vinieron

CONDITIONAL	vendría, vendrías, vendría, vendríamos, vendríais, vendrían
PRESENT PERFECT	he venido, has venido, ha venido, hemos venido, habéis venido, han venido
PRESENT SUBJUNCTIVE	venga, vengas, venga, vengamos, vengáis, vengan
PRESENT PERFECT SUBJUNCTIVE	haya venido, hayas venido, haya venido, hayamos venido, hayáis venido, hayan venido
PLUPERFECT SUBJUNCTIVE	hubiera venido, hubieras venido, hubiera venido, hubiéramos venido, hubierais venido, hubieran venido
CONDITIONAL PERFECT	habría venido, habrías venido, habría venido, habríamos venido, habríais venido, habrían venido
TÚ COMMAND	ven; no vengas
UD./UDS. COMMAND	venga/vengan
PRESENT PARTICIPLE	viniendo

ver

PRESENT	veo, ves, ve, vemos, veis, ven
IMPERFECT	veía, veías, veía, veíamos, veíais, veían
PRETERIT	vi, viste, vio, vimos, visteis, vieron
PRESENT PERFECT	he visto, has visto, ha visto, hemos visto, habéis visto, han visto
CONDITIONAL	vería, verías, vería, veríamos, veríais, verían
PRESENT SUBJUNCTIVE	vea, veas, vea, veamos, veáis, vean
PRESENT PERFECT SUBJUNCTIVE	haya visto, hayas visto, haya visto, hayamos visto, hayáis visto, hayan visto
PLUPERFECT SUBJUNCTIVE	hubiera visto, hubieras visto, hubiera visto, hubiéramos visto, hubierais visto, hubieran visto
CONDITIONAL PERFECT	habría visto, habrías visto, habría visto, habríamos visto, habríais visto, habrían visto
TÚ COMMAND	ve; no veas
UD./UDS. COMMAND	vea/vean
PRESENT PARTICIPLE	viendo

volver

PRESENT	vuelvo, vuelves, vuelve, volvemos, volvéis, vuelven
IMPERFECT	volvía, volvías, volvía, volvíamos, volvíais, volvían
PRETERIT	volví, volviste, volvió, volvimos, volvisteis, volvieron
CONDITIONAL	volvería, volverías, volvería, volveríamos, volveríais, volverían
PRESENT PERFECT	he vuelto, has vuelto, ha vuelto, hemos vuelto, habéis vuelto, han vuelto
PRESENT SUBJUNCTIVE	vuelva, vuelvas, vuelva, volvamos, volváis, vuelvan
PRESENT PERFECT SUBJUNCTIVE	haya vuelto, hayas vuelto, haya vuelto, hayamos vuelto, hayáis vuelto, hayan vuelto
PLUPERFECT SUBJUNCTIVE	hubiera vuelto, hubieras vuelto, hubiera vuelto, hubiéramos vuelto, hubierais vuelto, hubieran vuelto
CONDITIONAL PERFECT	habría vuelto, habrías vuelto, habría vuelto, habríamos vuelto, habríais vuelto, habrían vuelto
TÚ COMMAND	vuelve; no vuelvas

| UD./UDS. COMMANDS | vuelva/vuelvan |
| PRESENT PARTICIPLE | volviendo |

5. VERBS WITH SPELLING CHANGES

c ⟶ zc before **o** and **a**
conocer

PRESENT	conozco, conoces, conoce, conocemos, conocéis, conocen
IMPERFECT	conocía, conocías, conocía, conocíamos, conocíais, conocían
PRETERIT	conocí, conociste, conoció, conocimos, conocisteis, conocieron
CONDITIONAL	conocería, conocerías, conocería, conoceríamos, conoceríais, conocerían
PRESENT PERFECT	he conocido, has conocido, ha conocido, hemos conocido, habéis conocido, han conocido
PRESENT SUBJUNCTIVE	conozca, conozcas, conozca, conozcamos, conozcáis, conozcan
PRESENT PERFECT SUBJUNCTIVE	haya conocido, hayas conocido, haya conocido, hayamos conocido, hayáis conocido, hayan conocido
PLUPERFECT SUBJUNCTIVE	hubiera conocido, hubieras conocido, hubiera conocido, hubiéramos conocido, hubieran conocido
CONDITIONAL PERFECT	habría conocido, habrías conocido, habría conocido, habríamos conocido, habríais conocido, habrían conocido
TÚ COMMAND	conoce; no conozcas
UD./UDS. COMMAND	conozca/conozcan
PRESENT PARTICIPLE	conociendo

Verbs like **conocer**: crecer, nacer, obedecer, ofrecer, parecer, pertenecer.

i ⟶ y between vowels
leer

PRESENT	leo, lees, lee, leemos, leéis, leen
IMPERFECT	leía, leías, leía, leíamos, leíais, leían
PRETERIT	leí, leíste, leyó, leímos, leísteis, leyeron
CONDITIONAL	leería, leerías, leería, leeríamos, leeríais, leerían
PRESENT PERFECT	he leído, has leído, ha leído, hemos leído, habéis leído, han leído
PRESENT SUBJUNCTIVE	lea, leas, lea, leamos, leáis, lean
PRESENT PERFECT SUBJUNCTIVE	haya leído, hayas leído, haya leído, hayamos leído, hayáis leído, hayan leído
PLUPERFECT SUBJUNCTIVE	hubiera leído, hubieras leído, hubiera leído, hubiéramos leído, hubierais leído, hubieran leído
CONDITIONAL PERFECT	habría leído, habrías leído, habría leído, habríamos leído, habríais leído, habrían leído
TÚ COMMAND	lee; no leas
UD./UDS. COMMAND	lea/lean
PRESENT PARTICIPLE	leyendo

Verb like **leer**: creer.

y before **o, e, a**
destruir

PRESENT	destruyo, destruyes, destruye, destruimos, destruís, destruyen
IMPERFECT	destruía, destruías, destruía, destruíamos, destruíais, destruían
PRETERIT	destruí, destruiste, destruyó, destruimos, destruisteis, destruyeron
CONDITIONAL	destruiría, destruirías, destruiría, destruiríamos, destruiríais, destruirían
PRESENT PERFECT	he destruido, has destruido, ha destruido, hemos destruido, habéis destruido, han destruido
PRESENT SUBJUNCTIVE	destruya, destruyas, destruya, destruyamos, destruyáis, destruyan
PRESENT PERFECT SUBJUNCTIVE	haya destruido, hayas destruido, haya destruido, hayamos destruido, hayáis destruido, hayan destruido
PLUPERFECT SUBJUNCTIVE	hubiera destruido, hubieras destruido, hubiera destruido, hubiéramos destruido, hubierais destruido, hubieran destruido
CONDITIONAL PERFECT	habría destruido, habrías destruido, habría destruido, habríamos destruido, habríais destruido, habrían destruido
TÚ COMMAND	destruye; no destruyas
UD./UDS. COMMAND	destruya/destruyan
PRESENT PARTICIPLE	destruyendo
	Verb like **destruir**: huir.

z ⟶ **c** before **e**
cruzar

PRESENT	cruzo, cruzas, cruza, cruzamos, cruzáis, cruzan
IMPERFECT	cruzaba, cruzabas, cruzaba, cruzábamos, cruzabais, cruzaban
PRETERIT	crucé, cruzaste, cruzó, cruzamos, cruzasteis, cruzaron
CONDITIONAL	cruzaría, cruzarías, cruzaría, cruzaríamos, cruzaríais, cruzarían
PRESENT PERFECT	he cruzado, has cruzado, ha cruzado, hemos cruzado, habéis cruzado, han cruzado
PRESENT SUBJUNCTIVE	cruce, cruces, cruce, crucemos, crucéis, crucen
PRESENT PERFECT SUBJUNCTIVE	haya cruzado, hayas cruzado, haya cruzado, hayamos cruzado, hayáis cruzado, hayan cruzado
PLUPERFECT SUBJUNCTIVE	hubiera cruzado, hubieras cruzado, hubiera cruzado, hubiéramos cruzado, hubierais cruzado, hubieran cruzado
CONDITIONAL PERFECT	habría cruzado, habrías cruzado, habría cruzado, habríamos cruzado, habríais cruzado, habrían cruzado
TÚ COMMAND	cruza; no cruces
UD./UDS. COMMAND	cruce/crucen
PRESENT PARTICIPLE	cruzando
	Verbs like **cruzar**: aterrizar, empezar (ie), organizar.

g ⟶ gu before e
llegar

PRESENT	llego, llegas, llega, llegamos, llegáis, llegan
IMPERFECT	llegaba, llegabas, llegaba, llegábamos, llegabais, llegaban
PRETERIT	llegué, llegaste, llegó, llegamos, llegasteis, llegaron
CONDITIONAL	llegaría, llegarías, llegaría, llegaríamos, llegaríais, llegarían
PRESENT PERFECT	he llegado, has llegado, ha llegado, hemos llegado, habéis llegado, han llegado
PRESENT SUBJUNCTIVE	llegue, llegues, llegue, lleguemos, lleguéis, lleguen
PRESENT PERFECT SUBJUNCTIVE	haya llegado, hayas llegado, haya llegado, hayamos llegado, hayáis llegado, hayan llegado
PLUPERFECT SUBJUNCTIVE	hubiera llegado, hubieras llegado, hubiera llegado, hubiéramos llegado, hubierais llegado, hubieran llegado
CONDITIONAL PERFECT	habría llegado, habrías llegado, habría llegado, habríamos llegado, habríais llegado, habrían llegado
TÚ COMMAND	llega; no llegues
UD./UDS. COMMAND	llegue/lleguen
PRESENT PARTICIPLE	llegando

Verbs like llegar: ahogarse, apagar, colgar (ue), despegar, entregar, jugar (ue), pagar, regar (ie), rogar (ue), tragar.

g ⟶ j before o and a
recoger

PRESENT	recojo, recoges, recoge, recogemos, recogéis, recogen
IMPERFECT	recogía, recogías, recogía, recogíamos, recogíais, recogían
PRETERIT	recogí, recogiste, recogió, recogimos, recogisteis, recogieron
CONDITIONAL	recogería, recogerías, recogería, recogeríamos, recogeríais, recogerían
PRESENT PERFECT	he recogido, has recogido, ha recogido, hemos recogido, habéis recogido, han recogido
PRESENT SUBJUNCTIVE	recoja, recojas recoja, recojamos, recojáis, recojan
PRESENT PERFECT SUBJUNCTIVE	haya recogido, hayas recogido, haya recogido, hayamos recogido, hayáis recogido, hayan recogido
PLUPERFECT SUBJUNCTIVE	hubiera recogido, hubieras recogido, hubiera recogido, hubiéramos recogido, hubierais recogido, hubieran recogido
CONDITIONAL PERFECT	habría recogido, habrías recogido, habría recogido, habríamos recogido, habríais recogido, habrían recogido
TÚ COMMAND	recoge; no recojas
UD./UDS. COMMAND	escoja/escojan
PRESENT PARTICIPLE	recogiendo

Verbs like recoger: escoger, proteger.

c ⟶ qu before e
sacar

PRESENT	saco, sacas, saca, sacamos, sacáis, sacan
IMPERFECT	sacaba, sacabas, sacaba, sacábamos, sacabais, sacaban

PRETERIT	saqué, sacaste, sacó, sacamos, sacasteis, sacaron
PRESENT PERFECT	he sacado, has sacado, ha sacado, hemos sacado, habéis sacado, han sacado
CONDITIONAL	sacaría, sacarías, sacaría, sacaríamos, sacaríais, sacarían
PRESENT SUBJUNCTIVE	saque, saques, saque, sacquemos, saquéis, saquen
PRESENT PERFECT SUBJUNCTIVE	haya sacado, hayas sacado, haya sacado, hayamos sacado, hayáis sacado, hayan sacado
PLUPERFECT SUBJUNCTIVE	hubiera sacado, hubieras sacado, hubiera sacado, hubiéramos sacado, hubierais sacado, hubieran sacado
CONDITIONAL PERFECT	habría sacado, habrías sacado, habría sacado, habríamos sacado, habríais sacado, habrían sacado
TÚ COMMAND	saca; no saques
UD./UDS. COMMAND	saque/saquen
PRESENT PARTICIPLE	sacando
	Verbs like **sacar: acercarse, buscar, explicar, marcar, picar, practicar, publicar, tocar.**

Accents on weak vowels **(i, u):** present, present subjunctive, and command forms
esquiar

PRESENT	esquío, esquías, esquía, esquiamos, esquiáis, esquían
IMPERFECT	esquiaba, esquiabas, esquiaba, esquiábamos, esquiábais, esquiaban
PRETERIT	esquié, esquiaste, esquió, esquiamos, esquiasteis, esquiaron
CONDITIONAL	esquiaría, esquiarías, esquiaría, esquiaríamos, esquiaríais, esquiarían
PRESENT PERFECT	he esquiado, has esquiado, ha esquiado, hemos esquiado, habéis esquiado, han esquiado
PRESENT SUBJUNCTIVE	esquíe, esquíes, esquíe, esquiemos, esquiéis, esquíen
PRESENT PERFECT SUBJUNCTIVE	haya esquiado, hayas esquiado, haya esquiado, hayamos esquiado, hayáis esquiado, hayan esquiado
PLUPERFECT SUBJUNCTIVE	hubiera esquiado, hubieras esquiado, hubiera esquiado, hubiéramos esquiado, hubieran esquiado
CONDITIONAL PERFECT	habría esquiado, habrías esquiado, habría esquiado, habríamos esquiado, habríais esquiado, habrían esquiado
TÚ COMMAND	esquía; no esquíes
UD./UDS. COMMAND	esquíe/esquíen
PRESENT PARTICIPLE	esquiando
	Verbs like **esquiar: graduarse, reunirse.**

Vocabulario Español-Inglés

The **Vocabulario Español-Inglés** contains all productive and receptive vocabulary from the text.

The numbers following each productive entry indicate the chapter and lesson in which the word is first introduced. The roman numeral I in parenthesis indicates an entry introduced in Level 1 of *¡Acción!*

The following are abbreviations used in this glossary.

adv.	adverb
com.	command
dir. obj.	direct object
f.	feminine
fam.	familiar
ind. obj.	indirect object
inf.	infinitive
m.	masculine
obj. of prep.	object of the preposition
pers.	personal
pl.	plural
prep.	preposition; prepositional
pron.	pronoun
sing.	singular
subj.	subjunctive

A

a at, (I); to, (I)
  a bordo on board
  a causa de because of, 5.2
  ¡A comenzar! Let's begin!
  a fines de at the end of
  a la izquierda to the left, (I)
  a la una at one o'clock, (I)
  a las (dos) at (two) o'clock, (I)
  a lo largo de alongside
  a lo mejor maybe, 6.1
  a mano by hand, 1.2
  a mediadados de in the middle of (month)
  a menos que unless, 5.3
  a mí me gusta I like, (I)
  a pie on foot, (I)
  a principios in the begining
  ¿A qué eres (es) alérgico(a)? What are you allergic to?, 4.3
  ¿A qué hora es…? At what time is…?, (I)
  a ti te gusta you like, (I)
  a tiempo on time, 1.1
  a través through
  a unas at approximately
  a veces sometimes, (I)
  a ver let's see, (I)
abajo below; downstairs, (I)
  allá abajo down below
abierto(a) open
el/la **abogado(a)** lawyer, (I)
abordar to board
el **abrazo** embrace, hug
el **abrelatas** can opener
abreviado(a) abbreviated
el **abrigo** overcoat, (I)
abril April, (I)
abrir to open, (I)
abrochar to fasten, 1.1

abundante abundant
la **abuela** grandmother, (I)
el **abuelo** grandfather, (I)
los **abuelos** grandparents, (I)
aburrido(a) boring, (I); bored, (I)
  ¡Qué aburrido! How boring!, (I)
acabar de to have just, 3.3
académico(a) academic
acampar to camp, 2.2
el **accidente** accident
la **acción** action
el **aceite** oil, 1.3
las **aceitunas** olives
la **acera** sidewalk, 2.1
acercarse to get near, 3.2
el **acne** (f.) acne
acogedor/a friendly
acompañado(a) accompanied
acompañar to accompany
aconsejar to advise, 5.2
acordarse (ue) (de) to remember, 2.4
acostarse (ue) to lie down, 2.3
acostumbrarse to get used to, 2.3
la **actividad** activity, 3.4
el **actor** actor, (I)
la **actriz** actress, (I)
actualmente nowadays, 5.3
actuar to perform
los **ademanes** gestures
además besides, 4.2
adentro indoors; inside, (I)
adicional additional
adiós goodbye, (I)
adivinar to guess
¿adónde? (to) where?, (I)
  ¿Adónde quieres ir? Where do you want to go?, (I)
  ¿Adónde vas? Where are you going?, (I)
la **adoración** adoration
adorar to adore
la **aduana** customs, 5.3

la **aerolínea** airline, 1.1
la **aeronave** airship
la **aeronave espacial** spaceship, 3.4
el **aeropuerto** airport, 1.1
los **aerosoles** aerosols, 3.3
afectar to affect
afectuoso(a) affectionate
la **afeitada** shave
afeitarse to shave, 3.2
afortunadamente fortunately, 5.3
el **África** Africa, 3.4
afuera outside, (I)
las **afueras** outskirts
agarrar to catch, 2.2
la **agencia** agency
la **agencia de personal** personnel agency
la **agencia de viajes** travel agency
el/la **agente** airline agent, 5.3
el/la **agente de viajes** travel agent
agitado(a) agitated, shaken, 4.2
agosto August, (I)
agotado(a) exhausted, 6.3
agradable pleasant, 5.4
agregar to add
el/la **agricultor/a** farmer, (I)
la **agricultura** agriculture
agrio(a) sour, 1.3
el **agua** (f.) water, (I)
el **aguacate** avocado, 1.4
el **águila** (f.) eagle, 6.4
los **ahijados** godchildren
ahogarse to drown, 2.3
ahora now, (I)
ahorrar to save, (I)
el **aire** air, 2.1
  al aire libre outdoors, (I)
  el **aire acondicionado** air-conditioning, 5.4
  el **aire de campo** country air
aislado(a) isolated
el **ajedrez** chess, (I)
el **ajo** garlic, 1.4
al (a + el) to the, (I)
  al aire libre outdoors, (I)
  al final at/in the end

al fondo de at the end of, **2.1**

al lado de next to, beside, (I)

al máximo to the maximum

al revés in the opposite way

al sur to the south

al / en el extranjero abroad, **3.4**

el **ala** (f.) wing

alarmarse: se alarman they become alarmed

alarmista alarmist, **4.4**

la **albahaca** basil

el **álbum** album

alegrarse que to be glad that, to feel happy that, **5.1**

la **alegría** happiness, **6.3**

el **alemán** German (language), (I)

alemán(ana) German, (I)

la **alergia** allergy

alérgico(a) allergic, **4.3**

¿A qué eres alérgico? What are you allergic to?, **4.2**

la **alfarería** pottery

la **alfombra** rug, (I)

el **álgebra** algebra, (I)

algo something, (I)

el **algodón** cotton

alguien somebody, **3.4**

alguno(a) some, any, **3.4**

alguna vez ever, sometime, **3.4**

el **alimento** food, **3.2**

aliviar to relieve

allá over there

allá abajo down below

allí there, (I)

el **almacén** department store, **1.2**

la **almendra** almond, **6.3**

la **almohada** pillow, **1.1**

el **almuerzo** lunch, (I)

aló hello, **4.2**

el **alpinismo** mountain climbing

hacer alpinismo to go mountain climbing, **3.4**

alquilar to rent, **1.3**

alrededor around

el **altiplano** high plateau (geography)

alto(a) high, **4.1**; tall, (I)

el **aluminio** aluminium, **3.3**

el / la **alumno(a)** student

el **ama de casa** (f.) homemaker, (I)

amable kind, (I)

amarillo(a) yellow, (I)

amazónico(a) Amazon, Amazonian, **3.3**

ambicioso(a) ambitious

ambiental environmental

el **ambiente** environment (indoors), **3.4**

el **medio ambiente** environment (outdoors), **3.3**

la **ambulancia** ambulance, **4.4**

América Central Central America

América del Norte North America

América del Sur South America

americano(a) American

las **Américas** the Americas

el / la **amigo(a)** friend, (I)

la **amistad** friendship

las **amistades** friends

el **amor** love

anaranjado(a) orange, (I)

andar to amble, to go, to move, **6.1**

andar con muletas to walk with crutches, **4.4**

andar en monopatín to skateboard, (I)

andar en silla de ruedas to use a wheelchair, **4.4**

andar de aventuras to have an adventure

el **andén** cultivation terrace in the Andes

el **andinismo** mountain climbing

el / la **andinista** mountain climber

andino(a) Andean, of the Andes mountains

el **anillo** ring, (I)

el **animal** animal, (I)

anímate (tú, inf.) cheer up (com.)

anoche last night, (I)

anotar to write down

la **Antártida** Antartica, **3.3**

anteayer the day before yesterday, (I)

los **anteojos** eyeglasses, (I)

los **anteojos de sol** sunglasses, (I)

el **antepasado** ancestor

antes before, previously

antes que before, **5.3**

antes de before (time), (I)

los **antibióticos** antibiotics, **4.1**

antiguamente formerly, in the past **5.3**

la **antigüedad** antiquity, ancient times

antiguo(a) old (object), (I)

antipático(a) unpleasant (person), (I)

antiséptico(a) antiseptic

el **antojo** snack (junk food), **3.2**

anunciar to announce, **1.1**

el **anuncio** advertisement, (I); announcement

el **anuncio comercial** commercial

el **año** year, (I)

el **Año Nuevo** New Year, **3.3**

el **año pasado** last year, (I)

el **año que viene** next year, (I)

¿En qué año naciste? What year were you born?, (I)

el **Año Viejo** New Year's Eve, **3.3**

apagar to turn off, **3.2**; put out (fire), **5.2**

el **apagón** blackout, **5.2**

el **aparato** gadget, machine, (I)

aparecer to appear

la apariencia appearance, 3.2

el apartamento apartment, (I)

la apendicitis appendicitis

el apio celery, 1.4

aplicado(a) industrious, studious, (I)

apoyar to support, 3.4

aprender to learn, (I)

aprender a +inf. to learn (how) to, (I)

apretado(a) tight

la aprobación approval

aprobado passing

no aprobado failing

aproximadamente approximately

apto(a) suitable

apurarse to hurry up, 2.4

aquel (m.) that, 2.1

aquella (f.) that, 2.1

aquellas (f.) those, 2.1

aquellos (m.) those, 2.1

aquí here, (I)

la araña spider, 2.2

el/la árbitro referee, 6.1

el árbol tree, 2.1

el área (f.) area

la arena sand, 2.2

el arete earring, (I)

argentino(a) Argentinian, (I)

el arma (f.) weapon

armar to build, 2.2

el armario dresser, (I); closet, 1.1

el aroma aroma, fragrance, 6.3

arquelógico(a) archeological

el/la arquitecto(a) architect, (I)

la arquitectura architecture

arreglar to fix, 1.1

arreglarse to tidy up oneself, 3.2

arrepentirse (ie) to feel sorry

ariba up, upstairs, (I)

arriba on top

arrogante arrogant, (I)

el arroz rice, (I)

el arte art, (I)

el artefacto artifact

artesanal of crafts

la artesanía craft, 1.2

el artículo article, 1.2

el/la artista artist, (I)

artístico(a) artistic

asado(a) grilled, 1.3

la asamblea assembly, 3.4

el ascensor elevator, (I)

asegurarse to make sure

así like this, this way, 4.4

así que so, therefore, 4.2

el asiento seat, 1.1

el asiento de delante front seat

asimismo also

el/la asistente assistant

el/la asistente dental dental assistant, 3.1

el/la asistente legal legal assistant, 3.1

el/la asistente médico medical assistant, 3.1

asistir a to attend, (I)

el asma (f.) asthma, 4.3

la asociación association

asombrado(a) astonished, 5.2

asombroso(a) astonishing, 5.2

la aspiradora vacuum cleaner, (I)

la aspirina aspirin, 4.1

el/la astronauta astronaut, 2.2

la astronomía astronomy

el/la astrónomo(a) astronomer

asustado(a) frightened, 4.2

el ataque attack

la atención attention

poner atención pay attention, 2.2

atendido(a) attended

atento(a) attentive, polite, 5.4

el aterrizaje landing

aterrizar to land, 5.3

atrajo attracted

el atún tuna, 1.3

los audífonos headphones

auditivo: el sistema auditivo hearing

el auditorio auditorium

aumentar to increase, 3.3

aunque although, 4.2

ausente absent

el autoanálisis self-analysis

la autobiografia autobiography

el autobús bus, (I)

automáticamente automatically

el/la auxiliar de vuelo flight attendant, 1.1

los primeros auxilios first aid, 5.2

avanzado(a) advanced

la avena oats, 1.3

la avenida avenue, (I)

la aventura adventure

el programa de aventuras adventure program, (I)

el/la aventurero(a) adventurer

el avión airplane, (I)

el aviso want ad, 3.1

ayer yesterday, (I)

el/la ayudante helper

el/la ayudante de cocina kitchen helper, 3.1

el/la ayudante de construcción construction helper, 3.1

el/la ayudante de laboratorio lab assistant, 3.1

el/la ayudante de oficina office assistant, 3.1

ayudar to help, (I)

el ayuntamiento city hall

azteca Aztec

el/la azteca Aztec

el azúcar sugar

azul blue, (I)

B

el **bachiller** holder of bachelor's degree

el **bachillerato** bachelors' degree; high school

bailar to dance, (I)

el/la **bailarín(ina)** dancer, (I)

el **baile** dance, (I)

bajar to go down, 1.1

  bajar de to get off, 2.1

  bajar el río en balsa to go rafting, 3.4

bajo(a) low; short (person), (I)

el **balcón** balcony, 5.4

la **ballena** whale, 6.4

el **baloncesto** basketball, (I)

la **balsa** raft, 3.4

  bajar el río en balsa to go rafting, 3.4

bañarse to take a bath, 3.2

el **banco** bank, (I)

la **banda** music band, 6.1

la **bandera** flag

el **baño** bathroom, (I)

  el baño privado private bathroom

los **baños** baths

  los **baños termales** thermal baths

barato(a) inexpensive, cheap, (I)

la **barba** beard, (I)

el **barco** boat, ship, (I)

barrer to sweep, (I)

las **barreras** barriers

el **barrio** neighborhood, 1.4

basado(a) based

la **base** base

bastante fairly; enough, (I)

la **basura** trash, (I)

la **batería** percussion instrument, drums, 3.4

el **bazar** bazaar, market place

el **bebé** baby

la **bebida** beverage, (I)

la **beca** scholarship, 3.1

el **béisbol** baseball, (I)

la **belleza** beauty

el **beneficio** benefit

el **beso** kiss, 2.4

la **biblioteca** library, (I)

la **bicicleta** bicycle, (I)

  montar en bicicleta to ride a bicycle, (I)

bien fine, well, (I)

bien good

  bien educado(a) well-mannered

el **bienestar** well-being

bienvenido(a) welcome

el **bigote** mustache, 4.4

bilingüe bilingual

la **billetera** billfold, wallet, (I)

la **biología** biology, (I)

el/la **bisabuelo(a)** great-grandfather (great-grandmother), 2.4

los **bisnietos** great-grandchildren

blanco(a) white, (I)

la **blusa** blouse, (I)

la **boca** mouth, 3.2

la **bocacalle** street intersection

la **bodega** grocery store, 1.4

el **boletín de evaluación** report card

el **boliche** bowling, (I)

  jugar boliche to bowl, (I)

el **bolígrafo** ballpoint pen, (I)

boliviano(a) Bolivian, (I)

la **bolsa** handbag, (I); bag, 1.4

el **bolsillo** pocket, (I)

el/la **bombero(a)** firefighter, (I)

bondadoso(a) kind, 5.4

bonito(a) pretty, (I)

boquiabierto(a) flabbergasted, 5.2

el **bosque** forest, woods, (I)

el **Bosque de Chapultepec** Chapultepec Park

la **botánica** botany

las **botas** boots, (I)

  las **botas de explorador** hiking boots, 5.2

el **bote** boat, 2.1

la **botella** bottle, 1.4

el **botiquín** medicine cabinet

el **botones** bellboy, 1.1

Brasil Brazil, 6.2

brasileño(a) Brazilian, 6.2

el **brazo** arm, 4.1

la **brisa** breeze, 6.3

  la **brisa de mar** sea breeze, 6.3

el **bróculi** broccoli, 1.4

broncearse to get a tan, 2.3

la **bronquitis** bronchitis, 4.3

la **brújula** compass, 5.2

bucear to skin-dive, (I)

bueno(a) good, (I); excellent, kind, 3.3

  buen provecho enjoy your meal!, 1.3

¡Buen viaje! Have a good trip!

la **buena educación** good manners

  buenas noches good evening, good night, (I)

  buenas tardes good afternoon, (I)

bueno hello (México)

lo **bueno** the good thing

  buenos días good morning, (I)

  ¡Qué bueno! That's great!, (I)

la **bufanda** scarf, (I)

el **burrito** burrito (Mexican dish)

el **burro** donkey

buscando looking for

buscar to look for, (I)

C

el **caballero** gentleman, man, (I)

  la **ropa de caballeros** men's clothing, (I)

el **caballo** horse, (I)

  montar a caballo to ride horseback, (I)

la **cabeza** head, 4.1

la **cabra** goat, 6.4

los **cacahuetes** peanuts, 1.4

el **cacao** cocoa bean
cada each
cada vez each time
cada uno(a) each one, 1.4
cada vez más more and more
la **cadena** chain
caer to fall
caerse to fall down, 2.3
el **café** coffee, (I); coffee shop
de color café brown, (I)
la **cafetería** cafeteria, (I)
la **caja** box, 1.4
el/la **cajero(a)** cashier, 3.1
la **calabaza** squash, 1.4
los **calcetines** socks, (I)
la **calculadora** calculator, (I)
calcular to calculate
el **caldo** broth
el **caldo de ave** chicken broth, 4.3
la **calefacción** central heating, 5.4
el **calendario** calendar
calentarse (ie) to get warm, 5.2
la **calidad** quality, 1.2
caliente hot, 1.1
callado(a) quiet, silent, 5.4
la **calle** street, (I)
callejero(a) pertaining to the street
el **calmante** sedative
calmarse to calm down, 2.4
cálmate you (fam.) calm down (com.)
el **calor** heat, (I)
hace calor it's hot, (I)
tener calor to be hot, (I)
caluroso(a) warm
la **cama** bed, (I)
la **cámara** camera, (I)
el/la **camarero(a)** chamberman, chambermaid, 1.1
los **camarones** shrimp, 1.3
cambiar to change, (I)
el **cambio** change

la **casa de cambio** money exchange office
el **camello** camel, (I)
el/la **caminante** hiker
caminar to walk, 2.1
la **caminata** hike, (I)
dar una caminata to take a hike, (I)
el **camino** road, trail
el **Camino inca** Inca Trail
la **camioneta** pick-up truck, (I)
la **camisa** shirt, (I)
la **camisería** shirt shop, 1.2
la **camiseta** T-shirt, (I)
la **campaña** campaign, 3.4
la **campaña ambiental** environmental campaign
el/la **campeón(ona)** champion, 6.1
el **campeonato** championship, 6.1
el/la **campesino(a)** farmer
el **campo** the countryside, (I); field
el **aire de campo** country air, 6.3
Canadá Canada, 6.2
canadiense Canadian, (I)
el **canal** channel
el **canario** canary, (I)
la **cancha** court (sports)
la **cancha de tenis** tennis court, 5.4
el/la **candidato(a)** candidate, 3.4
el **cangrejo** crab, 6.4
la **canoa** canoe
cansado(a) tired, (I)
el/la **cantante** singer, (I)
cantar to sing, (I)
la **cantidad** quantity
la **cantimplora** canteen, 5.2
la **capital** capital city
el **capítulo** chapter
la **cápsula** capsule
la **cápsula del tiempo** time capsule, 6.4
la **cara** face, 3.2
el **cardenal** bruise, 4.4
cardíaco: el ataque cardíaco heart attack

la **carga** load, cargo
el **Caribe** Caribbean, 3.4
caribeño(a) Caribbean
cariños love, affection
el **carnaval** carnival, 6.1
la **carne** meat, (I)
la **carne de res** beef, 1.3
la **carne asada** grilled meat, 1.3
la **carne de cerdo** pork, 1.3
la **carnicería** butcher shop, 1.2
caro(a) expensive, (I)
la **carpa** tent, 5.1
el/la **carpintero(a)** carpenter, (I)
la **carrera** race, 6.1
la **carretera** highway, 2.1
la **carroza** carriage, float, 6.1
la **carta** letter, (I)
la **carta de recomendación** reference letter, 3.1
las **cartas** playing cards, (I)
jugar cartas to play cards, (I)
el **cartel** poster, (I)
el **cartón** cardboard, 3.3
el **cartucho** cartridge
la **casa** house, home, (I)
la **casa de cambio** money exchange office
ir a casa to go home, (I)
casarse (con) to marry, 2.4
te cases you (fam.) get married (subj.)
casero(a) referring to the home, 4.3
el **casete** cassette, (I)
casi almost, (I)
el **caso** case
en caso de in case of, 3.2
el **catálogo** catalogue
el **catarro** a cold, 4.1
la **catedral** cathedral
la **categoría** category
catorce fourteen, (I)
la **causa** cause
a causa de because of, 5.2

causar to cause
el/la cazador/a hunter
la cebolla onion, 1.4
la celebración celebration, 3.3
celebrar to celebrate
celebrarse to be celebrated, to take place
celoso(a) jealous
el cementerio cemetery, 6.3
la cena supper, dinner, (I)
el centro middle; center, 1.1
el centro escolar school center
el centro downtown, (I)
el centro comercial shopping center, (I)
cepillarse to brush
cepillarse los dientes to brush one's teeth, 3.2
el cepillo brush, 5.1
el cepillo de dientes toothbrush, 5.1
la cerámica pottery, 1.2
cerca de near, (I)
el cerdo pig
el cereal cereal, (I)
la ceremonia ceremony
cero zero, (I)
cerrado(a) closed, 1.2
cerrar (ie) to close, 3.2
el cerro hill
el certificado certificate, 5.1
el certificado de vacuna vaccination certificate, 5.1
certificado(a) certified
el césped lawn, (I)
el cesto basket
el ciclismo cycling
el cielo sky
cien one hundred, (I)
la ciencia ficción science fiction, (I)
el programa de ciencia ficción science fiction program, (I)
las ciencias science(s), (I)
las ciencias domésticas home economics

el/la científico(a) scientist
ciento one hundred, (I)
ciento uno (dos) one hundred one (two), (I)
cientos(as) hundreds
cierto true
cigarrillo cigarette, 5.3
cinco five, (I)
cincuenta fifty, (I)
el cine movie theater, (I)
la cintura waist, 4.1
el cinturón belt, (I)
el cinturón de seguridad seat belt, 1.1
el circo circus
la ciruela plum, 1.4
el cisne swan, 6.4
la cita appointment
hacer una cita make an appointment, 3.1
la ciudad city, (I)
el/la ciudadano(a) citizen
la civilización civilization
claro of course
la clase class, (I)
¿Qué clase de...? What kind of...?, (I)
el/la clavadista diver
el clavel carnation, 6.3
el/la cliente customer, 1.3
la clínica clinic
el cloro bleach, 6.3
el club club, (I)
cobarde coward, 4.4
el cobre copper, 4.3
el cobro payment
el cobro revertido collect call
el coche car, (I)
cocido(a) cooked, 1.3
bien cocido(a) well-done (meat), 1.3
medio cocido(a) medium rare (meat), 1.3
la cocina kitchen, (I); cuisine
cocinar to cook, (I)
el/la cocinero(a) cook, 3.1
los codices manuscripts
el codo elbow, 4.1
la cola line, (I); tail (airplane)

hacer cola to stand in line, (I)
la colcha bedspread
el colchón mattress, 5.1
el colchón inflable inflatable mattress, 5.1
la colección collection, (I)
coleccionar to collect, 2.2
el colgador clothes hanger, 1.1
colgante hanging
colgar (ue) to hang, 2.3
la coliflor cauliflower, 1.4
colocar to place, 5.3
colombiano(a) Colombian, (I)
la colonia cologne, 3.2
colonial colonial
el color color, (I)
de color café brown, (I)
el collar necklace, (I)
la combinación combination
combinar to combine
el combustible fuel
el/la comediante actor
No seas comediante Stop exaggerating, 4.4
el comedor dining room, (I)
el comentario comment
comer to eat, (I)
el comercio commerce, business
cómico(a) funny, (I)
el programa cómico comedy (program), (I)
la comida food, (I); meal
la comisión commission
como as, like, (I)
como a las at about (hour)
como si as if, 6.4
tan ... como as ... as, (I)
¡Cómo!: ¡Cómo no! Of course!, (I)
¿Cómo? what?; how?, (I)
¿A cómo está? how much is it?, 1.4

¿Cómo andas? How are you doing?

¿Cómo es...? What is he/she/it like? What are you (formal) like?, (I)

¿Cómo está usted? How are you (formal)?, (I)

¿Cómo estás? How are you (fam.)?, (I)

¿Cómo se dice...? How do you say...?, (I)

¿Cómo son? What are they like?, (I)

¿Cómo te llamas? What is your name (fam.)?, (I)

la **cómoda** chest of drawers, **1.1**

cómodo(a) comfortable, (I)

el/la **compañero(a)** pal

el/la **compañero(a) de clase** classmate, (I)

la **compañía** company, (I)

la **comparación** comparison

el **compartimiento** compartment

compartir to share, **2.2**

la **competencia** competition, **6.1**

complacer to please

la **complejidad** complexity

complejo(a) complex

completamente completely, **5.3**

completo(a) complete

la **complicación** complication

la **composición** composition, (I)

comprar to buy, (I)

las **compras** shopping

de compras shopping

comprensivo(a) understanding

la **compresa** compress, **4.3**

comprometido(a) engaged

estar comprometido(a) to be engaged, **2.4**

la **computadora** computer, (I)

usar la computadora to use the computer, (I)

común common

la **comunicación** communication

comunicar to communicate

comunicarse to communicate

la **comunidad** community

con with, (I)

con él (ella) This is he (she), **4.2**

con permiso excuse me, (I)

¿Con qué frecuencia? How often?

con respecto a regarding

conmigo with me, (I)

contigo with you (fam.), (I)

el **concierto** concert, (I)

el **concurso** game show, (I); contest, **6.1**

las **condiciones** conditions, **3.1**

el **condominio** condominium

el/la **conductor/a** driver, **2.1**

conectado(a) connected

el **conejo** rabbit, (I)

confiar to trust

confirmado(a) confirmed

congelado(a) frozen, **1.4**

congestionado(a) congested, **4.1**

congregó gathered

el **conjunto** musical group, (I)

el **conjunto folclórico** folkloric group, **6.1**

conocer to know (a person), (I); to meet; to get to know, **3.4**

conocerse to meet (one another), **2.4**

conocido(a) known

la **conquista** conquest

conquistado(a) conquered

el/la **conquistador/a** conqueror

conquistar to conquer

la **conscripción** recruiting

la **consecuencia** consequence

conseguir (i) to get, **3.1**

el/la **consejero(a)** counselor, **3.1**

el **consejo** piece of advice, (I)

dar consejos a to give advice to, (I)

considerado(a) considerate, **5.4**

considerar to consider

considerarse to be considered

consistir en to consist of

la **constelación** constellation, **6.4**

la **construcción** construction

construido(a) built

construir (y) to build

el **consulado** consulate

el **consultorio** doctor's office

la **contabilidad** accounting

el **contacto** contact

en contacto in touch

la **contaminación** pollution, **2.1**

contaminar to contaminate, pollute

contar (ue) to count, **3.4**; to tell, **2.2**

contemplar to contemplate

contemporáneo(a) contemporary

contener to contain

contento(a) happy, (I)

contestar to answer, (I)

contigo with you (fam.)

el **continente** continent

continuo(a) continuous

contra against, **4.3**

el **contrabajo** double bass (musical instrument), **3.4**

contrario opposite

lo contrario on the contrary

el **contrato** contract

controlar   to control

conveniente   advisable, 3.2

conversar   to talk, to chat

el/la **coordinador/a**   coordinator

el **corazón**   heart, 4.1

la **corbata**   necktie, (I)

cordial   cordial, friendly

la **cordillera**   mountain range

Corea   Korea, 6.2

coreano(a)   Korean, 6.2

la **corona**   crown

   la **corona del Inca**   poinsettia, 6.3

corporal   of the body

correctamente   correctly, 5.3

el **correo**   post office, (I)

correr   to run; to jog, (I)

correspondiente   respective

la **cortadura**   cut, 4.1

el **cortaplumas**   penknife, 5.1

cortar(se)   to cut, 3.2

   cortarse el pelo   to get a haircut, 3.2

   cortarse las uñas   to cut one's nails, 3.2

el **cortaúñas**   nail clipper

el **corte**   haircut

las **cortes**   courts (of law)

cortés   polite, 3.1

corto(a)   short (object), (I)

la **cosa**   thing, (I)

la **cosecha**   harvest

los **cosméticos**   cosmetics, 4.3

la **costa**   coast

costar (ue)   to cost, 1.2

   ¿Cuánto cuesta?   How much is it?, 1.2

   costar trabajo   to be difficult, 2.2

costarricense   Costa Rican, (I)

la **costumbre**   habit

el **coyote**   coyote

crecer (zc)   to grow, 2.4

creer   to think, to believe

   creo: creo que   I think that, (I)

la **crema**   cream

la **crianza**   breeding

el **crisantemo**   chrysanthemum, 6.3

Cristo   Christ

el **crucero**   cruise

   hacer un crucero   to go on a cruise, 3.4

crudo(a)   raw

el **crujido**   crackling, 6.2

la **Cruz Roja**   Red Cross

cruzar   to cross, 2.1

el **cuaderno**   notebook, (I)

la **cuadra**   city block, (I)

cuadrado(a)   square, (I)

el **cuadro: de cuadros**   plaid, (I); picture, 1.1

cuál   which?, what?, (I)

   ¿Cuál es tu número de teléfono?   What is your (fam.) telephone number?, (I)

las **cualidades**   qualities

cualquier/a   any

¿cuándo?   when?, (I)

¿cuánto(a)?   how much?, (I)

   ¿Cuánto cuesta?   How much is it? 1.2

   ¿Cuánto dejamos de propina?   How much tip should we leave? 1.3

   ¿Cuánto mide(s)?   How tall are you (is he/she/it)?, (I)

   ¿Cuánto pesa(s)?   How much do you (does he/she/it) weigh?, (I)

   ¿Cuánto pide usted?   What price are you asking?

   ¿Cuánto tiempo?   How long?, How much time?, (I)

   ¿Cuánto tiempo hace que ...?   How long has it been? 1.4

   ¿Cuánto vale?   How much does it cost?, (I)

   ¿Cuántos años tiene(s)?   How old are you (is he/she/it)?, (I)

cuarenta   forty, (I)

el **cuarto**   room (of a house), (I)

   y cuarto   quarter past the hour, (I)

cuarto(a)   fourth, (I)

cuatrocientos(as)   four hundred, (I)

cubano(a)   Cuban, (I)

cubierto(a)   covered

los **cubiertos**   place setting, 1.3

cubrir   to cover

cubrirse   to cover oneself, 3.2

la **cuchara**   spoon, 1.3

el **cuchillo**   knife, 1.3

el **cuello**   neck, 4.1

la **cuenta**   bill, 1.3

   por cuenta   on the expense

la **cuerda**   rope, 2.2; cord, string, 5.1

   la cuerda de nilón   nylon cord, 5.1

cuerdo(a)   sensible, 5.4

el **cuero**   leather, (I)

el **cuerpo**   body, 4.1

el **cuervo**   crow, 6.4

el **cuestionario**   questionnaire

la **cueva**   cave, 2.2

el **cuidado**   care, caution, 2.1

   ¡cuidado!   watch out!

   tener cuidado   to be careful, 2.1

cuidadosamente   carefully, 5.3

cuidar   to take care of, (I)

la **culpa**   guilt, fault

   echar la culpa   to blame, 6.2

cultivar   to cultivate, grow

la **cultura**   culture

el **cumpleaños**   birthday, (I)

cumplir años   to have a birthday

el/la **cuñado(a)**   brother-in-law (sister-in-law), 2.4

curar   to cure

la **curiosidad**   curiosity

curioso(a)   curious

la **curita**   adhesive bandage, 4.1

cuyo(a)   whose

CH

el **chaleco** jacket
    el **chaleco salvavidas**
        life jacket, **2.3**
el **champú** shampoo, **5.1**
    Chanukah Jewish holi-
        day, **3.3**
el **Bosque de Chapultepec**
    Chapultepec Park
la **chaqueta** jacket, (I)
el **chasqui** Inca courier
el **cheque** check, (I)
    el **cheque de viajero**
        traveler's check, (I)
    hacer un cheque to
        write a check, (I)
el **chorizo** Spanish sausage
los **chícharos** green peas,
    1.4
el **chile** chile
    chileno(a) Chilean, (I)
el **chillido** screech, **6.2**
    China China, **6.2**
el **chino** Chinese (lan-
        guage), (I)
    chino(a) Chinese, (I)
el **chisme** gossip
el **choque** (car) crash, **2.1**
la **chuleta** chop, cutlet, **1.3**

D

    dado que given that
las **damas** ladies, (I)
    para damas for ladies,
        (I)
    dañado(a) harmed
    danés(esa) Danish, **6.2**
la **danza** dance
    dar to give, (I)
    dar consejos a to give
        advice to, (I)
    dar de comer a to
        feed, (I)
    dar la vuelta al mundo
        to go around the
        world, **3.4**
    dar las ganas to feel
        like doing
    dar las gracias to
        thank
    dar pánico to cause to
        panic, **5.2**
    dar una caminata to
        take a hike, (I)
    dar un paseo to go for a
        walk, (I)

dar susto to scare, to
    terrify, **5.2**
darse cuenta de to real-
    ize, **2.3**
de of, from, (I)
de for, **1.3**
    de desayuno for
        breakfast, **1.3**
    de postre for dessert,
        1.3
de acuerdo OK, (I)
de compras shopping
de cuadros plaid, (I)
de flores flowered
    (print), (I)
de invierno winter
    (clothes), (I)
de lujo deluxe, **5.4**
de lunares polka-dotted,
    (I)
de la mañana in the
    morning, (I)
de manera que in such a
    way that
de manga corta short-
    sleeved, (I)
de manga larga long-
    sleeved, (I)
de moda in fashion, (I)
de nada you're wel-
    come, (I)
de la noche in the eve-
    ning, at night, (I)
de otoño autumn
    (clothes), (I)
¿De parte de quién?
    Who is speak-
    ing/calling?, **4.2**
de primavera spring
    (clothes), (I)
¿De qué es? What's it
    made of?, (I)
¿De qué marca es?
    What's the brand
    name?, (I)
¿De quién es/son?
    Whose is it/are they?,
    (I)
de la tarde in the after-
    noon, (I)
de rayas striped, (I)
de repente suddenly,
    2.4
de un solo color solid
    (color), (I)

de verano summer
    (clothes), (I)
debajo de underneath,
    2.1
el **debate** debate, **3.4**
deber should, ought, (I)
    debiéramos we
        should, **3.3**
débil weak, **4.1**
décimo(a) tenth, (I)
decir to say, to tell, (I)
    decir mentiras to tell
        lies, **2.2**
    es decir in other
        words, **4.2**
la **decisión** decision, **3.1**
    tomar una decisión to
        make a decision, **3.1**
el **dedo** finger, **4.1**
    el **dedo del pie** toe, **4.1**
defender (ie) to defend,
    3.4
defendido(a) defended
los **defensores** defenders
degradable degradable,
    3.3
dejar to leave, **1.3**
del (de + el) from the, of
    the, (I)
delante de in front of,
    2.2
delantero(a) front
el **delfín** dolphin, **6.4**
delgado(a) thin, (I)
delicioso(a) delicious
los **demás** (the) others, **2.3**
demasiado too, too
    much, (I)
la **demora** delay, **1.1**
dental dental
    el/la **asistente dental**
        dental assistant, **3.1**
el/la **dentista** dentist, (I)
dentro inside, (I)
    dentro de in, **2.1**
depende it depends
depender (de) to depend
    (on), **3.1**
el/la **dependiente** shop clerk,
    3.1
el **deporte** sport, (I)
el/la **deportista** athlete, (I)
    deportivo(a) casual, re-
        lated to sports, (I)

el programa
deportivo sports
program, (I)
deprimente depressing,
(I)
deprimido(a) depressed,
(I)
la derecha: a la derecha to
the right, (I)
derecho straight ahead,
(I)
sigue derecho go
straight ahead (fam.
sing. com.), (I)
el derecho right
derivaciones derivations
derivado(a) derived
from
el derrame spill, 3.3
la derrota defeat
derrotado(a) defeated
el desacuerdo
disagreement
desafortunadamente
unfortunately, 5.3
desagradable unpleas-
ant, 5.4
desaparecer (zc) to
disappear
el desastre: ¡Qué desastre!
What a disaster!, (I)
el desayuno breakfast, (I)
descalzo(a) barefooted
descansar to rest, (I)
el/la descendiente
descendant
descifrar to decipher
desconocido(a)
unknown
desconsiderado(a) in-
considerate, 4.4
descremado(a) low-fat,
skim
la descripción description
el descubrimiento
discovery
descubrir to discover
descuidadamente care-
lessly, 5.3
desde from, since, (I)
desde...hasta
from...to
desear to want, 1.3
desenterrar to unearth
el deseo wish

la desertificación
desertification
el desfile parade, 6.1
desgrasado(a) lean
el desierto desert, (I)
designar to designate
desleal disloyal, 5.4
el desmayo fainting, faint
desobediente disobe-
dient, 4.4
el desodorante deodorant,
5.1
desolado(a) desolate
desordenado(a) messy,
4.4
desorientarse to be-
come disoriented, 5.2
despacio slow, 2.1
las despedidas farewells
despedirse (i, i) (de) to
say goodbye, 2.4
despegar to take off (airplane), 5.3
el despegue take-off
despertarse (ie) to wake
up, 2.3
despistado(a) absent-
minded, confused, 5.4
después afterwards
después de after, (I)
el destino destination
la destrucción destruction,
3.3
destruir (y) to destroy,
2.2
detallado(a) detailed
el detalle detail
detener (ie) to stop, 3.3
detenerse (ie) to stop
detrás de behind, (I)
el día day, (I)
el Día de Acción de
Gracias
Thanksgiving, 3.3
el Día de la Independencia
Independence Day,
3.3
el Día de la Raza Hispanic
Pride Day, 3.3
el día de las brujas Hal-
loween, 3.3
el día de los enamorados
St. Valentine's Day,
3.3

la diabetes diabetes
diariamente daily
el diario diary
diario(a) daily
dibujar to draw, (I)
el dibujo drawing
el dibujo animado car-
toon, 2.2
el dibujo técnico
drafting
dice he/she/it says,
you (formal) say, (I)
dices you (fam.) say, (I)
diciembre December, (I)
los dichos sayings
los dientes teeth, (I)
los frenos en los
dientes (dental)
braces, (I)
la dieta diet, 3.2
el/la dietista dietitian
diez ten, (I)
diez y nueve nineteen,
(I)
diez y ocho eighteen, (I)
diez y seis sixteen, (I)
diez y siete seventeen,
(I)
diferente different, (I)
difícil difficult, (I)
difícilmente with diffi-
culty, 5.3
la dificultad difficulty,
diga /you (for. com.) say
dígame hello (Spain)
digo I say; I mean, (I)
Dinamarca Denmark,
6.2
el dinero money, (I)
dio (third person sin-
gular preterit of dar)
me dio pánico I got
panicky, 5.2
me dio susto it scared
me, 5.2
el dios god
¡Dios mío! My God!
la dirección address, (I);
direction
directo(a) direct
el vuelo directo non-
stop flight, 1.1
el disco record, (I)
escuchar discos to lis-
ten to records, (I)

el **discurso** speech, **3.4**

la **discusión** discussion

discutir to discuss

el **diseño** design

el **disfraz** (*pl.* **los disfraces**) costume, disguise, **6.1**

disminuir to diminish

disponible available

la **disputa** dispute

la **distancia** distance

  la **larga distancia** long distance

distinguido excellent

distinto(a) different

la **distribuidora** distributor

el **distrito** district

  el **Distrito Federal** Federal District

la **diversión** amusement

diverso(a) diverse

divertido(a) fun, (I)

  ¡Qué divertido! What fun!, (I)

divertirse (ie, i) to have fun, to enjoy oneself, **2.3**

dividir to divide

doblar to turn, (I)

doce twelve, (I)

la **docena** dozen, **1.4**

el / la **doctor/a** doctor, (I)

dócil docile, **5.4**

los **documentos** documents

  los **documentos de viaje** traveling papers, **5.1**

el **dólar** dollar, (I)

doler (ue) to hurt, **4.1**

  ¿Dónde te (le, les) duele? Where does it hurt?, **4.1**

el **dolor** ache, pain

  el **dolor de cabeza** headache

doloroso(a) painful

doméstico(a) domestic

el **domingo** Sunday, (I)

dominicano(a) Dominican, (I)

el **dominio** domain

la **doña** title of respect used with a woman's first name

donde where

¿Dónde? where?

  ¿Dónde está? Where is it?, (I)

  ¿Dónde te (le, les) duele? Where does it hurt?, **4.1**

dormir (ue, u) to sleep, (I)

dormirse (ue, u) to fall asleep, **2.4**

dos two, (I)

doscientos(as) two hundred, (I)

el **dragón** dragon, **6.4**

el **drama** drama

la **ducha** shower, **1.1**

ducharse to take a shower, **3.2**

dudar to doubt

el / la **dueño(a)** owner, (I)

dulce sweet, **1.3**

la **dulcería** sweet shop, **1.2**

los **dulces** sweets

durante during

durar to last

el **durazno** peach, **1.4**

duro(a) tough, **1.3**

E

el **eco** sound of a voice, **6.2**

ecológico(a) ecological, **3.4**

la **economía** economy

económico(a) inexpensive, **5.4**

el **ecuador** Equator

ecuatoriano(a) Ecuadorian, (I)

echar de menos to miss, **3.3**

echar la culpa to blame, **6.2**

echarse to put on, **3.2**

el **edificio** building, (I)

la **educación** education

  la **buena educación** good manners

  la **educación física** physical education, (I)

educativo(a) educational, (I)

el **programa educativo** educational program, (I)

el **efecto** effect, result

eficiente efficient

efusivo(a) effusive, warm

el **Egipto** Egypt, **3.4**

egoísta selfish, **4.4**

el **ejemplo** example

  por ejemplo for example, **4.2**

el **ejercicio** exercise, (I)

  hacer ejercicio to exercise, (I)

el the (m.), (I)

él he, (I)

las **elecciones** elections, **3.4**

el / la **electricista** electrician, (I)

eléctrico(a) electric, **3.4**

electrónico(a) electronic

el **elefante** elephant, (I)

la **elegancia** elegance, **6.3**

elegante elegant, (I)

elocuente eloquent

elogiar to praise

ella she, her, (I)

ellas they, them (f.), (I)

ellos they, them (m.), (I)

embargo: sin embargo however, **4.2**

el **embarque** boarding

  la **tarjeta de embarque** boarding pass, **5.3**

la **emergencia** emergency

la **emoción** emotion

emocionado(a) excited, (I)

emocionante exciting, (I)

emocionarse to be thrilled

el / la **empacador/a** packer, **3.1**

emparejar to pair up

empatado(a): quedar empatado(a) to be tied (sports), **6.1**

el / la **emperador/a** emperor

empezar (ie) to start, (I)

el / la **empleado(a)** employee, (I)

el **empleo** job, 3.1
en at; in; on, (I)
  en caso de in case of, 3.2
  en el / al extranjero abroad, 3.4
  en fin in all
  en punto on the dot, (I)
  ¿En qué año naciste? What year were you (fam.) born?, (I)
  ¿En qué piso está? What floor is it on?, (I)
  enseguida right away, 2.3
  en vez de instead of
el / la **enamorado(a)** sweetheart
  enamorado(a) in love, (I)
  enamorarse (de) to fall in love (with), 2.3
encantar to delight, 1.1
el **encanto** charm
encender (ie) to light, 5.2
encima above
  encima de on top of, 2.1
encontrar (ue) to find, 1.1
encontrarse (ue) to be located
la **encuesta** survey
la **enchilada** Mexican tortilla dish
el **enchufe** influence, pull
la **encuesta** survey
la **energía** energy
  la **energía solar** solar energy, 3.3
  la **energía del viento** wind power, 3.3
enero January, (I)
la **enfermedad** sickness, 4.3
el / la **enfermero(a)** nurse, (I)
el / la **enfermo(a)** sick person
  enfermo(a) sick, (I)
enfrentar to face
  enfrente de in front of, (I)
enlatado(a) canned

enojado(a) mad, angry, (I)
enojarse to get mad, 2.4
enorme enormous, huge
la **ensalada** salad, (I)
la **ensaladería** salad shop
la **enseñanza** instruction
enseñar to show, (I)
  enseñar a to teach how to, (I)
entender (ie) to understand, (I)
  entenderse (ie) to understand one another
enterarse de to find out, 3.1
entonces then, (I)
la **entrada** admission ticket, (I)
entrar to enter
entre between, (I)
entregar to hand over, 5.3
el / la **entrenador / a** trainer, coach, 6.1
entrenarse to train, 3.4
la **entrevista** interview, 3.1
entusiasmado(a) excited
la **envidia** envy, 4.2
  verde de envidia green with envy
enyesar to put a cast on, 4.4
la **época** period, 2.1
el **equilibrio** balance
el **equipaje** luggage, 1.1
  el **equipaje de mano** hand luggage, 5.3
el **equipo** team, (I); equipment, 5.2
equivocado(a) mistaken, (I)
  Está equivocado You have the wrong number, 4.2
equivocarse to be mistaken
era he / she / it was, 2.1
eres you (fam.) are, (I)
  ¿Eres de aquí? Are you (fam.) from here?, (I)
  Eres lo que comes. You are what you eat.

la **erupción** rash, 4.3
la **erupción volcánica** volcanic eruption, 5.2
es he / she / it is, you (formal) are, (I)
  ¿Es usted...? Are you (formal)...?, (I)
esa that (f.), (I)
esas those (f.), (I)
la **escala** stopover, 1.1
  hacer escala to make a stopover, 1.1
la **escalera** stairs, (I)
escaparse to escape, 3.2
la **escena** scene
el **escenario** stage
Escocia Scotland, 6.2
escocés(esa) Scottish, 6.2
escoger (j) to choose, 3.1
escolar scholastic
los **años escolares** school years
esconderse to hide, 3.2
el **escondite** hiding place
  jugar al escondite to play hide-and-seek, 2.2
escribir to write, (I)
escrito(a) written
el / la **escritor / a** writer, (I)
el **escritorio** desk, (I)
la **escritura** writing
escuchar to listen to, (I)
la **escuela** school, (I)
  la **escuela secundaria** high school
las **esculturas** sculptures
es decir in other words (that is to say), 4.2
ese that (m.), (I)
eso that
esos those (m.), (I)
el **espacio** space
la **espalda** back, 4.1
el **español** Spanish (language), (I)
español / a Spanish, (I)
espantoso(a) · horrible
especial special
el **especialista** specialist
especializar to specialize

especialmente especially, **5.3**

la **especie** species

el **espectáculo** performance

el **espejo** mirror, (I)

esperar to wait for, (I); to hope, **5.1**

las **espinacas** spinach, **1.4**

el **esplendor** splendor

el **esquí acuático** water skiing, (I)

practicar el esquí acuático to water-ski, (I)

esquiar to ski, (I)

la **esquina** street corner, (I)

esta this (f.), (I)

esta mañana this morning, (I)

esta noche tonight, (I)

esta tarde this afternoon, (I)

el **establo** stable, **6.3**

la **estación** season, (I); train station, **5.4**; radio station

el **estacionamiento** parking lot, **2.1**

estacionar to park, **2.1**

la **estadidad** statehood

el **estadio** stadium, (I)

el **estado** state

el **estado libre asociado** commonwealth

los **Estados Unidos** the United States

estadounidense from the United States, (I)

están: están peleados they are not on speaking terms

el **estándar** standard

el **estante** bookcase, **1.1**

estar to be, (I)

estar en to be in (at, on), (I)

estás en tu casa make yourself at home

está a it costs, **1.4**

está abierto(a) it's open, **1.2**

está cerrado(a) it's closed, **1.2**

está equivocado you have the wrong number, **4.2**

está hecho(a) a mano it's handmade, **1.2**

está nublado it's cloudy, (I)

está prohibido it is prohibited, **3.2**

estar a + distance to be + distance from, (I)

estar comprometido(a) to be engaged, **2.4**

estar de mal humor to be in a bad mood, **4.1**

estar en el primer puesto to be in the first place, **6.1**

el **estéreo** stereo, (I)

el **estereotipo** stereotype

estimado(a) dear

estimula stimulates

estimulante stimulating

el **estómago** stomach, **4.1**

estornudar to sneeze

el **estornudo** sneeze, **4.3**

estos these (m.), (I)

la **estrella** star, **5.2**

estridente noisy

la **estructura** structure (grammar)

estructurado(a) structured

el / la **estudiante** student, (I)

estudiantil pertaining to students, **3.4**

estudiar to study, (I)

estudiar para to study to be a, (I)

estudiar para un examen to study for an exam, (I)

la **estufa** stove, (I)

estupendo(a) terrific, (I)

la **etapa** period, stage

el **eucalipto** eucalyptus

Europa Europe

europeo(a) European

el **evento** event

evitar to avoid, **2.1**

exactamente exactly, **5.3**

exacto(a) correct, right

exagerado(a) exaggerated

exagerar to exaggerate

el **examen** exam, test, (I)

la **excavación** excavation

excelente excellent, (I)

la **excepción** exception

la **excursión** excursion

la **excusa** excuse

la **exhibición** exhibition

existir to exist

el **éxito** success

tener éxito to be successful, **2.2**

la **experiencia** experience, **3.1**

experimentado(a) experienced

el / la **experto(a)** expert

las **explicaciones** explanations

explicar to explain, (I)

explorar to explore, **2.2**

expresar to express

exquisito(a) exquisite, **6.3**

extenderse (ie) to extend

la **extinción** extinction

el **extracto** extract

extranjero(a) foreign, (I)

al / en el extranjero abroad, **3.4**

la **película extranjera** foreign film, (I)

extraño(a) strange, **6.4**

extraordinariamente extraordinarily

el / la **extraterrestre** extraterrestrial being

F

la **fábrica** factory, (I)

fácil easy, (I)

facilitar to ease

fácilmente easily, **5.3**

facturar to check, **1.1**

la **falda** skirt, (I)

la **familia** family, (I)

famoso(a) famous

la **fantasía** fantasy

fantástico(a) fantastic

la **farmacia** drugstore, **1.2**

fascinante fascinating, **5.2**

fascinar to fascinate, **1.1**

fatal mortal
la **fatiga** fatigue
la **fauna** fauna, animal life
el **favor** favor, (I)
favor de please
favorito(a) favorite, (I)
febrero February, (I)
la **fecha** date
federal federal
felices happy (pl.)
las **felicitaciones** congratulations
fenomenal phenomenal, terrific
feo(a) ugly, (I)
la **feria** fair
la **Feria Mundial Hispana** Hispanic World Fair
la **ferretería** hardware store, 1.2
el **ferrocarril** railroad
fértil fertile
el **festival** festival, 6.1
la **fiebre** fever, 4.1
la **fiesta** party, (I)
la **fila** row
las **Filipinas** Philippine Islands, 6.2
filipino(a) Philippine, 6.2
el **fin** end
el **fin de semana** weekend, (I)
en fin in all
por fin finally
el **final: al final** at/in the end
finalmente finally
financiero(a) financial
la **finca** farm, 2.1
fines at the end of
fino(a) elegant
firmar to sign, 3.1
físico(a) physical
la **educación física** physical education, (I)
el **flan** baked custard, 1.3
la flor flower, 2.1
la **flora** flora, plant life
el **folleto** pamphlet, 3.4
fomentar to promote, 3.4
el **fondo** back
al fondo de in the back, rear, 2.1

formidable terrific, great, (I)
el **formulario** form (document), (I)
la **fortaleza** fortress; strength
forzar (ue) to force to
el **fósforo** match, 5.1
la **foto** picture, photograph
sacar fotos to take pictures, (I)
la **fotografía** photography
fotográfico(a) photographic
el/la **fotógrafo(a)** photographer
la **fractura** fracture
el **francés** French (language), (I)
la **franela** flannel (cloth)
frecuencia frequency
¿Con qué frecuencia? How often?, 3.4
frecuente frequent
frecuentemente frequently, 5.3
los **frenos: los frenos en los dientes** dental braces, (I)
la **fresa** strawberry, 1.4
fresco(a) fresh, 1.4
el **fresco** coolness, (I)
hace fresco it's cool, (I)
los **frijoles** beans, (I)
frío(a) cold, 1.1
frío(a) hasta la médula chilled to the bone, 5.2
el **frío** cold, (I)
hace frío it's cold, (I)
tener frío to be cold, (I)
frito(a) fried, 1.3
los **fritos** fried foods
la **frontera** border
la **fruta** fruit, (I)
la **frutería** fruit shop
fue he/she went, 1.1; it was
el **fuego** fire, 5.2
los **fuegos artificiales** fireworks, 6.1
la **fuente** fountain; source

la **fuente de ingresos** source of income
las **fuentes de agua** water springs
fuera out
fuera de outside, 2.1
fueron they went; they were, 1.1
fuerte strong
fumar to smoke, 5.3
fume (él, subj.) smoke
evite que se fume avoid smoking
la **función** function
funcionar to work, 1.1
fundar to found
fundado(a) founded
fue fundado it was founded
furioso(a) furious, 4.2
el **fútbol** soccer, (I)
el **fútbol americano** football, (I)

G

la **galleta** cookie, 1.3
las **gambas** shrimp (Spain)
el **ganado** cattle
el/la **ganador/a** winner, 6.1
la **ganancia** earning
ganar to earn money, (I); to win, (I)
la **ganga** bargain, 1.2
la **garganta** throat, 4.1
las **gárgaras** gargle, 4.3
el **gas: gas natural** natural gas, 3.3
la **gaseosa** soft drink, soda, (I)
la **gasolina** gasoline, 6.3
gastar to spend (money), (I)
gastronómico(a) culinary
gatear to crawl, 3.2
el **gato** cat, (I)
la **gaveta** locker, (I)
la **genealogía** genealogy
general: por lo general in general
generalizado(a) generalized
generalmente generally, 5.3
generoso(a) generous, (I)

el **genio** genius
la **gente** people, **2.1**
la **geometría** geometry, (I)
el/la **gerente** manager
los **gestos** gestures
gigantesco(a) gigantic, **5.2**
el **gimnasio** gymnasium, (I)
la **glándula** gland, **4.3**
global global, **3.3**
el **gobernador** governor
el **gobierno** government, **3.4**
el **gol** goal, **6.1**
golpearse to hit oneself, **4.4**
la **goma** rubber, (I)
gordo(a) fat, (I)
el **gorila** gorilla, (I)
el **gorro** cap, (I)
las **gotas** drops, **4.1**
las **gotas de los ojos** eyedrops
la **grabadora** tape recorder, (I)
grabar to record (music), **3.4**
gracias thank you, thanks, (I)
gracias por… thank you for…, (I)
gracioso(a) funny, **5.4**
graduarse to graduate, **2.4**
el **gramo** gram, **1.4**
gran(de) great, large, **3.3**
la **grasa** fat, **3.2**
grasoso(a) fatty
gratis free
grave serious, grave, **4.2**
Grecia Greece, **6.2**
griego(a) Greek, **6.2**
la **gripe** influenza, cold, **4.1**
gris gray, (I)
gritar to scream, **2.2**
el **grupo** group
el **grupo familiar** family group
los **guantes** gloves, (I)
guapo(a) good-looking, (I)
el **guardajoyas** jewelry box
guardar to keep, store (I)

guardar cama to stay in bed (sick), **4.3**
guardar un secreto to keep a secret, **2.2**
el **guardarropa** wardrobe
el/la **guardia** guard
guatemalteco(a) Guatemalan, (I)
la **guerra** war
el/la **guía** tour guide
la **guía de viaje** travel guide, **5.1**
la **guía telefónica** telephone book
la **guitarra** guitar, (I)
la **guitarra eléctrica** electric guitar, **3.4**
tocar la guitarra to play the guitar, (I)
el/la **guitarrista** guitar player, (I)
gustar to like
¿Le gusta(n)…? Do you (formal)/does he/she/it like…?, (I)
¿Les gusta(n)…? Do you (formal, pl.)/they like…?
me gusta(n) I like, (I)
me gustaría I would like
¿Te gusta(n)…? Do you (fam.) like…?, (I)
los **gustos** likes, tastes

H

había there was (were), **2.1**
las **habichuelas** string-beans, **1.4**
la **habilidad** ability, skill
la **habitación** bedroom, (I)
el/la **habitante** inhabitant
el **hábito** habit
hablador/a talkative, **5.4**
hablar to speak, talk, (I)
hablar con to speak with, talk to, (I)
hablar en voz baja to speak quietly, **2.2**
hablar por teléfono to talk on the telephone, (I)

hace: hace buen tiempo the weather is nice, (I)
hace calor it's hot, **6.4**
hace de it turns into
hace fresco it's cool, (I)
hace frío it's cold, (I)
hace mal tiempo the weather is bad, (I)
hace…que it has been…since, (I)
hace sol it's sunny, (I)
hace (tiempo) que it has been (time) since, **1.4**
hace un tiempo regular the weather is so-so, **6.4**
hace viento it's windy, **6.4**
hacer to do, (I)
hacer alpinismo to go mountain climbing, **3.4**
hacer cola to stand in line, (I)
hacer ejercicio to exercise, (I)
hacer ejercicios aeróbicos to do aerobic exercises, **3.2**
hacer escala to make a stopover, **1.1**
hacer la tarea to do homework, (I)
hacer las maletas pack (suitcases), (I)
hacer paracaidismo to go skydiving, **3.4**
hacer un crucero to take a cruise, **3.4**
hacer un cheque to write a check, (I)
hacer un favor to do a favor, (I)
hacer un viaje to take a trip, **3.4**
hacer una caminata to hike, (I)
hacer una cita to make an appointment, **3.1**
hacer una película to make a movie, **3.4**

hacer una pregunta to ask a question, (I)
hacerse to become
hacia toward, **5.4**
el **hacha** ax (f.), **5.1**
la **hamaca** hammock, **5.1**
el **hambre** (f.), hunger, (I)
   tener hambre to be hungry, (I)
la **hamburguesa** hamburger, (I)
la **harina** flour
   la **harina de trigo** wheat flour, **4.3**
hasta until; as far as; even, (I)
   hasta luego see you later, (I)
   hasta pronto see you soon
   hasta que until, **5.3**
   desde…hasta from…to
hay there is, there are, (I)
   (no) hay que one must (not), **2.3**
hecho(a) made
   hecho a mano handmade, **1.2**
la **heladería** ice cream shop, **1.2**
el **helado** ice cream, (I)
   el **helado de chocolate** chocolate ice cream, **1.3**
   el **helado de fresa** strawberry ice cream, **1.3**
   el **helado de vainilla** vanilla ice cream, **1.3**
el **helecho** fern, **6.3**
el **hemisferio (norte, sur)** hemisphere (northern, southern), **6.4**
la **herencia** heritage
la **herida** wound, **4.1**
la **hermana** sister, (I)
el/la **hermanastro(a)** stepbrother (stepsister), **2.4**
el **hermano** brother, (I)
los **hermanos** siblings (brothers and sisters), (I)

hermosísimo(a) most beautiful, **5.2**
hermoso(a) beautiful
la **hermosura** beauty, **6.3**
el **héroe** hero
heroicamente heroically
la **herramienta** tool
el **hielo** ice, (I)
   patinar sobre hielo to ice-skate, (I)
la **hierba** grass
   la **hierba venenosa** poison ivy, **4.3**
las **hierbas** herbs
la **hija** daughter, (I)
el/la **hijastro(a)** stepson (stepdaughter), **2.4**
el **hijo** son, (I)
los **hijos** children (sons and daughters), (I)
el **hilo** thread
hinchado(a) swollen, **4.1**
hipnotizado(a) hypnotized
el **hipo** hiccup, **4.1**
hispano(a) Hispanic
los **hispanohablantes** Spanish-speakers
histérico(a) hysterical, **4.2**
la **historia** history, (I)
el **historial** record
   el **historial médico** medical history
la **historieta** comic strip, (I)
la **hoja** leaf, **6.2**
hola hi, hello, (I)
el **hombre** man, (I)
   el **hombre de negocios** businessman, (I)
el **hombro** shoulder, **4.1**
hondureño(a) Honduran, (I)
honrar to honor
la **hora** hour, (I)
   por hora per hour, **2.1**
   a toda hora at all hours
el **horario** schedule, **3.1**
la **hormiga** ant, **4.3**
el **hornillo** portable stove, **5.1**
horrible horrible, awful, (I)

el **horror: ¡Qué horror!** How horrible!, (I)
horrorizado(a) horrified, **5.2**
hospedado(a) lodged
   estar hospedado(a) en to stay at
la **hospitalización** hospitalization
el **hostal** hostel
hoy today, (I)
   hoy día nowadays, **6.4**
huele smells
   huele a it smells like, **6.3**
el/la **huésped** guest
el **huevo** egg, (I)
   los **huevos fritos** fried eggs, **1.3**
   los **huevos revueltos** scrambled eggs, **1.3**
   los **huevos tibios** soft-boiled eggs, **1.3**
huir (y) to run away, **2.2**
la **humanidad** humanity
la **humildad** humility, **6.3**
humilde humble, **5.4**
el **humo** smoke, **3.2**
el **humor** mood
   estar de mal humor to be in a bad mood, **4.1**

I

la **idea** idea
ideal ideal
la **identidad** identity
el **idioma** language, (I)
la **iglesia** church, (I)
igual equal
   igual que same as
la **iguana** iguana
ilustrar to illustrate
la **imagen** image
imaginarse to imagine, **5.2**
impaciente impatient, (I)
impecable impecable
el **imperio** empire
el **impermeable** raincoat, (I)
importa: no importa it doesn't matter, (I)
importación import
la **importancia** importance

importante important, **4.3**

impresionante amazing, impressive, **5.2**

impresionar to impress

el **impuesto** tax

inagotable inexhaustible

el **Inca** Inca king

la **corona del Inca** poinsettia, **6.3**

incalco(a) Incan

incapacitado(a) disabled

los **incas** Incas

el **incendio** fire, **3.2**

incluso including

incomparable incomparable

incompatible incompatible

incorporar to incorporate

increíble incredible, (I)

la **independencia** independence, **3.3**

India India, **6.2**

indicar to indicate

indígena indigenous, native

el/la **indígena** native Indian

la **indigestión** indigestion

el/la **indio(a)** Indian (of Asia), **6.2**

indique you (formal) indicate (com.)

el/la **individuo(a)** individual

inesperado(a) unexpected

la **infancia** childhood

la **infección** infection, **4.1**

inferior lower

inflable inflatable

la **balsa inflable** inflatable raft

la **inflamación** inflammation, **4.3**

inflamado(a) sore, swollen, **4.1**

la **influencia** influence

la **influenza** influenza, flu, **4.3**

influyente influential

la **información** information

el **informe** report

la **infusión** infusion

la **infusión de hierbas** hot herbal drink, **4.3**

la **ingeniería** engineering

el/la **ingeniero(a)** engineer, (I)

el **inglés** English (language), (I)

inglés(esa) English, (I)

el **ingrediente** ingredient

los **ingresos** income

inmediatamente immediately, **5.3**

la **inmensidad** immensity

inmenso(a) immense

la **inocencia** innocence, **6.3**

inolvidable unforgettable

el **insecto** insect, **2.2**

insolente insolent, haughty, **4.4**

el **insomnio** insomnia

instantáneo(a) instantaneous

las **instrucciones** instructions, **2.2**

el **instrumento** musical instrument, **3.4**

integral whole grain

inteligente intelligent, (I)

la **intención** intention

la **intensidad** intensity

intercambio exchange

interesante interesting, (I)

interesar to interest, **1.1**

internacional international

interpretar to interpret

el/la **intérprete** interpreter, **3.1**

el **intervalo** interval

íntimo(a) intimate, close

la **inundación** flood, **5.2**

el **invierno** winter, (I)

la **invitación** invitation

los **invitados** guests

invitar to invite, (I)

la **inyección** injection, **4.1**

poner una inyección to give a shot, **4.1**

ir to go, (I)

ir a casa to go home, (I)

ir a pie to go on foot, walk, (I)

ir de pesca to go fishing, (I)

ir de vacaciones to go on vacation, (I)

Irlanda Ireland, **6.2**

irlandés(esa) Irish, **6.2**

irse to leave, to go away, **2.4**

la **isla** island, **2.1**

Italia Italy, **6.2**

el **italiano** Italian (language), (I)

italiano(a) Italian, **6.2**

el **itinerario** itinerary, route, **5.1**

la **izquierda** left, (I)

a la izquierda to (on) the left, (I)

J

el **jabón** soap, **1.1**

el **jamón** ham, (I)

Japón Japan, **6.2**

el **japonés** Japanese (language), (I)

japonés(esa) Japanese, **6.2**

el **jarabe** popular Mexican folk dance; cough syrup, **4.1**

el **jardín** garden, **2.1**

el/la **jardinero(a)** gardener, **3.1**

el **jarrón** large vase

el/la **jefe(a)** boss; chief

la **jirafa** giraffe, **6.4**

el **jitomate** variety of tomato (Mexico)

joven young, (I)

los **jóvenes** young people, (I)

la **joya** jewel, (*pl.* jewelry), (I)

la **joyería** jewelry store, **1.2**

el **juego** game, (I)

el **juego de mesa** board game, (I)

el **jueves** Thursday, (I)

el/la **jugador/a** player, **3.4**

jugar (ue) to play, (I)

jugar al escondite to play hide-and-seek, **2.2**

el **jugo** juice, (I)

el **jugo de naranja** orange juice, **1.3**

jugoso(a) rare (meat), **1.3**

el **juguete** toy, **2.2**

julio July, (I)

juntando joining

Júpiter Jupiter, **6.4**

K

el **kerosén** kerosene

la **lámpara de kerosén** kerosene lamp, **5.1**

el **kilo** kilogram, **1.4**

L

la it, her (f., pron.), **1.2**

la the (f.), (I)

el **laberinto** labyrinth

el **laboratorio** laboratory

lacio straight (hair), (I)

la **ladera** slope, hillside

el **lado** side, (I)

al lado de next to; beside, (I)

el **ladrido** barking, **6.2**

la **lagartija** lizard, **2.2**

el **lagarto** lizard, **6.4**

el **lago** lake, (I)

la **laguna** lagoon

la **lámpara** lamp, (I)

la **lámpara de kerosén** kerosene lamp, **5.1**

la **lana** wool, (I)

la **langosta** lobster, **1.3**

el **lápiz** pencil, (I)

los **lápices: los lápices de colores** colored pencils

largo(a) long, (I)

a lo largo along, throughout

la **larga distancia** long distance

las them (f., pl., pron.), **1.2**

lástima pity

lástima que it's too bad that, **5.1**

lastimarse to hurt oneself, **4.4**

la **lata** can, **1.4**

¡Qué lata! What a bore!, **4.2**

lavable washable

el **lavabo** wash basin, **1.1**

el **lavamanos** wash basin

la **lavanda** lavender

la **lavandería** laundromat, **1.2**

el/la **lavaplatos** dishwasher (person), **3.1**

lavar to wash, (I)

lavarse to wash oneself, **3.2**

le him, her, (s., pron.), you (formal, pron.), (I)

leal loyal, **5.4**

la **lección** lesson

la **leche** milk, (I)

el **café con leche** coffee with milk, **1.3**

la **lechería** dairy store

la **lechuga** lettuce, (I)

leer to read, (I)

legal legal

el/la **asistente legal** legal assistant, **3.1**

legendario(a) legendary

las **legumbres** vegetables, (I)

lejano(a) distant

lejos far, (I)

lejos de far from, (I)

la **leña** firewood

el **lenguaje** language

lentamente slowly, **5.3**

los **lentes** lenses, eyeglasses

los **lentes de contacto** contact lenses, (I)

el **león** lion, (I)

les them (pl., pron.); you (formal, pl., pron.), (I)

el **letrero** sign, **2.1**

levantar to lift

levantar pesas to lift weights, **3.2**

levantarse to get up, **2.3**

la **leyenda** legend

las **leyes** laws

la **libertad** freedom

la **libra** pound, (I)

libre free, (I)

al aire libre outdoors

los **ratos libres** free time, (I)

la **librería** bookstore, **1.2**

la **libreta** notebook

la **libreta de direcciones** address book, **5.1**

el **libro** book, (I)

la **licencia** license

la **licencia de manejar** driver's license, **3.4**

la **liebre** hare, **6.4**

ligado(a) linked

el **limón** lemon, **4.3**

limpiar to clean, (I)

limpiarse los zapatos to shine one's shoes, **3.2**

limpio(a) clean, **1.1**

lindo(a) pretty

la **linterna** flashlight, **5.1**

el **lío: ¡Qué lío!** What a mess!

la **liquidación** clearance (sale), (I)

la **lista** list

la **lista de compras** shopping list

listo(a) smart, (I)

listo(a) ready, **6.1**

el **litro** liter, **1.4**

liviano(a) light (weight), (I)

lo it, him (m., s., pron.), **1.2**

el **lobo** wolf, **6.4**

local local

la **loción** lotion, **2.3**

la **loción repelente** insect repellent lotion, **4.1**

la **loción protectora (contra el sol)** sunscreen lotion

loco(a) crazy, **4.4**

como loco(a) like crazy, **2.2**

los them (m., pl., pron.), **1.2**

luchar to fight

luego later, (I)

el **lugar** place, (I)

el **lujo** luxury

de lujo deluxe, **5.4**

la **luna** moon, **5.2**

el **lunes** Monday, (I)

la **luz** light, **1.1**

las **luces** lights, **1.1**

LL

la **llama** llama, (I)
la **llamada** telephone call
  llamado(a) called
  llamar to call, (I)
  llamo: me llamo… my name is…, (I)
la **llave** key, (I)
  llegar to arrive, (I)
la **llegada** arrival, 1.1
  llegar a to arrive at, (I)
  llenar to fill, 3.1
  lleno(a) de gente crowded, 2.1
  llevar to take; to carry; to wear, (I)
  llevarse bien con to get along well with, 2.3
  llorar to cry, 2.2
  llueve it's raining, (I)
la **lluvia** rain

M

la **macarela** mackerel
el **machete** machete, large heavy knife, 5.1
la **madera** wood, (I)
la **madrastra** stepmother, 2.4
la **madre** mother, (I)
la **madre naturaleza** Mother Nature
  maduro(a) mature, 3.1
el / la **maestro(a)** teacher, (I)
la **magia** magic
  mágico(a) magical, 6.4
  magnífico(a) magnificent
el **maíz** corn, 1.4
  majestuoso(a) majestic, 6.3
  mal bad, poorly
  mal educado(a) ill-mannered
  no tan mal not so bad
el **malestar** malaise
la **maleta** suitcase, (I)
  hacer las maletas to pack (suitcases), (I)
el **maletín** satchel
  el maletín de primeros auxilios first-aid kit, 5.2

lo **malo** the bad thing
  malo(a) bad, (I)
la **mamá** mom, (I)
  mandar to send, (I); to order, 5.2
  mande hello (Mexico)
  mandón(ona) bossy, 4.4
  manejar to drive, (I)
la **manera** manner, way
  de manera que in such a way that
la **manga** sleeve, (I)
  de manga corta short-sleeved, (I)
  de manga larga long-sleeved, (I)
  sin mangas sleeveless, (I)
la **mano** hand, 3.2
  a mano by hand
la **manta** blanket, 1.1
  mantener (ie) to keep, 5.3
  mantener el equilibrio to balance, 2.2
la **mantequilla** butter, (I)
la **mañana** morning, (I)
  de la mañana in the morning, (I)
  esta mañana this morning, (I)
  por la mañana in the morning, (I)
  mañana tomorrow, (I)
la **manzana** apple, 1.4
la **manzanilla** chamomille
el **mapa** map, (I)
el **maquillaje** make-up
  maquillarse to put on make-up, 3.2
la **máquina** machine
  la máquina de afeitar electric shaver, 5.1
el **mar** sea, (I)
la **maratón** marathon, 3.4
la **maravilla** wonder
  maravillado(a) amazed, 5.2
la **marca** mark, 6.1
la **marca** brand name, (I)
  marcar to dial, 3.2; to score (sports), 6.1
el / la **marciano(a)** Martian
  mareado(a) dizzy, light-headed, nauseated, 4.1

el **maremoto** tidal wave, 5.2
la **margarina** margarine
la **margarita** daisy, 6.3
el **mariachi** Mexican musician, 1.3
la **mariposa** butterfly, 2.2
los **mariscos** shellfish, 1.3
  marque you (formal) mark (com.)
  Marte Mars, 6.4
el **martes** Tuesday, (I)
  marzo March, (I)
  más more, (I)
  más o menos more or less, (I)
  más que more than, (I)
la **masa** dough
el **masaje** massage
la **mascarilla** mask
  la mascarilla de oxígeno oxygen mask
las **matemáticas** mathematics, (I)
el **material** material, 4.3
las **materias** subjects
  matricularse to register oneself (in classes), 3.1
el **matrimonio** marriage
el **maullido** meowing, 6.2
el **máximo** maximum
  al máximo to the maximum
  mayo May, (I)
  mayor older, (I); greatest
los **mayores** grown-ups
la **mayoría** majority; most of
  me me, 1.3
el / la **mecánico(a)** mechanic, (I)
la **medalla** medal, 6.1
  la medalla de oro gold medal
la **media: y media** half past the hour, (I)
  mediados in the middle of
las **medias** stockings, (I)
el **medicamento** medication, 4.3
la **medicina** medicine
el / la **médico(a)** doctor, 4.4; medical

el/la **asistente médico**
medical assistant,
3.1
el **medio** the middle, half
el **medio ambiente**
environment (out-
doors), **3.3**
por medio through, by
means of
me dio pánico it made
me panicky, **5.2**
me dio susto it scared
me, **5.2**
la **médula** marrow
frío hasta la médula
chilled to the bone,
5.2
mejor better, (I)
mejorar to improve, **3.4**
mejorarse to get better,
4.1
el **melón** melon, **1.4**
la **memoria** memory
menor younger, (I)
menos less, (I)
a menos que unless,
5.3
echar de menos to
miss, **3.3**
menos que less than,
(I)
el/la **mensajero(a)**
messenger
la **menta** mint, **6.3**
la **mentira** lie, **2.2**
mentiroso(a) liar, **4.4**
el **menú** menu, **1.3**
el **mercado** market
el mercado al aire
libre outdoor mar-
ket, **1.2**
Mercurio Mercury, **6.4**
la **mermelada** jam, pre-
serves, (I)
el **mes** month, (I)
el **mes pasado** last
month, (I)
el **mes que viene** next
month, (I)
la **mesa** table, (I)
el/la **mesero(a)** waiter (waitress), **1.3**
mestizo(a) a person of
mixed race
el **metal** metal, **4.3**

el **metro** subway, **2.1**
la **metrópolis** metropolis
mexicano(a) Mexican,
(I)
la **mezcla** mixture
mezclar to mix
mi my, (I)
mí me (prep., pron.)
a mí me gusta I like, (I)
el **microbús** small bus
el **miedo** fear, (I)
tener miedo to be
scared, (I)
la **miel** honey, **4.3**
el **miembro** member
mientras while;
meanwhile
el **miércoles** Wednesday,
(I)
mil one thousand, (I)
la **milla** mile, (I)
el **millón (de)** million, (I)
el/la **millonario(a)** millionaire, **3.4**
los **minusválidos** handicapped persons
el **minuto** minute, (I)
mirar to look at, to
watch, **1.1**
mirarse to look at oneself, **3.2**
la **misión** mission
el/la **mismo(a)** same
el **misterio** mystery
misterioso(a) myste-
rious, **6.4**
mixto(a) mixed
ensalada mixta tossed
salad
la **mochila** bookbag, knapsack, (I)
la **moda** fashion, (I)
de moda in fashion, (I)
el/la **modelo** model, **3.1**
moderno(a) modern, (I)
el **modo** way, **3.1**
el **moho** mildew
mojarse to get wet, **2.3**
el **mole** Mexican ingredient
el **mole poblano** Mexi-
can casserole dish
molestar to bother, **1.1**
el **momento** moment
un momento one mo-
ment, **4.2**

la **moneda** coin, (I)
el **mono** monkey, (I)
la **mononucleosis** mononucleosis, **4.3**
el **monopatín** skateboard,
(I)
andar en monopatín
to skateboard, (I)
el **monstruo** monster, **6.4**
el **monstruo acuático**
deep-sea monster,
6.4
la **montaña** mountain, (I)
montar to ride
montar a caballo to
ride horseback, (I)
montar en bicicleta to
ride a bicycle, (I)
montar en la montaña
rusa to ride a roller
coaster, **2.2**
morado(a) purple, (I)
moreno(a) dark (hair,
complexion), (I)
morirse de (ue) to die of
morirse de ganas to
be very anxious to
morirse de hambre to
be very hungry, **2.4**
morirse de sueño to
be very sleepy, **2.4**
la **mosca** fly, **6.2**
el **mosquito** mosquito, **4.3**
el **mostrador** counter, **5.3**
la **moto** motorcycle, (I)
el **motor** engine, **6.2**
el **movimiento** movement
la **muchacha** girl, (I)
el **muchacho** boy, (I)
muchísimo a lot
muchísimos(as) many
mucho a lot; many, (I)
mucho gusto nice to
meet you, (I)
muchos(as) a lot, many,
(I)
la **mudanza** the move
mudarse to move, **2.4**
la **mueblería** furniture
store, **1.2**
la **muela** molar tooth, **4.1**
la **muerte** death, **6.3**
la **mujer** woman, (I)
la **mujer de negocios**
businesswoman, (I)

la **mujer policía** police officer, (I)

las **muletas** crutches, **4.4**

la **multa** (traffic) ticket, **2.1**

la **multitud** multitude

mundial of the world

el **mundo** world

   todo el mundo everybody, everyone

el **Nuevo Mundo** the New World

la **muñeca** doll, **2.2**; wrist, **4.1**

el **mural** mural

el/la **muralista** muralist, painter of murals

el **muro** wall

el **museo** museum

la **música** music, (I)

el/la **músico(a)** musician, (I)

muy very, (I)

   muy bien very well, (I)

N

nacer (zco) to be born, **2.4**

nací I was born, (I)

el **nacimiento** birth

la **nación** nation

nada nothing, (I)

   de nada you're welcome, (I)

nadar to swim, (I)

nadie nobody, **3.4**

el **náhuatl** Aztec language

la **naranja** orange, **1.3**

el **nardo** spikenard (a plant with aromatic roots), **6.3**

la **nariz** nose, **4.1**

   Me corre la nariz. My nose is running., **4.3**

nativo(a) native

la **naúsea** nausea

la **Navidad** Christmas, **3.3**

necesario(a) necessary, **4.3**

   lo necesario the necessary things

necesitar to need, (I)

negociar to negotiate

el **negocio** business

negro(a) black, (I)

el/la **neoyorquino(a)** New Yorker

Neptuno Neptune, **6.4**

nervioso(a) nervous, (I)

nevado(a) snow-covered

la **nevazón** blizzard, **5.2**

ni nor

nicaragüense Nicaraguan, (I)

la **niebla** fog, **5.2**

los **nietos** grandchildren

nieva it's snowing, (I)

el/la **niñero(a)** child caretaker, nanny, **3.1**

ninguno(a) not any, none, **3.4**

   no quiero ir a ningún lugar I don't want to go anywhere, (I)

el/ **niño(a)** child, (I)

el **nivel** level

no no, not, (I)

   ¿no? no? (meaning: Isn't that so?), (I)

   no aprobado failing

   no importa it doesn't matter, (I)

   ¡No me digas! You don't say!, (I)

   no muy bien not too well, (I)

el/la **noble** nobleman (noblewoman)

la **noche** night, (I)

   de la noche in the evening, at night, (I)

   esta noche tonight, (I)

   por la noche at night, (I)

la **Nochebuena** Christmas Eve

el **nombre** name, (I)

el **nopal** prickly pear

el **noreste** Northeast

el **norte** North

norteamericano(a) North American, (I)

Noruega Norway, **6.2**

noruego(a) Norwegian, **6.2**

nos us (pron.), **1.4**

nosotros(as) we, (I)

la **nota** grade, (I); note

   sacar buenas notas to get good grades, (I)

las **noticias** news, (I)

novecientos(as) nine hundred, (I)

la **novela** novel, (I)

noveno(a) ninth, (I)

noventa ninety, (I)

noviembre November, (I)

el/la **novio(a)** fiancé(e), **2.4**

la **nube** cloud, **5.2**

el **nudo** knot

la **nuera** daughter-in-law

nuestro(a) our, (I)

nueve nine, (I)

nuevo(a) new, (I); another, **3.2**

el **número** number, (I)

   el **número de teléfono** telephone number, (I)

nunca never, (I)

O

o or, (I)

obedecer (zc) to obey, **2.2**

obediente obedient

el **objeto** object

la **obligación** obligation

la **obra de teatro** play

la **observación** observation

la **observación de pájaros** bird watching

observar to observe

la **obstrucción** obstruction

la **obstrucción de las coronarias** coronary obstruction

obtener (ie) to obtain

la **ocasión** occasion, **2.1**

el **océano** ocean

ochenta eighty, (I)

ocho eight, (I)

ochocientos(as) eight hundred, (I)

octavo(a) eighth, (I)

octubre October, (I)

ocupaban they occupied

   se ocupaban they took care

las **ocupaciones** occupations

ocupado busy, (I)

Sigue ocupado. It is still busy. **4.2**

el **oeste** West

la **oficina** office, (I)

ofrecer (zc) to offer, **1.2**

el **oído** ear, **4.1**

oigo hello (Cuba)

oír to hear, (I)

ojalá que I wish that, **6.2**

el **ojo** eye, (I)

las **olas** waves (ocean, (I)

correr las olas to surf, (I)

las **olimpiadas** Olympic games, **3.4**

el **olmo** elm, **6.3**

el **olor** smell, **6.3**

olvidar to forget, (I)

olvidarse (de) to forget, **2.4**

la **olla** saucepan, pot

once eleven, (I)

la **onda** wave

la **onza** ounce, **1.4**

el/la **operario(a)** operator, worker, **3.1**

la **opinión** opinion

la **óptica** optical store

opuesto(a) opposite

oral oral

el **orden** order

¿En qué orden? In what order?

ordenar to arrange, **2.3**

organizado(a) organized, **3.1**

organizar to organize, **3.4**

el **orgullo** pride, **6.3**

orientarse to find one's way, **5.2**

el **origen** origin

original original

el **oro** gold, (I)

la **orquesta** orchestra, **6.1**

la **orquídea** orchid, **6.3**

o sea in other words (that is to say), **4.2**

oscilar to fluctuate

el **oso** bear, (I)

el **otoño** autumn, (I)

otro(a) another, other, (I)

otra vez again

la **oveja** sheep

el **OVNI (Objeto Volador No Identificado)** UFO (Unidentified Flying Object), **5.2**

¡oye! hey!, listen!, (I)

oyes you (fam.), hear, (I)

el **ozono** ozone, **3.3**

P

paciente patient, **5.4**

el/la **paciente** patient

padecer to suffer

el **padrastro** stepfather, **2.4**

el **padre** father, (I)

los **padres** parents, (I)

los **padrinos** godparents, **2.4**

pagado(a) paid

pagar to pay, (I)

la **página** page, (I)

el **pago** payment

el **país** country, (I)

el **paisaje** landscape, **6.3**

el **pájaro** bird

la **palabra** word, (I)

el **palacio** palace

el **Palacio de Bellas Artes** Fine Arts Palace

pálido(a) pale, **4.2**

las **palomitas** popcorn

el **pan** bread, (I)

el **pan tostado** toast, (I)

la **panadería** bakery, **1.2**

panameño(a) Panamanian, (I)

el **panecillo** roll, **1.3**

el **pánico** panic, **5.2**

los **pantalones** pants, (I)

el **pañuelo** handkerchief

el **pañuelito de papel** tissue, **5.1**

el **papá** dad, (I)

los **papás** mom and dad, (I)

las **papas fritas** french fries, (I)

el **papel** paper, (I); role

la **papelería** stationery store, **1.2**

el **par** pair

para for; to; in order to, (I)

para caballeros for gentlemen, (I)

para damas for ladies, (I)

para mí for me, **1.3**

para que in order to, **5.3**

¿Para qué sirve? What is it used for?, (I)

el **paracaidismo** skydiving

hacer paracaidismo to go skydiving, **3.4**

el **parachoques** bumper

la **parada** bus stop, **2.1**

el **paraguas** umbrella, (I)

paraguayo(a) Paraguayan, (I)

el **paraíso** paradise

paralizado(a) paralized, **5.2**

parar to stop, **2.1**

parece seems, looks like, (I)

parece que... it seems that..., (I)

parecer to think about

la **pared** wall, (I)

la **pareja** couple

el **parentesco** family relationship

el/la **pariente(ta)** relative, (I)

el **parque** park, (I)

el **parque zoológico** zoo, (I)

la **parte** part; place

¿De parte de quién? Who is calling?, **4.2**

formar parte de to be part of

participar to participate, **6.1**

el **partido** game, match, (I)

pasa come in (fam., sing., com.)

el **pasado** past

pasado(a) last, (I)

el **año pasado** last year, (I)

pasado mañana the day after tomorrow, (I)

la **semana pasada** last week, (I)

el **pasaje** ticket, **1.1**

el **pasaje de ida y vuelta** round-trip ticket, **1.1**

el/la **pasajero(a)** passenger, **1.1**

el **pasaporte** passport, (I)
pasar to happen; to pass; to spend (time), (I)
pasar la aspiradora to vacuum, (I)
pasar por to pass through, **5.3**
pasarse to go away
pase come in (formal, com.)
pasear en velero to go sailing, (I)
el **paseo** stroll, walk, (I); boulevard, promenade, (I)
dar un paseo to go for a walk, (I)
el **pasillo** aisle, **1.1**
la **pasta** pasta
la **pasta de dientes** toothpaste, **5.1**
el **pastel** pastry, (I)
la **pastilla** tablet, **4.1**
los **pastores** shepherds
patear to kick, **2.2**
patinar to skate, (I)
patinar sobre hielo to ice-skate, (I)
el **patio** patio, courtyard, **5.4**
patitieso(a) stunned, **5.2**
la **patria** native land
el **pavo** turkey, **1.3**
el **pavo real** peacock, **6.4**
el **payaso** clown, **6.1**
la **paz** peace, **6.3**
el/la **peatón(ona)** pedestrian, **2.1**
el **pedazo** piece, slice
pedir (i) to ask for, **3.1**
pedir permiso to ask for permission, (I)
el **peinado** hairdo
peinarse to comb one's hair, **3.2**
el **peine** comb, **5.1**
pelear to fight, **2.2**
están peleados they are not on speaking terms
la **película** movie, (I); film, **5.2**
hacer una película to make a movie, **3.4**

la **película extranjera** foreign film, (I)
la **película policial** detective movie, (I)
la **película de terror** horror movie, (I)
los **rollos de película** rolls of film, **5.2**
el **peligro** danger
peligroso(a) dangerous
pelirrojo(a) red-headed, (I)
el **pelo** hair, (I)
la **pelota** ball, **2.2**
la **pena** pain
tener pena to be embarrassed
valer la pena to be worth it
¡Qué pena! What a shame!, (I)
la **penicilina** penicillin, **4.3**
el **pensamiento** pansy, **6.3**; thought
pensar (ie) to plan, to intend, (I)
pensar en to think about, **2.3**
piensan they think
piensas you (fam.) plan, intend, (I)
pienso I plan, intend, (I)
la **pensión** plan
la **media pensión** hotel plan including two meals a day, **5.4**
la **pensión completa** American plan, hotel plan including three meals a day, **5.4**
peor worse, (I)
pequeño(a) small, (I)
la **pera** pear, **1.4**
el/la **perdedor/a** loser, **6.1**
perder (ie) to lose, (I)
perderse (ie) to get lost, **5.2**
perdón excuse me, (I)
el **perdón** forgiveness
perdone excuse me (formal, com.), **4.2**
perezoso(a) lazy, (I)
perfectamente perfectly, **5.3**

el **perfume** perfume, **3.2**
el **periódico** newspaper, (I)
el/la **periodista** journalist, (I)
el **período** period
el **periquito** parakeet, (I)
el **permiso** permission, (I)
con permiso excuse me, (I)
pedir permiso to ask for permission, (I)
permitir to allow, permit, (I)
pero but, (I)
el **perro** dog, (I)
la **persona** person, **4.2**
pertenecer (zco) a to belong to, (I)
peruano(a) Peruvian, (I)
pesado(a) heavy, (I); annoying, **4.4**
el **pésame** condolences
pesar to weigh, (I)
la **pescadería** fish store
la **pesca** fishing, (I)
ir de pesca to go fishing, (I)
el **pescado** fish, (I)
la **peseta** monetary unit of Spain, (I)
pesimista pessimist, **4.4**
el **petróleo** oil, **3.3**
el **pez** fish, (I)
el **pez dorado** goldfish, (I)
el **piano** piano, **3.4**
la **picadura** bite, sting, **4.1**
picante spicy, **1.3**
picar to sting, **4.1**
la **picazón** itch
el **pico** peak, mountain peak
el **pie** foot (measurement), (I); foot, **4.1**
ir a pie to go on foot, to walk, (I)
la **piedra** stone, **2.2**
la **piel** skin, **4.1**; leather, fur
la **pierna** leg, **4.1**
la **pila** battery, **5.2**
pilotear to pilot, **3.4**
el **piloto** pilot
pillar to catch, **2.2**
la **pimienta** pepper, **1.3**
el **pingüino** penguin, (I)
el **pino** pine tree, **6.3**

la **pinta** appearance
pintar to paint
el/la **pintor/a de casa** house painter, **3.1**
pintoresco(a) picturesque
la **pintura** painting
la **piña** pineapple, **1.4**
la **piñata** hanging pâpier-maché figure filled with candy and crafts
la **pirámide** pyramid, **2.1**
la **Pirámide del Sol** Pyramid of the Sun
el **piropo** compliment
la **piscina** swimming pool, (I)
el **piso** story, floor (of a building), (I); floor, (I)
el **plan** plan
planchar to iron, (I)
planear to plan, (I)
el **planeta** planet, **3.4**
la **planta** floor; plant, **2.1**
  la **planta baja** ground floor
el **plástico** plastic, (I)
la **plata** silver, (I)
el **plátano** banana, **1.4**
el **plato** plate, **1.3**; dish, **2.2**
la **playa** beach, (I)
la **plaza** plaza, (public) square, (I)
  la **plaza mayor** main square
pleno(a) full
en **pleno invierno** in the middle of winter
Plutón Pluto, **6.4**
la **población** population
poblado(a) populated
pobre poor, penniless; pathetic, **3.3**
poco(a) little, small amount, (I), **4.2**
  un **poco** a little, (I), **2.2**
pocos(as) few, (I)
el **poder** power, **6.3**
  en **poder** in possession
poder (ue) to be able, (I)
  ¿No me puedes rebajar el precio? Can't

you lower the price for me?, **1.2**
¡No puedo más! I am exhausted!
podrido(a) rotten, **6.3**
el/la **poeta** poet
polaco(a) Polish, **6.2**
el **polen** pollen, **4.3**
el **policía** police officer, (I)
la **policía** police (department)
policial: la película policial detective movie, (I)
político(a) political
el/la **político(a)** politician, (I)
el **pollo** chicken, (I)
el **polo** turtleneck sweater
Polonia Poland, **6.2**
el **polvo** dust, **4.3**
el **poncho** poncho, **5.2**
poner to put, **1.1**
  poner atención to pay attention, **2.2**
  poner la mesa to set the table, (I)
  poner una inyección give a shot (medical), **4.4**
  se pone it sets (sun)
ponerse to put on, **2.3**; to become, get, **2.4**
  ponerse en forma to get in shape, **3.4**
póngase you (formal) put (com.)
  póngase en contacto you (formal) get in touch (com.)
popular popular, (I)
por about, for, by
  por ejemplo for example, **4.2**
  por eso therefore, that's why, (I)
  por favor please, (I)
  por fin finally
  por la mañana in the morning, (I)
  por la noche at night, (I)
  por la tarde in the afternoon, (I)
  por lo general in general

por lo tanto therefore
por mí for my sake
¿Por qué no...? Why not...?, (I)
por seguro for sure
el **porcentaje** percentage
porque because, (I)
el **portafolio** portfolio
portarse to behave, **2.3**
la **portería** custodian's quarters or office
positivo(a) positive
el **postre** dessert, (I)
prácticamente practically
el **practicante** druggist's assistant
practicar to play, to practice
  practicar el esquí acuático to water-ski, (I)
  practicar la tabla hawaiana to surf, **3.4**
el **precedente** precedent
el **precio** price, **1.2**
el **precipicio** precipice
la **precisión** precision
preciso(a) necessary, **3.2**
precolombino(a) pre-Columbian, before Columbus
la **preferencia** preference
preferible preferable
preferido(a) favorite
preferir (ie) to prefer, (I)
la **pregunta** question, (I)
  hacer una pregunta to ask a question, (I)
  preguntarse si to wonder if, **2.4**
preliminar preliminary
el **premio** prize, **6.1**
la **preocupación** worry
preocupado(a) worried, (I)
preocuparse (por) to worry (about), **2.4**
la **preparación** preparation
preparar to prepare, to get ready, (I)
prepararse (para) to get ready (for), **2.4**

los **preparativos** preparations

la **presencia** presence

presenciar to see

la **presentación** external appearance; introduction

presentar to introduce (I); to present

presentarse a to go to, 3.2

el/la **presidente** president, 3.4

la **presión** pressure

la **presión alta** high blood pressure

prestar to lend, (I)

pretencioso(a) conceited, 5.4

previo(a) previous

la **primavera** spring, (I)

primero(a) first, (I)

los **primeros auxilios** first aid, 5.2

el/la **primo(a)** cousin, (I)

el **principio** beginning

al principio at the beginning

a principios in the beginning

las **prioridades** priorities

la **prisa: tener prisa** to be in a hurry, (I)

los **prismáticos** binoculars, 5.2

privado private, 5.4

probar (ue) to try, 2.2

el **problema** problem, 4.1

la **procedencia** origin

el **procedimiento** procedure

la **procesión** procession

la **procesión religiosa** religious procession, 6.1

el **proceso** process

la **proclamación** proclamation

la **profesión** profession

profesional professional, 3.4

el/la **professor/a** teacher, professor, (I)

el **programa** program, (I)

el **programa de aventuras** adventure program, (I)

el **programa de ciencia ficción** science fiction program, (I)

el **programa de terror** horror program, (I)

el **programa deportivo** sports program, (I)

el **programa educativo** educational program, (I)

el **programa extranjero** foreign program, (I)

el **programa policial** detective program, (I)

el **programa romántico** love story, (I)

prohibido(a) prohibited

está prohibido is prohibited, 3.2

la **promesa** promise

prometer to promise, (I)

la **propina** tip, 1.3

propio(a) one's own

la **proporción** proportion

proteger (j) to protect, 3.3

el **provecho** benefit

buen provecho Enjoy your meal!, 1.3

provechoso(a) advantageous

la **prueba** test

a prueba on approval, trial basis

publicar to publish, 3.4

público(a) public

el **pueblo** village, town, (I)

puedes you (fam.) can, (I)

No te puedes imaginar. You can't imagine., 5.2

puedo I can, (I)

el **puente** bridge, 2.1

el **puente de observación** observation deck

la **puerta** gate, 1.1; door, (I)

puertorriqueño(a) Puerto Rican, (I)

pues well, (I)

el **puesto** job, position, 3.1; ranking, place, 6.1

la **pulga** flea, 4.3

la **pulgada** inch, (I)

el **pulgar** thumb

la **pulmonía** pneumonia, 4.3

la **pulsera** bracelet, (I)

el **punto** stitch, 4.4

el **punto: en punto** on the dot, (I)

poner puntos to put in stitches (medical), 4.4

la **puntuación** points (sports)

puntual punctual, 3.1

puro(a) pure, fresh (air), 2.1

Q

que that

qué what, (I); how, (I)

¡Qué aburrido! How boring!, (I)

¡Qué divertido! What fun!, (I)

¡Qué horror! How horrible!, (I)

¡Qué lío! What a mess!

¡Qué raro! How strange!, (I)

¡Qué suerte! What luck!, (I)

¿Qué tal? How are you?, (I)

¡Qué va! No way!, (I)

¿Qué? What?, 3.4

¿Qué clase de...? What kind of..?, (I)

¿Qué desea(n) Ud(s).? What would you (formal) like?, 1.3

¿Qué hizo? What did he/she do?

¿Qué tal? How are you, (I); How is it?, 1.3

¿Qué tal están? How are they?, 1.3

¿Qué tiempo hace? What's the weather like?, (I)

¿Y qué más? And what else?

¡Qué! What!
  ¡Qué lata! What a bore!, **4.2**
  ¡Qué maravilla! What a marvel! **6.3**
  ¡Qué . . . tan . . . ! what a(n) + adjective + person / thing, **2.2**
quebrarse (ie) to break, **4.1**
quechua Quechuan, of Quechuan Indians' customs and language
los **quechuas** Quechuas, South American Indians
quedarse to stay, **2.4**
  me quedan I have...left
  quedar empatado(a) to match, to be tied (sports), **6.1**
  quedarse asombrado(a) to be astonished, **5.2**
  quedarse boquiabierto(a) to be flabbergasted, **5.2**
  quedarse frío(a) hasta la médula to be chilled to the bone, **5.2**
  quedarse horrorizado(a) to be horrified, **5.2**
  quedarse maravillado(a) to be astonished, **5.2**
  quedarse paralizado(a) de miedo to be paralyzed with fear, **5.2**
  quedarse patitieso(a) de emoción to be overcome with emotion, **5.2**
  me quedé I was, I was left
el **quehacer** chore, task, (I)
la **queja** complaint
  quejarse to complain, **2.3**
la **quemadura** burn, **4.1**

quemarse to burn oneself
  quemarse del sol to get sunburned, **2.3**
querer (ie) to want, (I)
queridísimo(a) dearest
querido(a) dear, **2.4**
la **quesadilla** baked tortilla filled with cheese (Mexico)
el **queso** cheese, (I)
quién who, (I)
la **química** chemistry, (I)
quince fifteen, (I)
quinientos(as) five hundred, (I)
quinto(a) fifth, (I)
el **quipu** quipu, ancient Peruvian device for sending messages
quisiera I / he / she would like, (I)
quitarse to take off, **2.3**

R

el **rábano** radish, **1.4**
la **rabia** rage
  rojo(a) de rabia red with rage, **4.2**
el **racimo** bunch, **1.4**
el **radio** radio
  el **radio portátil** portable radio, **5.2**
la **radio** radio (broadcasting, as a medium), (I)
la **radiografía** X-rays
  tomar radiografías to take X-rays, **4.4**
la **rama** branch, **6.2**
la **rana** frog, **2.2**
la **ranchera** popular Mexican folk dance
rápidamente quickly, **5.3**
rápido(a) fast, **2.1**
los **rápidos** rapids (in river)
raramente rarely
raro: ¡Qué raro! How weird!, (I)
el **rato** a while
el **ratoncito** mouse, (I)
los **ratos libres** free time, (I)
la **raza** race, creed
la **reacción** reaction
la **realidad** reality

realmente really
rebajar to lower (the price), **1.2**
la **rebanada** slice
rebelar to rebel
el **recado** message, **4.2**
el / la **recepcionista** receptionist, **3.1**
la **receta** recipe
recetar to prescribe, **4.4**
recibir to receive, (I)
el **recibo** receipt
  el **recibo de equipaje** luggage claim ticket, **5.3**
reciclar to recycle, **3.3**
reciente recent
reclamar to claim, **1.1**
recoger (j) to pick up, **2.3**
la **recomendación** recommendation
recomendar (ie) to recommend, **5.2**
recordar (ue) to remember, (I)
la **recreación** recreation, **3.4**
rectangular rectangular, (I)
el **recuerdo** souvenir, (I); memory
la **red** network
redondo(a) round, (I)
reducido(a) reduced
reducir (zc) to reduce, **3.3**
a **referencia** reference
referirse (ie) to refer to
reflejado(a) revealed
la **reforma** reform
el **refresco** noncarbonated soft drink, (I)
el **refrigerador** refrigerator, (I)
refugiarse to take shelter, **3.2**
el **refugio** shelter
el **regalo** gift, (I)
regar (ie) to water, **2.3**
regatear to bargain, **1.2**
la **región** region
regional regional
registrar to register, to record

la **regla** rule
la **regla del tránsito** traffic rule, **2.1**
la **regla de oro** golden rule
regresar to return, (I)
regular so-so, fair, (I)
la **rehabilitación** rehabilitation
reírse (i, i) to laugh, **2.4**
la **relación** relationship
relajante relaxing
relatar to tell
relativamente relatively
religioso(a) religious
el **reloj** clock, (I)
reloj despertador alarm clock, **1.1**
la **relojería** watch and clock store, **1.2**
relleno(a) stuffed
el **remedio** remedy, cure, **4.3**
el **remo** oar, **5.2**
el / la **repartidor / a** delivery person, **3.1**
repartir to distribute
el **repaso** review
el **reportero(a)** reporter
el / la **representante** representative
representar to represent
la **República Dominicana** the Dominican Republic
requerir (ie) to require
el **requisito** requirement
la **res** beast
la **carne de res** beef, **1.3**
resbalarse to slip, **5.2**
la **reservación** reservation
reservar to reserve
resfriado(a) chilly
Me siento resfriado(a). I feel chilly., **4.1**
residente residing
resolver (ue) to solve
respecto respect
con respecto a regarding
respetar to respect, to obey, **2.1**
respetuoso(a) respectful
respirar to breathe, **3.2**

respiratorio(a) respiratory
las **responsabilidades** responsibilities
responsable responsible, **3.1**
el **restaurante** restaurant, (I)
el **resultado** result, **3.4**
el **resumé** résumé
retener (ie) to retain
el **retrete** toilet, **1.1**
la **reunión** get together, meeting, reunion, (I)
la **reunión familiar** family get together, **6.1**
reunirse to get together, **2.3**
el **revés** reverse
al revés backwards
revisar to check, examine, **5.3**
la **revista** magazine, (I)
la **revolución** revolution
rico(a) tasty, **1.3**; rich
¡Qué rico! How tasty!, **1.3**
el **río** river, (I)
el **ritmo** rhythm
rizado(a) curly, (I)
el **roble** oak
el **robo** robbery, **1.2**
la **rodilla** knee, **4.1**
rogar to ask, to beg
rojo(a) red, (I)
los **rollos** rolls
los **rollos de película** rolls of film, **5.2**
romántico(a) romantic, (I)
el **programa romántico** love story, (I)
el **rompecabezas** jigsaw puzzle
romper to break, **2.2**
ronco(a) hoarse, **4.1**
el **ronroneo** purring, **6.2**
la **ropa** clothes, clothing, (I)
la **ropa para caballeros** men's clothing, (I)
la **ropa para damas** ladies' clothing, (I)
la **rosa** rose, **6.3**
rosado(a) pink, (I)
rubio(a) blonde, (I)

la **rueda** wheel
el **rugido** roaring, **6.2**
el **ruido** noise, **2.1**
ruidoso(a) noisy
Rusia Russia, **6.2**
el **ruso** Russian (language), (I)
ruso(a) Russian, **6.2**
la **rutina** routine

S

el **sábado** Saturday, (I)
la **sábana** sheet, **1.1**
saber to know, (I)
el **sacapuntas** pencil sharpener
sacar to take out, (I); to get, receive, **3.4**; to extract (a tooth), **4.4**
sacar buenas notas to get good grades, (I)
sacar fotos to take pictures, (I)
sacar el título to get a degree (diploma), **3.1**
el **saco** bag
el **saco de dormir** sleeping bag, **5.1**
sacudir muebles to dust furniture, (I)
sagrado(a) sacred
la **sal** salt, **1.3**
la **sala** living room, (I)
la **sala de urgencia** emergency room, **4.4**
salado(a) salty, **1.3**
la **salida** departure, **1.1**; exit
la **salida de emergencia** emergency exit
salir to go out, (I)
salir bien/mal (en) to come out well/badly (in), **2.2**
el **salón** room
el **salón de juego** game room, **5.4**
el **salpullido** rash
la **salsa** sauce, **1.3**
la **salsa picante** hot sauce, **1.3**
saltar to jump (I)
saltar a la cuerda to jump rope, **2.2**

saltar las olas to jump, ride the waves, (I)
la **salud** health, **3.2**
saludable healthy
saludar to greet
el **saludo** greeting
los **saludos** greetings, regards
salvadoreño(a) Salvadoran, (I)
el/la **salvavidas** lifeguard, **3.1**
las **sandalias** sandals, **6.1**
la **sandía** watermelon, **1.2**
el **sandwich** sandwich, (I)
sano(a) healthy, **3.2**
el **santuario** sanctuary
el **Santuario Histórico** Historical Sanctuary
las **sardinas** sardines
la **sartén** frying pan, **5.2**
la **sastrería** tailor's shop, **1.2**
satisfecho(a) content
Saturno Saturn, **6.4**
el **saxofón** saxophone, **3.4**
se reflexive pronoun
se considera is considered
Se dice... It's said..., (I)
se encuentran they are located
se hacen they are made
se ofrece it's offered
se oye one can hear
se piensa one thinks
se pronuncia it's pronounced
se puede one can, **1.4**
se recomienda que it's advisable that
se sirven they are served
se ve(n) one can see
se vende for sale
sé I know, (I)
la **seca** dry season
secar to dry, **2.3**
secarse to get dry, **2.3**; to dry up
seco(a) dry, **1.3**
el/la **secretario(a)** secretary, **3.4**
el **secreto** secret, **2.2**

la **sed** thirst, (I)
tener sed to be thirsty, (I)
la **seda** silk
la **seda dental** dental floss, **5.1**
seguir (i) to follow, **2.2**; to continue, to keep on, **6.1**
según according to
segundo(a) second, (I)
la **seguridad** safety, **1.1**; security, **5.3**
el **cinturón de seguridad** seat belt, **1.1**
el **seguro** insurance
el **seguro médico** medical insurance
seguro(a) certain, (I)
por seguro for sure
seis six, (I)
seiscientos(as) six hundred, (I)
el **sello** stamp, (I)
la **selva** jungle, **2.1**
el **semáforo** traffic light, **2.1**
la **semana** week, (I)
la **semana pasada** last week, (I)
la **semana que viene** next week, (I)
la **Semana Santa** Easter Week, **3.3**
sencillo(a) single (room)
sensacional sensational
el **señor** Mr., sir, (I)
la **señora** Mrs., ma'am, (I)
la **señorita** Miss, (I)
sensible sensitive, **4.4**
sentarse (ie) to sit down, **2.3**
sentido deeply felt
el **sentido** sense
sentir (ie, i) to be sorry
sentirse (ie, i) to feel, **2.4**
septiembre September, (I)
séptimo(a) seventh, (I)
ser to be, (I)
serio(a) serious, **4.2**
la **serpiente** snake, (I)
servicial diligent, helpful, **3.1**

el **servicio** restroom, (I)
el **servicio** service
el **servicio militar** military draft
el **servicio de niñeras(os)** baby-sitting service
los **servicios de guías** tour-guide services
la **servilleta** napkin, **1.3**
servir (i) to serve, **1.3**
sesenta sixty, (I)
setenta seventy, (I)
setecientos(as) seven hundred, (I)
sexto(a) sixth, (I)
los **shorts** shorts (pants), (I)
si if, (I)
sí yes, (I)
siempre always, (I)
lo **siento** I'm sorry
la **sierra** mountain range, sierra, **2.1**
siete seven, (I)
el **siglo** century
significa it means
sigue go on, continue (fam., sing., com.), (I); he/she/it continues; you (formal) continue
sigue derecho go straight (fam., sing., com.), (I)
Sigue ocupado. It is still busy., **4.2**
siguen you (pl.) go on, (I)
sigues you (fam.) go on, (I)
siguiente following
el **silencio** silence, **6.2**
la **silla** chair, (I)
la **silla de ruedas** wheelchair, **4.4**
simbolizar to symbolize
el **símbolo** symbol
simpático(a) nice, pleasant, (I)
simplemente simply
sin without, (I)
sin embargo however, **4.2**
sin mangas sleeveless, (I)
sincero(a) sincere
sino but
el **síntoma** symptom, **4.3**

sirve: sirve para... it's used for..., (I)
   ¿Para qué sirve? What is it used for?, (I)
el **sistema** system
   el **sistema auditivo** hearing
el **sitio** place, site
la **situación** situation
el **sobre** envelope, (I)
   sobre about, on top of
   sobresaliente outstanding
   sobrevivir to survive
el/la **sobrino(a)** nephew (niece)
   sociable sociable, friendly, (I)
la **sociedad** society
   ¡socorro! help!
el **sofá** sofa, (I)
el **sol** sun, (I); Peruvian monetary unit
   solamente only
   solar solar, **3.3**
   solicita: se solicita is wanted, is requested
   solicitar to apply, **3.1**
la **solicitud** application, **3.1**
   la **solicitud de empleo** job application
   la **solicitud de ingreso** enrollment application
   sólo only
el **solsticio** solstice
la **sombrilla** umbrella
   la **sombrilla de playa** beach umbrella, **2.3**
   somos we are, (I)
   son they are, (I)
el **sonido** sound
   soñar(ue) to dream
   soñar con to dream of, **2.2**
la **sopa** soup, (I)
el **soroche** soroche, mountain sickness
el **sótano** basement (of a house), (I)
   soy I am, (I)
   soy de... I'm from..., (I)
   su(s) his, her, your (formal), their, (I)

suave mild, soft
el **subibaja** seesaw
la **subida** ascent
   subir to go up, **1.1**
   subir a to get on, to board (bus, train), **2.1**
   súbitamente suddenly
el/la **sucesor/a** successor
   sucio(a) dirty, **1.1**
la **sucursal** branch (business)
   sudoeste southwest
   Suecia Sweden, **6.2**
   sueco(a) Swedish, **6.2**
la **suegra** mother-in-law
el **suegro** father-in-law
el **sueldo** salary, **3.1**
el **suelo** floor, **2.3**; ground, **6.2**
el **sueño** sleep, (I); dream
   tener sueño to be sleepy, (I)
la **suerte** luck, (I)
   ¡Qué suerte! What luck!, (I)
el **suéter** sweater, (I)
   sumamente extremely
   sume you (formal) add (com.)
   superarse to get ahead, **3.1**
el **supermercado** supermarket, (I)
   supersticioso(a) superstitious, **4.4**
el/la **supervisor/a** supervisor, (I)
el **sur** South
   al sur to the south
el **sureste** Southeast
el **suroeste** Southwest
   suspendido(a) suspended, failed
el **susto** scare, **5.2**

T

la **tabla hawaiana** surf board, **3.4**
   tacaño(a) stingy, (I)
el **taco** stuffed fried tortilla (Mexico)
el **taller** shop
   el **taller de reparaciones** repair shop, **1.2**

el **tamaño** size
   también also, too, (I)
   tampoco neither, either, **3.4**
   tan so
   tan... como as... as, (I)
   tan pronto como as soon as, **5.3**
el **tanto** point (score), **6.1**
   tanto so much
   por lo tanto therefore
   tanto como... as much as..., (I)
   tanto que hacer so much to do
   tantos(as) so many
   tanto(as) como... as many as..., (I)
   tapado(a) plugged, **4.1**
   la **nariz tapada** stuffed nose
   tapar to fill in (a tooth), **4.4**
el **tapete** small carpet
   tardar: tardar en... to take time..., (I)
   tarde late, (I)
   más tarde later, **4.2**
la **tarde** afternoon, (I)
   de la tarde in the afternoon, (I)
   esta tarde this afternoon, (I)
   por la tarde in the afternoon, (I)
la **tarea** homework, (I)
   hacer la tarea to do homework, (I)
la **tarjeta** card, (I)
   la **tarjeta de crédito** credit card, (I)
   la **tarjeta de embarque** boarding pass, **5.3**
   la **tarjeta de inmigración** immigration card, **5.3**
   la **tarjeta postal** postcard, (I)
la **taza** cup, **1.3**
el **tazón** bowl
   te you (fam., pron.), **1.4**
el **té** tea, (I)
el **teatro** theater
el/la **técnico(a)** technician
   tejer to knit

el **tejido** fabric, textile

la **tele** TV, (I)

  ver la tele to watch TV, (I)

el/la **telefonista** telephone operator

el **teléfono** telephone, (I)

  hablar por teléfono to talk on the phone, (I)

  el **número de teléfono** telephone number, (I)

la **telenovela** soap opera, (I)

el **televisor** television (set), (I)

la **temperatura** temperature, **3.3**

el **templo** temple

temprano early, (I)

el **tenedor** fork, **1.3**

tener to have, (I)

  tener calor to be hot, (I)

  tener cuidado to be careful, **2.1**

  tener dificultad para + actividad to have difficulty with + activity, **4.3**

  tener éxito to be successful, **2.2**

  tener frío to be cold, (I)

  tener ganas de + inf. to feel like + inf.

  tener hambre to be hungry, (I)

  tener miedo to be scared, (I)

  tener paciencia to be patient, **2.2**

  tener prisa to be in a hurry, (I)

  tener que + inf. to have to, (I)

  tener razón to be right

  tener sed to be thirsty, (I)

  tener sueño to be sleepy, (I)

  tener vergüenza to have shame, **2.2**

  me tiene mareado it makes me dizzy

tienes you (fam.) have, (I)

tenían they had

tengo I have, (I)

el **tenis** tennis, (I)

los **tenis** sneakers, (I)

la **tensión arterial** hypertension

el/la **terapista** therapist, **3.1**

tercero(a) third, (I)

terco(a) stubborn, **4.4**

terminar to end, finish, (I)

el **termo** thermos bottle, **5.2**

la **ternera** veal, **1.3**

la **terraza** terrace

el **terremoto** earthquake, **3.2**

el **terreno** terrain

el **territorio** territory

el **terror** horror, (I)

  la **película de terror** horror movie, (I)

el/la **tesorero(a)** treasurer, **3.4**

el **tesoro** treasure

el **testimonio** testimony

ti you, yourself (prep., pron.)

  a ti te gusta you like, (I)

  para ti for you

la **tía** aunt, (I)

el **tiempo** time, (I); weather, (I)

  a tiempo on time, **1.1**

la **tienda** store, (I)

tienden they tend to

tierno(a) tender

la **Tierra** Earth (planet), **6.4**

la **tierra** earth, **2.1**; land soil

el **tigre** tiger, (I)

las **tijeras** scissors, **5.2**

tímido(a) timid, shy, **4.4**

la **tintorería** dry cleaners, **1.2**

el **tío** uncle, (I)

los **tíos** aunt(s) and uncle(s), (I)

típico(a) typical

el **tipo** class, kind

la **tira cómica** comic strip, **2.2**

tirar to throw, **2.2**

los **titulares** headlines

el **título** title, degree, **3.1**

la **toalla** towel, **1.1**

el **tobillo** ankle, **4.1**

el **tocadiscos** turntable

tocar to play (an instrument), (I); to touch

el **tocino** bacon, **1.3**

todavía yet

  todavía no not yet, **3.4**

todo everything

todo(a) every, all, (I); whole

  todo el mundo everybody, everyone

  todos los días every day, (I)

tomar to take, (I)

  tomar algo to drink something, (I)

  tomar radiografías to take X-rays, **4.4**

  tomar sol to sunbathe, (I)

  tomar una decisión to make a decision, **3.1**

el **tomate** tomato, (I)

la **tonelada** ton

tonificante invigorating

tonto(a) silly, foolish, (I)

torcerse (ue) to twist, sprain (one's ankle), **4.4**

la **tormenta** storm, **3.2**

el **tornado** tornado, **3.2**

el **toro** bull, **6.4**

la **toronja** grapefruit, **1.4**

la **torre** tower

torrentoso(a) torrential

la **torta** cake, pie, **1.3**

la **tortilla** tortilla (Mexico); omelet (Spain)

la **tortillería** tortilla shop

la **tortuga** turtle, (I)

la **tos** cough, **4.1**

trabajador/a hardworking, **5.4**

trabajar to work, (I)

el **trabajo** work, job, (I)

  el **trabajo de medio tiempo** part-time work, **3.1**

el **trabajo de tiempo completo** full-time work, **3.1**

el **trabajo de tiempo parcial** part-time work, **3.1**

la **tradición** tradition

traer to bring, (I)

tragar to swallow, **4.3**

el/la **traidor/a** traitor

traigo I bring, (I)

el **traje** suit

el **traje de baño** bathing suit, (I)

el **traje para caballero** gentleman's suit, (I)

el **traje para dama** lady's suit, (I)

tranquilamente quietly, **5.3**

la **tranquilidad** tranquility, peace

tranquilo(a) calm, relaxed, (I)

el **tránsito** traffic, **2.1**

transparente transparent

transportar to transport, carry

el **transporte** transportation

tratar de + actividad to try to + activity, **2.2**

travieso(a) mischievous, **4.4**

trece thirteen, (I)

treinta thirty, (I)

el **tren** train, (I)

trepar a to climb, **2.2**

tres three, (I)

el **trigo** wheat, **4.3**

triste sad, (I)

la **tristeza** sadness, **6.3**

el **triunfo** triumph

el **trofeo** trophy, (I)

la **trompeta** trumpet, **3.4**

tropical tropical, **3.4**

el **trópico** Tropic

el **trópico de Capricornio** Tropic of Capricorn

la **trucha** trout, **1.3**

tu your, (I)

tú you (fam.), (I)

el **tulipán** tulip, **6.3**

la **turbulencia** turbulence, **5.3**

turístico(a) touristic

U

ubicar to locate, **5.3**

el **ulular** howling, **6.2**

un a, (I)

una a, (I)

la **uña** fingernail, **3.2**

único(a) only; unique, **3.3**

lo **único** the only thing

el **uniforme** uniform (dress)

la **universidad** university

uno one, (I)

Urano Uranus, **6.4**

la **urbe** large city

la **urgencia médica** medical emergency

urgente urgent, **4.3**

uruguayo(a) Uruguayan, (I)

usado(a) used

usar to use, (I)

el **uso** use, **3.3**

usted you (formal), (I)

ustedes you (pl.), (I)

utilizar to use

la **uva** grape, **1.4**

V

va he/she/it goes, you (formal) go, (I)

la **vaca** cow

las **vacaciones** vacation, (I)

ir de vacaciones to go on vacation, (I)

la **vacuna** vaccine, vaccination, **4.3**

valer to cost, (I)

valer la pena to be worth it

valer un Perú to be worth a fortune

el **valle** valley, **2.1**

el **Valle Sagrado** the Sacred Valley

vamos we go, (I)

¡Vamos! Let's go! (pl., com.)

van they go, (I)

la **varicela** varicella, chicken pox, **4.3**

la **variedad** variety

varios(as) various, (I)

varonil manly

vas you (fam.) go, (I)

la **vasija** vessel

el **vaso** glass, **1.3**

los **vasos sanguíneos** blood vessels

vasto(a) vast, huge

veces: a veces sometimes, (I)

el/la **vecino(a)** neighbor, (I)

la **vegetación** vegetation

los **vegetales** vegetables

el **vehículo** vehicle

veinte twenty, (I)

el **velero** sailboat, (I)

pasear en velero to go sailing, (I)

la **velocidad** speed, **2.1**

la **venda** bandage, **4.1**

vendar to bandage, **4.4**

el/la **vendedor/a** salesperson

vender to sell, (I)

venenoso(a) poisonous, **4.3**

venezolano(a) Venezuelan, (I)

la **venganza** vengeance

vengo I come, (I)

venir (ie) to come, (I)

la **venta** sale

la **ventana** window, (I)

la **ventanilla** window, **1.1**

Venus Venus, **6.4**

ver to see, to watch, (I)

ver la tele to watch TV, (I)

el **verano** summer, (I)

la **verdad** truth

¿verdad? right?, (I)

verde green, (I)

verse forzado a to be forced to

verdadero(a) real

las **verduras** vegetables, **1.4**

la **vergüenza** shame

el **vestíbulo** entryway

el **vestido** dress, (I)

vestido(a) dressed

vestirse (i) to get dressed, **2.3**

el/la **veterinario(a)** veterinarian, (I)

la **vez** time, **2.1**

otra vez   again
tal vez   sometime
una vez   once, **3.2**
una vez a la semana (al mes, al año)   once a week (a month, a year) **3.2**
viajar   to travel, (I)
el **viaje**   trip
hacer un viaje   to go on a trip, **3.4**
el **viajero: el cheque de viajero**   traveler's check, (I)
el/la **vice presidente**   vice president, **3.4**
la **vida**   life, **6.1**
el **vídeo**   video, (I)
la **videocasetera**   VCR (Video Cassette Recorder), **5.4**
el **videojuego**   video game, (I)
el **vidrio**   glass (material), **2.2**
viejo(a)   old, (I)
vienes   you (fam.) come, (I)
el **viento**   wind, **3.3**
hace viento   it's windy, (I)

el **viernes**   Friday, (I)
Vietnam   Vietnam, **6.2**
vietnamita   (m., f.) Vietnamese, **6.2**
el **vinagre**   vinegar, **1.3**
la **violeta**   violet, **6.3**
la **visita**   visit
los **visitantes**   visitors
visitar   to visit, (I)
la **vista**   view, **5.4**
vivir   to live, (I)
vivo(a)   alive; live
el **vocabulario**   vocabulary
volar (ue)   to fly
el **volcán**   volcano, **2.1**
el **volumen**   volume
a todo volumen   at its loudest (volume)
el/la **voluntario(a)**   volunteer, **3.4**
volver (ue)   to go back
volver a + actividad   to do activity again, **4.2**
volverse   to become
vosotros(as)   you (fam., pl.), (I)
votar   to vote
el **voto**   vote, **3.4**
voy   I go, (I)
la **voz**   voice, **6.2**

el **vuelo**   flight, **1.1**
el/la **auxiliar de vuelo**   flight attendant, **1.1**
el **vuelo directo**   nonstop flight, **1.1**

Y

y   and, (I)
y media   half past the hour, (I)
ya   already, (I)
¡ya!   go!
el **yerno**   son-in-law
yo   I, (I)
el **yodo**   iodine, **5.2**
Yom Kippur   Jewish holiday, **3.3**

Z

zambullirse   to dive, **2.3**
la **zanahoria**   carrot, **1.4**
la **zapatería**   shoe store, **1.2**
las **zapatillas**   sneakers
los **zapatos**   shoes, (I)
el **zumaque**   ivy
el **zumaque venenoso**   poison sumac, **4.3**
el **zumbido**   buzzing, **6.2**

Vocabulario Inglés-Español

The **Vocabulario Inglés-Español** contains all productive vocabulary from the text.

The numbers following each productive entry indicate the chapter and lesson in which the word is first introduced. The roman numeral I in parenthesis indicates an entry introduced in Level 1 of **¡Acción!**

The following are abbreviations used in this glossary.

adv.	adverb
com.	command
dir. obj.	direct object
f.	feminine
fam.	familiar
for.	formal
ind. obj.	indirect object
inf.	infinitive
m.	masculine
obj. of prep.	object of the preposition
pers.	personal
pl.	plural
prep.	preposition
pron.	pronoun
sing.	singular
subj.	subjunctive

A

a un(una), (I)
  a lot mucho(a), (I)
  a lot of mucho(a), (I)
abroad al/en el extranjero, **3.4**
absentminded despistado(a), **5.4**
activity la actividad, **3.4**
actor el actor, (I)
actress la actriz, (I)
address la dirección, (I)
  address book la libreta de direcciones, **5.1**
adhesive bandage la curita, **4.1**
admission: admission ticket la entrada, (I)
adventure la aventura, (I)
  adventure program el programa de aventuras, (I)
advertisement el anuncio, (I)
advice el consejo, (I)
to **give advice to** dar consejos a, (I)
advisable conveniente, **3.2**
to **advise** aconsejar, **5.2**
aerosols los aerosoles, **3.3**
Africa África, **3.4**
after después de, (I)
afternoon la tarde, (I)
  in the afternoon de la tarde, (I); por la tarde, (I)
  good afternoon buenas tardes, (I)
  this afternoon esta tarde, (I)
afterwards después, (I)
again (to do something again) volver a + activity, **4.2**
against contra, **4.3**
agent el/la agente, **5.3**
agitated agitado(a), **4.2**
air el aire, **2.1**
air-conditioning el aire acondicionado, **5.4**
airline la aerolínea, **1.1**
airplane el avión, (I)

aisle el pasillo, **1.1**
alarm clock el reloj despertador, **1.1**
alarmist alarmista, **4.4**
algebra el álgebra, (I)
all todo(a), (I)
allergic alérgico(a), **4.3**
  To what are you allergic? ¿A qué eres (es) alérgico(a)?, **4.3**
to **allow** permitir, (I)
almond la almendra, **6.3**
almost casi, (I)
already ya, (I)
also también, (I)
although aunque, **4.2**
aluminum el aluminio, **3.3**
always siempre, (I)
amazed maravillado(a), **5.2**
  to be amazed quedarse maravillado(a), **5.2**
amazing impresionante, **5.2**
Amazonian amazónico(a), **3.3**
ambulance la ambulancia, **4.4**
American plan (hotel plan including three meals a day) la pensión completa, **5.4**
and y, (I)
angry enojado(a), (I)
to **get angry** enojarse, **2.4**
animal el animal, (I)
ankle el tobillo, **4.1**
to **announce** anunciar, **1.1**
annoying pesado(a), **4.4**
another otro(a), (I); nuevo, **3.3**
to **answer** contestar, (I)
ant la hormiga, **4.3**
Antarctica la Antártida, **3.3**
antibiotics los antibióticos, **4.1**
any: not any ningún(una), (I)
anything: I don't want to do anything no quiero hacer nada, (I)

anywhere: I don't want to go anywhere no quiero ir a ningún lado, (I)
apartment el apartamento, (I)
apple la manzana, **1.4**
application la solicitud, **3.1**
  enrollment application la solicitud de ingreso, **3.1**
  job application la solicitud de empleo, **3.1**
to **apply** solicitar, **3.1**
appointment la cita
  to make an appointment hacer una cita, **3.1**
to **approach** acercarse, **3.2**
April abril, (I)
architect el/la arquitecto(a), (I)
Argentinian argentino(a), (I)
arm el brazo, **4.1**
aroma el aroma, **6.3**
to **arrange** ordenar, **2.3**
arrival la llegada, **1.1**
to **arrive** llegar, (I)
  to arrive at llegar a, (I)
arrogant arrogante, (I)
art el arte, (I)
article el artículo, **1.2**
artist el/la artista, (I)
as... as tan... como, (I)
  as far as hasta, **6.3**
  as many as... tantos(as) como..., (I)
  as much as... tanto(a) como..., (I)
  as soon as tan pronto como, **5.3**
to **ask a question** hacer una pregunta, (I)
to **ask for** pedir (i), (I)
  to **ask for permission** pedir permiso, (I)
aspirin la aspirina, **4.1**
assembly la asamblea, **3.4**
assistant el/la asistente, **3.1**

dental assistant el / la
asistente dental, **3.1**
legal assistant el / la
asistente legal, **3.1**
medical assistant
el / la asistente
médico(a), **3.1**
asthma el asma (f.), **4.3**
astonished
asombrado(a), **5.2**
to be astonished
quedarse
asombrado(a), **5.2**
astonishing
asombroso(a), **5.2**
at a, (I); en, (I)
athlete el / la deportista,
(I)
to **attend** asistir a, (I)
attentive atento(a), **5.4**
August agosto, (I)
aunt la tía, (I)
aunt(s) and uncle(s)
los tíos, (I)
autumn el otoño, (I)
avenue la avenida, (I)
avocado aguacate, **1.4**
to **avoid** evitar, **2.1**
ax el hacha (f.), **5.1**

B

baby sitter el / la
niñero(a), **3.1**
back la espalda, **4.1**
bacon el tocino, **1.3**
bad malo(a), (I)
the weather is bad
hace mal tiempo, (I)
bag la bolsa, **1.4**
baked custard el flan,
1.3
bakery la panadería, **1.2**
to **balance** mantener (ie) el
equilibrio, **2.2**
balcony el balcón, **5.4**
ball la pelota, **2.2**
ballpoint pen el
bolígrafo, (I)
banana el plátano, **1.4**
band (music) la banda,
6.1
bandage la venda, **4.1**
to **bandage** vendar, **4.4**
bank el banco, (I)
bargain la ganga, **1.2**

to **bargain** regatear, **1.2**
barking el ladrido, **6.2**
baseball el béisbol, (I)
basement (of a house)
el sótano, (I)
basketball el balon-
cesto, (I)
bathing suit el traje de
baño, (I)
bathroom el baño, (I)
battery la pila, **5.2**
to **be** estar, (I)
he / she / it was es-
taba, **2.1**
to **be in / at / on** estar en,
(I)
to **be** ser
he / she / it was era,
2.1
to **be able to** poder (ue), (I)
one can se puede, **1.4**
to **be ashamed** tener
vergüenza, **2.2**
to **be born** nacer, **2.4**
to **be difficult** costar
trabajo (ue), **2.2**
to **be glad that** alegrarse
que, **5.1**
to **be successful** tener
éxito, **2.2**
to **be very (sleepy, hungry,
etc.)** morirse (ue, u)
de (sueño, hambre,
etc.), **2.4**
beach la playa, (I)
beach umbrella la
sombrilla de playa, **2.3**
beans los frijoles, (I)
bear el oso, (I)
beard la barba, (I)
beautiful hermoso(a)
most beautiful
hermosísimo(a), **5.2**
beauty la hermosura,
6.3
because porque, (I)
because of a causa de,
5.2
to **become** ponerse, **2.4**
bed la cama, (I)
bedroom la habitación,
(I)
bedspread la colcha, **1.1**
bee la abeja, **4.3**
beef la carne de res, **1.3**

**been: it has
been…since**
hace…que, (I)
before antes de, (I);
antes que, **5.3**
to **behave** portarse, **2.3**
behind detrás de, (I)
bellboy el botones, **1.1**
to **belong to** pertenecer
(zco) a, (I)
below abajo, (I)
belt el cinturón, (I)
besides además, **4.2**
best: What do you (fam.)
like best? ¿Qué te
gusta más?, (I)
better mejor, (I)
between entre, (I)
beverage la bebida, (I)
bicycle la bicicleta, (I)
to **ride a bicycle**
montar en
bicicleta, (I)
big gran(de), (I)
bill la cuenta, **1.3**
binoculars los
prismáticos, **5.2**
biology la biología, (I)
birthday el cumpleaños,
(I)
bite la picadura, **4.1**
black negro(a), (I)
blackout el apagón, **5.2**
to **blame** echar la culpa,
6.2
blanket la manta, **1.1**
bleach el cloro, **6.3**
blizzard la nevazón, **5.2**
block: city block la
cuadra, (I)
blond rubio(a), (I)
blouse la blusa, (I)
blue azul, (I)
board: board game el
juego de mesa, (I)
to **board** abordar, **5.3**
boarding pass la tarjeta
de embarque, **5.3**
boat el barco, (I); el bote,
2.1
Bolivian boliviano(a), (I)
book el libro, (I)
bookcase el estante, **1.1**
bookstore la librería,
1.2

boots las botas, (I)
bored aburrido(a), (I)
boring aburrido(a), (I)
How boring! ¡Qué aburrido!, (I)
born: I was born nací (nacer), (I)
bossy mandón(ona), 4.4
to **bother** molestar, 1.1
bottle la botella, 1.4
boulevard el paseo, (I)
to **bowl** jugar boliche, (I)
box la caja, 1.4
boy el muchacho, (I)
bracelet la pulsera, (I)
braces (dental) los frenos de los dientes, (I)
branch la rama, 6.2
brand: brand name la marca, (I)
What's the brand name? ¿De qué marca es?, (I)
Brazil Brasil, 6.2
Brazilian brasileño(a), 6.2
bread el pan, (I)
bread roll el panecillo, 1.3
to **break** romper, 2.2; quebrarse (ie), 4.1
breakfast el desayuno, (I)
to **breathe** respirar, 3.2
breeze la brisa, 6.3
bridge el puente, 2.1
to **bring** traer, (I)
I bring traigo, (I)
brother el hermano, (I)
brother(s) and sister(s) los hermanos, (I)
broccoli el brócoli, 1.4
bronchitis la bronquitis, 4.3
brother-in-law el cuñado, 2.4
brown de color café, (I)
bruise el cardenal, 4.4
to **brush one's teeth** cepillarse los dientes, 3.2
to **build** armar, 2.2
building el edificio, (I)

bull el toro, 6.4
burn la quemadura, 4.1
bus el autobús, (I)
bus stop la parada, 2.1
businessman el hombre de negocios, (I)
businesswoman la mujer de negocios, (I)
busy ocupado(a), (I)
The line is still busy. Sigue ocupado., 4.2
but pero, (I)
butcher shop la carnicería, 1.2
butter la mantequilla, (I)
butterfly la mariposa, 2.2
to **buy** comprar, (I)
buzzing el zumbido, 6.2

C

cafeteria la cafetería, (I)
cake la torta, 1.3
calculator la calculadora, (I)
to **call** llamar, (I)
calm tranquilo(a), (I)
to **calm down** calmarse, 2.4
camel el camello, (I)
camera la cámara, (I)
to **camp** acampar, 2.2
campaign la campaña, 3.4
can la lata, 1.4
Canada Canadá, 6.2
Canadian canadiense, (I)
canary el canario, (I)
candidate el/la candidato(a), 3.4
canteen la cantimplora, 5.2
cap el gorro, (I)
car el coche, (I)
card tarjeta, (I)
credit card la tarjeta de crédito, (I)
cardboard el cartón, 3.3
care cuidado, 2.1
to be careful tener cuidado, 2.1
carefully cuidadosamente, 5.3
carelessly descuidadamente, 5.3

Caribbean el Caribe, 3.4
carnation el clavel, 6.3
carnival el carnaval, 6.1
carpenter el carpintero(a), (I)
carrot la zanahoria, 1.4
to **carry** llevar, (I)
cartoon el dibujo animado, 2.2
cashier el/la cajero(a), 3.1
cassette el casete, (I)
cat el gato, (I)
to **catch (animals)** pillar, 2.2; **agarrar (a ball),** 2.2
cauliflower la coliflor, 1.4
cave la cueva, 2.2
celebration la celebración, 3.3
celery el apio, 1.4
cemetery el cementerio, 6.3
central heating la calefacción, 5.4
cereal el cereal, (I)
chair la silla, (I)
chambermaid la camarera, 1.1
champion el/la campeón(ona), 6.1
championship el campeonato, 6.1
to **change** cambiar, (I)
check el cheque, (I)
traveler's check el cheque de viajero, (I)
to **check (baggage)** facturar, 1.1
to **check, examine** revisar, 5.3
cheese el queso, (I)
chess el ajedrez, (I)
chest of drawers la cómoda, 1.1
chicken el pollo, (I)
chicken broth el caldo de ave, 4.3
chicken pox la varicela, 4.3
child el/la niño(a), (I)
children (sons and daughters) los hijos, (I)

Chilean chileno(a), (I)
China China, **6.2**
Chinese (language) el chino, (I); chino(a), **6.2**
to **choose** escoger (j), **3.1**
chop la chuleta, **1.3**
chore el quehacer, (I)
Christmas la Navidad, **3.3**
Christmas Eve la Nochebuena, **3.3**
chrysanthemun el crisantemo, **6.3**
church la iglesia, (I)
cigarette el cigarrillo, **5.3**
city la ciudad, (I)
to **claim** reclamar, **1.1**
class la clase, (I)
classmate el / la compañero(a) de clase, (I)
to **clean** limpiar, (I)
clearance (sale) la liquidación, (I)
to **climb trees** trepar a los árboles, **2.2**
clock el reloj, (I)
to **close** cerrar (ie), **3.2**
  it is closed está cerrado(a), **1.2**
closet el armario, **1.1**
clothes hanger el colgador, **1.1**
clothing la ropa, (I)
cloudy: it's cloudy está nublado, (I)
clown el payaso, **6.1**
club el club, (I)
coffee el café, (I)
  coffee with milk el café con leche, **1.3**
coin la moneda, (I)
cold el frío, (I); frío(a), **1.1**; el catarro, la gripe, **4.1**
  it's cold hace frío, (I)
to **be chilled to the bone** quedarse frío(a) hasta la médula, **5.2**
to **be cold** tener frío, (I)
to **collect** coleccionar, **2.2**
collection la colección, (I)
cologne la colonia, **3.2**

Colombian colombiano(a), (I)
comb el peine, **5.1**
to **comb one's hair** peinarse, **3.2**
to **come** venir (ie), (I)
  I come vengo, (I)
comedy (program) el programa cómico, (I)
comfortable cómodo(a), (I)
comic book la historieta, (I)
comic strip la tira cómica, **2.2**
company la compañía, (I)
compass la brújula, **5.2**
competition la competencia, **6.1**
to **complain** quejarse, **2.3**
completely completamente, **5.3**
composition la composición, (I)
compress la compresa, **4.3**
computer la computadora, (I)
conceited pretencioso(a), **5.4**
concert el concierto, (I)
conditions las condiciones, **3.1**
congested congestionado(a), **4.1**
considerate considerado(a), **5.4**
constellation la constelación, **6.4**
contest el concurso, **6.1**
to **continue** seguir (i), **6.1**
  you (fam.) **continue** sigues, (I)
  you (pl.) **continue** siguen, (I)
convenient conveniente, **3.2**
to **cook** cocinar, (I)
cook el / la cocinero(a), **3.1**
cooked cocido(a), **1.3**
cookie la galleta, **1.3**
cool: it's cool hace fresco, (I)

copper el cobre, **4.3**
corn el maíz, **1.4**
corner: street corner la esquina, (I)
correctly correctamente, **5.3**
cosmetics los cosméticos, **4.3**
cost costar(ue), **1.2**; **it costs...** está a..., **1.4**
Costa Rican costarricense, (I)
costume el disfraz (*pl.* los disfraces), **6.1**
cotton el algodon, (I)
cough la tos, **4.1**
cough syrup el jarabe, **4.1**
counselor el / la consejero(a), **3.1**
to **count** contar (ue), **3.4**
counter el mostrador, **5.3**
countryside el campo, (I)
course: Of course! ¡Cómo no!, (I)
court (sports) la cancha, **5.4**
cousin el / la primo(a), (I)
to **cover oneself** cubrirse, **3.2**
cowardly cobarde, **4.4**
crab el cangrejo, **6.4**
crackling el crujido, **6.2**
crafts la artesanía, **1.2**
crash (car) el choque, **2.1**
to **crawl** gatear, **3.2**
crazy loco(a), **4.4**
credit card la tarjeta de crédito, (I)
to **cross** cruzar, **2.1**
crow el cuervo, **6.4**
crowded lleno(a) de gente, **2.1**
cruise el crucero, **3.4**
to **go on a cruise** hacer un crucero, **3.4**
crutches las muletas, **4.4**
to **cry** llorar, **2.2**
Cuban cubano(a), (I)
cup la taza, **1.3**
curly (hair) rizado(a), (I)
to **cut** cortar

to **cut one's nails** cortarse
las uñas, **3.2**
cut la cortadura, **4.1**

D

dad el papá, (I)
daisy la margarita, **6.3**
dance el baile, (I)
to **dance** bailar, (I)
dancer el / la
bailarín(ina), (I)
Danish danés(esa), **6.2**
dark (hair, complexion)
moreno(a), (I)
daughter la hija, (I)
deluxe de lujo, **5.4**
death la muerte, **6.3**
debate el debate, **3.4**
December diciembre, (I)
to **defend** defender (ie), **3.4**
degradable degradable,
3.3
degree título, **3.1**
to **get a degree (di-**
ploma) sacar el
título, **3.1**
delay la demora, **1.1**
to **delight** encantar, **1.1**
delivery person el / la
repartidor / a, **3.1**
Denmark Dinamarca,
6.2
dental floss la seda
dental, **5.1**
dentist el / la dentista, (I)
deodorant el
desodorante, **5.1**
department store el
almacén, **1.2**
departure la salida, **1.1**
to **depend (on)** depender
(de), **3.1**
depressed deprimido(a),
(I)
depressing deprimente,
(I)
desert el desierto, (I)
desk el escritorio, (I)
dessert el postre, (I)
to **destroy** destruir (y), **2.2**
destruction la
destrucción, **3.3**
detective: detective
movie la película
policial, (I)

to **dial** marcar, **3.2**
diet la dieta, **3.2**
difficult difícil, (I)
with difficulty
difícilmente, **5.3**
different diferente, (I)
diligent servicial, **3.1**
disaster: What a disaster!
¡Qué desastre!, (I)
disguise el disfraz (*pl.*
los disfraces), **6.1**
dish el plato, **2.2**
dishwasher (person)
el / la lavaplatos, **3.1**
disloyal desleal, **5.4**
disobedient desobe-
diente, **4.4**
to **dive** zambullirse, **2.3**
dizzy mareado(a), **4.1**
to **do** hacer, (I)
to **do well / badly** salir
bien / mal (en), **2.2**
docile dócil, **5.4**
doctor el / la doctor / a,
(I)
dog el perro, (I)
doll la muñeca, **2.2**
dollar el dólar, (I)
dolphin el delfín, **6.4**
Dominican domin-
icano(a), (I)
door la puerta, (I)
dot: on the dot en
punto, (I)
double bass (musical in-
strument) el con-
trabajo, **3.4**
downtown el centro, (I)
dragon el dragón, **6.4**
to **draw** dibujar, (I)
to **dream of** soñar con (ue),
2.2
dress el vestido, (I)
to **get dressed** vestirse
(i), **2.3**
dresser el armario, (I)
to **drink** tomar, (I)
to **drive** manejar, (I)
driver el / la
conductor / a, **2.1**
driver's license la licencia de manejar, **3.4**
drops las gotas, **4.1**
to **drown** ahogarse, **2.3**
drugstore la farmacia, **1.2**

drums, percussion instru-
ment la batería, **3.4**
to **dry** secar, **2.3**
to **get dry** secarse, **2.3**
dry seco(a), **1.3**
dry cleaners la
tintorería, **1.2**
dust el polvo, **4.3**

E

each one cada uno(a),
1.4
eagle el águila (f.), **6.4**
ear el oído, **4.1**
early temprano, (I)
to **earn (money)** ganar, (I)
earring el arete, (I)
earth la tierra, **2.1**
Earth (planet) Tierra,
6.4
earthquake el
terremoto, **3.2**
easily fácilmente, **5.3**
Easter Week la Semana
Santa, **3.3**
easy fácil, (I)
to **eat** comer, (I)
ecological ecológico(a),
3.4
Ecudorian ecua-
toriano(a), (I)
education: physical edu-
cation la educación
física, (I)
educational edu-
cativo(a), (I)
egg el huevo, (I)
fried egg el huevo
frito, **1.3**
scrambled egg el
huevo revuelto, **1.3**
soft-boiled egg el
huevo tibio, **1.3**
Egypt Egipto, **3.4**
eight ocho, (I)
eight hundred ochocien-
tos(as), (I)
eighteen diez y ocho, (I)
eighth octavo(a), (I)
eighty ochenta, (I)
elbow el codo, **4.1**
elections las elecciones,
3.4
electric guitar la guitarra eléctrica, **3.4**

electric shaver la máquina de afeitar, **5.1**

electrician el/la electricista, (I)

elegance la elegancia, **6.3**

elegant elegante, (I)

elephant el elefante, (I)

elevator el ascensor, (I)

eleven once, (I)

elm el olmo, **6.3**

emergency room la sala de urgencia, **4.4**

employee el/la empleado(a), (I)

engaged: to be engaged estar comprometido(a), **2.4**

engineer el/la ingeniero(a), (I)

English inglés(esa), (I); **(language)** el inglés, (I)

Enjoy your meal! ¡Buen provecho!, **1.3**

enough bastante, (I)

envelope el sobre, (I)

environment el medio ambiente, **(outdoors) 3.3;** el ambiente **(indoors), 3.4**

envy la envidia, **4.2**

equipment el equipo, **5.2**

to **escape** escaparse, **3.2**

especially especialmente, **5.3**

evening noche, (I) **good evening** buenas noches, (I) **in the evening** de la noche, (I); por la noche, (I)

ever alguna vez, **3.4**

every todo(a), (I) **every day** todos los días, (I)

exactly exactamente, **5.3**

to **exaggerate** ser comediante, **4.4**

exam el examen, (I) to **study for an exam** estudiar para un examen, (I)

to **examine** revisar, **5.3**

example el ejemplo, **4.2** **for example** por ejemplo, **4.2**

excellent excelente, (I); buen(o/a), **3.3**

excited emocionado(a), (I)

exciting emocionante, (I)

excuse: excuse me con permiso, (I); perdón, (I); perdone, **4.2**

to **exercise** hacer ejercicio, (I) **exercise: to do aerobic exercise** hacer ejercicios aeróbicos, **3.2**

exhausted agotado(a), **6.3**

expensive caro(a), (I)

experience la experiencia, **3.1**

to **explain** explicar, (I)

to **explore** explorar, **2.2**

exquisite exquisito(a), **6.3**

to **extract (a tooth)** sacar, **4.4**

eye el ojo, (I)

eyeglasses los anteojos, (I)

F

face la cara, **3.2**

factory la fábrica, (I)

to **fall asleep** dormirse (ue, u), **2.4**

to **fall down** caerse, **2.3**

to **fall in love (with)** enamorarse (de), **2.3**

family la familia, (I)

family get-together la reunión familiar, **6.1**

far: far from lejos de, (I)

farm la finca, **2.1**

farmer el/la agricultor/a, (I)

to **fascinate** fascinar, **1.1**

fascinating fascinante, **5.2**

fashion la moda, (I) **in fashion** de moda, (I)

fast rápido(a), **2.1**

to **fasten** abrochar, **1.1**

fat gordo(a), (I)

fat la grasa, **3.2**

father el padre, (I)

favor el favor, (I) **to do a favor** hacer un favor, (I)

favorite favorito(a), (I)

fear el miedo, (I) to **be paralyzed with fear** quedarse paralizado(a) de miedo, **5.2**

February febrero, (I)

to **feed** dar de comer a, (I)

to **feel** sentirse (ie, i), **2.4**

to **feel like + inf.** tener ganas de + inf., **2.2**

fern el helecho, **6.3**

fever la fiebre, **4.1**

few pocos(as), (I)

fiancé(e) el/la novio(a), **24**

fifteen quince, (I)

fifth quinto(a), (I)

fifty cincuenta, (I)

to **fight** pelear, **2.2**

to **fill (a tooth)** tapar, **4.4**

to **fill out (a form)** llenar, **3.1**

film la película, (I)

to **find** encontrar (ue), **1.1**

to **find one's way** orientarse, **5.2**

to **find out** enterarse de, **3.1**

finger el dedo, **4.1**

fingernail la uña, **3.2** **to cut one's nails** cortarse las uñas, **3.2**

to **finish** terminar, (I)

fire el incendio, **3.2;** el fuego, **5.2**

firefighter el/la bombero(a), (I)

fireworks los fuegos artificiales, **6.1**

first primero(a), (I)

first-aid kit el maletín de primeros auxilios, **5.2**

fish el pez; el pescado, (I)

fishing la pesca, (I) **to go fishing** ir de pesca, (I)

five cinco, (I)

five hundred quinientos(a), (I)

to **fix** arreglar, 1.1

flabbergasted boquiabierto(a), 5.2

to **be flabbergasted** quedarse boquiabierto(a), 5.2

flashlight la linterna, 5.1

flea la pulga, 4.3

flight: nonstop flight el vuelo directo(a), 1.1

flight attendant el/auxiliar de vuelo, 1.1

float la carroza, 6.1

flood la inundación, 5.2

floor el suelo, 2.3

floor (storey) el piso, (I)

What floor is it on? ¿En qué piso está?, (I)

flour la harina, 4.3

flower la flor, 2.1

flowered (print) de flores, (I)

flu la influenza, 4.3

fly la mosca, 6.2

fog la niebla, 5.2

folkloric group el conjunto folclórico, 6.1

to **follow** seguir (i), 2.2

to **foment** fomentar, 3.4

food el alimento, 3.2

food la comida, (I)

foot (measurement) el pie, (I)

foot el pie, 4.1

on foot a pie, (I)

football el fútbol americano, (I)

for para, 1.3

for me para mí, 1.3

What is it used for? ¿Para qué sirve?, (I)

foreign extranjero(a), (I)

foreign film la película extranjera, (I)

forest el bosque, (I)

to **forget** olvidar, (I); olvidarse (de), 2.4

fork el tenedor, 1.3

form (document) el formulario, (I)

formerly antiguamente, 5.3

fortunately afortunadamente, 5.3

forty cuarenta, (I)

four hundred cuatrocientos(as), (I)

fourteen catorce, (I)

fourth cuarto(a), (I)

free libre, (I)

free time los ratos libres, (I)

French francés(esa), (I); **(language)** el francés, (I)

french fries las papas fritas, (I)

frequently frecuentemente, 5.3

fresh fresco(a), 1.4; **(air)** puro(a), 2.1

Friday el viernes, (I)

fried frito(a), 1.3

friend el/la amigo(a), (I)

frightened asustado(a), 4.2

frog la rana, 2.2

from de, (I)

Are you (fam.) **from here?** ¿Eres de aquí?, (I)

from the del (de + el), de la, (I)

front: in front of enfrente de, (I)

frozen congelado(a), 1.4

fruit la fruta, (I)

frying pan la sartén, 5.2

fun divertido(a), (I)

What fun! ¡Qué divertido!, (I)

funny cómico(a), (I); gracioso(a), 5.4

furious furioso(a), 4.2

furniture store la mueblería, 1.2

G

gadget el aparato, (I)

game el partido, (I)

game room el salón de juego, 5.4

game show el concurso, (I)

garbage la basura, (I)

garden el jardín, 2.1

gardener el/la jardinero(a), 3.1

gargle la gárgara, 4.3

garlic el ajo, 1.4

gasoline la gasolina, 6.3

gate la puerta, 1.1

generally generalmente, 5.3

generous generoso(a), (I)

gentleman el caballero, (I)

for gentlemen para caballeros, (I)

geometry la geometría, (I)

German alemán(ana), (I); **(language)** el alemán, (I)

to **get (obtain)** conseguir (i), 3.1; **(become)** ponerse, 2.4

to **get a haircut** cortarse el pelo, 3.2

to **get ahead** superarse, 3.1

to **get along well with** llevarse bien con, 2.3

to **get better** mejorarse, 4.1

to **get good grades** sacar buenas notas, (I)

to **get in shape** ponerse en forma, 3.4

to **get lost** perderse (ie), 5.2

to **get married (to)** casarse (con), 2.4

to **get off (bus, train)** bajar de, 2.1

to **get on, to board (bus, train)** subir a, 2.1

to **get ready (for)** prepararse (para), 2.4

to **get sunburned** quemarse (del sol), 2.3

to **get up** levantarse, 2.3

to **get used to** acostumbrarse a, 2.3

to **get warm** calentarse (ie), 5.2

to **get wet** mojarse, 2.3

gift el regalo, (I)

gigantic gigantesco(a), 5.2

giraffe la jirafa, 6.4

girl la muchacha, (I)
to **give** dar, (I)
   to **give advice to** dar
     consejos a, (I)
   I give doy, (I)
gland la glándula, **4.3**
glass (window) el vidrio,
   2.2
glass (material) el vidrio, (I); **(drinking)** el
   vaso, **1.3**
global global, **3.3**
gloves los guantes, (I)
to **go** ir, (I)
to **go away (leave)** irse, **2.4**
to **go on an interview**
   presentarse a la
   entrevista, **3.2**
to **go around the world** dar
   la vuelta al mundo,
   3.4
to **go down** bajar, **1.1**
to **go out** salir, (I)
to **go to bed** acostarse(ue),
   2.3
to **go up** subir, **1.1**
goal (sports) el gol, **6.1**
goat la cabra, **6.4**
godparents los padrinos,
   2.4
gold el oro, (I)
goldfish el pez dorado,
   (I)
good bueno(a), (I)
   good afternoon
     buenas tardes, (I)
   good evening buenas
     noches, (I)
   good morning buenos
     días, (I)
   good night buenas
     noches, (I)
goodbye adiós, (I)
good-looking guapo(a),
   (I)
gorilla el gorila, (I)
government el gobierno,
   3.4
grade la nota, (I)
to **graduate** graduarse, **2.4**
gram el gramo, **1.4**
grandfather el abuelo, (I)
grandmother la abuela,
   (I)

grandparents los
   abuelos, (I)
grape la uva, **1.4**
grapefruit la toronja, **1.4**
grave grave, **4.2**
gray gris, (I)
great gran(de), **3.3**
great-grandfather el
   bisabuelo, **2.4**
great-grandmother la
   bisabuela, **2.4**
great: That's great!
   ¡Qué bueno!, (I)
Greece Grecia, **6.2**
Greek griego(a), **6.2**
green verde, (I)
green peas los
   chícharos, **1.4**
grilled asado(a), **1.3**
grocery store la bodega,
   1.4
ground el suelo, **6.2**
group: musical group el
   conjunto, (I)
to **grow** crecer (zc), **2.4**
Guatemalan
   guatemalteco(a), (I)
guitar la guitarra, (I)
   guitar player el/la
     guitarrista, (I)
to **play the guitar** tocar
   la guitarra, (I)
gymnasium el gimnasio,
   (I)

H

hair el pelo, (I)
haircut (to get a haircut)
   cortarse el pelo, **3.2**
half: half past the hour y
   media, (I)
Halloween el día de las
   brujas, **3.3**
ham el jamón, (I)
hamburger la
   hamburguesa, (I)
hammock la hamaca,
   5.1
hand la mano, **3.2**
hand luggage el equi-
   paje de mano, **5.3**
to **hand over** entregar, **5.3**
handbag la bolsa, (I)
handmade hecho(a) a
   mano, **1.2**

to **hang** colgar (ue), **2.3**
Hanukkah Chanukah, **3.3**
happiness la alegría, **6.3**
happy contento(a), (I)
hardware store la
   ferretería, **1.2**
hardworking traba-
   jador/a, **5.4**
hare la liebre, **6.4**
have tener, (I)
   to have difficulty with
     + activity tener
     dificultad para +
     activity, **4.3**
to **have fun** divertirse (ie, i),
   2.3
   to **have to** tener que +
     inf., (I)
he él, (I)
head la cabeza, **4.1**
health la salud, **3.2**
healthy sano(a), **3.2**
to **hear** oír, (I)
heart el corazón, **4.1**
heat el calor, (I)
heavy pesado(a), (I)
hello aló, **4.2**, hola, (I)
to **help** ayudar, (I)
helper el/la ayudante,
   3.1
   construction helper
     ayudante de
     construcción, **3.1**
   kitchen helper
     ayudante de cocina,
     3.1
   lab helper ayudante de
     laboratorio, **3.1**
   office helper ayudante
     de oficina, **3.1**
helpful servicial, **3.1**
hemisphere (north,
   south) el hemisferio
   (norte, sur), **6.4**
her su(s) (poss.), (I)
her ella (obj. of prep.),
   la (dir. obj.),
   le (ind. obj.), (I)
herbal tea drink la infusión de hierbas, **4.3**
here aquí, (I)
hiccup el hipo, **4.1**
to **hide** esconderse, **3.2**
high alto(a), **4.1**
highway la carretera, **2.1**

to **hike** dar una caminata, (I)
hiking boots las botas de explorador, **5.2**
him le (ind. obj.), **4.1**; lo (dir. object), **6.4**
his su(s), **4.1**; de el, **2.3**
Hispanic Pride Day el Día de la Raza, **3.3**
history la historia, (I)
to **hit (oneself)** golpearse, **4.4**
hoarse ronco(a), **4.1**
home la casa, (I)
to **go home** ir a casa, (I)
home remedy el remedio casero, **4.3**
homemaker el ama (f.) de casa, (I)
homework la tarea, (I)
to **do homework** hacer la tarea, (I)
Honduran hondureño(a), (I)
honey la miel, **4.3**
horrible horrible, (I)
How horrible! ¡Qué horrible!, (I)
horrified horrorizado(a), **5.2**
to **be horrified** quedarse horrorizado(a), **5.2**
horror el terror, (I)
horror program el programa de terror, (I)
horse el caballo, (I)
to **ride horseback** montar a caballo, (I)
hot caliente, **1.1**
hot sauce la salsa picante, **1.3**
it's hot hace calor, (I)
hotel plan including two meals a day la media pensión, **5.4**
hour la hora, (I)
per hour por hora, **2.1**
house la casa, (I)
house painter el/la pintor/a de casas, **3.1**
How...! ¡Qué...!, (I)
How? ¿Cómo?, (I)
How are you (fam.)? ¿Cómo estás?, (I); ¿Qué tal?, (I)

How are you (for.)? ¿Cómo está usted?, (I)
How do you say...? ¿Cómo se dice...?, (I)
How long? ¿Cuánto tiempo?, (I)
How long has it been since...? ¿Cuánto tiempo hace que...?, (I)
How is (are) . . . ? ¿Qué tal está(n) . . . ?, **1.3**
How many? ¿Cuántos (as)?, (I)
How much? ¿Cuánto(a)?, (I)
How much are you asking? ¿Cuánto pide usted?, **1.2**
How much do you (does he/she) weigh? ¿Cuánto pesa(s)?, (I)
How much does it cost? ¿Cuánto vale?, (I); ¿Cuánto cuesta?, **1.2**
How much is it? ¿A cómo está?, **1.4**
How much tip should we leave? ¿Cuánto dejamos de propina?, **1.3**
How old are you (is he/she? ¿Cuántos años tiene(s)?, (I)
How tall are you (is he/she)? ¿Cuánto mide(s)?, (I)
however sin embargo, **4.2**
howling el ulular, **6.2**
humble humilde, **5.4**
humility la humildad, **6.3**
hundred: one hundred cien; ciento, (I)
one hundred one (two) ciento uno (dos), (I)
hungry: to be hungry tener hambre (f.), (I)
hurry: to be in a hurry tener prisa, (I)

to **hurry up** apurarse, **2.4**
to **hurt** doler (ue), **4.1**
Where does it hurt you? ¿Dónde te (le, les) duele?, **4.1**
to **hurt oneself** lastimarse, **4.4**
hysterical histérico(a), **4.2**

I

I yo, (I)
ice el hielo, (I)
ice cream el helado, (I)
chocolate ice cream el helado de chocolate, **1.3**
strawberry ice cream el helado de fresa, **1.3**
vanilla ice cream el helado de vainilla, **1.3**
ice cream shop la heladería, **1.2**
to **ice-skate** patinar sobre hielo, (I)
if si, (I)
illness la enfermedad, **4.3**
to **imagine** imaginarse, **5.2**
immediately inmediatamente, **5.3**
immigration card la tarjeta de inmigración, **5.3**
impatient impaciente, (I)
important importante, **4.3**
to **improve** mejorar, **3.4**
in en, (I)
in love enamorado(a), (I)
in case of en caso de, **3.2**
in front of delante de, **2.2**
in order to para que, **5.3**
in other words (that is to say) es decir, **4.2**; o sea, **4.2**
in the back, rear al fondo de, **2.1**
inch la pulgada, (I)

inconsiderate descon-
siderado(a), **4.4**

to **increase** aumentar, **3.3**

incredible increíble, (I)

Independence Day el
Día de la Independen-
cia, **3.3**

India India, **6.2**

Indian indio(a), **6.2**

industrious aplicado(a),
(I)

inexpensive econó-
mico(a), **5.4**;
barato(a), (I)

infection la infección,
4.1

inflammation la
inflamación, **4.3**

injection la inyección,
4.1

to **give an injection**
poner una inyección

innocence la inocencia,
6.3

insect el insecto, **2.2**

insecure despistado(a),
5.4

inside dentro de, **2.1**;
adentro, (I)

insolent insolente, **4.4**

instructions las instrucciones, **2.2**

intelligent inteligente, (I)

to **interest** interesar, **1.1**

interesting interesante, (I)

interpreter el / la
intérprete, **3.1**

interview la entrevista,
3.1

to **introduce** presentar, (I)

iodine el yodo, **5.2**

Ireland Irlanda, **6.2**

Irish irlandés(esa), **6.2**

to **iron** planchar, (I)

island la isla, **2.1**

it lo (dir. obj. pron.), (I)

it is + **distance from**
está a + distance, (I)

its su(s), (I)

it's too bad that lástima
que, **5.1**

Italian italiano(a); **(language)** el italiano, (I)

Italy Italia, **6.2**

itinerary el itinerario, **5.1**

J

jacket la chaqueta, (I)

January enero, (I)

jam la mermelada, (I)

Japan Japón, **6.2**

Japanese japonés(esa),
(language) el japo-
nés, (I)

jewel la joya, (I)

jewelry store la joyería,
1.2

Jewish holidays Cha-
nukah, Yom Kippur,
3.3

job el empleo, **3.1**; el
trabajo, (I)

journalist el / la periodista, (I)

juice el jugo, (I)

orange juice el jugo de
naranja, **1.3**

July julio, (I)

jump saltar, (I)

to **jump rope** saltar a la
cuerda, **2.2**

jungle la selva, **2.1**

Jupiter Júpiter, **6.4**

K

to **keep** guardar, (I); mantener (ie), **5.3**

to **keep a secret** guardar
un secreto, **2.2**

kerosene lamp la
lámpara de kerosén,
5.1

key la llave, (I)

to **kick** patear, **2.2**

kilogram el kilo, **1.4**

kind amable, (I);
buen(o/a), **3.3**; la
clase, (I);
bondadosos(a), **5.4**

What kind of...? ¿Qué
clase de...?, (I)

kitchen la cocina, (I)

knapsack la mochila, (I)

knee la rodilla, **4.1**

knife el cuchillo, **1.3**

to **know (facts; how to do
something)** saber,
(I); (people) conocer, (I)

Korea Corea, **6.2**

Korean coreano(a), **6.2**

L

ladies las damas, (I)

for ladies para damas,
(I)

ladies' clothing ropa
para damas, (I)

lake el lago, (I)

lamp la lámpara, (I)

to **land** aterrizar, **5.3**

landscape el paisaje, **6.3**

language el idioma, (I)

large gran(de), **3.3**

last pasado(a), (I)

last month el mes pa-
sado, (I)

last night anoche, (I)

last week la semana
pasada, (I)

last year el año pa-
sado, (I)

late tarde, (I)

later más tarde, **4.2**

See you later. Hasta
luego. (I)

to **laugh** reírse (i, i), **2.4**

laundromat la lavan-
dería, **1.2**

lawn el césped, (I)

lawyer el / la
abogado(a), (I)

lazy perezoso(a), (I)

leaf la hoja, **2.2**

to **learn (to)** aprender (a),
(I)

leather el cuero, (I)

to **leave (behind)** dejar,
1.3; **(go away)** irse,
2.4

left la izquierda, (I)

(on) to the left a la izquierda, (I)

leg la pierna, **4.1**

lemon el limón, **4.3**

to **lend** prestar, (I)

lenses: contact lenses
los lentes de contacto,
(I)

less menos, (I)

less than menos que, (I)

more or less más o
menos, (I)

letter la carta, (I)

reference letter la
carta de recomenda-
ción, **3.1**

lettuce la lechuga, (I)
liar mentiroso(a), **4.4**
library la biblioteca, (I)
lie la mentira, **2.2**
life la vida, **6.1**
life jacket el chaleco salvavidas, **2.3**
lifeguard el / la salvavidas, **3.1**
to **lift weights** levantar pesas, **3.2**
to **light** encender (ie), **5.2**
light la luz, **1.1**
light (weight) liviano(a), (I)
like como, (I)
   like crazy como loco(a), **2.2**
   like that así, **4.4**
to **like** gustar
   Do you like…? ¿Te gusta…?, (I)
   Do you (fam.) **like** (pl.)…? ¿Te gustan…?, (I)
   Do you (formal) **(does he / she) like…?** ¿Le gusta…?, (I)
   Do you (pl.) **(do they) like…?** ¿Les gustan…?, (I)
   I like me gusta; a mí me gusta, (I)
   I would like quisiera, (I)
   What do you (fam.) **like best?** ¿Qué te gusta más?, (I)
line la cola, (I)
to **stand in line** hacer cola, (I)
lion el león, (I)
to **listen (to)** escuchar, (I)
   Listen! ¡Oye!, (I)
liter el litro, **1.4**
little: a little un poco, (I)
to **live** vivir, (I)
lizard la lagartija, **2.2**; el lagarto, **6.4**
llama la llama, (I)
lobster la langosta, **1.3**
to **locate** ubicar, **5.3**
locker la gaveta, (I)
long largo(a), (I)
   long-sleeved de manga larga, (I)

long-time viejo, **3.3**
to **look at** mirar, **1.1**
to **look at oneself** mirarse, **3.2**
to **look for** buscar, (I)
to **lose** perder (ie), (I)
   loser el / la perdedor / a, **6.1**
   lost: to get lost perderse (ie), **5.2**
lotion la loción, **2.3**
   insect repellent lotion la loción repelente, **4.1**
   suntan lotion la loción protectora, **2.3**
to **love (things)** encantar
I love it. Me encanta.
to be in love estar enamorado(a)
to fall in love (with) enamorarse (de)
love story el programa romántico, (I)
to **lower (the price)** rebajar, **1.2**
   Can't you lower the price for me? ¿No me puede rebajar el precio?, **1.2**
loyal leal, **5.4**
luck la suerte, (I)
   What luck! ¡Qué suerte!, (I)
luggage el equipaje, **1.1**
luggage claim ticket el recibo de equipaje, **5.3**
lunch el almuerzo, (I)

M

ma'am señora (abbreviation Sra.), (I)
machete el machete, **5.1**
machine operator el / la operario(a), **3.1**
made hecho(a), **1.2**
   it is handmade está hecho(a) a mano, **1.2**
magazine la revista, (I)
magical mágico(a), **6.4**
majestic majestuoso(a), **6.3**
to **make a decision** tomar una decisión, **3.1**

man el hombre, (I)
many muchos(as), (I)
map el mapa, (I)
marathon la maratón, **3.4**
March marzo, (I)
market el mercado, **1.4**
   outdoor market el mercado al aire libre, **1.2**
to **marry** casarse (con), **2.4**
Mars Marte, **6.4**
match el fósforo, **5.1**
material el material, **4.3**
mathematics las matemáticas, (I)
matter: it doesn't matter no importa, (I)
mattress el colchón, **5.1**
   inflatable mattress el colchón inflable, **5.1**
mature maduro(a), **3.1**
May mayo, (I)
maybe a lo mejor, **6.1**
me me (obj. pron.), (I)
meat la carne, (I)
mechanic el / la mecánico(a), (I)
medal la medalla, **6.1**
medicine el medicamento, **4.3**
medium rare medio cocido(a), **1.3**
to **meet** conocer(se), **2.4**
melon el melón, **1.4**
men los caballeros, (I)
   men's clothing ropa para caballeros, (I)
menu el menú, **1.3**
meowing el maullido, **6.2**
Mercury Mercurio, **6.4**
message el recado, **4.2**
messy desordenado(a), **4.4**
metal el metal, (I)
Mexican mexicano(a), (I)
middle el centro, **1.1**
mile la milla, (I)
milk la leche, (I)
million el millón (de), (I)
millionaire el / la millonario(a), **3.4**
mint la menta, **6.3**
minute el minuto, (I)

mirror el espejo, (I)

mischievous travieso(a), **4.4**

to **miss** echar de menos, **3.3**

Miss señorita (abbreviation Srta.), (I)

mistaken equivocado(a), (I)

model el / la modelo, **3.1**

modern moderno(a), (I)

mom la mamá, (I)

   mom and dad los papas, (I)

moment: One moment. Un momento., **4.2**

Monday el lunes, (I)

money el dinero, (I)

monkey el mono, (I)

mononucleosis la mononucleosis, **4.3**

monster el monstruo

   sea monster el monstruo acuático, **6.4**

month el mes, (I)

   last month el mes pasado, (I)

mood: to be in a bad mood estar de mal humor, **4.1**

moon la luna, **5.2**

more más, (I)

   more or less más o menos, (I)

   more than más que, (I)

morning la mañana, (I)

   good morning buenos días, (I)

   in the morning por la mañana, (I)

   this morning esta mañana, (I)

mosquito el mosquito, **4.3**

mother la madre, (I)

motorcycle la moto, (I)

mountain la montaña, (I)

mountain climbing: to go mountain climbing hacer alpinismo, **3.4**

mountain range la sierra, **2.1**

mouse el ratoncito, (I)

mouth la boca, **3.2**

to **move** mudarse, **2.4**

movie la película, (I)

to **make a movie** hacer una película, **3.4**

movies el cine, (I)

Mr. señor (abbreviation Sr.), (I)

Mrs. señora (abbreviation Sra.), (I)

music la música, (I)

musician el / la músico(a), (I)

must: one must hay que, **2.3**

mustache el bigote, (I)

my mi(s), (I)

mysterious misterioso(a), **6.4**

N

name el nombre, (I)

my name is… me llamo…, (I)

   What is your name (fam.)? ¿Cómo te llamas?, (I)

napkin la servilleta, **1.3**

natural gas el gas natural, **3.3**

near cerca de, (I)

necessary preciso(a), **3.2;** necesario(a), **4.3**

neck el cuello, **4.1**

necklace el collar, (I)

necktie la corbata, (I)

to **need** necesitar, (I)

neighbor el / la vecino(a), (I)

neighborhood el barrio, **1.4**

neither tampoco, **3.4**

Neptune Neptuno, **6.4**

nervous nervioso(a), (I)

never nunca, (I)

new nuevo(a), (I)

New Year el Año Nuevo, **3.3**

New Year's Eve el Año Viejo, **3.3**

news las noticias, (I)

newspaper el periódico, (I)

next que viene, (I)

   next month el mes que viene, (I)

next year el año que viene, (I)

next to al lado de, (I)

Nicaraguan nicaragüense, (I)

nice simpático(a), (I)

   nice to meet you mucho gusto, (I)

   the weather is nice hace buen tiempo, (I)

night la noche, (I)

   at night de la noche, (I); por la noche, (I)

   good night buenas noches, (I)

   last night anoche, (I)

nine nueve, (I)

nine hundred novecientos(as), (I)

nineteen diez y nueve, (I)

ninety noventa, (I)

ninth noveno(a), (I)

no no, (I)

No way! ¡Qué va!, (I)

nobody nadie, **3.4**

noise el ruido, **2.1**

North American norteamericano(a), (I)

Norway Noruega, **6.2**

Norwegian noruego(a), **6.2**

nose la nariz, **4.1**

   My nose is running. Me corre la nariz., **4.3**

not no, (I)

not any ninguno(a), **3.4**

not yet todavía no, **3.4**

notebook el cuaderno, (I)

nothing nada, (I)

November noviembre, (I)

now ahora, (I)

nowadays actualmente, **5.3**

number número, (I)

   telephone number el número de teléfono, (I)

nurse el / la enfermero(a), (I)

nylon cord la cuerda de nilón, **5.1**

O

o'clock: at one o'clock a la una, (I)
   at (two) o'clock a las (dos), (I)
oars los remos, **5.2**
oatmeal la avena, **1.3**
to **obey** obedecer (zc), **2.2**
occasion la ocasión, **2.1**
October octubre, (I)
to **offer** ofrecer (zc), **1.2**
of de, (I)
   of the del (de + el), de la, (I)
office la oficina, (I)
oil el aceite, **1.3**; el petróleo, **3.3**
OK de acuerdo, (I)
old viejo(a), (I); **(object)** antiguo(a), (I)
older mayor, (I)
Olympic Games las olimpiadas, **3.4**
on en, (I)
on top of encima de, **2.1**
once (twice, etc.) a week (a month, a year) una vez (dos veces, etc.) a la semana (al mes, al año), **3.2**
one un(o), (I)
one hundred cien; ciento, (I)
onion la cebolla, **1.4**
only / sole único(a), **3.3**
to **open** abrir, (I)
   it is open está abierto(a), **1.2**
or o, (I)
orange la naranja, **1.4**
   orange juice jugo de naranja, **1.3**
orange (color) anaranjado(a), (I)
orchestra la orquesta, **6.1**
orchid la orquídea, **6.3**
to **order** mandar, **5.2**
to **organize** organizar, **3.4**
organized organizado(a), **3.1**
others los demás, **2.3**
ounce la onza, **1.4**
our nuestro(a), (I)
outdoors al aire libre, (I)

outside fuera de, **2.1**; afuera, (I)
overcoat el abrigo, (I)
overcome: to be overcome with emotion quedarse patitieso(a) de emoción, **5.2**
owner el / la dueño(a), (I)
ozone el ozono, **3.3**

P

to **pack (suitcases)** hacer las maletas, (I)
packer el / la empacador / a, **3.1**
page la página, (I)
pale pálido(a), **4.2**
pamphlet el folleto, **3.4**
panicky: It made me panicky. Me dio pánico., **5.2**
Panamanian panameño(a), (I)
pansy el pensamiento, **6.3**
pants los pantalones, (I)
panty hose las pantimedias, (I)
paper el papel, (I)
Paraguayan paraguayo(a), (I)
parakeet el periquito, (I)
paralyzed: to be paralyzed with fear quedarse paralizado(a) de miedo, **5.2**
parents los padres, (I)
to **park** estacionar, **2.1**
park el parque, (I)
parking lot el estacionamiento, **2.1**
to **participate** participar, **6.1**
party la fiesta, (I)
to **pass through** pasar por, **5.3**
passenger el / la pasajero(a), **1.1**
passport el pasaporte, (I)
pastry el pastel, (I)
patient paciente, **5.4**
to **be patient** tener paciencia, **2.2**
patio el patio, **5.4**

to **pay** pagar, (I)
to **pay attention** poner atención, **2.2**
peace la paz, **6.3**
peach el durazno, **1.4**
peacock el pavo real, **6.4**
peanut el cacahuete, **1.4**
pear la pera, **1.4**
pedestrian el / la peatón(ona), **2.1**
pencil el lápiz, (I)
penguin el pingüino, (I)
penicillin la penicilina, **4.3**
penknife el cortaplumas, **5.1**
people la gente, **2.1**
pepper la pimienta, **1.3**
perfectly perfectamente, **5.3**
perfume el perfume, **3.2**
period (of time) la época, **2.1**
permission el permiso, (I)
person la persona, **4.2**
Peruvian peruano(a), (I)
pessimist pesimista, **4.4**
Philippine filipino(a), **6.2**
Philippine Islands las Filipinas, **6.2**
physical: physical education la educación física, (I)
piano el piano, **3.4**
to **pick up** recoger (j), **2.3**
pick-up truck la camioneta, (I)
picture (drawing) el cuadro, **1.1**; **(photo)** la foto, (I)
pillow la almohada, **1.1**
to **pilot** pilotear, **3.4**
pine tree el pino, **6.3**
pineapple la piña, **1.4**
pink rosado(a), (I)
to **place** colocar, **5.3**
place el lugar, (I)
place setting los cubiertos, **1.3**
place, ranking el puesto, **6.1**
plaid de cuadros, (I)

to **plan** pensar (ie), planear, (I)

planet el planeta (m.), 3.4

plant la planta, 2.1

plastic el plástico, (I)

plate el plato, 1.3

to **play** jugar (ue) **(game)**, (I); tocar **(instrument)**, (I)

  to play hide-and-seek jugar al escondite, 2.2

player el/la jugador/a, 3.4

playing: playing cards las cartas, (I)

plaza la plaza, (I)

pleasant agradable, 5.4

please por favor, (I)

plum la ciruela, 1.4

Pluto Plutón, 6.4

pneumonia la pulmonia, 4.3

pocket el bolsillo, (I)

poinsettia la corona del Inca, 6.3

point (score) el tanto, 6.1

poisonous ivy la hierba venenosa, 4.3

poison sumac el zumaque venenoso, 4.3

poisonous venenoso(a), 4.3

Poland Polonia, 6.2

police officer el/la mujer policía, (I)

Polish polaco(a), 6.2

polite cortés, 3.1

politician el/la político(a), (I)

polka-dotted de lunares, (I)

pollen el polen, 4.3

pollution la contaminación, 2.1

poncho el poncho, 5.2

poor pobre, 3.3

popular popular, (I)

pork la carne de cerdo, 1.3

portable radio el radio portátil, 5.2

portable stove el hornillo, 5.1

position (job) el puesto, 3.1

post office el correo, (I)

postcard la tarjeta postal, (I)

poster el cartel, (I)

pottery la cerámica, 1.2

pound la libra, 1.4

power el poder, 6.3

to **practice** practicar, (I)

to **prefer** preferir (ie), (I)

to **prepare** preparar, (I)

  to **prepare (for)** prepararse (para), 2.4

to **prescribe** recetar, 4.4

president el/la presidente, 3.4

pretty bonito(a), (I)

price el precio, 1.2

pride el orgullo, 6.3

private privado(a), 5.4

prize el premio, 6.1

problem el problema, 4.1

prohibited: it is prohibited está prohibido, 3.2

professional profesional, 3.4

professional el/la profesor/a, (I)

program el programa, (I)

to **promise** prometer, (I)

to **promote** fomentar, 3.4

to **protect** proteger (j), 3.3

to **publish** publicar, 3.4

Puerto Rican puertorriqueño(a), (I)

punctual puntual, 3.1

pure puro(a), 2.1

purple morado(a), (I)

purring el ronroneo, 6.2

to **put** poner, 1.1

  to **put on (clothing)** ponerse, 2.3; **(perfume)** echarse, 3.2

to **put a cast on** enyesar, 4.4

to **put on make-up** maquillarse, 3.2

pyramid la pirámide, 2.1

Q

quality la calidad, 1.2

question la pregunta, (I)

  to **ask a question** hacer una pregunta, (I)

quickly rápidamente, 5.3

quiet callado(a), 5.4

quietly tranquilamente, 5.3

R

rabbit el conejo, (I)

race la carrera, 6.1

radio (as a medium) la radio, (I); **(set)** el radio, (I)

radish el rábano, 1.4

raft la balsa, 3.4

  to **go rafting** bajar el río en balsa, 3.4

rage la rabia, 4.2

raincoat el impermeable, (I)

raining: it's raining llueve, (I)

ranking, place el puesto, 6.1

rare (meat) jugoso(a), 1.3

rash la erupción, 4.3

to **read** leer, (I)

to **realize** darse cuenta de, 2.3

to **receive** recibir, (I)

receptionist el/la recepcionista, 3.1

to **recommend** recomendar (ie), 5.2

record el disco, (I)

to **record (music)** grabar, 3.4

recreation la recreación, 3.4

rectangular rectangular, (I)

to **recycle** reciclar, 3.3

red rojo(a), (I)

to **reduce** reducir (zc), 3.3

referee el/la árbitro(a), 6.1

refrigerator el refrigerador, (I)

to **register (in classes)**
matricularse, **3.1**
relative el / la
pariente(ta), (I)
religious procession la
procesión religiosa,
6.1
remedy el remedio, **4.3**
to **remember** recordar (ue),
(I); acordarse (ue) (de),
2.4
to **remove** quitarse, **2.3**
to **rent** alquilar, **1.3**
repair shop el taller de
reparaciones, **1.2**
to **respect** respetar, **2.1**
responsible responsa-
ble, **3.1**
to **rest** descansar, (I)
restaurant el
restaurante, (I)
restroom el servicio, (I)
result el resultado, **3.4**
to **return** regresar, (I)
rice el arroz, (I)
to **ride** montar, (I)
to **ride a bicycle** montar en bicicleta, (I)
to **ride horseback**
montar a caballo, (I)
to **ride a roller coaster**
montar en la mon-
taña rusa, **2.2**
right la derecha, (I)
to **the right** a la
derecha, (I)
right? ¿verdad?, (I)
to **be right** tener razón,
2.2
right away en seguida,
2.3
ring el anillo, (I)
river el río, (I)
roaring el rugido, **6.2**
roll (bread) el panecillo,
1.3
roll of film el rollo de
película, **5.2**
room (of a house) el
cuarto, (I)
bathroom el baño, (I)
bedroom la habita-
cíon, (I)
dining room el
comedor, (I)

living room la sala, (I)
rose la rosa, **6.3**
rotten podrido(a), **6.3**
round redondo(a), (I)
rubber la goma, (I)
rug la alfombra, (I)
rule: traffic rule la regla
del tránsito, **2.1**
to **run** correr, (I)
to **run away** huir (y), **2.2**
Russia Rusia, **6.2**
Russian ruso(a); **(language)** el ruso, (I)

S

sad triste, (I)
sadness la tristeza, **6.3**
sailboat el velero, (I)
sailing: to go sailing
pasear en velero, (I)
salad la ensalada, (I)
salary el sueldo, **3.1**
salesperson el / la
vendedor / a, **3.1**
salt la sal, **1.3**
salty salado(a), **1.3**
Salvadoran sal-
vadoreńo(a), **5.3)**
sand la arena, **2.2**
sandals las sandalias, (I)
sandwich el sandwich,
(I)
Saturday el sábado, (I)
Saturn Saturno, **6.4**
sauce la salsa, **1.3**
to **save** ahorrar, (I)
saxophone el saxofón,
3.4
to **say** decir (i), (I)
I say digo, (I)
it's said se dice, (I)
to **say goodbye**
despedirse (i, i) (de),
2.4
say: You don't say!
¡No me digas!, (I)
scare: It gave me a scare
Me dio susto, **5.2**
scared: to be scared
tener miedo, (I)
scarf la bufanda, (I)
schedule el horario, **3.1**
scholarship la beca, **3.1**
school la escuela, (I)

science(s) las ciencias, (I)
science fiction la ciencia
ficción, (I)
**science fiction pro-
gram** el programa
de ciencia ficción, (I)
scissors las tijeras, **5.2**
to **score** marcar, **6.1**
Scotland Escocia, **6.2**
Scottish escocés(esa),
6.2
to **scream** gritar, **2.2**
screech el chillido, **6.2**
sea el mar, (I)
seat el asiento, **1.1**
seat belt el cinturón de
seguridad, **1.1**
second segundo(a), (I)
secret el secreto, **2.2**
secretary el / la
secretario(a), **3.4**
security la seguridad,
5.3
to **see** ver, (I)
let's see a ver, (I)
to **seem: seems** parece, (I)
it seems that… parece
que…, (I)
selfish egoísta, **4.4**
to **sell** vender, (I)
to **send** mandar, (I)
sensible cuerdo(a), **5.4**
sensitive sensible, **4.4**
September septiembre,
(I)
serious serio(a), **4.2**
to **serve** servir (i), **1.3**
service el servicio, **5.4**
to **set: to set the table**
poner la mesa, (I)
seven siete, (I)
seven hundred setecien-
tos(a), (I)
seventeen diez y siete,
(I)
seventh séptimo(a), (I)
seventy setenta, (I)
several varios(as), (I)
shame: to be ashamed
tener vergüenza, **2.2**
shame: What a shame!
¡Qué pena!, (I)
shampoo el champú, **5.1**
to **share** compartir, **2.2**
to **shave** afeitarse, **3.2**

she ella, (I)
sheet la sábana, **1.1**
shellfish los mariscos, **1.3**
to **shine shoes** limpiarse los zapatos, **3.2**
shirt la camisa, (I)
shirt store la camisería, **1.2**
shoe store la zapatería, **1.2**
shoes los zapatos, (I)
shop clerk el/la dependiente, **3.1**
shopping center el centro comercial, (I)
short (object) corto(a), **(person)** bajo(a), (I)
short-sleeved de manga corta, **6.2**
shorts (pants) los shorts, **6.1**
should deber, (I)
we should debiéramos, **3.3**
shoulder el hombro, **4.1**
to **show** enseñar, (I)
shower la ducha, **1.1**
shrimp (pl.) los camarones, **1.3**
siblings los hermanos, (I)
sick enfermo(a), (I)
sickness la enfermedad, **4.3**
side el lado, (I)
sidewalk la acera, **2.1**
sign el letrero, **2.1**
to **sign** firmar, **3.1**
silence el silencio, **6.2**
silk la seda, (I)
silly tonto(a), (I)
silver la plata, (I)
since desde, (I)
to **sing** cantar, (I)
singer el/la cantante, (I)
sir señor (abbreviation Sr.), (I)
sister la hermana, (I)
sister-in-law la cuñada, **2.4**
to **sit down** sentarse (ie), **2.3**
six seis, (I)
six hundred seiscientos(as), (I)

sixteen diez y seis, (I)
sixth sexto(a), (I)
sixty sesenta, (I)
to **skate** patinar, (I)
to **skateboard** andar en monopatín (m.), (I)
to **ski** esquiar, (I)
skin la piel, **4.1**
to **skin-dive** bucear, (I)
skirt la falda, (I)
sky el cielo, **5.2**
skydiving: to go skydiving hacer paracaidismo, **3.4**
to **sleep** dormir (ue), (I)
to **fall sleep** dormirse, **2.4**
to **sleep outdoors** dormir al aire libre, (I)
sleeping bag el saco de dormir, **5.1**
sleepy: to be sleepy tener sueño, (I)
sleeve la manga, (I)
sleeveless sin mangas, (I)
to **slip** resbalarse, **5.2**
slowly despacio, **2.1**; lentamente, **5.3**
small pequeño(a), (I)
smart listo(a), (I)
smell el olor, **6.3**
it smells like... huele a..., **6.3**
smoke el humo, **3.2**
to **smoke** fumar, **5.3**
snack (junk food) el antojo, **3.2**
snake la serpiente, (I)
sneakers los tenis, (I)
sneeze el estornudo, **4.3**
snowing: it's snowing nieva, (I)
soap el jabón, **1.1**
soap opera la telenovela, (I)
soccer el fútbol, (I)
sociable sociable, (I)
socks los calcetines, (I)
soda la gaseosa, (I)
sofa el sofá, (I)
soft drink (noncarbonated) el refresco, (I)
solar energy la energía solar, **3.3**

solid (color) de un solo color, (I)
some alguno(a), **3.4**
somebody alguien, **3.4**
something algo, (I)
sometimes a veces, (I)
son el hijo, (I)
sore inflamado(a), **4.1**
so-so regular, (I)
the weather is so-so hace un tiempo regular, (I)
sound (of a voice) el eco, **6.2**
soup la sopa, (I)
sour agrio(a), **1.3**
souvenir el recuerdo, (I)
spaceship la aeronave espacial, **3.4**
Spanish (language) el español; español/a, (I)
to **speak in a low voice** hablar en voz baja, **2.2**
speech el discurso, **3.4**
speed la velocidad, **2.1**
to **spend (time)** pasar, **(money)** gastar, (I)
spicy picante, **1.3**
spider la araña, **2.2**
spikenard el nardo, **6.3**
spill el derrame, **3.3**
spinach las espinacas, **1.4**
spoon la cuchara, **1.3**
sport el deporte, (I)
to **play sports** practicar deportes, (I)
sports deportivo(a), (I)
sports program el programa deportivo, (I)
spring la primavera, (I)
square cuadrado(a), (I)
squash la calabaza, **1.4**
St. Valentine's Day el día de los enamorados, **3.3**
stable el establo, **6.3**
stadium el estadio, (I)
stairs la escalera, (I)
stamp el sello, (I)
to **stand in line** hacer cola, (I)
star la estrella, **5.2**

to **start** empezar (ie), (I)
station la estación, **5.4**
stationery store la papelería, **1.2**
to **stay** quedarse, **2.4**
   to **stay in bed** guardar cama, **4.3**
stepbrother el hermanastro, **2.4**
stepdaughter la hijastra, **2.4**
stepfather el padrastro, **2.4**
stepmother la madrastra, **2.4**
stepsister la hermanastra, **2.4**
stepson el hijastro, **2.4**
stereo el estéreo, (I)
to **sting** picar, **4.1**
stingy tacaño(a), (I)
stomach el estómago, **4.1**
stone la piedra, **2.2**
stop (stop moving) parar, **2.1; (put an end to)** detener (ie) **3.3**
stopover la escala, **1.1**
   to **make a stopover** hacer escala, **1.1**
store la tienda, (I)
storm la tormenta, **3.2**
story (of a building) el piso, (I)
stove la estufa, (I)
straight derecho(a), (I)
   go straight sigues derecho (fam., sing.), (I)
straight (hair) lacio, (I)
strange extraño(a), **6.4**
strange: How strange! ¡Qué raro!, (I)
strawberry la fresa, **1.4**
street la calle, (I)
string beans las habichuelas, **1.4**
striped de rayas, (I)
stroll: to go for a stroll dar un paseo, (I)
stubborn terco(a), **4.4**
student el/la estudiante, (I)
   pertaining to students estudiantil, **3.4**

to **study** estudiar, (I)
   to **study for an exam** estudiar para un examen, (I)
stuffed tapado(a), **4.1**
subway el metro, **2.1**
successful: to be successful tener éxito, **2.2**
suit el traje, (I)
   gentleman's suit el traje para caballero, (I)
   lady's suit el traje de dama, (I)
suitcase la maleta, (I)
summer el verano, (I)
sun el sol, **5.2**
to **sunbathe** tomar sol, (I)
Sunday el domingo, (I)
sunglasses los antejos de sol, (I)
sunny: it's sunny hace sol, (I)
supermarket el supermercado, (I)
superstitious supersticioso(a), **4.4**
supervisor el/la supervisor/a, (I)
supper la cena, (I)
to **support** apoyar, **3.4**
sure seguro(a), (I)
surf practicar la tabla hawaiana, **3.4**
to **swallow** tragar, **4.3**
swan el cisne, **6.4**
sweater el suéter, (I)
Sweden Suecia, **6.2**
Swedish sueco(a), **6.2**
to **sweep** barrer, (I)
sweet dulce, **1.3**
sweet shop la dulcería, **1.2**
to **swim** nadar, (I)
swimming pool la piscina, (I)
swollen hinchado(a), **4.1**
symptom el síntoma, **4.3**

T

T-shirt la camiseta, (I)
table la mesa, (I)
tablet la pastilla, **4.1**

tailor shop la sastrería, **1.2**
to **take** llevar, (I); tomar (bus, train, etc.), (I)
to **take a bath** bañarse, **3.2**
   to **take a long time** tardar en, (I)
to **take a shower** ducharse, **3.2**
   to **take care of** cuidar (a), (I)
to **take off (airplane)** despegar, **5.3**
to **take off (clothing)** quitarse, **2.3**
to **take out** sacar, (I)
to **take pictures** sacar fotos, (I)
to **take shelter** refugiarse, **3.2**
to **take X-rays** tomar radiografías, **4.4**
to **talk** hablar, (I)
   to **talk on the telephone** hablar por teléfono, (I)
   to **talk to** hablar con, (I)
   to **talk quietly** hablar en voz baja, **2.2**
talkative hablador/a, **5.4**
tall alto(a), (I)
tan: to get a tan broncearse, **2.3**
tape recorder la grabadora, (I)
tasty rico(a), **1.3**
tea el té, (I)
to **teach how to** enseñar a, (I)
teacher el/la maestro(a), (I)
team el equipo, (I)
teeth los dientes, (I)
telephone el teléfono, (I)
   to **talk on the telephone** hablar por teléfono, (I)
television la tele, (I); **(set)** el televisor, (I)
to **tell** contar (ue), **2.2**
   to **tell lies** decir mentiras, **2.2**
temperature la temperatura, **3.3**

ten diez, (I)

tennis el tenis, (I)

tent la carpa, **5.1**

tenth décimo(a), (I)

terrific formidable; estupendo(a), (I)

thank: thank you gracias, (I)

  thank you for… gracias por…, (I)

  no, thanks no, gracias, (I)

Thanksgiving el Día de Acción de Gracias, **3.3**

that ese (m.), esa (f.), (I); aquel (m.), aquella (f.), **2.1**

that is o sea, **4.2**

the el (m.), la (f.), (I); los (m.), (I); las (f.), (I)

theater: movie theater el cine, (I)

theft el robo, **1.2**

their su(s), (I)

them ellos (m.); ellas (f.), les [ind. obj. pron.], los [m., dir. obj. pron.], las [f., dir. obj. pron.], (I)

then entonces, (I)

therapist el / la terapista, **3.1**

there allí, (I)

there was (were) había, **2.1**

there: there is, there are hay, (I)

therefore por eso, (I); así que, **4.2**

thermos bottle el termo, **5.2**

these estos (m.), estas (f.), **6** (I)

they ellos (m.); ellas (f.), (I)

thin delgado(a), (I)

thing la cosa, (I)

to **think: I think that** creo que, (I)

to **think (about)** pensar (en) (ie), **2.3**

third tercero(a), (I)

thirsty: to be thirsty tener sed (f.), (I)

thirteen trece, (I)

thirty treinta, (I)

this este (m.), esta (f.), (I)

those esos (m,), esas (f.), (I); aquellos (m.), aquellas (f.), **2.1**

thousand: one thousand mil, (I)

three tres, (I)

throat la garganta, **4.1**

to **throw** tirar, **2.2**

Thursday el jueves, (I)

ticket (admission) la entrada, (I); el pasaje, **1.1**

  round-trip ticket pasaje de ida y vuelta, **1.1**

  traffic ticket la multa, **2.1**

tidal wave el maremoto, **5.2**

to **tidy oneself up** arreglarse, **3.2**

tied: to be tied (sports) quedar empatado(a), **6.1**

tiger el tigre, **4.3**

time la vez, **2.1**

  on time a tiempo, **1.1**

time el tiempo; la hora, (I)

  At what time is…? ¿A qué hora es…?, (I)

  free time los ratos libres, (I)

time capsule la cápsula del tiempo, **6.4**

timid tímido(a), **4.4**

tip la propina, **1.3**

tired cansado(a), (I)

tissue el pañuelito de papel, **5.1**

to a, (I)

  to the al (a + el), a la, (I)

toast el pan tostado, (I)

today hoy, (I)

toe el dedo del pie, **4.1**

toilet el retrete, **1.1**

tomato el tomate, (I)

tomorrow mañana, (I)

  the day after tomorrow pasado mañana, (I)

tonight esta noche, (I)

too también, (I)

too much demasiado, (I)

tooth (molar) la muela, **4.1**

toothbrush el cepillo de dientes, **5.1**

toothpaste la pasta de dientes, **5.1**

tornado el tornado, **3.2**

tough duro(a), **1.3**

towards hacia, **5.4**

towel la toalla, **1.1**

town el pueblo, (I)

toy el juguete, **2.2**

traffic el tránsito, **2.1**

  traffic rule la regla de tránsito, **2.1**

  traffic light el semáforo, **2.1**

train el tren, (I)

to **train (oneself)** entrenarse, **3.4**

trainer el / la entrenador / a, **6.1**

to **travel** viajar, (I)

travel guide la guía de viaje, **5.1**

traveler el / la viajero(a), (I)

  traveler's check el cheque de viajero, (I)

travel document el documento de viaje, **5.1**

treasurer el / la tesorero(a), **3.4**

tree el árbol, **2.1**

trip el viaje

  to go on a trip hacer un viaje, **3.4**

trophy el trofeo, (I)

tropical tropical, **3.4**

trout la trucha, **1.3**

trumpet la trompeta, **3.4**

to **try to** tratar de, **2.2**

to **try (something)** probar, **2.2**

Tuesday el martes, (I)

tulip el tulipán, **6.3**

tuna el atún, **1.3**

turbulence la turbulencia, **5.3**

turkey el pavo, **1.3**

to **turn** doblar, (I)

to **turn off** apagar, **3.2**

turtle   la tortuga, **4.3**
TV   la tele, (I)
twelve   doce, (I)
twenty   veinte, (I)
to **twist (one's ankle)**   torcerse (ue), **4.4**
two   dos, (I)
two hundred   doscien-tos(as), (I)

U

ugly   feo(a), (I)
umbrella   el paraguas, (I)
uncle   el tío, (I)
underneath   debajo de, **2.1**
to **understand**   entender (ie), (I)
unfortunately   desafortunadamente, **5.3**
unique   único(a), **3.3**
United States: from the United States   esta-dounidense, (I)
unless   a menos que, **5.3**
unpleasant   desagra-dable, **5.4**
unpleasant (person)   antipático(a), (I)
until   hasta, (I); hasta que, **5.3**
upstairs   arriba, (I)
Uranus   Urano, **6.4**
urgent   urgente, **4.3**
Uruguayan   uruguayo(a), (I)
us   nos (obj. pron.), (I)
use   el uso, **3.3**
to **use**   usar, (I)
used: it's used for...   sirve para..., **5.2**

V

vacation   las vacaciones, (I)
to **go on vacation**   ir de vacaciones, (I)
vaccination   la vacuna, **4.3**
vaccination certificate   el certificado de vacuna, **5.1**

to **vacuum**   pasar la aspiradora, (I)
vacuum cleaner   la aspiradora, (I)
valley   el valle, **2.1**
VCR   la videocasetera, **5.4**
veal   la ternera, **1.3**
vegetable   la legumbre, (I); la verdura, **1.4**
Venezuelan   vene-zolano(a), (I)
Venus   Venus, **6.4**
very   muy, (I)
veterinarian   el / la veterinario(a), (I)
vice president   el / la vice presidente, **3.4**
video   el vídeo, (I)
video game   el videojuego, (I)
Vietnam   Vietnam, **6.2**
Vietnamese   vietnamita, **6.2**
view   la vista, **5.4**
vinegar   el vinagre, **1.3**
violet   la violeta, **6.3**
visit   la visita, (I)
to **visit**   visitar, (I)
voice   la voz, **6.2**
volcanic eruption   la erupción volcánica, **5.2**
volcano   el volcán, **2.1**
volleyball   el vóleibol, (I)
volunteer   el / la voluntario(a), **3.4**
vote   el voto, **3.4**

W

waist   la cintura, **4.1**
to **wait for**   esperar, (I)
waiter   el mesero, **1.3**
waitress   la mesera, **1.3**
to **wake up**   despertarse (ie), **2.3**
to **walk**   ir a pie, (I); caminar, **2.1**
to **walk with crutches**   andar con muletas, **4.4**
walk: to go for a walk   dar un paseo, (I)
wall   la pared, (I)
wallet   la billetera, (I)

to **want**   querer (ie), (I); de-sear, **1.3**
to **warm oneself**   calentarse (ie), **5.2**
to **wash**   lavar, (I)
to **wash oneself**   lav-arse, **3.2**
washbasin   el lavabo, **1.1**
watch and clock store   la relojería, **1.2**
to **watch: to watch TV**   ver la tele, (I)
to **water**   regar (ie), **2.3**
water   el agua, (I)
to **water ski**   practicar el esquí acuático, (I)
watermelon   la sandía, **1.4**
waves (ocean)   las olas, **5.4**
we   nosotros(as), (I)
weak   débil, **4.1**
to **wear**   llevar, (I)
weather   el tiempo, (I)
What's the weather like?   ¿Qué tiempo hace?, (I)
Wednesday   el miércoles, (I)
week   la semana, (I)
last week   la semana pasada, (I)
weekend   el fin de se-mana, (I)
welcome: you're wel-come   de nada, (I)
well   bien, (I); pues, (I)
very well   muy bien, (I)
well-done (meat)   bien cocido(a), **1.3**
whale   la ballena, **6.4**
what   qué
What a bore!   ¡Qué lata!, **4.2**
What a (adjective) + person / thing   ¡Qué... tan...!, **2.2**
What a wonder!   ¡Qué maravilla!, **6.3**
What?   ¿Qué?, (I); ¿Cómo?, (I)
What is it used for?   ¿Para qué sirve?, (I)
What's it made of?   ¿De qué es?, (I)

What's wrong? ¿Qué tiene(s)?, **4.1**

wheat el trigo, **4.3**

wheelchair la silla de ruedas, **4.4**

to **use a wheelchair** andar en silla de ruedas, **4.4**

When? ¿Cuándo?, (I)

where: to Where? ¿Adónde?, (I)

Where are you going? ¿Adónde vas?, (I)

Where is it? ¿Dónde está?, (I)

which: Which (one)? ¿Cuál?, (I)

white blanco(a), (I)

Who? ¿Quién?, (I)

Who may I say is calling? ¿De parte de quién?, **4.2**

whose: Whose is it / are they? ¿De quién es / son?, (I)

why: Why not…? ¿Por qué no…?, (I)

to **win** ganar, (I)

wind: It's windy. Hace viento., (I)

wind power la energía del viento, **3.3**

window (of an airplane) la ventanilla, **1.1**; la ventana, (I)

winner el / la ganador / a, **6.1**

winter el envierno, (I)

with con, (I)

with me conmigo, (I)

with you (fam.) contigo, (I)

without sin, (I)

wolf el lobo, **6.4**

to **wonder if** preguntarse si, **2.4**

wood la madera, (I)

wool la lana, (I)

word la palabra, (I)

work el trabajo, **3.1**

full-time work trabajo de tiempo completo, **3.1**

half-time work trabajo de medio tiempo, **3.1**

part-time work trabajo de tiempo parcial, **3.1**

to **work** trabajar, (I); funcionar, **1.1**

worried preocupado(a), (I)

to **worry (about)** preocuparse (por), **2.4**

worse peor, (I)

wound la herida, **4.1**

wrist la muñeca, **4.1**

to **write** escribir, (I)

to **write a check** hacer un cheque, (I)

writer el / la escritor / a, (I)

Wrong number. Está equivocado., **4.2**

Y

year el año, (I)

last year el año pasado, (I)

next year el año que viene, (I)

What year were you (fam.) **born?** ¿En qué año naciste?, (I)

yellow amarillo(a), (I)

yes sí, (I)

yesterday ayer, (I)

the day before yesterday anteayer, (I)

Yom Kippur Yom Kippur, **3.3**

young joven, (I)

young people los jóvenes, (I)

younger menor, (I)

your [fam.] tu, (formal) su(s), (I)

Z

zero cero, (I)

zoo el parque zoológico, (I)

Grammar Index

a   to compare likes and dislikes of two or more people, 20 **(1.1)**; to clarify indirect object pronouns, 212 **(3.2)**

acabar de   193 **(3.1)**

adjectives   placement and agreement of, 231 **(3.3)**; the subjunctive in adjective phrases, 415 **(5.4)**

a menos que   with present subjunctive, 403 **(5.3)**

commands   affirmative **tú** commands, 204 **(3.2)**, 212 **(3.2)**; reflexive command forms, 212 **(3.2)**; with double object pronouns, 212 **(3.2)**; negative tú commands, 328 **(4.4)**; formal commands, 336 **(4.4)**

como si   with imperfect subjunctive, 459 **(6.2)**

comparisons   nonfactual, with **como si,** 459 **(6.2)**

conditional   **gustar, poder, ser, tener,** 186 **(3.1)**; all verbs, 498 **(6.4)**

conditional perfect   480 **(6.3)**

connectors   uses of **que** with indicative clauses, 279 **(4.1)**; words for linking thoughts, 296 **(4.2)**

demonstrative adjectives   105 **(2.1)**

direct object pronouns   40 **(1.2)**; with double object pronouns, 212 **(3.2)**

double object pronouns   78 **(1.4)**, with **se,** 212 **(3.2)**

esperar que   with present perfect subjunctive, 289 **(4.2)**; with present subjunctive, 307 **(4.3)**

estar   preterit tense 12 **(1.1)**, 32 **(1.2)**, 52 **(1.3)**, 60 **(1.3)** imperfect tense, 98 **(2.1)**; present subjunctive, 316 **(4.3)**; with present participle, 449 **(6.1)**; reviewed with **ser,** 467 **(6.2)**; see also irregular verbs

gustar   preterit tense, 20 **(1.1)**; imperfect tense, 116 **(2.2)**; conditional tense, 186 **(3.1)**

haber   imperfect tense, 98 **(2.1)**, 145 **(2.3)**; with the past participle, 223 **(3.3)**; present perfect subjunctive, 289 **(4.2)**; imperfect subjunctive, 505 **(6.4)**

hace   with the preterit to tell how long ago, 71 **(1.4)**

imperfect subjunctive   **ser, estar, tener** with **como si / ojalá que,** 459 **(6.2)**; all verbs after **si** 505 **(6.4)**

imperfect tense   **había / estaba / era,** 98 **(2.1)**; **querer / tener / poder / saber / gustar,** 116 **(2.2)**; **ser / ir / ver,** 145 **(2.3)**; use with preterit tense, 124 **(2.2)**, 166 **(2.4)**

irregular verbs   preterit tense, **dar** 12 **(1.1)**, 32 **(1.2)**, 52 **(1.3)**, 60 **(1.3)**; **decir** 12 **(1.1)**, 32 **(1.2)**, 52 **(1.3)**, 60 **(1.3)**; **estar** 12 **(1.1)**, 32 **(1.2)**, 52 **(1.3)**, 60 **(1.3)**; **hacer** 12 **(1.1)**, 32 **(1.2)**, 52 **(1.3)**, 60 **(1.3)**; **ir** 12 **(1.1)**, 32 **(1.2)**, 52 **(1.3)**, 60 **(1.3)**; **poner** 12 **(1.1)**, 32 **(1.2)**, 52 **(1.3)**, 60 **(1.3)**; **traer** 12 **(1.1)**, 32 **(1.2)**, 52 **(1.3)**, 60 **(1.3)**; **venir** 12 **(1.1)**, 32 **(1.2)**, 52 **(1.3)**, 60 **(1.3)**; imperfect tense, **ir** 98 **(2.1)**, 145 **(2.3)**; **ser** 145 **(2.3)**; **ver** 145 **(2.3)**; conditional, **ser, poder, tener,** 186 **(3.1)**; affirmative **tú** commands, 204 **(3.2)**; past participles, 223 **(3.3)**, 245 **(3.4)**; present subjunctive, 307 **(4.3)**, 316 **(4.3)**; present participle, 441 **(6.1)**; imperfect subjunctive, 459 **(6.2)**, 505 **(6.4)**; **ser** and **estar** reviewed, 467 **(6.2)**; conditional, 498 **(6.4)**.

negative concepts   uses of **nada / nadie / ninguno / nunca,** 252 **(3.4)**

ojalá que   with imperfect subjunctive, 459 **(6.2)**; see also **como si**

para   some uses of, 488 **(6.3)**

para que   with present subjunctive, 403 **(5.3)**

pasar   with present participle, 440 **(6.1)**

past participle   regular verbs 223 **(3.3)**; irregular verbs, 223 **(3.3)**

pluperfect subjunctive   480 **(6.3)**

por   some uses of, 488 **(6.3)**

present participle   440 **(6.1)**

present perfect subjunctive   after **esperar,** 289 **(4.2)**; after **no creer,** 355 **(5.1)**; after **alegrarse** and **sentir,** 362 **(5.1)**

present perfect tense   244 **(3.4)**

present progressive tense   449 **(6.1)**

present subjunctive   introduction, 307 **(4.3)**; personal endings of, 316 **(4.3)**; after **no creer,** 355 **(5.1)**; after **alegrarse** and **sentir,** 362 **(5.1)**; after verbs of advisement, 382 **(5.2)**; with temporal conjunctions, 396 **(5.3)**; with **para que** and **a menos que,** 403 **(5.3)**; in adjective clauses, 415 **(5.4)**

Photography

Front Cover: Curt Fischer

Back Cover: Robert Frerck/Odyssey Productions (Machu Picchu, San Juan, Puerto Rico); Rodriguez, Joe (Columbus Day, Hispanic Parade, New York)

Abbas/Magnum Photos: 368; Allford, Diane/Allford Trotman: 319 (flute teacher), 477; Allsport Photography USA: 277 (Elsa Tenorio); AP/Wide World Photos: 469 (Florence Joiner), 470 (Martin Luther King, Jr., Whitney Houston, Elvis Presley, George Bush, Lucille Ball); Arnold, Eve/Magnum Photos: 449; Barbosa, Sebastião, Fotográfo/Image Bank: 367 (Brazilian white water rafting); Bieber, Tim/Image Bank: 229 (air pollution); Brenneis, Jon/Photo 20-20: 3 (clay pots, lemons, peppers); Brignolo, Joseph/Image Bank: 241 (climbing Swiss Alps); Cohen, Steuart/ Comstock, Inc.: x and 262 (Puerto Rican Day parade); Covian, Gabriel/Image Bank: 19 (Acapulco); Duffy, Tony/ Allsport Photography USA: 469 (swimmer, runners, Seoul '88, diver); Eising, P./Image Bank: 510 (musicians); Englert, Lloyd/San Francisco Ballet: 447; Faustino/Image Bank: 510 (woman weaving); Fischer, Curt: 69, 326; Franklin, Dr. William: 426, 427; Frerck, Robert/Odyssey Productions: xi and 3 (Mexico City), 5, 11, 14, 19 (Uxmal Pyramid magicians), 24, 25 (Mexican bazaar, Ballet Folklorico), 26, 31, 39, 42, 45, (boats), 51, 59, 61, 62, 64, 65, 77, 83, 88 (mural), 89 (Mexican temple), 91 (mural), 92, 99, 103, 104, 105, 107, 108, 110, 113, 114, 115, 116, 118, 122, 124, 126, 129, 134, 135, 138, 139, 144, 147, 148, 157, 158, 159, 161, 164, 168, 171, 177 (Puerto Rican dancers), 184, 203 (family in park), 204, 221, 230, 231, 232, 233, 242 (dock), 244, 246, 271, 278, 280, 298, 302, 309, 317, 318, 328, 330, 337, 339, 342, 345, 346 (Andes Mountains), 347 (baby alpaca, Peruvian in reed boat, quipu), 354, 363, 367 (moonrise, tropical birds, Incan stones), 374, 376, 377, 381, 395, 414, 432 (Pre-Columbian gold vase), 433 (rafting), 434, 435 (dancer), 439, 448, 451, 452 (white water rafting, campers in rain), 456, 458, 466, 472 (Machu Picchu ferns, Inca trail, Machu Picchu), 473, 474, 479, 485, 486 (chilis), 492 (Inca ruins, mountains), 493, 497, 509, 512; Friedman, Rick/Blackstar: 176 (Old San Juan); Froomer, Brett/Image Bank: 170 (Taxco church); Fusco, Paul/Magnum Photos: 446; Giparo/Image Bank: 372; Gscheidle, Gerhard: 251, 384; Haas, Ernst/Magnum Photos: 263 (tree in Central Park), 277 (ballet dancer); Hart, Kim/Blackstar: xiv and 432 (Peruvian children), xiii and 432 (trail to Machu Picchu), 347 (Inca trail); Hartmann, Erich/Magnum Photos: 65, (climbing pyramid), 70, 263 (roller skating in Central Park); Hazelton, Bruce/Allsport Photography USA: 277 (Argentina vs. Holland); Janeart, R., Ltd./Image Bank: 241 (white water rafting); Kelly, John/Image Bank: 234 (running up steps); Landy, Elliott Moss/Magnum Photos: 470 (John Lennon); Leah, David/Allsport Photography USA: 469 (bike riders); Lienzo de Tlaxcala/Courtesy of The American Museum of Natural History: 123; Lindkuist, Andus/Allford Trotman: 263 (girls hugging); Lira, Juan Pablo/Image Bank: 194; Magruder, Richard & Mary/Image Bank: 170 (Acapulco Bay); Maresohal, Tom/Image Bank: 229 (clearcut hillside); Marks, Stephen/Image Bank: 242 (relay runners); Martin, Bob/Allsport Photography USA: 277 (Joachim Cruz, Brazilian runner), 461; McBrady, Stephen: 441, 486 (cows); McCurry, Steven/Magnum Photos: 246; Meola, Eric/Image Bank: 229 (bulldozer); Morris, Christopher/Blackstar: 262 (Statue of Liberty); Padilla, Luis/Image Bank:

510 (pottery); Pavloff, Nick: 4, 20, 25 (Miriam alone, Miriam w/parents), 33, 45 (Tony, Miriam at dinner), 52, 78, 79, 80, 91 (class looking at mural), 109, 150, 151, 156, 160, 234 (teacher), 348, 386, 387, 398, 452 (raft w/gear), 453, 472 (students admire view), 473 (students), 481, 491, 492 (students awestruck); Perkins/Beckett/American Museum of Natural History: 487; Peruvian Connection, Tonganoxie, KS: 510 (alpaca sweater); Rouillard, Patri/Image Bank: 229 (Water Pollution); Rutledge, Don/Blackstar: viii and 176 (Puerto Rican jungle); Ryan, David/ Photo 20-20: v and 2; Sawyer, Errol/Allford Trotman: 203 (business people), 243, 307, 420, 443; Schulke, Flip/Blackstar: 177 (underwater coral); Scianna, Ferdinando/Magnum Photos: 263 (Brooklyn Bridge); Selig, J.S./Photo 20-20: vii and 88 (Aztec relief); Sheldon, Janice/Photo 20-20: 346 (Lima, Peru), 433 (Cuzco, Peru); Stewart, A./Image Bank: 367 (Peruvian mountain climbers); Streshinsky, Ted/Photo 20-20: 177 (El Morro Fortress, Old San Juan); Sund, Harald: 2 (Mexican school children), 3 (Mexican beach), 89 (Mexico City subway, blanket, dancers); Taglienti, Maria/Image Bank: 167, 443 (Hispanic girl); Tkach, Andrew/Allford Trotman: 433 (Incan stone wall); Winter, Nita: 155, 179, 195, 196, 197, 198, 203 (teens shopping), 216, 217, 234 (girl in wheelchair w/friend), 236, 237, 256, 264, 282, 283, 284, 288, 291, 296, 301, 315, 323, 420, 443 (man).

Special thanks to the Mexican Museum, San Francisco; St. Elizabeth's High School, Oakland; St. Mary's Medical Center, San Francisco; the Real Alternative Program School, San Francisco; and the YWCA girl's mentorship program, San Francisco.

Illustration

Accardo, Anthony: 9, 14, 36, 37, 75, 143, 201, 239, 240, 273, 286, 324, 325, 418, 419, 483, 484; C.H.-Wooley, Cyndie: 192; de Ayala, Felipe Guaman Poma Nueva Crónica y Buen Gobierno: 487, 504; Fiorentino, Al: 27, 28, 181, 182, 248, 249, 411, 412, 436, 437; Gregory, Lane: 15, 16, 125, 140, 141, 292, 293, 351, 399, 444, 445, 460; Kieffer, Christa: 67, 68, 162, 163, 303, 304, 359, 373, 475, 476, 478; Masami Miyamoto: 102, 391, 392, 417, 490; Miller, Lyle: 73, 74, 111, 112, 153, 154, 267, 268, 285, 378, 379; Nicholson, Norman: 211, 228, 257, 383; Phillips, Gary: 7, 8, 55, 56, 199, 200; Simmons, Carla: 97, 402; Smeraldo, Ray: 119, 120, 208, 209, 226, 227; Spellman, Susan: 131, 132, 219, 220, 331, 332, 333, 389, 390, 454, 455; Thewlis, Diana: 100, 101, 188, 189, 274, 275, 312, 313, 369, 370; Torrisi, Gary: 47, 48, 93, 94, 494, 495, 501, 502.

Other Illustration: McDonald, Mercedes (wedge); Masami (logo); Lotus Art (maps).

Realia

Amtrack: 247; AT&T: 295; Ballet Folklorico d/ Bayer Corporation: 268; Bimbo Bread: 428; Caribé: 205; Cart al'Art: 82; Centro de Idion Crystal F M Ventas: 310; Degree Deodora/ 207; El Corte Inglés: 377; El Diario la Pre 71; El Nuevo Día: 287; First Federal Bar Fondo de Promoción Turistica: 355; G/ Cards: 375; Hallmark, Plaza Press: 81